INDO-PACIFIC EMPIRE:
China, America and the Contest for the World Pivotal Region

インド太平洋戦略の地政学

中国はなぜ覇権をとれないのか

ローリー・メドカーフ 著
奥山真司・平山茂敏 監訳

芙蓉書房出版

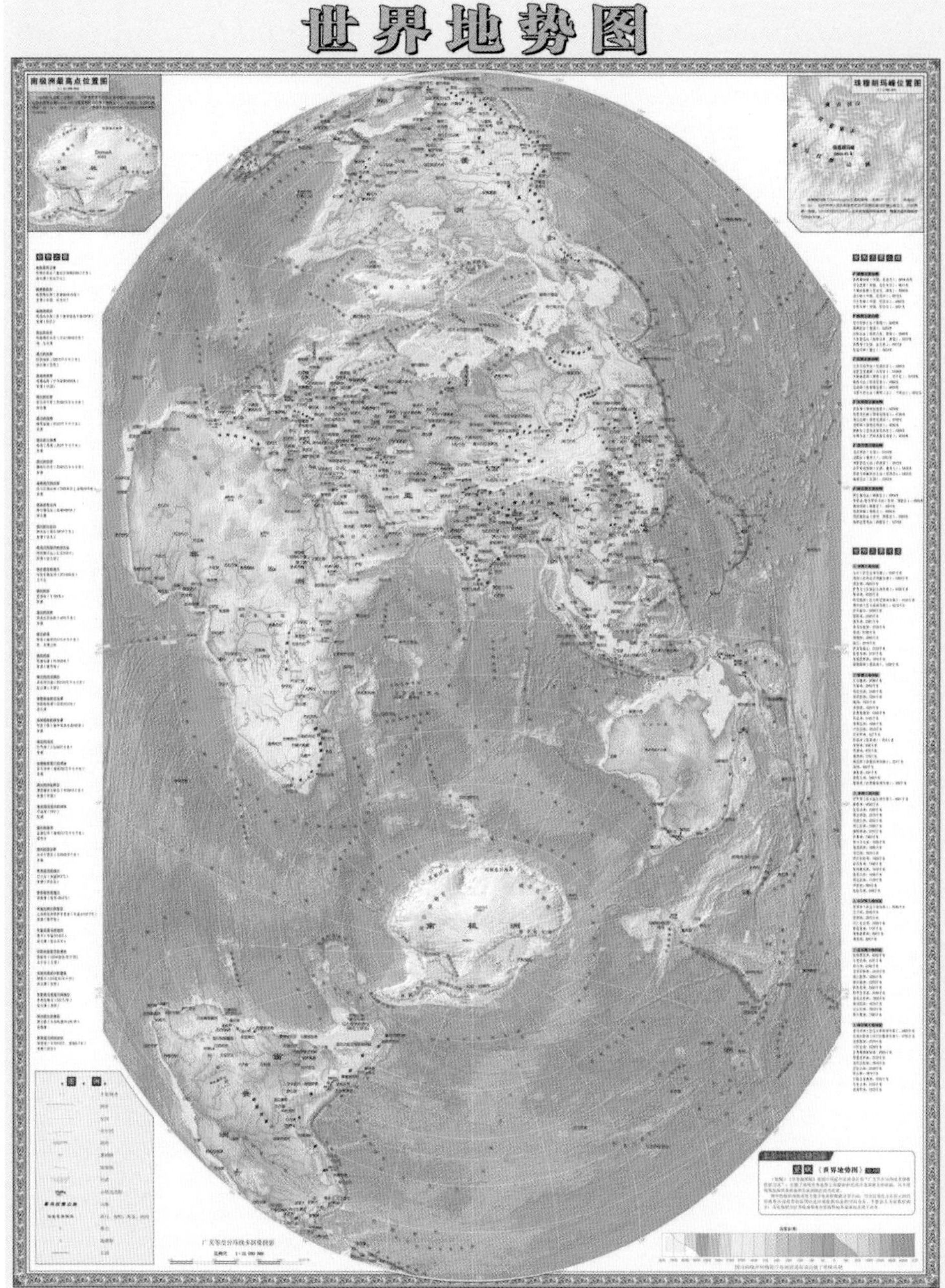

地図1　中国政府公認の「世界地勢図」（→本文第2章70頁）

地図2　オルテリウスの「東印度図」（→本文第2章93頁）

日本語版まえがき

「インド太平洋」はグローバルな外交を席巻する「場所」であり、「アイディア」であり、「急激な変動」である。今では多くの国家が、中国が突き付けてくる挑戦にいかに取り組んでいくべきかを考える際に、この言葉を使っている。これらの国には、アメリカ、日本、インド、オーストラリア、インドネシア、東南アジア諸国連合（ＡＳＥＡＮ）、フランス、ドイツ、オランダ、欧州連合（ＥＵ）、イギリス、台湾、その他の国々が含まれる。

本書はこの新たな地政学的な通説について説明するものだ。「インド太平洋」というアイディアはどこから生まれたのか、何を意味しているのか、そして二〇二〇年代以降の世界情勢にどのように影響を与えていくのかを考察している。

私の母国であるオーストラリアと並んで、私は日本が「インド太平洋」という物語の中で重要な役割を演じていくことを確信している。安倍晋三首相以降の日本の指導者たちは、この地域の安定性を保つための方策として、インド太平洋戦略を擁護するうえで重要な役割を演じてきた。それゆえ、日本の読者のためにこの本が翻訳されることは、私にとって大いなる喜びであるのと同時に名誉なことだと感じている。

二〇二一年初頭、ジョー・バイデン大統領率いるアメリカの新政権は、インド太平洋というアイディアをさらに進化させた。それは、本書の中で提案されている概念とよく似た、中国との「競争的な共存」と

二〇二一年一一月　首都キャンベラにて

ローリー・メドカーフ

いう拡大的な未来図だ。そのような政策は、同盟国やパートナー諸国により支えられるものだ。だからこそバイデン大統領の最初の首脳会談は「クアッド」（日米豪印）の首脳同士と行われたのだ。この「インド太平洋における連帯」というテーマは、数ヶ月後に英国のコーンウォールで開催されたG７サミットと、民主国家たちに新たなパートナーとして加わったオーストラリア、インド、韓国、そして南アフリカとの間でさらに広がった。その後、北大西洋条約機構（ＮＡＴＯ）は、中国が「体系的な変化」を引き起こそうとしていると警告を発したのである。

この重要なインド太平洋地域を独占しようとする中国の努力を、安全保障、経済、技術、そして価値観の分野で、しかもコロナウィルスの後遺症の真っただ中にどのように鈍らせることができるのかは、今やグローバルな外交における最優先の課題となってきた。

この本の初版は二〇二〇年初頭に出版されたが、これはコロナウィルスが世界中に蔓延し始めた時期に当たる。私はその中で、自らの結論をこの重大な混乱を通した視点から再評価した。それから年月はたったが、この本で論じられていることの大枠に変化が起こらなかったことにも驚かされた。

二〇二〇年と二〇二一年の国際社会は、動乱と衝突で彩られてきた。そしてさらなる大きなうねりも待ち構えている。二〇二一年後半には、台湾海峡で軍事的緊張が高まり、この自治的な統治下にある島との係争空域に、中国は連日のように爆撃機を侵入させ、不穏な空気を醸し出している。台湾の蔡英文総統は「世界で最も急成長を遂げているインド太平洋の未来は、二一世紀の将来像を様々な形で形作ることになるでしょう」と宣言している。これには戦争の可能性も含まれている。アメリカ、日本、オーストラリア、ＮＡＴＯ諸国を含む多くの国が、中国に対して、台湾海峡の間の平和的な現状を維持することの重要性についてシグナルを発している。

しかし戦争を予防できたとしても、コロナウィルスのパンデミックが戦略レベルに及ぼす余波は、インド太平洋全域に不穏な影響を与え続けるだろう。中華人民共和国の武漢で流行が始まった新型コロナウィルスのパンデミックは、あらゆる場所でリスクと不安定化を高めているのだ。

公衆衛生上の非常事態は、理論的には国家や社会にとって、政治、ナショナリズム、不安定さにおける相違を乗り越えていく好機となる。たとえば一三四八年に凄惨を極めた腺ペスト、いわゆる「黒死病」の与えた衝撃は、イギリスとフランスの間で行われていた「百年戦争」に七年間の休戦期間をもたらした。しかし、今回の新型コロナウィルスの災難は、国家間の戦略的な競争を悪化させ、とりわけ習近平の統治下にある中華人民共和国が最も危険な存在となっている。したがって新型コロナウィルスは、この本で描かれた戦略的緊張状態をさらに加速させたことになる。

英語版の初版は二〇二〇年初頭に出版されたが、これはまさにパンデミックが始まる直前の事であった。この世界的な衛生危機とその戦略的な帰結は、インド太平洋を巡る闘争を強めることになった。本書は、今日の世界、あるいは世界の未来について限定して語ったものではない。これは二〇三〇年以降の世界の深層を流れる地政学的潮流をたどりながら、海洋にまたがる国際的な連接と競争の歴史を語るために地図を傾けて見よう、という本なのだ。本書は結論として、中国の性急な地域的拡大や、中堅国（**middle power**）による連携による多極化の見込み、そしてトランプ退陣後のアメリカには持続力があることを示している。

私のこのような分析は、その後の出来事によって裏付けられている。二〇二一年一月のバイデン政権への移行や、バイデン大統領のインド太平洋への関与は、カート・キャンベルをアメリカの「インド太平洋コーディネーター」に任命したこともあり、日本やオーストラリアといった同盟国にとっては良いニュースであることが証明された。

　とりわけ本書は、中国の強要に対して多くの国が断固とした態度で臨むことの重要性を説いている。本書は戦争を奨励したものではない。いわゆる「反中」本でもない。むしろ多極化を支持する本なのだ。中国に抵抗する中堅国の連帯は、実際には奇妙な形で中国政府を助けることにもなる。なぜならこれが北京の持続不可能な野心を制御することになるため、中国に制御不能な危機に状況が陥る前に妥協点を示すことにつながるからだ。実際に二〇二〇年から二〇二一年を通じて、日本、インド、オーストラリアの三カ国は互いの結束と、アメリカも含めた四カ国の「クアッド」を強化してきた。

　二〇二〇年六月、オーストラリアのスコット・モリソン首相とインドのナレンドラ・モディ首相は、オンライン首脳会談でインド太平洋の二つの民主国家同士の包括的戦略パートナーシップの最終的な決定に合意した。その後、二〇二〇年一一月には日本とオーストラリアの間の戦略パートナーシップがさらに深化した。このパートナーシップはインド太平洋の二つの中堅国間のもっとも強靭な柱であり、アメリカとの同盟関係をも強化するものである。

　安倍晋三の跡を継いだ菅義偉や岸田文雄首相たちは、安倍氏が築いた極めて有効なインド太平洋政策を継承してきた。二〇二〇年末、オーストラリアのスコット・モリソン首相は、菅首相と会談するために来日した初めての外国首脳となった。このパートナーシップはあまりに重要であったため、新型コロナウィルスに基づく渡航制限にもかかわらず、モリソン首相は政治的な優先順位に従って日本訪問を行ったのだ。二人はオーストラリア軍と日本の自衛隊の間の「日豪円滑化協定」に合意し、サイバー・先端テクノロジー・死活的に重要な鉱物資源・サプライチェーン・パンデミックへの対応、そして地域の「能力構築」についても合意した。

これは、オーストラリアと日本の間に既に存在する、軍事組織及び情報機関の間の強固な協力関係を、さらに強化するものだ。また、両首脳はいわゆる「ミニラテラル」（小規模な多国間協力）の強化についても約束した。これには、豪日印（「サプライチェーンの強靭化」イニシアティブを含む）や豪日米の間の協力が含まれ、現在では軍事的相互運用性、兵站（ロジスティックス）、情報協力のすべてが当然のものとなっている。

小規模な国家間の協力の中でも最も際立っているのがクアッドである。二〇二〇年末にはインド側の招待により、オーストラリア海軍は「マラバール」海軍共同訓練に参加したが、クアッドの本当の狙いは他のところにあった。二〇二一年三月、最初のクアッド首脳会談で、この地域に対する公共財の提供、技術面での協力と能力、ワクチンから気候政策といったグループ内の議題が見直されたからだ。その六カ月後、ホワイトハウスで行われた第二回首脳会談は、二〇二二年に二〇億人分に達するワクチン接種を行うことを含めて、この計画を強化した。これはクアッドの原点の精神を呼び起こすものであった。なぜならそれは、二〇〇四年のインド洋大津波の後の人道支援から始まったからだ。しかしクアッドでは、強い立場から中国との競争と共存を定義することも狙われていたのだ。

実際のところ、クアッドは共有された問題に取り組むための、より広範な有志連合の中核グループと化しつつあった。二〇二〇年にはクアッドにベトナム、韓国、ニュージーランドというグループが加わり、別のグループにはブラジル、韓国、イスラエルが加わった。新型コロナウイルスに取り組むための話し合いと、サプライチェーンへのリスクのような将来の衝撃的な出来事に対して、強靭な社会と経済を作り上げることが話し合われた。バイデン大統領が世界中の民主国家間のパートナーシップの再生を推し進めるにつれ、重なり合うグループ、例えばクアッド、ファイブ・アイズ（アメリカ、イギリス、オーストラリア、カナダ、ニュージーランド）、G7、そして新たなAUKUS（オーカス）の三カ国といった国々の間の連携も視野に入ってきたのである。

最後のAUKUSは、実に大きな進展である。九月に公表されたAUKUSは、オーストラリア、イギリス、そしてアメリカの間の、特別な技術パートナーシップ協定だ。その最優先課題は、オーストラリアが中国を抑止するために原子力潜水艦を開発することを支援することである。オーストラリアは広大な海洋権益を守るために潜水艦部隊を必要としていたが、長年にわたって調達面で問題を抱えていた。二〇一六年、通常動力型「ディーゼル・エレクトリック方式」潜水艦の部隊を提供するという日本の提案をけってフランスを選択したことで、オーストラリアは日本政府を失望させた。だがそこからフランスとの契約にトラブルを抱えるようになった。中国からの長期的な安全保障上の脅威について懸念を深めるようになったオーストラリア政府は、信頼できる同盟国であるアメリカとイギリスとの間で、原子力推進型の潜水艦について秘密裏に交渉を始めたのだ。AUKUSはその成果である。

百本の草花が植えられたとしても、すべての花が咲くわけではない。二〇二一年までインド太平洋における新たな外交制度として期待されていたのは、オーストラリア、インド、フランスの三カ国の連携であった。これはインド洋の公共財を守るための海洋の哨戒活動という野心的な活動を含む、定期的な閣僚級会談へと成長した。しかしフランスはAUKUSを巡るオーストラリアへの深い政治的な失望の結果、この活動を凍結した。ここからフランス政府は実利主義をとるのか、それともプライドを選ぶのか、注視していく必要があるだろう。在オーストラリア日本大使の山上信吾氏は、フランスに対して、オーストラリアや他のインド太平洋の民主国家との連帯を継続する必要性を認識するよう公的にも推奨している。

結局のところ、中国の挑戦は深まる一方という事態は変わっていない。世界の多くの国々は、中国政府の新型コロナウィルスに対する初動のミス、すなわち、真実を押し隠してコロナウィルスが世界中に蔓延することを許したことを認識しており、これは中国の国際関係にとって長期的な打撃となるだろう。その信頼性は落ちてしまった。しかしながら、国内的には事態を掌握してからというもの、北京は危険なプライドを明らかにすることを自らに許し始めた。これは古代ギリシア人が「傲慢（ヒュブリス）」と呼んだものであり、これを他国との外交で示し始めたのだ。中国に端を発した健康問題や経済的な大災難に見舞われた他の国々は、中国政府から沈黙を守り、この危機の起源に対する独立した国際的調査を支持しないようにと言い含められた。そしていわゆる「戦狼（せんろう）」外交を通じて、協力と安心供与の代わりに、オーストラリアのような国々に経済的な損害を与えるという脅しをかけたのだ。

実際、二〇二〇年から二〇二一年にかけて、中国はオーストラリアに対して特に石炭と農産物の分野で経済的圧力を加えてきたが、これは多くの国に対して将来の交易パートナーとしての中国の信頼性を失わせることになるだろう。その間、オーストラリアはしっかりと踏みとどまり、長期的な自由と主権を守り抜くためには短期的な苦難が必要となるかもしれないと認識しはじめた。既にオーストラリアの産業界は、取引相手となる市場を中国以外にも求め始めている。

同様に、中国の人民解放軍は係争国境において軍事的手段でインドに圧力を加えようとしている。これはインドの民心から中国を遠ざける結果となっており、このためインドを益々クアッドのパートナーへと押しやっている。南シナ海における緊張は高まるばかりだ。東シナ海では日本の尖閣諸島の支配を巡って、海上保安庁が絶え間ない圧力に直面している。日本は二〇二一年一月にバイデン政権から「尖閣を巡る情勢は日米安全保障条約の対象である」と再確認されたことで一定の安心供与（リアシュアランス）を受けている。

トランプ政権の混乱の後で、アメリカは立て直しの時期に入っている。最大の課題は、アメリカ政府が自国を再建――国内における政治的な分断の継続にもかかわらず――できるのかであり、同時に世界に戦力を投射しながら安心供与できるのかという点だ。

私の見た限りでは、アメリカには成功のチャンスがまだ十分にある。インド太平洋戦略を超党派で改善する好機はまだあるのだ。なぜなら、アメリカ政治のどちらの党派も、中国との長期的な競争と同盟国への支援という基本的なところでは合意しているからである。ここで重要なポイントは、民主党も共和党も「中国は最大の戦略的競争相手であり、習近平の意図はアメリカの国益に許容できないリスクをもたらす」という考えでは合意していることだ。経済、技術、プロパガンダ、軍事問題において、戦略的競争が次第に高まってきている。もしアメリカが中国との競争を真剣に考えているのであれば、これまで以上にインド太平洋に関与していく必要があるだろう。すなわちそれは、日本やオーストラリアといった同盟国の重要性が、これまで以上に増大していくことを意味するのである。

『インド太平洋戦略の地政学』　正誤表

	誤	正
9頁4行目	ウメリカ	アメリカ
9頁6行目	フメリカ	アメリカ

日本語版刊行に寄せて

同志社大学特別客員教授
前内閣官房副長官補
兼原　信克

ローリー・メドカーフ教授は、オーストラリアにおけるインド太平洋戦略の第一人者である。太平洋とインド洋を南半球から共に睨むオーストラリアは、インド太平洋戦略を推進する上で、文字通りの要の位置にある。オーストラリアは、また、多様性を尊重する自由主義、民主主義国家であり、G20のメンバーであり、日本と並んでウメリカが西太平洋で最も信頼する同盟国である。

今や、インド太平洋を支える同盟は、日米同盟と米豪同盟が主軸だと言ってもよい。アメリカと常に共に戦ってきたオーストラリアは、オーストラリア軍とフメリカ軍との一体化も進み、二〇二一年にはアメリカ及びイギリスとAUKUSの枠組みを打ち出し、恐らくバージニア級米原子力潜水艦を念頭に原潜導入構想を打ち出して、世界を驚かせた。オーストラリアは、アメリカとの戦略的協力関係をさらに一段高い次元に引き上げようとしている。

アメリカの前方展開戦略の太平洋地域における出城のような日本にとって、眼前に台頭する中国、核武装する北朝鮮、中国と連携するロシアから来る軍事的圧力は巨大である。特に、東シナ海、南シナ海において独自の拡張主義を取る中国は、日豪間のシーレーンを扼する恐れがある。また、仮に台湾有事となれば、日本以外に真っ先にアメリカ軍支援に駆け付けるのはオーストラリア軍であろう。日本にとって、アメリカの同盟国であるオーストラリアとの戦略的協力関係はますます大きくなりつつある。

今、インド太平洋地域は、歴史的分水嶺にある。見事に経済発展し、民主化しつつあるインド太平洋地域の国々を、西側と呼ばれてきた欧米中心の自由主義的国際秩序の中に引き込めるかどうかの瀬戸際にある。インド太平洋の多くの国々は、西側諸国とは違う歴史を歩んできた。多くが植民地支配され、差別され、二〇世紀中盤にようやく独立を果たしながら、その後も長く独裁政治に苦しんだ国々である。彼らの多くが今、誇らしく民主主義陣営に加わろうとしている。

インド太平洋地域において、政治的に、経済的に、軍事的に、日本と共に自由主義国際秩序を支えていけるのは、超大国のアメリカと、未来の超大国であるインドを除けば、オーストラリアしかいない。オーストラリアもまた、同じように感じている。

オーストラリアは、ヨーロッパではなくアジアの国として、かつ、自由主義的国際秩序の雄として、中国の国際法を無視した一方的な拡張主義に対して、立ち上がろうとしている。

本書に展開されたメドカーフ教授の主張は、オーストラリアが、インド太平洋戦略をどう構想し、どのような哲学と政策を持って臨もうとしているかを知ろうとしている人々にとって最良の入門書となるであろう。

原著まえがき

二〇二〇年代は「不確実さ」という衣（ころも）をまとってやってきた。世界はとりわけ中東からアジアの海域に広がる地域において、民主主義の危機や気候変動の激しい影響のようなリスクの到来を感じはじめている。このため、未来について語る本は今後を占うための貴重なものとなる。

しかしながら、本書は今日や明日のことばかりを述べた本ではない。これは二〇三〇年代あるいはそれ以降におよぶ地政学的な深い潮流をたどりながら、海を越えた国際的な連携と対立の歴史を語るために、この地域を入念に調べあげたものだ。

本書は、この地域における中国の性急な拡張に内在するリスクや、中堅国たちが連携することによる多極化の兆候、アメリカがトランプ政権とその次の政権でパワーを維持することができるかどうか、そして中国政府を妥協に導くために多くの国家が毅然（きぜん）として立つことの重要性などについてもいくつかの結論を出している。もちろん私のこのような判断は、継続的に議論されていくだろう。なぜなら毎日それを立証したり逆に反証したりするような新たな証拠が次々と現れることになるからだ。

多くの苦難に直面しながらも、ミドルプレイヤーである中堅国たちは、強靭（きょうじん）さや、連帯、そして主権のために備えを固めて努力している。日本、インド、オーストラリアは、互いに、あるいはアメリカを含めた四ヵ国の間で連携を強化している。

ところがこのような中堅国たちは、アメリカのリーダーシップ抜きにどのくらい長く持ちこたえることができるだろうか？　二〇一九年後半の時点では、アメリカの政権中枢はまだ同盟国やパートナー諸国が聞きたがるストーリーを語っており、国務省は中国との軍事対立よりも、多国間制度や経済発展を強調する「共有されたインド太平洋ビジョン」を宣言していた。ところがトランプ大統領は別の場所にいた。東アジアサミットを欠席しつつ、韓国と日本にアメリカ軍の駐留費の増額を要求していたのだ。

二〇二〇年が始まる頃には、ドナルド・トランプ大統領は弾劾裁判の泥沼で身動きが取れなくなっていた。彼は政治的な生き残りをかけて必死の状態だったので、イランとは戦端を開くリスクを冒しつつも、北京とは貿易戦争を休止しようとしていた。つまり世界の安定や中国との戦略的な競争を管理することができる別の政権――国家の緊急事態を常に引き起こすことのない政権――が必要とされていた。なぜなら習近平政権は厳格な国内統制と地政学的な闘争と勢力拡大を同時に行っているため、中国が立ち止まることはないからだ。

トランプの愚行（ぐこう）は習近平にとってのチャンスとなる。しかし中国側にも重圧はかかってくる。たとえば一帯一路の建設の物的な費用負担や、ウイグル人の大量投獄の倫理面でのコストなど、習近平が進める最大規模の計画についても、国内からの不満を示唆するものが表面化しつつある。香港での抵抗も広がり始めた。インドもまた国内で深刻な闘争に直面しており、ヒンドゥー主義者たちのナショナリズムは、長期的には民主制度の強みとなるものをわざわざ弱体化させてしまっている。

海ではパワーとプレゼンスをめぐる争いが横行している。インドネシアとマレーシアは二〇二〇年から中国に対抗して海洋国益の防衛をさらに強化している。アメリカと日本の艦艇は南シナ海を自信に満ちて航海している。インド洋では、中国がロシア、イラン、南アフリカなど、様々な国と連携して海軍演習を行ってプレゼンスを主張している。インドとフランスは海洋哨戒情報を共有している。インド海軍は、ベンガル湾の領海から中国の調査船を追い出している。

小規模のプレイヤーたちも無視することはできない。インド太平洋というのは互いがつながっているのと同時に争われている海域でもあるため、独立した島など存在しない。オーストラリアでは中国に関する議論が激しくなっている。スリランカの新しい指導者は、中国にハンバントタ港を返還するよう要求し、コロンボ沖に中国が作った人工島は称賛しつつも、他の国家には中国の影響力を弱めるよう促している。台湾の民主制度は、中国共産党からの干渉から自由を守れるのかを試す実験場と化している。南太平洋では、二〇世紀の内戦の影響も残るなかで、独自の文化を持つ島［ブーゲンビル島］が――この場合はパプア・ニューギニアから――独立を求めて、堂々と賛成票を投じた。ブーゲンビルはインフラが貧弱で、資源が豊かな島だ。ここには北京が歓迎する分離主義運動があり、しかも地域の影響力をめぐる競争にとってはまだ「未開の地」なのだ。

これらは、二〇二〇年代に入る直前の起きた事例のほんの一部に過ぎない。そしてこれらは今後の方向性を教える前兆だとも言い切れない。しかしこれらは「どこか一国が未来の地図を描くことになる」と結論付けることはあまりに早急だということを我々に気づかせてくれる。意思決定をする立場にある者は、現状にこもりがちな視野を広げて、様々な階層の組織、影響力、リスク、パワーについて、絶え間なく問いかけ続けなければならない。これは長期的なゲームになるからだ。

二〇二〇年一月、キャンベラにて　　ローリー・メドカーフ

インド太平洋戦略の地政学　目次

過　去

第2章　アジアの水面下の歴史　67

第3章　国家による波乱の航海・・地域の故郷を求める探求の旅　109

第4章　インド太平洋の台頭　147

現在

第9章　不信の海を航行する　377

※本文中、訳注は［ ］を付して挿入した

第１章

名称、地図、そして権力

二〇一六年一一月一一日、まだ全世界がドナルド・トランプ（Donald Trump）のアメリカ大統領への選出に揺れ動いていた時期に、意外な組み合わせの二人の友人が、東京から神戸までを走る「新幹線」――日本の弾丸列車――の車内で話し込んでいた。二人の旅はまだ外交史上の伝説とはなっていなかったが、まさに伝説となるべき事態であった。

「インド太平洋」という超特急に乗れ

日本の首相である安倍晋三と、同じくインドの首相であるナレンドラ・モディ（Narendra Modi）は、共に「強いリーダーだ」という評判があり、動きが遅いことの多い自国をあえて突き動かす、国民からの要請に応える使命を帯びた行動力のあるカリスマ的なナショナリストであった。だが彼らの出自は全く異なっていた。

モディは「インド西部の」グジャラート州のそれほど大きくない商家の出身であることを誇りにしてい

日本の安倍晋三首相とインドのナレンドラ・モディ首相は彼らのインド太平洋パートナーシップを打ち出した。2016年11月

た。伝記によれば、彼は子供の頃、電車の駅のそばでチャイを売っていたのだ。安倍は過去の日本の帝国主義時代につながる上流階級の御曹司（おんぞうし）であり、保守的な政治家一家の跡継ぎである。

二人の祖国は固定観念（ステレオタイプ）によっても隔てられていた。日本は豊かで安定しており、テクノロジー的には完璧主義で高齢化と人口減少が進んでいる。インドは無秩序がもたらす騒音や未開発、そして人口的には若さと成長をもつ国である。たとえこれらが典型的なイメージであったとしても、日本政府とインド政府はそれぞれ異なる問題と優先順位を持った別世界に生きていることは明確だ。モディ「氏」と安倍「さん」が育った現代においても、二人の祖国の接触はほとんどなかった。

前述した二〇一六年のモディと安倍の列車会談における微笑と抱擁は、世界情勢におけるある変化を反映しており、アメリカで起こったばかりの出来事〔トランプ大統領の選出〕ほど衝撃的ではなかったにせよ、極めて重要なできごとであった。経済、戦略、そして地理学の相互関係に影響された地政学——国家間の力関係——の構造は、過去二〇年の間に深いところで大きく変化していたのだ。

列車内および残りの三日間の首脳会談の期間に、アジアの第二および第三位の経済大国の指導者の間で交わされた正確な会話の内容は、もちろん両国政府間の国家機密だ。だが全部で五八項目からなる公表された日印共同声明から、かなり実質的な話が行われたことは明白である*1。世界の大半の目がアメリカの大統領選挙というドラマにくぎ付けであったことは無理からぬことだが、その合間に日本とインドは既に未来を築き始めていたのだ。もちろんこの文書には「中国」という言葉はどこにも登場しないが、その必要もなかった。それは、文書の行間に浸み込んでいたからだ。

ここでは二つのことが突出していた。かつて互いに無関心であった日本とインドは、今や防衛、外交、経済、教育、開発、技術、エネルギー、環境、文化、その他のあらゆる分野で、緊密に協力していくことで合意した。そして彼らは、この協力関係における特定の場所に名前を付けた。世界地図上の幅広い弧状の地域を「インド太平洋」と呼ぶことにしたのだ。

多くの人々にとって、この名前は全く新しいものだった。ベテランの外交専門家たちにとっても、この言葉の使い方は興味をそそる意義深いものだった。これは時事問題で良く使われる「アジア太平洋」あるいは「アジア」ですらなく、まさに「インド太平洋」だったのだ。

では一体何が起こっていたのだろうか？　これは単にインドにおもねるための言葉の選択だったのか、あるいはそれ以上のなにかがあったのだろうか？　すでに別の国、オーストラリアが地域の呼称を正式にこの形に変更しており、数年でこの名称は定着しつつあった。今日では「インド太平洋」という名称は、ワシントンからジャカルタ、デリーから東京、キャンベラからパリ、さらにはハノイからロンドンに至る様々な政府で使われて浸透している。この言葉は、北京をのぞいて、主な首都のほぼすべてで受け入れられているのだ。

本書の目的は二つある。まずこの「インド太平洋」の過去、現在、未来を明らかにすること。そしてその次に、この地域が中国の拡大的なパワーにどう対処できるのかを説明することである*2。このような世界の大半をイメージさせるやり方は、一体どこから来たのだろうか？　それはさまざまな国の今日の現実、運命、盛衰にとって何を意味するのだろうか？　そしてそれは将来起こることにとってなぜ重要なのだろうか？

インド太平洋とは、あるレベルにおいては単なる一つのアイディアであり、一九世紀および二〇世紀の大半における北大西洋と同じように、世界における戦略的・経済的な重心となった一つの地域を表現してイメージさせるものだ。

しかし、そこには実践的な面も存在する。言葉は世界を形作るものである。地図上に思い描かれた空間は、世界で最も強力な国々の頭の中に、たとえば軍の展開、繁栄のパターン、リスクの計算のような、現実的で明白なことを反映したり影響を与えたりするのである。

その名前には何が含まれているのか?

「インド太平洋」という用語の使用は、単なる言葉遊びではない。それは現実的なもの、つまり安全保障、経済、そして外交に対する、多くの国々の変化しつつあるアプローチを反映したものだ。言葉や地図の曖昧(あいまい)な説明とは全く異なり、インド太平洋というナラティブは、二一世紀の最大の国際的なディレンマの一つに直面した国々にとって助けとなるものだ。このディレンマとは「その他の国々は、強力でしばしば強圧的な中国に対して降伏も紛争に訴えることもなしに、一体どのように対応すればいいのか」という問題だ。

これは日本とインドが直面している問題だ。近年に入って両国とも国境において中国と対立しており、しかも戦争に発展する恐れがあったし、将来的に戦争が勃発(ぼっぱつ)する可能性も消えていない。しかし潜在的な意味では、これは他のすべての国家にも当てはまる問題だ。

記述的な面から見れば、インド太平洋は海洋的なアジアを中心に置いた、新たに拡大しつつある地図を表す中立的な名称に過ぎない。たとえばこの言葉は太平洋とインド洋が、交易、インフラ、外交などを通じてつながっていることを意味しており、今や世界で最大の人口を誇る二ヵ国、すなわち中国とインドがともに台頭してきていることを示している。この両国の経済は、他の多くの国々と同じように、インド洋の海上交通路に依存している。ここは世界の重要な通商上の大動脈として、中東およびアフリカからの原油の輸送や、あらゆる種類の貨物が双方向に輸送されているのだ。

ところがインド太平洋は、広大な空間と多様な数多くの国々の連帯から、力を引き出すための場所でもある。この用語は、主として中国の台頭の影響もあって、いまや経済的な結びつきと戦略的な競争の二つが広大な両大洋地域にまたがっていることや、他の国々は曖昧（あいまい）化しつつある古い地理的境界線を越えた新たなパートナーシップを通じて自国の国益を守らなければならなくなったことを認めたものだ。

「インド太平洋は実際には地政学的な計略（アジェンダ）を示す暗号である」と警告する声もある。たとえばそれは、中国を阻止しようとするアメリカの企（くわだ）てであったり、栄光のためのインドの行動、影響力を回復しようとする日本の計画、力を求めるインドネシア、オーストラリアの同盟構築、欧州が「アジアの世紀」に割って入るための言い訳などだ。さらに執拗（しつよう）な不平の声として、インド太平洋は「大西・太平洋」と同様に、無意味な「ジョージ・オーウェル的」なニュアンスによってでっち上げられた言葉に過ぎないというものもある*3。

当然だが、中国はこの言葉からリスクと不快感を感じている。中国はとりわけインド太平洋を、アメリカ、日本、インド、オーストラリアという民主国家による「四ヵ国（クアドリラテラル）」同盟を通じて、中国の力を封じ込めようとする戦略の正当化の根拠であると理解している。中国の王毅（おうき）外相は、インド太平洋が「海の泡のように消えてなくなるはずの……注目を集めるためのアイディア」だとして、わざわざ公式に否定している*4。

しかし、現実はそうではない。皮肉なことに、インド太平洋を現実のものとしている最大の要因は、中国自身の行動である。つまり、インド洋、南アジア、南太平洋、そしてアフリカなどにおける、経済的、政治的、軍事的プレゼンスの拡大なのだ。中国の指導者である習近平の特徴的な外交政策は、「一帯一路」という実に多くの説明を必要とする巨大計画だ。この一部は、インフラ整備とセットになった資金貸し出しの大盤振る舞いであり、その一部は戦略的な攻勢政策、さらにはマーケティングのキャンペーンだとも言える。

「一帯（ワンベルト）」とは、陸上における中国の野心を指している。ところが「一路（ワンロード）」の方は「海上シルクロード」の省略形で、中国式の「インド太平洋」を意味している。この台頭する帝国の中では、ビジネスはリスクと同時にチャンスももたらしており、軍艦や潜水艦は海上交通路を遊弋（ゆうよく）し、兵士やスパイが商人に紛（まぎ）れ込み、中国と他の大国との間の全面的な競争が、表向きの協力関係に暗い影を落としている。

その名前には何が含まれているのだろうか？　一見したところ「インド太平洋」というラベルは、調理され瓶詰めされた何の変哲（へんてつ）もないものに見える。インド太平洋という言葉は、名詞がない二つの形容詞、陸地のない海洋、大陸のないアジア、それぞれが地域としては十分に広い二つの大洋の結合が示されており、足りているようで満たされていない、実に微妙な響きを持っている。すでに長年にわたって人々や政府は「アジア」や「アジア太平洋」などの用語を進んで認知してきたのに、なぜさらに新しい地理的なキーワードを加えようというのだろうか？

そしてこの新しい名前は、この地域に住む人々の生活——彼らの平和、自律、尊厳および物質的な幸福——に一体どのような影響を与えるのだろうか？

メンタルマップと物理的な事実

国政術（ステートクラフト）においてメンタルマップは重要だ＊5。それが競争的であれ協力的であれ、国家間の関係には人間の思考の中にある地図が含まれる。この地図は各国の自然な「領域」、つまり何が地図上にあるのか、何が地図にないのか、そしてそれはなぜなのか、ということを定めている。これは学者たちが「戦略的システム」あるいは「地域安全保障複合体」と呼ぶものに等しく、これらは一つ以上の強力な国家の行動が他の国家の国益に強力かつ不可避な衝撃を及ぼす、世界の一つの部分ということだ＊6。メンタルマップの重要性は、地図の製作そのものと同じくらい古い。

国家が地図上でイメージするものは、その国が何を重要と考えているかの指標になる。つまりこれは指導者の決定や、国家の運命、そして戦略そのものを形成するのだ。地図は権力にも関係する。リーダーによる地域の定義のしかたによって、資源配分や注目度が影響を受ける。すなわち、味方と敵の順位付け、外交のトップテーブルに誰を招いて誰を招待しないのか、何を話題にして、何が行われ、何を忘れるべきなのか、などである。

共有された地理感覚や「地域主義」には、国際協力や国際制度を形成し、一部の国を優遇して他の国を軽視するような可能性がある。例えば二〇世紀後半の「アジア太平洋」や「東アジア」という概念は、アジアで二番目に人口の多い国であるインドが国内経済を開放して東を向いていた時期に、この国を除外していた。これは公平でないだけでなく、擁護（ようご）できないものであった。

「インド太平洋」はこれに修正を加えるものであるが、このような世界観においては「インドこそすべて」という先入観を改めることも重要である。つまりこれは、主に中国の戦略的な水平線の拡大を認識して対処することに狙いがあるのだ。

世界を思い描くための正しいやり方、あるいは恒久的な方法は、たった一つのものに限定されない——各国家は物事を単純化し、複雑な現実を理解し、何よりも与えられた時間内に自分たちの国益に貢献する地図を選択している。現在のところ、世界の大部分を単に「一帯一路」と表現する中国式の描き方が共通語になってきているが、この言葉の意味や目的は可変的で不透明であり、中国の国益と密接に絡み合っている。

人々は長年にわたって、アジア太平洋、東アジア、南アジアおよび東南アジア、ヨーロッパ、北大西洋、ユーラシアなどのラベルに慣れ親しんできた。アジアに対する過去の政治的に偏向していた一連のラベルの中では「極東」と「近東」は今日ではあまり使われなくなったが「中東」は今でも現役だ。

これらはすべて社会的に構成された地理的な概念であり、強大な国家たちによる自己中心的な政治目的のためにつくられた造語であり、時として神聖化されたこともあるものだ*7。たとえば「アジア」でさえも、もともとはアジア人がつくった枠組みではなく、ヨーロッパ人が自分たちの都合ででっち上げて順応させた用語であった。その想像上の境界線は変化し続けている。

「アジア」は、古代ギリシャの都市国家アテナイによって、ギリシャ以東の地域すべてを示す言葉として始まった。一八二〇年代にはオーストリア帝国の政治家であったメッテルニヒ（Metternich）が、冗談半分でヨーロッパとアジアの境界線を「ウィーンとブダペストの間のどこか」に置いたこともあった。

二〇一四年に中国は「アジアの未来を決定するのはアジア人だけである」と呼びかけた会議を主催したが、そこには興味深い策謀が見え隠れしていた。この会議のメンバー国には、ロシアやエジプトなどの「中国の友人」ではあるが分類的には「アジア」に含まれていない国家が招待されていたにもかかわらず、明らかにアジアの国であるが将来中国に問題を引き起こしうる大国であるインドネシアや日本は含まれていなかった*8。

前述したメンタルマップの場合と同じで、「インド太平洋」はある意味で人工的で偶発的なものである。だがそれは時代に合致したものだ。なぜならそれは二一世紀の海洋的な連接性と、多面的な、あるいは外交官が言うような「多極化」した地政学を示しているからだ。

一〇年前の国際関係論の論説では「インド太平洋」という言葉はほとんど用いられていなかったが、現在われわれはアジアのメンタルマップのなかで大きく二つのアイディアが衝突しているのを目の当たりにしている。それは中国の「一帯一路」と「インド太平洋」という対立であり、後者は日本、インド、オーストラリア、インドネシア、フランス、そしてそれを主導するアメリカで構成されている。それ以外の国々は、この二つの概念について理解しようとしており、どうすればこれを利用したり順応したり、抵抗したり、回避したりすることができるのかを確認しようとしている。

したがって、「インド太平洋」という言葉はある種の結果をもたらす、決断のための一つの基準となっている。これは「地域と世界の中心である」とする中国の自己イメージを他国が受容するとは期待できないという、勃興する中国に対するメッセージであるとも言える。しかしこれは、同時にアメリカに対するメッセージでもある。つまり「中国とアメリカだけが考慮に値する二ヵ国ではない」と伝えるシグナルであり、シンガポールの練達の外交官ビラハリ・カウシカンが「偽りの二つだけの選択肢」――あらゆるものが、突き詰めると未来を示す中国と、過去を代表するアメリカの間の選択に行きつく――と呼ぶ心理的なワナを避ける必要性を思い起こさせるものである*9。

当然のことながら、このような単純な二つだけの選択肢の提示は、中国とアメリカの経済の正確な大きさに関する退屈な統計学データを並べた見出し記事を理解する上では、実に魅力的な方法となる。そしてそのようなデータだけに注目した場合、たしかに説得力のあるストーリーを語っているように見える。すなわち、中国はすでに世界最大の経済大国としてのアメリカを抜き去っているか、あるいは間もなく追い抜くため、それ以外は大した問題ではないということだ*10。

ところが現在われわれがインド太平洋と呼んでいる地域における他の数字――二つの主導的な大国の下

に多くの有力な国家が存在しているシステムの中にある統計的な数字——に注目すると、別の面が見えてくる。この複雑な現実には、中国でもアメリカでもない重要な国、すなわち多くの「中堅国たち」が含まれているのだ。

本書の中心的な議論の一つは、地域のミドルプレイヤーである中堅国たちが協力すれば、たとえアメリカの役割が縮小したと想定してもその勢力均衡（バランス・オブ・パワー）に影響を及ぼすことができる、ということだ。例えば以下の四ヵ国の連携の可能性を考えてみよう。すなわち、日本、インド、インドネシア、オーストラリアだ。この四ヵ国はいずれも中国との間に問題を抱えており、国家の安全保障の問題に関しては互いに合理的な（そして全般的に段々と）意見の一致をみている。つまりこの四ヵ国は偶然にも台頭するインド太平洋という世界観の擁護者となっているのだ。

そしてこの四ヵ国は、決して消極的、あるいは取るに足らない国などではない。たとえば二〇一八年には、この四ヵ国の人口の合計は一七億五〇〇〇万人であり、国内総生産（ＧＤＰ：購買力平価［ＰＰＰ］換算で測定）は二一兆米ドル、国防費は合計で一四七〇億米ドルだった。これと比較すると、アメリカの人口は三億二七四〇万人であり、国内総生産は二〇兆四九〇〇億米ドル、国防費は六四九〇億米ドルである。その一方で、中国の人口は一三億九〇〇〇万人、経済規模は二五兆米ドル、国防予算は二五〇〇億米ドルだ＊[11]（当然だがこの数値は中国の経済成長と人口に関する公式統計が水増しされていないことが前提であり、実際疑われても仕方のない部分はある＊[12]）。

一世代後となる今世紀半ばの数値を予測すると、強力なバランサーとしての中堅国たちの姿は一層力強さを増すことになる。なぜなら二〇五〇年に中堅国たち四ヵ国の人口の合計は、二一億八〇〇〇万人、国内総生産（購買力平価）は合わせて六二・九七兆米ドルという、恐るべき数値に達すると予想されているからだ。

そのころにはアメリカの人口は三億七九〇〇万人、国内総生産（購買力平価）は三四兆米ドルになると推定されている。そして中国の人口は、一四億二〇〇〇万人、国内総生産は五八兆四五〇〇億米ドルとなりそうだ。

インド太平洋のパートナー国の中の三大国家――インド、日本、インドネシア――の合計だけでも、人口で中国を凌駕し、経済的にも上回るだろう。そのころまでに、これらの国の国防予算の合計は、強大な人民解放軍のそれよりも大きくなっているかもしれない。

ベトナムのように、一億二〇〇〇万の人口と、世界トップ二〇位以内の経済力を持ち、中国との間で摩擦のある勃興する地域大国を一国、または複数含めることができれば、この数値はさらに大きくなる。これらの国々の中のたった二、三ヵ国を組み合わせただけでも中国は躊躇するはずだ。

さらにいえば、ここではあえて議論をするために、ハワイ以西におけるアメリカの戦略的な役割をすべて除外している。もしここにアメリカという重鎮が加われば、たった数ヵ国の中堅国が連携しただけでも強大なる中国を凌駕できる。さらに言えば規模の大きさだけがすべてではないし、彼らの海洋的な地理関係は、機動の自由という戦略的な優位を与えている。

もちろんこれらはすべて（既存の数値や想定される傾向から導かれたとはいえ）単なる論理的推論に過ぎないとも言える。ところがその反対に「あらゆる意味で未来を描くのは中国であり、目の前に広がる二一世紀は北京のものである」という広く喧伝されていることも推論にすぎないのだ。

「インド太平洋の国々の多様な有志連合が団結すれば中国に対抗できる」というのは、たしかに一つの意見にすぎない。実際のところ、有志連合を正式な同盟――すなわちお互いのためにリスクをとることも厭わないという意志に支えられた関係国間の相互義務を必要とする取り決め――のように堅固にするには、指導力や先見の明や外交などの面において大きく前進させる必要があるからだ。

さらにいえば、ゆるやかに連携した民主国家たちが国家資源を総動員する権威主義的な中国の能力に匹敵するレベルのことができるとは考えにくい。それでもインド太平洋はまだ長いゲームが始まったばかりの段階にあり、適切な状況下では強靭さを発揮できるような素晴らしい組み合わせをつくることも可能なのだ*13。

インドと日本の首相が二人で列車で旅をしたことは、そのような連携する未来を予兆しているのだろうか？　確かに、安倍＝モディ会談は今では毎年恒例の行事となっており、特別なものではない。不安な時代には、ほぼすべての首脳が別の国の首脳と対話するものだからだ。ところがとりわけインド太平洋地域では、通常は考えられないようなパートナー国同士が会合を重ねながら、対話と協力の「安全保障のネットワーク」を新たに構築しつつある。日本とインドは、単に他の組み合わせよりも影響が大きく、活発であっただけだ。

安倍とモディは、平和主義の日本と非同盟のインドという昔であれば考えられなった国同士の間で、安全保障や経済の繁栄、そして共有された問題や共有された戦略の発足などについて、信頼できる対話と協力の習慣を作り上げたのだ。これらは多忙な政府首脳が通常やりとりするいつもの台本どおりの意見交換ではなく、強圧的な中国と予測できないアメリカの行動への対応を決意した政府指導者同士の、自由で野心的な協議だった。

二〇一六年一一月、日本とインドの指導者たちは、カリフォルニアから東アフリカに至る自分たちの両大洋地域の地図をじっくり研究するために膝を突き合わせ、中国の拡大するパワーに対抗する上で地理がどのような役割を果たすのかを考えたのだ*14。

境界線を打ち壊す

ではこの二人の結論はどうなったのだろうか？　この二人のアジアのリーダーたちは、インドの「アクト・イースト」(Act East)と、数ヵ月前にアフリカで安倍首相が公表したばかりの「自由で開かれたインド太平洋」(Free and Open Indo-Pacific: FOIP)というスローガンを結びつけたのだ*15。印象的だったのは、二〇一七年にアメリカが自分たちの地域政策を定義するのに、これと全く同じ用語を採用したことだ。これはアメリカが進んで他者に先導を許した、珍しい事例である*16。

もちろん同じラベルでも、それが何を意味するのかについては国ごとに微妙な違いはあるだろう。しかし日本とインドの両国にとって「インド太平洋」とは、習近平の中国が混乱させて、ドナルド・トランプ率いるアメリカが機能不全であり、その他の国々が平和、安定、主権を守ることに懸命な、アジアの権力政治の乱気流を乗り切るための一つの方法なのだ。そして両国は太平洋とインド洋を分離していた二〇世紀末の精神的な境界線、つまりかつては有用であったが今や陳腐化して時代遅れとなったアイディアである「アジア太平洋」を打破することで、これを達成したのだ。

日本とインド——アジアで最も発展した大国と、間もなく世界最大の人口となる国——は二人の強力な政治的リーダーたちの個人的な親しい関係を超えて、海を越えて力を合わせているように思える。インド太平洋というアイディアは、彼らの新たな連携について説明するものであると同時に、それを推進するものだ。このパートナーシップが今や構造的なものとなり、両国の官僚機構に織り込まれ、そして政治的にも後継者たちへと引き継がれるという兆候が見てとれる*17。

もちろん今回のこのモディと安倍の旅は、それだけでは世界が変化しつつあることを示す決定的な証明とはならない。結局のところ、外交の本質は、訪問や対話、そして公式声明の発表などの繰り返しであり、そこではあらゆるものが重要に思える一方で、そのほとんどは見掛け倒しなのだ。それでも多くのデータやパターンが、アジアの地図が間接的なやり方で再構築されつつあることを指し示している。

現代のインド太平洋というアイディアのヒントは、二一世紀に入ってすぐに出現した*18。まず自らの領域を「インド太平洋」と公式に命名した最初の国は、二〇一三年の国防白書で拡大地域（スーパーリージョン）がエネルギーと交易の海上交通路で結ばれていることを地図とともに示したオーストラリアであった*19。ところがアメリカが二〇一七年一二月に発表した「国家安全保障戦略」においてインド太平洋を主要な戦略的利益をもつ領域——中国との競争が急速に激化している地域——だと宣言すると、物事は急速に加速してきた*20。

インド太平洋は、今はアメリカがこの地域を見るときに使う「レンズ」となっている。ハワイに駐屯する強力なアメリカ軍は「インド太平洋軍」と改名されたほどだ。

この新しい用語は、ホワイトハウスから国防省、国務省、そして連邦議会などから発せられる、政策スピーチや戦略文書、そして法案などで使われるようになっている。とりわけ連邦議会は、中国との長期的なライバル関係が重大な挑戦であるという一点において、共和党と民主党が超党派で合意しているように思われる*21。

ただしドナルド・トランプによる使用は、「インド太平洋」という用語にとってはあまり良い宣伝とはならない。彼はこの用語だけでなく、同盟国を含めたその他のあらゆる外交政策にとっても、理想的な提唱者とは言い難いからだ。それでもこの用語は多くの国に受け入れられており、この事実だけでも「インド太平洋」というアイディアの持つ弾力性が裏付けられている。

いくつかの主張に反して、インド太平洋という用語はワシントンで作られた知的な服飾品ではないし、鈍感なアジアに対して押し付けられたものでもない*22。それどころか、これはアジアかそれ以外の地域からも次第に支持を広げつつある、外交、安全保障および経済に対する、本物の地域的な取り組みなのだ。

インド太平洋の旗を掲げるという面では、アメリカはリーダーではなく追随者となっているのである。

中国がそのような言葉から距離を置くよう警告を発したにも関わらず、外交会談の場では実に多くの政府が突然インド太平洋に言及するという、一種の「ドミノ効果」が生じている。たとえばインドのモディ首相は、二〇一八年にシンガポールで開催された「アジア安全保障会議」［シャングリラ・ダイアログ］の基調講演で、これを自分の演説の中で最も活発なテーマとして取り上げている*23。そして二〇一九年六月には、東南アジア諸国連合（ＡＳＥＡＮ）の一〇ヵ国すべてが、拡大する地域との関係という点からインド太平洋の考え方に合意している*24。

この事実は「インド太平洋」がアジアにとって異質なアイディアではないことを証明している。実際のところ、これはＡＳＥＡＮの中堅国たちに、かつての「アジア太平洋」の時代や、中国政府の一帯一路だけで定義された世界に比べても中心的な役割を与えてくれている。インド太平洋は、この不確実な世界の中で幅広い国家に自分たちの役割を認めていることから、ほぼ信仰と言っても良いほどの意味を持ち始めているのだ。

過去の海図を描く

新たな時代に向き合うということは、過去を新たに見つめ直すことでもある。実際のところ、インド太平洋、あるいはそれと似た概念は、豊かな歴史を有していることがわかっている。この用語の使用は、記録に残る限りでは一八五〇年ごろにまで遡ることができるからだ*25。それが意味するアイディアそのものはさらに古い。

本書の第一部では、連接された世界の中核にある二つの大洋地域に関する古の半ば忘れられた過去を再訪する。歴史についてのこの新たな解釈は、海洋アジアが中国中心の世界であったことはないことを明らかにしている。つまり、この地域はインド太平洋の運命を再発見しつつあるのだ。国家の大動乱の時代にあって、過去は単なる序文(プロローグ)以上の意味を持つのである。

「統合された二つの大洋」という見方は、古代からの起源を持つ。それは「アジア太平洋」のような二〇世紀的な概念よりも、アジアを理解する上では時代に左右されない捉(とら)え方である。まず第一に、科学分野では以前からインド太平洋を海洋生物と海流の生物地理学において連接した地域だと認識してきた。そのように連接した海洋生態系は、世界の一部を自動的に経済や権力政治における特別な地域として扱うことはない。

しかし、この地政学的な意味での「インド太平洋」の先駆者も、数千年前の有史以前の域内の海洋交易と移民の原始経済の歴史の話にまでさかのぼることができる。その後にはヒンドゥー教とイスラム教の東南アジアへの伝播が続き、中国、日本および韓国へ仏教の伝来、中国と東南アジアとの(そして一時的にはインド洋地域との)朝貢関係、そして欧州の植民地主義およびその結果としての抵抗運動がアジア全域で広がっていった。

インド太平洋という輪郭線(りんかくせん)は、探検家たちが地図を作る合間にもずっとそこに存在していた。一四〇〇年代から二〇世紀半ばまで、「アジア」という名のついた典型的な地図は、インド太平洋――二つの大洋、インド、東南アジア、中国とその彼方――を一つの枠組みの中に収めていた。最新の評価では、帝国の時代が過ぎ去ってから地域が崩壊し、それが結び付き、再び崩壊して、最終的には一九四五年にインド太平洋における戦争が日米の衝突で終止符を打ったと説明している。

第二次世界大戦後のアジアの安全保障における長期的に不安定な状況は、地域協力の構造やアイデンティティを求める旅でもあった。中国とインドは仲たがい――一九六二年には戦争に至った――しており、世界に対して経済の扉を閉ざすことで自らの繁栄を妨げていた。冷戦はこの地域をさらに分断しつづけた。「アジア太平洋」と呼ばれたこの暫定的なアイディアは、日本や他のアジア経済とアメリカおよびオーストラリアを結びつけるために生まれたものであり、冷戦が終わってアメリカがこの地域から立ち去る理由を与えたときにも、太平洋をまたいでアメリカ政府をつなぎとめる役割を果たしていた。

しかし中国とインドが改革を進めて交易に力を注ぎ、再び外向きになると「インド太平洋」秩序の構造的な再浮上は不可避となった。そして一九九三年には、すでにお膳立てが整っていた。中国が急速な繁栄のために必要なエネルギー、資源、そして交易品の輸送で、インド洋に依存し始めたからだ。「アジア太平洋」というプロジェクトは、そもそもはじめから自らの終焉となるタネを内包していたのだ。このような地域は中国抜きには完結しないが、中国自身も南や西やインド洋のかなたに目を向けなければ台頭できなかったのである。

二〇〇〇年代初頭にはインド太平洋という現実が先鋭化してきた。中国、インド、日本、アメリカおよびその他の国々が、太平洋およびインド洋をまたいで競争や協力をはじめたからだ。たとえば東南アジア諸国は「東アジア首脳会議」(the East Asia Summit)とよばれる外交の場を通じて自分たちの地域に枠組みを与えようとしたが、次第に広範囲の国々を取り込むことで、実質的に新たなインド太平洋を反映した枠組みに落ち着いた。多くの国々が二つの大洋を取り囲む外交を再び想像したために、アメリカ、インド、日本、そしてオーストラリアの間でパートナーシップが広がってきた。

このような外交的な取り決めは、壊滅的な「二〇〇四年スマトラ沖地震」(インド洋大津波)への国際的な対応、ソマリア沖海賊の急増、中国海軍の歴史的なインド洋への再展開、そして中国の経済的利益の急速な拡大などの重大な事件を予期したものであり、そして実際にそれらに対応している。この地域の新たな輪郭は、すでに形を整えつつあったのだ。

現状の争い：多くのプレイヤーや階層

本書の第二部は、現在の「インド太平洋」が持つ圧倒的な複雑さのいくつかの例や、国家が様々な参加者や次元によって構成されている大きなゲームの中でお互いにどのように影響しあっているのかを明らかにしている。インド洋において拡大する、中国の経済、軍事、そして外交活動は、新しい「インド太平洋」という戦略的なシステムを際立たせている。このシステムでは、ある特定の地域における一つの強国の行動と国益が、他国の国益と行動に影響を及ぼしている。

インド太平洋という物語りで、少なくとも主要四ヵ国——中国、インド、日本およびアメリカ——の他に、オーストラリア、インドネシア、その他の東南アジア諸国、韓国、さらには遠方の利害関係者である欧州といった、多数のプレイヤーが国益を争っていることがわかる。ロシアもまたプレゼンスを示してきている。

インド太平洋とは「多極システム」であるため、地域の秩序（あるいは無秩序）の巡り合わせ(めぐ)は、一国や二ヵ国——アメリカと中国——によって決まるものではなく、多くの国の国益とその動きの作用によって決まる。この地域の最も重要な戦略的挑戦は中国を中心としたものかもしれないが、この地域自体は中国を中心としたものではない。

この地域における勢力争いは、一九世紀における大英帝国とロシア帝国の間の「グレート・ゲーム」に例えられることが多い。しかしながら、今回はプレイヤーの数が複数になっている。アカデミックな理論や戦略的なウォーゲームなどは、国家同士の国益がそれぞれ異なるときに彼らがどのように交流するのかを説明するのときに役立つ。だがもし各国家がそれぞれ別のゲームをプレイしていたらどうなるだろう？

そして競争と協力が並行して行われていた場合はどうなるのだろうか？

結局のところ、かなりバラバラな原動力——国益、価値、アイデンティティの組み合わせ——がこの地域における各国家の行動の背後に存在するのかもしれない。国防と安全保障に関する視野の狭いアイディアを超えて、ナショナリズム、歴史、政治的な正統性（レジティマシー）、そして当然のことながら、資源の探査、そして脅かされている自然環境保護のための持続可能性の追求など、経済面の話も含まれるだろう。

とりわけ中国には、国内外を通じて厄介（やっかい）な問題が存在する。習近平と共産党は、全権を掌握（しょうあく）している状態を維持するためには「中国は対外的にも偉大な国家となる」という国民の期待を高め、あらゆる抵抗にも成功裏に対処することが必要だと認識してきたのだ。

その結果として出てきた政策は、古典的な領土征服や侵略戦争——中国にはそのような粗野（そや）で時代遅れの帝国主義的な力はなかったし、好むところでもなかった——ではなく、その代わりに他国に自分たちの防衛に目を向けさせ、ともに手を結ぶ方策を考えさせるような、強力な自己主張を行うというものであった。

この中国の拡大政策は、海外における問題を山積みにして、大きな失敗を犯す可能性を高めるものであった。そしてこれは結果的に、習近平と共産党に独自のリスクをもたらすことになる。なぜなら中国は、他のどの大国よりも「海外における成功」に政治体制の正統性（レジティマシー）がかかっているからだ。いざ何かがうまくいかなくなると、中国の政治体制全体が激しくダメージを受けることになる。とりわけ安全保障、政治、そして経済危機が、予測困難となったりコントロール不能になると、そのダメージはさらに深刻になる。

国家間の相互作用は、実に多くの次元を越えて起きる。多極化した地域の複雑性をさらに複雑にしているのは、すなわち多数のプレイヤーによって演じられるゲームが多層的なパズルでもあるという事実だ。とりわけ四つの要素が突出している。経済、軍事力、外交、そして国家のナラティブの衝突である。このような要素が包括的な競争の混じり合いのパターンの中で——協力という要素も加えて——混じりあって未来をつくって行くのだ。

地経学

経済、とりわけエネルギーの需要が、現代のインド太平洋の台頭を推進してきた。中国、日本、韓国、台湾、東南アジア、オーストラリア、そしてインドなど、すべての国がエネルギー、そして繁栄と安全保障を、インド洋の海上交通路に大きく依存しているのだ。

それと同様に、海上通商もこの海洋ハイウェイ——少なくとも世界の原油輸送の三分の二、そして世界のバラ積み貨物の三分の一を運んでいる——のおかげで世界経済にとっての「重心」となっている。ただし、国際的なサプライチェーンと製造チェーンが南アジアまで延伸（えんしん）するのか、あるいは従来の「アジア太平洋」という性格が残るのか、さらには自動化と「自国内生産（オンショアリング）」という新たなトレンドや、アメリカと中国の産業間の相互依存に激変を及ぼす「切り離し（デカップリング）」がどのような影響を及ぼすのかは不透明だ。

しかし、そこには連接性をめぐる競争もある。中国とその他の国々は、アジアを束（たば）ね、これをアフリカ、欧州および太平洋諸国とつなげるために、港湾、道路、鉄道、電力および通信インフラの建設を競っている。これは小さな島嶼（とうしょ）国家にも及んでおり、南太平洋をインド太平洋に組み込んでいる。

その一方で、世界的には技術の頂点、すなわち人工知能、量子コンピューター、5G通信などを制する競争に拍車がかかっている。今世紀初頭にグローバル化が見せてくれた夢とは裏腹（うらはら）に、経済相互依存はもはや国境を打ちこわし、すべての国家がともに発展していくということだけにとどまらない。それは新たに人気を博（はく）した包括的な（キャッチオール）「地経学（ジオエコノミー）」という言葉で捉えられる、権力と影響力のためのツールとなっている＊26。

これは部分的には地理的であり、それでいて地理的でない部分もあるが、完全にパワーと富との結びつきに関することであることはたしかだ。地経学とは、軍事力よりも経済力を通じてパワーの優位を競う国家間の競争を現しているのであり、他の手段をもってする戦争と政治の両方の継続である＊27。

中国の一帯一路による多額の融資とインフラ建設は、結果的に北京の気前の良さと愚かさのどちらを証明するのかはわからないが、それでも確実に地経学的な権力闘争、すなわち優位をめぐる戦略となっているのは確実だ＊28。

「一路」とは中国的な特徴を持った「インド太平洋」のことであり、インド洋と南太平洋に影響力を拡大するための試みだ。「一帯」の方はユーラシア大陸を陸路でつなげるものであり、その重要性はそれほど高くはない。なぜならバラ積み貨物とエネルギーの海上輸送は、陸上よりも――鈍足ではあるが――安価であり続けるだろうし、はるかに（議論はあるが）安全である。中国の傑出したインド洋研究家の一人である朱翠萍（Zhu Cuiping）が指摘するように、中国は輸入原油、鉄鉱石、銅および石炭の九〇パーセント以上を、海上輸送に依存している＊29。

一帯一路の戦略的影響については注視する必要がある。そしてこれにはこれに結びついた結果として生まれる中国の強制力、政治的影響力、そして安全保障上のプレゼンスが新たな植民地主義――偶発的なものか意図的なものかは別として――に変わるのかという問題も含まれる。

もちろん大戦略として始められたこのようなすべての活動――あるいは現地の複雑な政治に直面したもの――が必ずしも成功するとは限らない。例えばスリランカやマレーシアのように地理的に極めて重要な場所にある国家は引き続きゲームに参加し続けるはずであり、中国による彼らの持続的な支配も当然の帰結というわけではない＊30。しかしながら、過去の欧州の列強と同様に「貿易のあとに国旗が続く」ことや、安全保障が紛争のリスクとともに経済に影を落とすことは明白なのだ。

軍事力

インド太平洋は明らかに軍事的な面を有している。重要な分岐点となったのは、中国が海洋に目を向け始めたことだ。中国海軍は急速に拡張を続けているが、これは中国の国家主席、共産党中央委員会総書記、党中央軍事委員会主席にして「核心」である習近平が、二〇一五年に宣言した路線に従い続けているからだ。この発言では、中国は国益を守るために「海よりも陸重視という伝統的な物の考え方を放棄しなければならない」としている。

むしろ中国の新しい戦略は「近海防御」および「遠海護衛」であり、これは遠方海域に部隊を展開するための理由を遠回しに述べたものである＊[31]。これは単なるレトリックの話ではない。実際のところ、中国では長年にわたって大規模な艦船建造計画が進行中だ。たとえば複数の航空母艦が就役しつつあるのだが、これは主として中国近海、あるいは南シナ海を哨戒するためだけでなく、外洋でも力を誇示するためのものだ。

人民解放軍海軍（The People's Liberation Army Navy：PLAN）は二〇〇九年初頭からソマリア沖海賊に対処するために三隻の軍艦をインド洋に展開しており、それ以降もその展開は続けている。つまり一四〇〇年代の鄭和提督の航海以来初めて、中国はインド洋の一大勢力となったのだ。しかも今回の航海では、帆船に代わって、駆逐艦、海軍陸戦隊、そして潜水艦などが使われている。このような海軍兵力は、パートナーシップ、港湾へのアクセス権、中国軍初の海外基地などに頼りながら、平和的、もしくは好戦的な海上演習を行っている。今回の中国は、じっくりと腰を据えるつもりなのだ。

当然のことながら、中国は孤立しているわけではない。公平を期して言えば、中国は守るべき権益を広範囲にわたってもっており、インド洋海域で自国の旗を掲げる唯一の外部勢力というわけではない。むしろ本当に驚くべきは、中国の船乗りたちがここに戻ってくるのにこんなにも長い年月を要したという事実の方であろう。

アメリカは、イギリスが元島民との間に問題を抱えているディエゴ・ガルシア島に基地を置き、この地で長年行動してきた。日本は中国よりも先にジブチに基地を開設した。欧州の列強たちは、五世紀前に海洋帝国の建設の尖兵(せんぺい)となったポルトガルの非情な冒険者ヴァスコ・ダ・ガマ（Vasco da Gama）の時代から、行っては戻り、そしてまたやってくることを繰り返してきた。今世紀にはロシアからシンガポールに至るほぼすべての外洋海軍が、ソマリアの海賊から海上輸送を守るために部隊を派遣しており、これが中国の任務の論拠にもなっている。

そして、世界の海軍が集中しているのは、インド洋と太平洋を結んでいる海洋戦略隘路(あいろ)であるマラッカ海峡の西側だけではない。インド、アメリカ、そして日本の艦艇は、ベンガル湾から西太平洋に至る海域で一緒に訓練をしている。ダーウィンの北方の海域では、ほぼ全ての主要海軍がオーストラリア海軍と共同訓練をしている。

南シナ海にある人工島を中国が軍事化している合間にも、世界中から集った民間の商船隊と海軍の艦隊がインド太平洋の心臓部分にある共有の大動脈を航行する国際法上の権利を行使している。南シナ海をめぐる争いの是非(ぜひ)は別の箇所でも論じるが、当然のことながらこの係争中の混雑した海上交通路では、戦争の恐れが高まっている。そしてこの相互に連接された時代にあっては、ある場所で生起した一つの戦争が拡大し、遠くまで影響を及ぼすことになる。

各国の軍隊は、近代化を進めて、インド太平洋全域に展開している。この傾向は、軍事専門用語で言う

「戦力投射（パワープロジェクション）」へと向かっている。これを一般的な言葉で言えば、海を越えて遠方で戦う能力のことだ。これは長射程かつ海洋で行動する能力を意味する。すなわち、航空母艦、水陸両用部隊、駆逐艦、潜水艦、哨戒機、人工衛星およびミサイル、さらに超現代的なドローンの群れや、目に見えぬサイバー戦や電子戦がこれに加わる*32。

水中戦における優位を追求することは高くつくのだが、中国、インド、パキスタンおよび北朝鮮らは、アメリカ、ロシア、イギリス、フランスが潜水艦に核兵器を搭載しているのを真似しており、これによって平時の新たな習慣として「かくれんぼ」に夢中になっている。

域内のほぼすべての国家が軍備を強化し、即応体制も高めているが、それは一体何のためだろうか？ テロリズム、海賊、不法漁業、気候変動の時代における災害救難、捜索救難、平和維持、脆弱（ぜいじゃく）な国家の安定化、紛争地域からの市民の救出活動などの、共有されている懸念についての協力が主な目的なのだろうか？ 海上交通路を取り締まり、エネルギーの輸送や通商を守り、国際法を支持するためだろうか？ あるいは抑止し、強制し、抵抗し、そしていざ必要とあれば他国と新たな冷戦、あるいは熱戦［リアルな戦争］を戦うためだろうか？ 軍備拡張の背後には疑念が渦（うず）を巻いている。

いかなる国家もあからさまな攻撃を計画してはいないだろうが、意図というのはそもそも不明瞭なものだ。中国はアメリカの言うことを信用しないし、その反対にアメリカ、日本、インド、オーストラリア、そしてベトナムなどは、とりわけ中国の言葉に極めて懐疑的なのだ。

外交

これらすべての武力を伴う相互不信は、外交やルール、そして平和維持の尊重を求める必死の呼びかけのように感じられる。そもそもインド太平洋地域における平和の構造は極めて脆弱(ぜいじゃく)であり、各国が影響力を競い合う舞台にもなっているので、二重の意味で危ういものとなっている。

この地域の多極的な外交は、協力を構築したり紛争のリスクを軽減するためにほとんど何も行っておらず、失望以上のものは感じられない。いわゆる信頼醸成措置(しんらいじょうせいそち)――冷戦を冷たく保つためのホットライン、行動規範、そしてルールなど――はそもそも不足しており、ほとんど敬意を払われていない。中国やアメリカ、あるいはその他の国も、水面下では自分たちに都合の良い議題(アジェンダ)を設定しようと動いている。

この地域の通常外交は現在も二国間交渉の形で行われており、国家は他国と一対一で交渉する。これは強国の側に有利に働く。しかし別のトレンドとして、数の持つ安全性も注目されつつある。だからこそ、オーストラリア、インド、日本、そしてインドネシアのような中堅国たちが相互の結びつきを強化することで外交的に重みを増すのだ。その典型例が、モディと安倍の新幹線における外交である。

最近、三ヵ国以上からなる柔軟な有志連合の小グループが、共通の国益、価値、能力、そして物事を進めようという意思に基づいて「ミニラテラリズム」(**minilateralism**)と呼ばれる新たな外交を行い、これが勢いを得ている。最も話題を呼んでいるのは、アメリカ、日本、インドおよびオーストラリアの四ヵ国対話であり、中国はこれを「自分たちの台頭に対抗するための萌芽(ほうが)期にある同盟関係だ」とみなしている。

ところが静かだが大きなインパクトを及ぼしながら、三組の有志連合が台頭しつつある。アメリカ―インド―日本、インド―日本―オーストラリア、オーストラリア―インド―インドネシアなどである。さらに二〇一八年初めには、フランスのエマニュエル・マクロン(**Emmanuel Macron**)大統領が、シドニー湾で発表したオーストラリア、インド、フランスによる、いわゆる「インド太平洋枢軸構想」(**Indo-Pacific axis**)などもある。

もちろん重大な疑問は残る。それは「外交的取り決めの寄木細工のようなもので、国家が平和と安定を支援するために本気で関与するような効果的な地域制度を形成することが可能なのだろうか？」というものだ。新しくパートナーとなった国は、他国が中国と直接対峙（たいじ）したときに本気で肩を並べて立ってくれるだろうか？　そして重大な国益がかかっているときに、中堅国は実際にどれほどの違いを生み出すことができるのだろうか？

ナラティブをめぐる戦い

その答えの一部は「認識」に関わるものだ。なぜなら国際的には異なるレベルの戦い――認識を形成すること、すなわち現実を形成する闘争――が存在するからだ。北京とワシントンの間に存在する多くのプレイヤーたちは、中国の強さや強圧的な主張に対する互いの反応を注視している。

インド太平洋における権力闘争には、大衆や意思決定者の行動やナラティブ［事実描写の物語］を形成しようとする動きが含まれている。これはまさに古代中国の戦略家の孫子（そんし）の『孫子の兵法』に書かれている「戦わずして勝つ」ための古典的なやり方だ。「グローバル戦略研究院」(the National Institute for Global Strategy) と呼ばれる主導的なシンクタンクが「一帯一路」を推進しているのは、まさにそのような理由からだ。いまや認識やプロパガンダをめぐる、つまり「ナラティブ」をめぐる闘争が継続中なのだ。「政治戦」の警報も鳴り響いている*33。そこでは法律、あるいは「法律戦」(lawfare) の再解釈も役割を果たしている。

歴史の改変も同様である。世界が今や「フェイクニュース」の危険性に注視しているように「フェイクの過去（オールド）」による微妙なリスクも存在する。これは他国に対して自国の国益を優位にするために歴史を捏造（ねつぞう）するという行動だ。

また、中国は説得と誘惑という「ソフトパワー」と、内政干渉（ないせいかんしょう）という「シャープパワー」を組み合わせることにより、反対意見を無力化し、オーストラリアからスリランカ、パキスタンから太平洋島嶼国家に至る、インド太平洋のゲーム盤を組み替えようとしている＊34。

もちろんナラティブをめぐる戦いは、中国の思い通りに進んでいるわけではない。ただしアメリカをはじめとする国家の対応の仕方にはリスクが潜んでいる。なぜなら無神経に反撃してしまうと自滅的になる可能性があるからだ。たとえばあるアメリカの当局者は、中国との競争を「文明の衝突」というやや不快な文化的、さらには人種差別的な言葉でなぞらえて批判されたことがある。現実はむしろ「政治体制の衝突」に近いものであり、アメリカ政府は他国を疎外するのではなく、多様な友好国を維持する必要があるのだ＊35。

その他の国々もこの「ソフトパワー」レースに参戦しつつあり、日本、アメリカ、そしてオーストラリアは「一帯一路」に代わる独自の「インド太平洋」構想を推進している。大学、シンクタンクや報道機関は、もはや自分たちを客観的な「オブザーバー」や「解説者」だとみなすことはできない。デジタル技術の進展とともに、これらの組織は戦略競争の背景やツールとして、この物語に急速に組み込まれてきている。海外からの干渉、プロパガンダ、そしてスパイ活動への懸念が新たな形で再浮上しており、陳腐化した冷戦妄想症（パラノイア）ではなくなってきている。

近年、アメリカ国内におけるロシアと中国の活動が暴露（ばくろ）されてきたことに加えて、オーストラリア国内でも中国共産党の影響工作の実態が知られたことにより、世界や地域における議論の雰囲気が変わりつつある。インド太平洋における今後の戦略的な競争は、海洋や係争中の国境線に限定されることはなく、国内においても展開されることになるだろう。

この「グレートゲーム」は、すでに戦略レベルのエリートのみの問題ではなくなっている。そこでは国民全体の意見や感情が役割を果たすようになるのであり、まさに大衆の認識が武装化されるのだ。このような緊張関係は、多くの国々や、もしくはシンガポールのように比較的小さくて管理された社会でも、国家のまとまりそのものに脅威を及ぼす可能性がある*36。多文化社会や民主制国家は、とりわけ脆弱になるのである。

未来を守る：戦争と平和、生存と戦略

では過去と現在は、われわれに将来のリスクとチャンスについて何を教えてくれているのだろうか？本書の最後の部分ではインド太平洋にやってきそうな未来と、それを形成するために国家はどのような政策を選択できるのかという問題に焦点を当てる。とりわけここでは「紛争あるいは全面降伏に至らずに強制力を管理するにはどうすればよいのか」という問題を中心に議論している。

国家間関係とは一つの連続体のようなものであり、まず一方の端には協力があり、そこから共存、競争、対立を経て、反対側の端には全面戦争を含めた紛争が存在している。このスペクトラムでいえば、現在のインド太平洋の状況は「競争」という線の上にあり、対立や紛争のリスクが高まっている。平和と戦争を隔(へだ)てていた壁は、薄れているだけでなく、むしろ溶けつつあるのだ。強国同士は今や絶え間ない競争状態にあり、誰かのミスが甚大(じんだい)な結果につながる可能性がある。

中国とアメリカは、あらゆる領域でお互いに張り合う、広範な闘争という状況に移行した。アメリカの国防総省は、中国に対して「戦略的な競争相手」というレッテルを公然と張っており、マイク・ペンス(Mike Pence)副大統領の二〇一八年と二〇一九年の一連の率直な演説でもわかるように、この評価はアメリカの対中政策に浸透していることが明らかになっている。この状況は、誤解あるいは対立によって、

ますます悪化する可能性がある。このニュースの中に唯一明るい希望があるとすれば、それは一九三九年の欧州情勢とは違って戦争を求めている国は一ヵ国もなく、すべての側が戦争を破滅的なものだと認識している点だ。

しかし、これだけでは戦争を不可能にすることはできない。東アジアでは昔から良く知られた四つの発火点（フラッシュポイント）がある。台湾、南シナ海、東シナ海、そして朝鮮半島だ＊37。

しかし今ではインド太平洋という広い地域で紛争の可能性が高まったという予兆がいくつも存在する。アメリカは中国の潜在敵国の一つに過ぎない。中印関係も日中関係も、問題をはらんで不安定な状態が続くと見られている。

これらの発火点は地理的なものですらなく、サイバー侵入や「表現の自由」をめぐる問題のような、情報領域における介入を含む可能性もある。東アジアで勃発した紛争は、例えば遠距離海上封鎖、サイバー攻撃、経済破壊工作、国家の死活的に重要なインフラの無力化、宇宙を含めた通信ネットワークの先制破壊攻撃などを通じて、地域全体にエスカレートする可能性がある。

将来の米中危機は、インド洋や南太平洋で展開される可能性がある。アメリカ政府の安全保障分野における断固たる意見の中には、「水平的なエスカレーション」――一定の地域に戦場を限定する戦略だと敗北につながる場合に、新たな場所に紛争を拡大させること――に警鐘を鳴らすものもある＊38。なぜなら石油封鎖のような水平エスカレーションは、米中のみならず、世界全体に深刻な被害を及ぼすことになりかねないからだ。ところがこのような被害の見込みも、衝突が起こらないことを保証しない。そしてもし地域情勢が新たな冷戦の性格を帯びるようになれば「代理戦争」の可能も高まることになる。例えば、強国の側が弱小国のことを「失っても惜しくない戦闘部隊」や「限定戦争のための戦場」として利用することなどだ。

もしインド太平洋で限定戦争が起こったとしても、その結末を予測することは不可能だ。その理由としては、新たなテクノロジー、経済的な連接性、相互の脆弱性、さらには決断と奇襲に関する偶然性などが含まれる。究極的なことをいえば、核兵器がもたらす壊滅的なリスク——実際の使用まで——の可能性も否定することはできない。だがたとえそれよりも低いレベルで紛争が終結したとしても、国家の安定性やグローバル経済の繁栄と秩序の基盤が深刻なダメージを被(こうむ)る可能性はある。

幸いなことに、インド太平洋のいかなる国も戦争を求めてはいないし、緊張の多くは他の手段によって管理は可能だ。しかし本格的な協力と紛争解決は、相互不信の状況下では不可能だ。

ではどうすればいいのだろうか？　この地域の大国が互いの立場の違いに向き合う際に、新たな外交機関や条約を受け入れたり、国際連合が有意義な役割を果たしたりするような状況は想像し難(がた)い。最も理にかなっているのは「共存への期待」であり、これは制度構築や協力のような、あらゆる気高い野心的な取り組みに欠かすことができない出発点となる。

しかし、政府が平和を維持するために必要なリスクの軽減措置に真剣に取り組むよう迫るためには、九死に一生を得るような国際的な経験——キューバ・ミサイル危機の「二一世紀インド太平洋版」のようなもの——が必要なのかもしれない。そのような危機は、既に存在しているが正しく評価されていないルールや通信チャンネルといった構造(アーキテクチャー)を、国家たちに適切に用いるよう迫ることになるかもしれない。このような危機管理用の「ホットライン」は、冷戦期間中には軍備管理の協定や首脳会談などとともに、現在よりもはるかに活用されていた。なぜなら懸案(けんあん)となっている利害の重大性があまりに明白だったからだ。

今日のインド太平洋諸国政府にとって、共通の脅威——たとえば気候変動、自然災害、資源の枯渇、国境を越えた犯罪、海賊、そしてテロリズム——に対する協力の活用に、真剣に取り組む余地はまだ残されている。こうすることにより、戦略的な相互不信を管理する上で協調性と透明性が改善するかもしれないからだ。

しかし、どこから始めるべきだろうか？　そして外交上の複雑な袋小路の中で、一体どうしたら妥協を演出できるのだろうか？　ほとんどの政府は、いまや自分たちが新たな地域的な安全保障上の枠組み――すなわちインド太平洋――と苦闘していることを理解しているが、パズルのピース、すなわち地経学、安全保障、外交、そして国内問題を組み合わせるための計画を持っていない。

包括的な戦略を立案する国家同士の競争は始まっている。そしてその進み具合には差がある。その中で最も進んでいるのが、中国の「一帯一路」だ。日本とアメリカには「自由で開かれたインド太平洋（FOIP）」という自分たちの翻案（ほんあん）がある。インド、オーストラリア、インドネシアは、それぞれ実利的なインド太平洋の行動計画をもとに活動している。

二〇一七年のオーストラリアの「外交白書」は特に、新たな時代のための戦略の概要を説明しており、地域の不安定性に対して国を挙げての支援を提案している＊39。もちろんこれは「言うは易（やす）く行うは難（かた）し」である。

この多極化時代には、国家が単独で戦略を追求しても自国の国益を守ることはできないだろう。これは最強の大国であるアメリカと中国にとっても同じだ。自国だけで国益を守ろうとしても、この地域はいかなる国にとっても広大すぎて複雑すぎる。国同士の連携にはボーナスがつくことになる。インド太平洋地域の特別な性質を理解――これにはその広さの規模と多様性を含む――できれば、おそらく数十年に及ぶ摩擦を切り抜けるための戦略に必要な要素を特定できるようになるだろう。これらの要素は、不測の事態への対応計画を含めた、外交、開発、そして抑止など、それぞれバランスの取れた組み合わせから構成されている。

競争的ではあるが対立的ではなく、自信にあふれているが無頓着（むとんちゃく）ではないアメリカの戦略に道を開くために必要なのは、持続的な積極的行動や、オーストラリア、インド、日本、インドネシアそして東南アジアや欧州のパートナー諸国のような中堅国同士の連帯なのだ。中国のパワーに対処するには「融和」や「封じ込め」という古い概念は捨てて「取り込み」(incorporation)や「条件付きの関与」(conditional engagement)を採用する必要がある。

これはつまり、相互調整と相互尊重に基づいて中国を正統な大国として取り込んでいくということだ。インド太平洋というアイディアには、そもそも中国を排除しようとしたり、時代遅れで誤用されている冷戦用語である「封じ込め」を中国に用いることはその前提として含まれてはいない。中国はその定義からしてこの地域の主要プレイヤーであり、これを認知することは、例えば中国がインド洋で安全保障上の役割を演じる権利を認めることを意味する。中国が西太平洋からアメリカを締め出す権利がないように、インドにも中国をインド洋から追い出す権利はない。

インド太平洋というアイディアが、中国の影響力を弱めたり、吸収したりするものであるのは事実である。そこはたしかに重要ポイントだ。しかしながら、これは中国を自国の拡大地域から締め出すのではなく、むしろ中国をより広範で多極化した地域に組み込むことを狙いとしている。他の国々は中国との関係を調整する必要があり、中国も特にアジアの有力な中堅国たちに対して調整する必要がある。

当然のことながら、中国には一流国としての正当な場所、すなわち尊敬され卓越した地位が与えられることになる。ただし、それは支配的ではないということだ。中国が東アジアを支配することを許され、その代わりにインドがインド洋を独占するという「勢力範囲」というアプローチは、どう考えてもうまくいかない。中国の原油の輸入における海上輸送への依存と「一帯一路」がカバーする安全保障、経済および海外移住の到達範囲から考えると、そのようなアプローチはすでに遅きに失している*40。同時に、中国の巨大な戦略的重みと覇権への誘惑を考慮すれば、インド太平洋というアイディアはその他の国々を力づけるとともに、時代遅れの地理的境界線を越えた、新たな防衛パートナーシップの構築を彼らに促していることがわかる。

　ところが中堅国たちが連帯を追求せず、単独では中国に影響を及ぼすことがほとんどできないという見込みから脅しに屈してしまった場合、このような中国の力の抑え込みは失敗に終わる可能性が高い。だがその結果は、諸国が現状の汎(はん)地域的な目覚めという好機をどのように使うのかによるはずだ。

　たとえば戦略的な連帯と同盟は、伝統的には武力紛争の状況だけに応用されてきた。しかし、もしインド太平洋の原則であるルールや主権の尊重などが、海洋における嫌(いや)がらせあるいは経済的強制に対する新たな形の集団的で非軍事的な抵抗行為へと変化し始めたらどうなるだろう？

　あるいは、地域全体のインフラの基準が、敵対的な目的のためにそのような投資を悪用するのを新しく制限するようなものになったらどうだろう？　何が起こるにせよ、諸国は強靭性(きょうじんせい)を築き上げて、長期に及ぶ紛争のために自国の国力のすべてを利用する必要がある。

　このためには、防衛や外交だけに注意を払うのでなく、経済と安全保障の政策の間に橋を架けることが必要となる。つまり、政府はもっと市民社会やビジネス的な利益と直接的につながりを持たねばならない。それはつまり、国家というものは世界から隠れて暮らしたり、国際的な緊張関係から逃れることはできず、その緊張は国民の日々の生活に影響を及ぼしているという事実だ。

　無邪気さと諦観(ていかん)の間に一本の道を描くことも可能だ。しかし、これがうまくいく保証はどこにもない。それでも、インド太平洋の本質そのもの――そのつながった広大な広がり、多くのプレイヤーが参加するゲームとしての多極性――だけでもその答えの一部にはなる。この地域は、覇権を達成するには広すぎるし、多様性に富みすぎている。この場所は崩れ去った境界線を越えて、多極性や、創造的で新たなパートナーシップのためにつくられたのだ。その距離と富と分散した戦略的な領土は、「帝国の過剰拡張(インペリアル・オーバーストレッチ)」を誘うものであるが、同時にそれを修正する方向にも働くのだ。

ブリッジングとバランス、陸と海

インド太平洋というアイディアにはある程度懐疑的な人もいるが、当然ながら全面的に批判的な声もある*41。そもそもインド太平洋という考え方が盛り上がってきたスピードそのものが、その影響力と持続力への疑念をあおっている。結局のところ、この言葉を擁護している国々も、これが何を意味しているのかまでは完全に合意できていないように見える。

アメリカと日本は「自由で開かれた」という概念について対話をしているが、インドネシアとインドは「包括性」と「連接性」を強調しており、オーストラリアはその中間だ。これは「中国のパワー」と「米中間の緊張」にどのように対応すべきかをめぐる、より深い亀裂の兆候かもしれない。アメリカ人にとって、インド太平洋は「我々はアジアから立ち去りはしない」というシグナル——たとえトランプ政権であっても——であり、この地域に友好国がまだ多いことをアピールするものだ。

ところが他の国々にとって忘れてはならないのは、この地域には多くの国々が含まれており、中国人でもアメリカ人でもない数十億の人々が暮らしていて、彼らの意見も重要であるという点だ。それでもその根底には連帯感がある。インド太平洋を支持するすべての国は、自分たちが求めるものを指し示すためにこの言葉を使っている。それは、相互依存状態を特定の国家による利己的な搾取へと転換しない経済的連接性、ルールと主権の尊重、国家間の相違を解決するための武力行使や強制は避けること、などである。ここでの最大の問題は、いざ対立が生じたときにその連帯が「団結した行動」や「相互防衛」につながるかどうかだ。

インド太平洋はまだ未完成の試作品である。外交の精神と同じように、それは曖昧さを美徳とするものだ。それは「地政学的状況についての客観的な説明」と「戦略のための基盤」という二つの役割を持っている。これはいわゆる有益な「二元性」の一つにすぎない。アジアの国政術は昔から二元性――中国哲学の陰と陽のような、お互いに異なるものから成る統一体――との相性が良かった。

実際、インド太平洋は多様な二元性、すなわち一つのアイディアのなかに対立する意見を調和させている。それは包括的であると同時に排他的でもある。それは他国の権利が尊重される地域秩序の中に、中国の国益を組み込むことである。しかしそれは同時に、権利が尊重されなければ中国のパワーに対抗するということでもある。それは経済的な起源を持っているが、戦略的に大きな結果をもたらすものだ。

インド太平洋の境界線は流動的だ。結局のところ、この地域は海洋的であるからだ。そしてこの事実は、なぜ様々な国家がこの名前に異なる定義を与えているのか、その理由（そしてそれがなぜ大きな問題となっていないのかという理由）を説明してくれる。例えば、東アフリカ沿岸はインド太平洋の一部なのか、あるいはそうでないのか？　というものだ。

おそらくその答えは、アフリカ問題にインド太平洋の主要国がどのように関与しているかに左右される。しかしながら、この地域の中心は明白だ。東南アジアの海上交通路だ。そしてその周辺部分は、境界線ではなく、連接性（コネクティビティー）によって定義されている。これは古代のアジアの概念であり、ヒンドゥー教の宇宙論に由来する曼荼羅（まんだら）に合致している。これは円と中心点に従って宇宙を多様に定義したものだ。これはインドおよび東南アジアの古代国政術でも同じだ。政治体は、境界線ではなく、その中心点で定義される＊42。

この曼荼羅モデルでは、中国の伝統的な「中華」の世界観とは対照的に、中心の位置が自動的に優越を授けてくれるわけではない＊43。むしろこのモデルは、それぞれが独自の特質を持つ多くの場所、多くの島から構成される一つの世界を認識している。現代の専門用語で言えば、これは多極性、主権の平等、そして相互の尊重、すなわち［一帯一路ではなく］「多帯多路」に等しい。

インド太平洋地域とは確かにアジアのことではあるが、それはアジア以上のものでもある。それは古い「アジア太平洋」を含んで共存しているが、同時にその後継者ともなっている。そしてインド太平洋は一つの場所でもあるが、同時にそれはグローバルな連接性を表現するものである。それはアジア、アフリカ、欧州、オセアニアおよび南北アメリカの間の通商およびエネルギー輸送の幹線道路なのだ。

それは世界の中でも最もグローバルに連接された地域であり、文字通りの意味でグローバルな地域でもあり、矛盾することのない二元性を備えている。このため、実際的な言い方をするならば、インド太平洋の主要な利害関係者は、必ずしも域内に存在するか、完全に域内の大国であるとは限らない。そしてこの場所——争われている南シナ海を含めて——で起こることは、全世界にとっての問題でもあるのだ。

※　※　※

陸上の鉄道の旅は、海の物語、すなわち海洋領域における連接性と紛争で形作られた世界の説明を始める上では実に変わったやり方のように思えるかもしれない。しかしインド太平洋というアイディアは、海路だけに限定されるものではない。たしかにそれは陸に対する海の優越を意味している。

たとえば経済においては、石油タンカーと全貨物の九〇パーセントを輸送する商船のコストが極めて安価であることを考慮すべきだ*44。

環境面では、漁業、津波および気候変動だけでなく、海底資源の採掘の莫大な潜在性も考えてほしい。安全保障面では、軍艦、核弾頭搭載潜水艦、そして水中ドローンについても考えるべきだ。競争が激化する世界では、シーパワーの方が有利なのだ。それは大規模戦争で決定的な役割を演じてきたし、帝国が世界の海を制するのを助け、より協力的な時代にはルールに基づく秩序を支えてきた。中国とインド――昔から大陸国家とみなされてきた――が海に目を向けたのも、実に自然なことなのだ。

だがインド太平洋の重要な二重性は、やはり「海のパワーと経済が陸といつどこで結びつけば最も効果的になるのか」という点にある。その好例が、中国自身の「一帯一路」、つまり海と陸のインフラの組み合わせである。港はたしかに重要だが、それは道路と鉄道を通じて産業、資源、そして中国自身と（地理的あるいは政治的影響を通じて）結び付けることができた場合に、最も役に立つものなのだ。だからこそ中国がパキスタンを通る幹線道路と鉄道に熱意を示したり、日本と中国が東南アジアにおける高速鉄道建設をめぐってライバル関係を演じているのである＊45。

まず一方で日本は、インドのイギリス統治時代の鉄道の近代化を援助しており、都市部の住民のための大量輸送や、アーメダバードからムンバイまでの新幹線の建設を援助している。インド太平洋はユーラシアの接続性を補足するものであり、これを代替しようとするものではない。さらに正確に言えば、海が戦力（せんりょく）投射（とうしゃ）の及ぶ範囲や輸送コストの安さにおいて陸に優ることを考慮すれば「ユーラシア大陸こそがインド太平洋を補う存在である」とも言えるのだ。

実際のところ、インド太平洋と呼ばれる地域にオーストラリアが当初から馴染（なじ）めたのは、そこに「陸路」という下地があったからだ。オーストラリアは昔から「距離の専制」――領土の大きさ（たとえ防衛的な展開であっても遠征になる）、同盟国たち、そして市場（マーケット）などから遠く離れていること――を克服するために、陸と海とを組み合わせてきた。そして東海岸のシドニーと西海岸のパースを結ぶ列車は、当然のように「インディアン・パシフィック」と名付けられていたのだ。独立した島大陸にある多文化民主主義のオーストラリアは「アジア」や「西洋」にも完全に属しているわけではないため「インド太平洋」は特別な響きを持っている。それはオーストラリアの世界における位置づけを定義しており、文字通りの「ホーム」なのだ。この意味を理解する上で、実に参考になるものがある。それは、一枚の地図だ。

註

1 Ministry of External Affairs of the Republic of India, 'India–Japan joint statement during the visit of Prime Minister to Japan', 11 November 2016. ［日印共同声明の仮訳は日本の外務省のＨＰで見ることができる。］

2 この分析は、著者が以前に発表した論文等を基に行ったものである。以下を参照。'Pivoting the map: Australia's Indo-Pacific system', Centre of Gravity Series, No. 1, Strategic and Defence Studies Centre, Australian National University, November 2012; 'The IndoPacific: What's in a name?' *American Interest*, October 2013; 'Reimagining Asia: From Asia-Pacific to Indo-Pacific', *Asian Forum*, 26 June 2015; '*La Chine et l'Indo-Pacifique: Multipolarité, solidarité et patience stratégique*' [China and the Indo-Pacific: Multipolarity, solidarity and strategic patience], *Revue Défense Nationale*, No. 811, 2018; and 'IndoPacific visions: Giving solidarity a chance', *Asia Policy*, Vol. 14, No. 3, July 2019.

3 Geoff Raby, 'China relations can only be unfrozen with Julie Bishop's sacking', *Australian Financial Review*, 14 May 2018. ジェフ・レイビーは元駐中国豪州大使で、現在は北京に本社を置くビジネスコンサルタント会社を経営している。

4 Bill Birtles, 'China mocks Australia over "Indo-Pacific" concept it says will "dissipate"', *ABC News*, 8 March 2018.専門家の中にはインド太平洋に対する中国の反応は「無関心」にすぎないと示唆する者もいる。たとえこれが事実だとしても、おそらく中国の公式の立場はその構築を無視するか、これを無害なものとして受け入れるかのいずれかだ。以下を参照。 Feng Zhang, 'China's curious nonchalance towards the Indo-Pacific', *Survival*, Vol. 61, No. 3, 2019.

5 Robert Kaplan, 'Center stage for the 21st century: Power plays in the Indian Ocean', *Foreign Affairs*, March/April 2009. ［ロバート・D・カプラン著「台頭する中印とインド洋の時代――21世紀の鍵を握る海洋」『フ

オーリン・アフェアーズ・リポート』フォーリン・アフェアーズ・ジャパン、二〇〇九年三月号〕

6 Barry Buzan, 'Security architecture in Asia: The interplay of regional and global levels', *The Pacific Review*, Vol. 16, No. 2, 2003, pp. 145-148.

7 アミタフ・アリャルヤも同様の指摘を行っている。*The End of American World Order*, Polity Press, London, 2014, p. 82.

8 Mu Chunshan, 'What is CICA (and why does China care about it)?', *The Diplomat*, 17 May 2014.

9 Bilahari Kausikan, 'An expose of how states manipulate other countries' citizens', *The Straits Times*, 1 July 2018.

10 例えばオーストラリア政府の財務省が行った両国の経済力の相対的な大きさの見積もりは、著名なオーストラリア人学者ヒュー・ホワイトがアメリカとの同盟が機能していないか無関係であることを前提とした防衛政策を立案する根拠となっている。Hugh White, *How to Defend Australia*, La Trobe University Press, Melbourne, 2019, p. 9. 全く異なる結論に至った専門家もいる。例えばアメリカの学者であるマイケル・ベックリーは国内総生産から福祉や国内の治安対策などの経費を差し引いた「バランスシート」方式で国力を算定し、これによりアメリカは中国を国力で大幅に上回り続けると結論付けた。Michael Beckley, *Unrivaled: Why America Will Remain the World's Sole Superpower*, Cornell University Press, Ithaca, 2018, pp. 1-3.

11 データについては以下の情報源から収集したものを組み合わせている。以下を参照。United Nations, Department of Economic and Social Affairs, Population Division, 'World population prospects 2019',Medium fertility variant; PricewaterhouseCoopers, 'The long view: How will the global economic order change by 2050?', February 2017, pp. 23, 68; Stockholm International Peace Research Institute, 'Military expenditure by country, in constant 2017 US$ 1988-2018'.

12 中国の公式記録の信頼性には多くの議論がある。経済統計の捏造については以下を参照。Yi Fuxian, 'China's population numbers are almost certainly inflated to hide the harmful legacy of its family planning policy',

South China Morning Post, 20 July 2019.

13 この章は当初は以下の論文に掲載されていたものに手を加えたものである。以下を参照。Rory Medcalf and C. Raja Mohan, 'Responding to Indo-Pacific rivalry: Australia, India and middle power coalitions', Lowy Institute Analysis, 2014.

14 二〇一六年の安倍・モディ会談に詳しい地位にいる政府高官と著者の個人的な意見交換に基づく。

15 Abe Shinzō, 'Address by Prime Minister Shinzō Abe at the opening session of the Sixth Tokyo International Conference on African Development（TICAD VI）', Nairobi,27 August 2016.［「TICAD VI開会に当たって・安倍晋三日本国総理大臣基調演説」（二〇一六年八月二七日）、日本外務省ＨＰ］

16 Brahma Chellaney, 'Building a "Free and Open" Indo-Pacific', *The Japan Times*, 21 November 2018.

17 報じられるところによれば、インド外務省の中にはあらゆる問題で日印関係を推進するための「日本監察官」が任命されているという。以下を参照。Thomas F. Lynch III, 'An Indo-Pacific romance', *The National Interest*, March/April 2019, p. 53.

18 二一世紀における戦略的な意味合いで「インド太平洋」という用語を案出したと完全に主張できる学者または官僚は存在しない。地政学的にインド太平洋に言及した最初の近代的な論文は、二〇〇四年のカナダ海軍の学者であるジェームズ・ブーティリエ（James Boutilier）によるものであり、次に二〇〇五年にニュージーランドの海洋専門家のピーター・カズンズ（Peter Cozens）およびオーストラリアのジャーナリストであるマイケル・リチャードソン（Michael Richardson）、二〇〇七年にはインド海軍士官のグルプリート・クラーナ（Gurpreet Khurana）が言及した。著名なインドやアメリカの戦略思想家、たとえばＣ・ラジャ・モハン（C. Raja Mohan）やマイケル・オースリン（Michael Auslin）も、二〇〇八年ころからこの用語を使い始めた。著者は二〇〇五年以降、オーストラリアとカナダ政府の分析官によってインド太平洋という用語が内部文書で使用されていたことに気づいていたが、二〇〇七年に当時のオーストラリアの外務大臣への公開書簡で使用されて以降、この用語の使用はさらに広まり始めた。以下を参照。James A. Boutilier, 'Reflections on the new Indo-Pacific

maritime and naval environment', *Journal of the Australian Naval Institute*, Issue 114, 2004; Peter Cozens, 'Some reflections on maritime developments in the Indo-Pacific during the past sixty years', *Maritime Affairs*, Vol. 1, No. 1 2005; Michael Richardson, 'Australia-Southeast Asia relations and the East Asian Summit', *Australian Journal of International Affairs*, Vol. 59, No. 3, 2005; Gurpreet S. Khurana, 'Security of sea lines: Prospects for India-Japan cooperation', *Strategic Analysis*, Vol. 31, No. 1, 2007; Michael Auslin, 'Security in the Indo-Pacific commons: Toward a regional strategy', American Enterprise Institute, 2010; C. Raja Mohan, *Samudra Manthan: Sino-Indian Rivalry in the Indo-Pacific*, Carnegie Endowment for International Peace, Washington, 2012; Rory Medcalf, 'Incoming government brief: Australia's relations with India', *The Interpreter* (Lowy Institute blog), 21 December 2007.

19 Commonwealth of Australia, 'Defence White Paper 2013', Canberra, pp. 7, 13.

20 'National Security Strategy of the United States of America', December 2017, pp.45-47.

21 Department of Defense, 'Indo-Pacific Strategy Report: Preparedness, partnerships, and promoting a networked region', 1 June 2019.

22 Editorial Board, East Asia Forum, 'India's cautious courtship with the US-led order in Asia', East Asia Forum (blog), 24 September 2018.

23 Narendra Modi, keynote address at the Shangri-La Dialogue, Singapore, 1 June 2018.

24 Association of Southeast Asian Nations, 'ASEAN outlook on the Indo-Pacific', 23 June 2019; Melissa Conley Tyler, 'The Indo-Pacific is the new Asia', *The Interpreter* (Lowy Institute blog), 28 June 2019.

25 J.R. Logan, *Ethnology of the Indo-Pacific Islands*, Jacob Baptist, Singapore, 1852.

26 Anthea Roberts, Henrique Choer Moraes and Victor Ferguson, 'The geoeconomic world order', *Lawfare* (blog), 19 November 2018.

27 Robert D. Blackwill and Jennifer M. Harris, *War by Other Means: Geoeconomics and Statecraft*, Harvard

University Press, Cambridge, Massachusetts, 2016, p. 20.

28 以下の文献でも議論されている。Bruno Maçães, *Belt and Road: A Chinese World Order*, Hurst and Company, London, 2018.

29 Cuiping Zhu, *India's Ocean: Can China and India Coexist?*, Springer/Social Sciences Academic Press, Singapore, 2018, pp. 142-143.

30 Darren J. Lim and Rohan Mukherjee, 'What money can't buy: The security externalities of Chinese economic statecraft in post-war Sri Lanka', *Asian Security*, Vol. 15, No.2, 2019.

31 State Council, People's Republic of China, *China's Military Strategy*, 2015.

32 例えば以下を参照のこと。'Power projection in the Indo-Pacific region: Aircraft carriers and amphibious ships', in *Asia-Pacific Regional Security Assessment 2019*, International Institute for Strategic Studies.

33 General Angus Campbell, Chief of the Australian Defence Force, 'You may not be interested in war, but war is interested in you', Speech to the Australian Strategic Policy Institute's 'War in 2025' conference, Canberra, 13 June 2019.

34 Rory Medcalf, 'China's influence in Australia is not ordinary soft power', *Australian Financial Review*, 7 June 2017. シャープパワーの概念については、全米民主主義基金（the US National Endowment for Democracy）による以下の報告書でさらに明らかになっている。'Sharp power: Rising authoritarian influence' in December 2017.

35 Peter Harris, 'Conflict with China is not about a clash of civilisations', *The National Interest* online, 3 June 2019.

36 Bilahari Kausikan, 'No sweet spot for Singapore in US-China tension', *The Straits Times*, 30 May 2019.

37 Brendan Taylor, *The Four Flashpoints: How Asia Goes to War*, La Trobe University Press, Melbourne, 2018.

38 Hal Brands, 'The too-good-to-be-true way to fight the Chinese military', *Bloomberg*, 10 July 2019.

39 Commonwealth of Australia, 'Opportunity, security, strength: The 2017 foreign policy white paper', Canberra, 2017.

40 「影響圏」の議論はオーストラリアのような国家が中国と単独で向き合うために必要であるという見解の論拠として推し進められてきた。以下を参照。Hugh White, *How to Defend Australia*, pp. 38-42.

41 例としては、Michael D. Swaine, 'A counterproductive Cold War with China: Washington's "Free and Open Indo-Pacific" strategy will make Asia less open and less free', *Foreign Affairs*, 2 March 2018.

42 Philip Bowring, *Empire of the Winds: The Global Role of Asia's Great Archipelago*, I.B. Tauris, London, 2019, p. 61.

43 Shyam Saran, *How India Sees the World: Kautilya to the 21st Century*, Juggernaut, New Delhi, 2017.

44 Rose George, *Ninety Percent of Everything: Inside Shipping, the Invisible Industry that Puts Clothes on Your Back, Gas in Your Car and Food on Your Plate*, Metropolitan Books, New York, 2013.

45 Will Doig, *High-Speed Empire: Chinese Expansion and the Future of Southeast Asia*, Columbia Global Reports, New York, 2018.

現在

第2章

アジアの水面下の歴史

一八四五年に、スコットランド生まれの軍人にして測量家であり探検家でもあったトーマス・ミッチェル（Thomas Mitchell）は、オーストラリアを北西方向へ横断するルートの探検地図をつくるために、シドニーを後にした。この壮大な冒険の旅の終わりに、彼はこの大陸北部を「オーストラルインディア」と名付けることを提案した。結局のところ、彼の旅の主な理由は「インド洋沿岸への道を開くこと」にあったのであり、これにより、北オーストラリアからシンガポール、インド、そしてイギリスに至る、重要な海上交通路を結ぼうというものだった。

ニューサウスウェールズ［オーストラリア南東部］の植民地は、すでに英領インドと前途有望な貿易関係を築き上げており、東インド会社の軍隊に騎兵隊用の替え馬を輸出していた。しかしオーストラリアとパプアニューギニアの間にあり、太平洋とインド洋が接する狭いトレス海峡は、航海の難所であった。さらに全体的に言えば、ニューサウスウェールズという植民地は孤立していて生き延びるのに必死であったため、オーストラリア北部がインド、中国および「インド諸島」あるいはインドネシアと相対的に近いことに、経済的利点を見いだそうとしていた――これは今日においても全く同じことが言える。

ミッチェルは旅行記の中で、自らの旅の目的を説明するために、ある独創的な仕掛けをしている。彼は地図を傾けたのだ。一八四八年に出版された彼の旅行記の中の斜めに傾いた地図が、二一世紀に問題となるアジアのインド太平洋的な形を予兆させるものになるとは彼自身も想像できなかったはずだ*1。

この地図は、今日においても新鮮かつ論理的な視点を有している。中国、日本、東南アジア、インドなどは、すべて均等に強調されている。そして大規模な人口密集地や市場につながる、海上交通路に注意が払われている。ホルムズ海峡やホノルルは地図に含まれていないが、インド太平洋の中心は明瞭に描写されている。

オーストラリアによる初めてのインド太平洋地図、そしてそれを生み出した陸上の苦難の旅は、野心的で実利的な新たな社会がこの地域に足を踏み入れようとしていることや、そこから背を向けようとはしていないことを示していた。そしてそれは、オーストラリアという一風変わった国——はるか昔からの固有の歴史、欧州の政治的伝統、および確立された多文化主義が組み合わされた民主主義国家——であり、完全にアジアでも西欧でもないという母国に、インド太平洋という概念がなぜ特別な響きを持っているのかを説明してくれているのかもしれない。

ミッチェルの地図は、今日の西オーストラリア州と北部準州の沿岸にかなり注目しているが、これはこれらの場所がこの大陸と世界をつなぐ経済的な玄関口（あるいは安全保障上の障壁）であることを示唆している。これは現代へのメッセージでもある。現代の同じような地図は、パース、東京、あるいは上海の資源会社のオフィスの壁や、キャンベラの防衛担当者——あるいは実際にワシントン、北京、ニューデリー

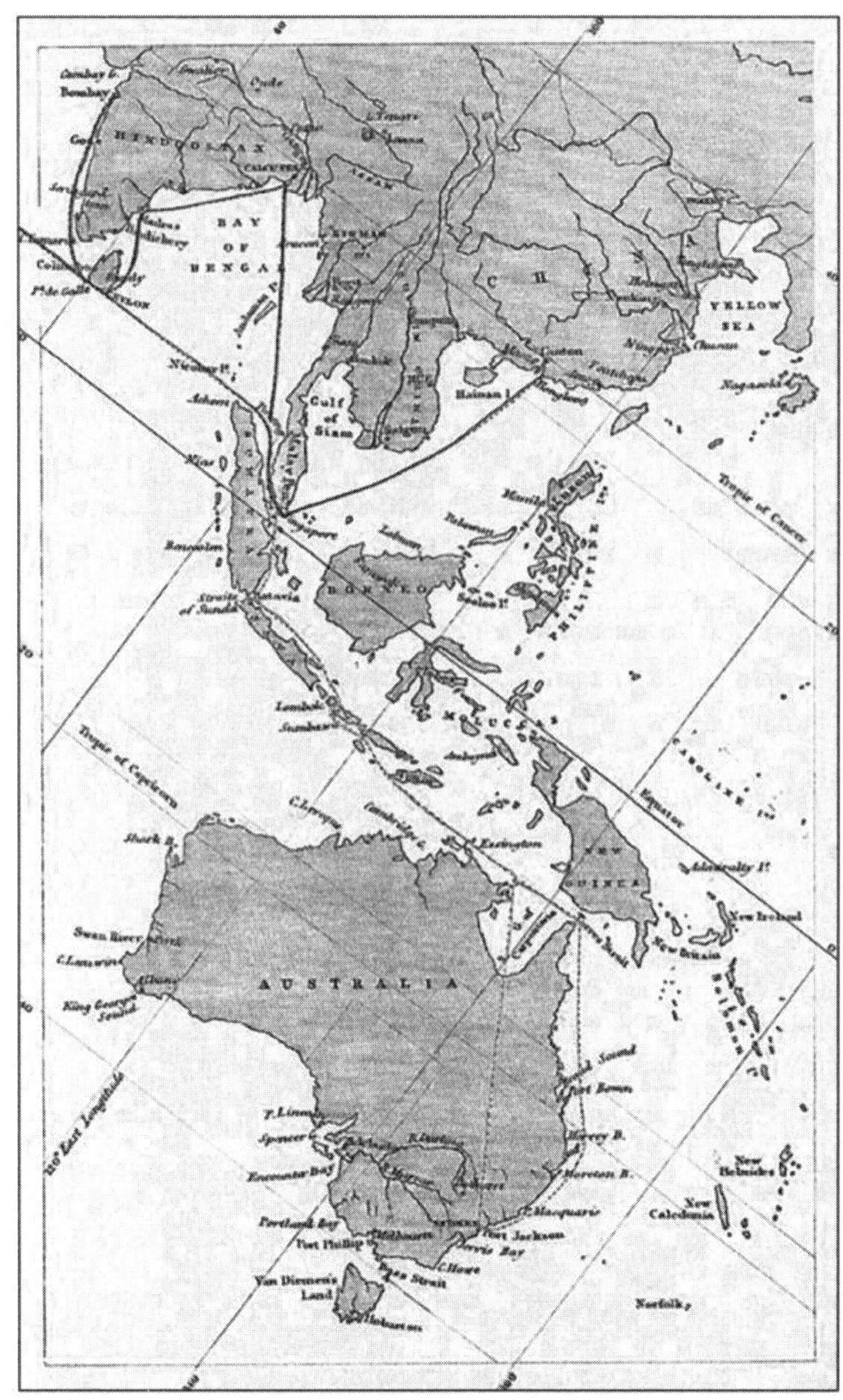

トーマス・ミッチェルの傾いた地図（1848年）

の防衛担当者のオフィスの壁を美しく飾ってくれるはずだ。

ミッチェルの現代における好敵手は、中国の地図研究家である郝暁光(ハオシャオグァン)である。この傾いた地図は、郝が新たにアジアに焦点を当てた中国政府公認の世界地図（口絵地図1参照）が示しているように、今日のインド太平洋において新しい価値を持つようになっている＊2。この郝の地図は、世界を大胆に縦長の枠の中で再構成している。この地図は、一目で今日の中国がどのように世界を見ているのか、そして中国政府の戦略的野望――経済的なつながりから海軍の近代化、アフリカにおける資源採掘から南極大陸において急速に拡大する科学調査の拡大まで――の全貌(ぜんぼう)を明らかにしている。

この地図では、中国とユーラシア大陸の陸地の部分が大きく際立っており、その一方で欧州はメルカトル投影図に固有な大きさのゆがみのために小さくなっている。中国の戦略的願望が驚くほど視覚化されているこの地図では、西半球は二等分されて端に追いやられている。アメリカに至っては、文字通り分割されて軽んじられている。アフリカや、さらには南極でさえも、それよりはるかに大きく際立っているのだ。

この投影図は、一八四八年にトーマス・ミッチェルが描いたのと同じ角度で、オーストラリアと東南アジアを描写している。中でも最も興味深いのは、この地図が中国ではなく、インド洋を中心に据(す)えている点だ。特筆すべきは、この地図が二〇一三年、つまり習近平がインドネシアとカザフスタンで独自のグローバル戦略（後に「一帯一路」に発展した）を演説した年に公表されているということだ＊3。したがってこの地図は、中国の公然の秘密の一つを明らかにしているのである。

二一世紀におけるさらに大胆で傲慢(ごうまん)な北京の野望は、西太平洋の中国の海洋縁辺部だけにとどまらず、インド太平洋に広くまたがっており、そこでインド洋は不可分な、さらには中心的な役割さえ果たすことになりそうだ。これは過去の国家や帝国の興亡によって描き出されたのと同じ道をたどるものだ。

インド太平洋の歴史の物語は、インド洋が昔から単なる空っぽの空間以上のものであったことを明示している。一四九八年に欧州の冒険家たちがこの地にたどり着き、長きにわたるヴァスコ・ダ・ガマ的な植民地支配が幕を開けたとき、この地はすでに「緊密に結び付いた世界的地域」であったからだ*4。インド洋と、さらに大きなインド太平洋は、長期にわたる前近代的な、協力、共存、競争、対立、そして紛争の歴史物語の舞台となっていた。そしてこの物語は、二一世紀におけるこの重要な地域をめぐる争いを予兆させる、多極的な、つまり多数のプレイヤーによるゲームであったのだ。

　インド太平洋の複雑に交錯（こうさく）する歴史の流れを見てみると、いくつかのパターンが浮かび上がってくる。それは現在と将来のために教訓をもたらしてくれるものだ。海を媒介とした文明間の接触は避けることができない事実であり、より広範な地域と交流することは、それを避けるよりも有利な点が多い。大海原（おおうなばら）――およびそれがもたらす好機とリスク――に背を向けることは、過ちであったのである。海上の幹線道路は、将来の帝国にとって魅惑的な進路であった。しかしながら、彼らがつながりを持ったこの地域の規模と多極性は、その結果として、自信過剰、過剰拡大、そして後退を何度も繰り返したのである。

　海洋アジアとそれが世界と接触する物語は、水面下に潜むインド太平洋の歴史でもある。当然のことながら、このストーリーにおけるインド太平洋的な要素――二つの大洋にまたがるつながり――は、唯一の要素でもないし、終始一貫して支配的な要素であったわけでもない。それにもかかわらず、歴史を探っていくと「インド太平洋」というアイディアに遙か昔からの先例があることが容易に見てとれる。

　インド太平洋は、アジアの地理学、地政学、地理経済学を理解する上で、人工的に「東アジア」と「南アジア」を人為的に分離するものや、二〇世紀後半の「アジア太平洋」という名称よりも、遙かに長期にわたって耐えうる概念なのだ。

奥深い歴史、幅広い水平線

インド洋と太平洋の間のつながりは奥深い。これは学者の沈丹森（センタンセン）が主張しているように、魚に聞いてみるだけですぐにわかることだ*5。インド太平洋は海洋生物学から気候学、考古学から動物考古学、さらには自然人類学などの研究分野で、既に確立された用語である。それは世界の各地域の間の相互作用、たとえば大洋を流れる海流による気候への影響、大洋が接する場所における魚類の驚くほどの多様性、そして初期の人類のゆっくりだが止まることのない地球を股に掛けた移動などを理解する上で、昔から有用な概念であった。

インド太平洋を横断した先史時代の人の動き——そしてそれに伴う動植物の移動——に対する学術上の意識が高まってきている。インドと東アジアのつながりを数多く再発見したインドの歴史家カリダス・ナーグ（Kalidas Nag）は、「世界最古の移民」たちが「インド洋から太平洋に広がる広大な海域」において果たした中心的な役割を一九四一年に明らかにしている。彼は自著の『インド洋と太平洋の世界』（*India and the Pacific World*）の中で、この地域の特性を「インド太平洋な領域」であるとしている*6。

近年の研究者たちは、東南アジアと台湾を含み、西はマダガスカルやアフリカ沿岸、東はハワイおよび南太平洋の島々におよぶ広大なエリアに住む先住民——「オーストロネシア人」——の文化、技術、遺伝子、そして言語でつながっている海上移住のパターンを明らかにし続けている*7。これは「海洋アジア」であるとともに、それを越えるものだ。

このような移動には、その中心となる場所——一説によると台湾——があったのか、あるいは「さまざまな方向に技術と情報を運んで常に連絡を保っていたネットワーク」があったのかについては、意見が分かれている*8。そして、先史時代の二つの大洋領域にまたがる驚くべきレベルのつながりと接触があったことが明らかになる一方で、その詳細の多くは学術的発見、あるいは論争の域を出ていない*9。

たとえば、一九七〇年代にインド太平洋の「言語」あるいは「言語グループ」を一つにまとめるある理論が浮上したが、後に広く異議が申し立てられている。オーストラリアの先住民の出自——おそらく六万五〇〇〇年前のアフリカからの人類の移動の最も初期の段階にオーストラリア大陸に到達したと信じられている——もまた際立ったものだ。

それでも次第に明らかになってきているのは、三〇〇〇年以上前に、海上移動を行った数多くの小さなコミュニティが、アウトリガーカヌーに乗った島伝いの旅、あるいは大洋を超える無数の勇敢な旅を通して、東南アジアからインド、更にはアフリカに至る、インド太平洋地域の大半を次第に変化させていったという事実だ。

なぜなら先史時代からアジアやアフリカの全域では、バナナ（おそらくパプアニューギニア原生）からニワトリ、胡椒および文豆（インド原産）、粟（中国原産）および白檀（インドネシア原産）など、あらゆる種類の栽培化された作物や、家畜化された動物が幅広く拡散しているからだ。

現在と同様に、異国の商品を遥か遠方から運んで交易して所有することは実に贅沢なことであり、地位や権力と密接に結び付いていた。あらゆる帝国や国家がこの共通の海域をかき乱すずっと以前から、インド太平洋には原始経済が存在していたのだ。

ビル・ヘイトン（Bill Heyton）の南シナ海に関する権威ある本にも詳述されているように、この初期の巨大地域の中心には漁業および交易コミュニティが生まれていたのだが、今日ではここで生活していた人々を「ヌサンタオ」と呼んでいる。彼らは島々を発見し、航路を旅し、いかなる国家も境界線も持たず、今日認識できるいかなる民族コミュニティにも所属していなかった*10。これは今日の領土紛争の根底にある歴史的所有権に対する国家の主張に微妙な光を当てることになっている。

その後、記録に残る古代史の中で、アジアのさまざまな小地域の文明が独立して繁栄することはなかった。それでも海洋アジアのいたるところに広がった経済的、文化的および政治的な相互作用は、数千年前にさかのぼることができる。南アジア、東南アジア、東アジア、あるいは今日われわれが全体的として「アジア」と呼んでいる今日的な区分など眼中になかった当時の社会は、交易し、交渉し、協働し、そして時には衝突していたのだ。

不均一な形ではあったが、これらのパターンは、アラブ、ペルシャ、インド、マレー、中国、欧州の文明・港湾・船乗りたちの絶えず変化する組み合わせを介して、地中海から中国へと広がっていった。たしかに陸上における接触と通商も重要であったが、海上の方が重要度が高く、そのパターンが変わることはなかった。

現在の中国は、欧州との間の二〇〇〇年の歴史を持つ「シルクロード」の陸上版と海上版という通商・文化交流の歴史的な物語をよみがえらせるために、あらゆる努力をしている。この歴史の作り替え――慈悲深く恒久的な中華思想に異論を唱えるものはすべて抹消する――は、北京中心の「一帯一路」の経済的および戦略的な意図を支えている。当然のことながら、中国は初期のつながりの多くで主要な役割を果たしていた。しかし変わらないのは、そこには多くの「帯」、多くの「道」、そして多くの「中心」があり続けているという現実だ。

天体物理学は、強力な政治的重心が影響しあい、重なり合う方法を理解する上で有用な喩（たと）えを提供してくれる。たとえば「重心」は、お互いを周回する軌道上の二つ以上の物体の質量の中心である。現代の中国における地政学の概念を明らかにした重要な論文の中で、学者の张文木（チャンウェンム）は、中国を「アジアの自然の重心」に他ならないと主張している*11。

この主張は、過去の欧州の帝国主義とファシズムの時代のもっと人騒がせな地政学的な専門書のいくつかと不吉な共通点を有しており、ある種の「自然権」によって支配することが必然であることをほのめかしている。

実際のところ「中国がアジアの中心である」という主張は歴史を通じてかなり疑問視されてきた。近代以前のインド太平洋のお互いに相争うすべての軌道上で、ある場所が他の場所よりも影響力を及ぼしていたと仮定したとしても、それは中国ではなかった。むしろそのような中心的な場所は、インド洋の北方のインドと、その周辺海域にあったのである。

もちろん昔のインドは――中国と同様に――同じ名前の現代のインドの領土に完全に合致するような単独、あるいは統一された政治体ではなかった。しかし、現代のインドに相当する場所は、疑いもなくこの地域をつなぐ連接区域の中核であり、「植民地時代以前の通商ネットワークの文字通りの中心」であり、「あらゆる場所へつながる道」であった＊12。資源、文化、パワーの中心、戦略的位置の組み合わせにより、インド亜大陸の沿岸はあらゆる方向から強烈な関心――商人、略奪者、探検家、巡礼者、布教者、スパイ――を引き寄せた。インドの船乗りや商人、特にどこにでも出没するグジャラート人は、ホルムズ海峡からマラッカ海峡にまたがって活動していた。

東南アジア一帯のヒンドゥー王国の壮大なスケールの遺跡が静かに証言しているように、インドの社会は文化的な影響も及ぼしていた。そして古代中国の有名な戦略家である孫子のように、古代のインドのマウリヤ王朝は、王の政治顧問であったチャーナキア（Chanakya）が「カウティイリヤ」というペンネームで執筆したと伝えられる国政術の豊かな伝統を残している。カウティイリヤの著作である『実利論』（*Arthashastra*）は、マキアヴェリよりも一五〇〇年も前に多極環境、包囲外交による実利的な地政学、および「敵の敵は味方」という原則を最大限活用した、積極的な対外政策を提言している＊13。この本には今日におけるインドの世界観と地域的な地政学を解き明かすカギが含まれている。

インド洋の重心

ローマ、ギリシャ、エジプト、ペルシャといった視点から見ても、インドとその名を冠した大洋は、中国とは異なり、政治的および経済的な現実に極めて類似していた。紀元前五世紀以降を描いた『歴史』の中で、ヘロドトスは地中海世界とインド亜大陸（世界で最も人口が多い地域と認識されていた）およびエジプトとペルシャを経由した「南の海」、あるいはインド洋との間の、明白な相互認識および接触の歴史を記録している*14。

インド人はペルシャの王であったクセルクセス一世の傲慢不遜（ごうまんふそん）なギリシャ侵攻の際に彼の軍隊に従軍しており、後にマケドニアのアレクサンドロスが逆の方向へ征服行を試みた際には、インドは既知の「世界の果て」となっていた。しかしこの「アフロユーラシア人」［アフリカとユーラシア大陸に住む人々］のネットワークにまたがる接触の大半は、利益、知識あるいは安全な避難所を求めた、より平和的なものであった*15。

インドの歴史家K・M・パニッカル（K. M. Panikkar）が物語るように、古代のギリシャの航海者ヒッパルスは、紅海からインド洋を横断するモンスーン航路の秘密——スピードと航法のために正確に予測可能な季節風と海流を利用すること——を学び、これをローマ人たちと共有している*16。これは「発見」ではなく、どちらかと言えば、沿岸部のインド人コミュニティが昔から持っていた知識の伝承であった*17。

ユダヤ教とキリスト教は、これと同じ風に乗って古代インドに伝わっている。西暦七〇年のローマ帝国によるエルサレムの陥落は、離散したユダヤ人たちを［インド南西部の］マラバル（ケララ州）のコーチンを含むあらゆる方向へ送り込むことになったが、いくつかの伝承によれば、最初のユダヤ人たちはその数世紀前からすでに到来していたという。

インドおよびスリランカのキリスト教コミュニティの中には、彼らの信仰はキリスト磔刑の数十年後にケララにやってきて、今日のチェンナイの近傍で殉教した使徒トマスとともに伝来したという口伝もある。実際に起こったことはわからないが、とにかくキリスト教は六世紀までにはインドで存在感を示すようになっていた。

古代インド文明は、周囲に影響を及ぼすだけでなく、それらを魅了していた。インドは、中国が文明面で恩恵を受けて「われわれが決して忘れない唯一無二の貴い価値のある贈り物」を提供した「兄」であることを認めている唯一の国である*18。

紀元後の最初の数世紀に仏教が広まることによって、インドは東方と北方の文化の発達に影響を及ぼしている。今日の外交官はそれを「ソフトパワー」と呼ぶだろう。仏教の教えは、主として陸路で伝播したが、海路を超えて東南アジアへ、さらにその先へと広がった。五世紀までにはインドから中国地域に至る文化面での海上ルートが既に出来上がっており、中国の僧侶である法顕が、仏教の聖地から海路で帰国している*19。

八世紀までに、二つの大洋を連結しインド太平洋の中心に存在するマラッカ海峡のハードパワーの本拠地では、仏教が唯一の信仰となっていた。初期の海洋帝国――インド太平洋で有名なシーパワー国家――は、仏教を信仰する「シュリービジャヤ王国」であった。

この国はインドの曼荼羅の統治概念を具現化したもので、中核となる領土と指導者が、義務と利益の関係を基盤としながら、柔軟に変化する周辺部に囲まれたものである。この国はスマトラ島、マレー半島の大半、さらに一時的にはジャワ島とベンガル湾の一部も支配下に置いていた。シュリービジャヤは、中国の諸王朝と外交関係を持ち、インドのチョーラ朝と戦い、はるかマダガスカルやアフリカまで探検していた。

インドのもう一つの主要文化の輸出品である「ヒンドゥー教」は、当初は海上交易を通じて東南アジアに広まったが、それにはハードパワーを伴うこともあった。紀元前三世紀から欧州における「中世」に至る約一六〇〇年もの間、チョーラ朝は南インドを支配した。チョーラ帝国は中国の代々の王朝たちと外交的および経済的関係を結んでいたが、相手を上位というよりも対等な相手とみなしていたようだ。

さらに、チョーラ朝はシーパワーと文化的影響をインド洋や東南アジアの一部、すなわち現在のマレーシア、インドネシア、タイ、モルディブ、そしてスリランカへと拡大する際の中継地となった。ヒンドゥー教は、カンボジアのアンコールやベトナムのチャンパからインドネシア群島のあちこちの拠点にかけての東南アジア全域でいくつもの文明における公認の宗教となり、その勢力は一五〇〇年代まで続いたジャワのマジャパイト王国で頂点に達した。

七世紀末から、モンスーンの貿易風がイスラム教を同じく東進させ、インド太平洋の文化の混合に新たに大きな要素を加えることとなった。当然のことながら、イスラム教は陸路でも伝播し、一二〇六年のデリー・スルターン朝から一五〇〇年代のムガル帝国まで、インド亜大陸には何代にも渡ってイスラム国家が存在した。さらに東方では、イスラム教は当初、海上商人の宗教として広まった。一三〇〇年代になると、地方の政治指導者たちもイスラムの教えに帰依するようになった。

インド洋にまたがるイスラム世界の海洋的なつながりの重要性は、一四世紀のモロッコの学者でありマルコ・ポーロに匹敵する冒険をしたイブン・バットゥータ（Ibn Battuta）の生涯から読み取ることができる。彼は陸路でインドに到着し、その後、スリランカ、スマトラ、マラッカ、そしておそらくはルソンに逗留し、さらに海路で中国へ往復した旅について語っている。彼が実際に中国に到達したのか否かについては学者の間でも意見が分かれているが、海洋アジアのあちこちにいたイスラム教に帰依していた支配者たちのネットワークによって歓待されていたとする彼の主張は信用できそうだ。

いずれにせよ、一四〇〇年頃までに、今も昔も重要な地経学上の大動脈となっているマラッカ海峡にイスラム勢力が進出した。これはかつてマレー半島に本拠を構えていたスリービジャヤ王国の領域を次に支配することになったマラッカ王国の登場によるものだ。このイスラム教国は——中国の明王朝とのゆるやかな朝貢関係のおかげで、あるいはそれにもかかわらず——一五一一年に情け容赦（なさ ようしゃ）のないポルトガル人（伝えられるところによると、実利主義的な中国の商人の助けを借りて）の手によって陥落するまで、この地域では圧倒的な存在であった。

イスラムを打ち負かす十字軍的熱情は、強欲、通商、発見の情熱と同じぐらい欧州の植民地制度の幕開けの主な動機となっていた。それでもイスラム教は持ちこたえた。このマラッカのイスラム教国は、東南アジアの海域においてイスラム教徒が支配する国々が出てくるための土台を作ったのであり、これらが後に現在のマレーシア、インドネシア、ブルネイへとつながってくるのだ。

海に面した東南アジアに住んでいたマライ人をはじめとする人々は、単に持ち込まれた文化を黙って受け取るだけの人々ではなかった。熟練した冒険家気質の船乗りであった彼らは、初期のインド太平洋世界における拠点に存在していた自分たちの土地の優位を利用したのである＊20。

スリービジャヤおよび多様な港湾都市は、北方にある中国の太平洋沿岸と西方のインド洋を結ぶハイウェイの間で通商を仲介することで、数世紀にわたって利益を上げてきた。この好立地の恩恵を受けて、彼らは他の場所から運ばれてきた貨物を自分たちの船舶に積み替えて残りの航程の一部またはそのすべてで運ぶという「貨物の積み替え」により、巨万の富と影響力を得ることができたのだ。これは今でもシンガポールが維持しようとしている優位である。

歴史家たちはスリービジャヤ以前にも、中国人には扶南として知られていたメコンデルタにもう一つの貨物積み替え輸送の中枢があったことを指摘している。その他の都市国家は、インドネシア群島一帯に散らばっていたが、彼らの服従は一時的なものだった。中国との朝貢関係は、王朝が変わるごとに深まったり浅くなったりしたからだ*21。

中国の初期の進出

これらすべてが、古のインド太平洋ではたしかに中華帝国が重要ではあるものの、驚くほど限定的な地位しか占めていなかったという背景を示している。宋王朝（九六〇～一二七九年）まで、中国は彼方のインド洋はおろか、南方の海洋世界との直接接触もほとんど持とうとしておらず、そのかわりに成長を続ける海上交易はスリービジャヤ人や初期の起業家たちによる積み替え輸送にまかせていた。つまり一一世紀以前には、インド洋における中国商船の活動の記録が全くないのである。

中国の海にむけた初めての大幅な方針転換は、北方と北西域における陸上戦争で劣勢となり、伝統的な陸上交易路が遮断され、住民と首都が圧迫されて南方そして沿岸近くへ南遷する必要に迫られてのものだ。そして中国が中間商人の座を横取りしたおかげで、スリービジャヤの衰退が速まった。中国はアラブ世界およびインドの商人たちとの直接交易を開始し、彼らの船の寄港を許すようになると、中国側の成長著しい商船隊がインド洋海域で目立つようになった*22。

元王朝（モンゴル）は後に陸上側から中国を征服したのだが、それでもこの新たな海上網に価値を見出している。なぜならとりわけそれが、ペルシャを拠点とする半独立国である別のモンゴル帝国であるイルハン朝と連絡するための海上交通路となったからだ。

マルコ・ポーロは陸路を使って中国を訪れた初期の欧州の旅行者として記憶されているが、一三世紀末に中国の船隊で海路帰国したことや、両帝国間の血族のきずなを新たにするために元の皇帝クビライ・ハーンによって、イルハン朝の支配者と結婚すべく送り込まれたモンゴルの王女であるコカチン（Kököchin）をペルシャまでエスコートしたことを詳述している。

この話は、初期の中国と世界の間のつながりが脆弱であったことを証明している。海路が選ばれたのは、陸路があまりにも危険だったからだ。ところが航海自体も遅々として危険なものであり、到着までには二年を要し、多くの乗客が――ありがたいことに、元気な王女は難を免れたが――死亡している*23。

歴史は繰り返さないかもしれないが、過去の名残りと未来への予感にあふれている。たとえば今日のわれわれは、中国の経済的および軍事的な野心の規模と範囲に驚嘆している。それはつまり、アジア全体に及ぶ一帯一路のインフラ建設と通商、そしてこれに見合った畏怖の念を抱かせる海軍のことだ。そして「これこそが永遠に続く現実だ」と想像するのは簡単だ。ところが帝国には常に都合の悪いできごとが降りかかるものだ。だからこそ中国がインド太平洋を支配しようとする最初の試みが頂点に達した直後に野心を喪失したという事実を思い起こすのは、二重の意味で価値がある。

今日において、中国の海を経たつながり、力強さ、そして善意に関する政府の公式の神話作りの原動力となっているのが、明王朝の大提督であった鄭和である。一四〇五年から一四三三年にかけて行われたインド洋への七回の航海は、巨大な船団と兵士を伴う、まさに空前絶後のものであった。

元朝は既に一三世紀末にインド洋沿岸諸国へ、自分たちに従うように要請する使節を派遣していた。しかしこれは冊封体制への参加を促す、単なる「提案」に等しいものであり、強制ではなかった、そして当然だが、各国の反応はバラバラだった。ところが明朝の初代統治者である朱元璋（洪武帝として知られている）は、要求を上げてきた。彼は一三七一年頃に、インドにあったコロマンデルおよびチョーラ朝から一回限りの朝貢を取り立てた*24。ところが鄭和の航海は別物だった——武力の誇示により、朝貢の呼びかけを後押ししたのだ。

鄭和は生まれながらにして、帝国の資源を自在に利用した指導者、戦士、冒険家、探検家および外交官の要素を兼ね備えており、今日の視点から見ても実に魅力的な人物であるように見える。彼は異端者の持つ大胆さを備えており、イスラム教徒の宦官にして歴戦を戦い抜いてきた勇士であり、皇帝への奉仕者として、その技術と信頼は明王朝第三代皇帝の永楽帝（朱棣）にとって不可欠な存在にしていた。

この皇帝は、野心的であると同時に必死であった。彼は武力による簒奪で帝位に登っており、彼の権限の正統性を示そうと苦心していた。これは、過剰とも言える鄭和の海軍遠征の浪費とやりすぎを説明する理由の一つとなるかもしれない。というのも、この遠征では九本マストの巨大船を含めた数百隻の船に、無数の兵士（一四一〇年から一四一一年にかけての航海だけでもおそらく三万人）を乗船させたものであったからだ。これは「平和の使者」には似つかわしくないやり方だ。

今日の中国の公式な伝承では、この船旅の目的は「平和と外交」「ウインウイン」そして「繁栄の共有」のためであると説明されている。この時に使われた船は「宝船」と呼ばれたが、これはおそらく彼らが集めた朝貢品よりも、下位の国に渡す下賜品のことを示唆していたためである。国家による宣伝活動や、イギリスの作家ギャヴィン・メンジース（Gavin Menzies）に代表される捏造された歴史は、二〇一七年の国際的なフォーラムにおける習近平国家主席による演説のように、政府の最高レベルでも無批判に繰り返される主張の中に組み込まれている。

> 一五世紀初めに、明時代の高名な中国の航海士である鄭和が、西海を七度航海し、その偉業は今でも称えられています。これらの先駆者たちは歴史の中で、軍艦、大砲、剣を持った征服者ではなく、む

しろラクダの隊商（キャラバン）を率いたり、あるときは財宝を積んだ船を走らせた、友好の使者として記憶されてきました。シルクロードの旅人たちは幾世代にもわたって、平和と東西間の協力のための架け橋を築いてきたのです＊25。

二〇〇三年、当時の中国の胡錦濤（こきんとう）国家主席はオーストラリアの連邦議事堂で、鄭和の艦隊はオーストラリアの沿岸にまでも到達していた——もちろん確かな歴史的証拠のない主張だ——と述べ、これを豪中関係における調和の長い歴史の始まりであると位置づける見解を示していた＊26。

たしかにこの時の「宝船」は重武装していたものの、恒久的な植民地を建設しなかったというのは事実である。しかし、現地の支配者がしかるべき敬意を払わなかったときには、ある程度圧力を加えて、武力に訴えたという記録も残されている。戦死者の記録もある。スリービジャヤの跡では数千人が殺され、ジャワ、スマトラ、スリランカでは政権を交代させたり服従させるために攻撃を行ってそれらを上回る死傷者を出しており、王族が人質に取られている＊27。

習近平は、二〇一三年にジャカルタで行った新たな「一帯一路」の海洋部分について宣言する中で、鄭和に言及している。「彼の訪問は中国とインドネシアの人々の友好的な交流についての素晴らしいエピソードを残しており、その多くは今日まで広く伝えられています」＊28。

ところが記録に残っているのは、鄭和が「自分たちに服従しなければ、最近の安南（あんなん）（ベトナム）を全面的に服従させたように我々は強硬手段に訴える」という警告を発したということだ。何にもまして、これらの航海は既知の海洋世界の大半の住民を、威嚇（いかく）によって従わせて、中国の民衆の意識の中の「簒奪（さんだつ）により帝位についた統治者の正統性と声望」を高めることを狙いとしていたように思われる＊29。

これと同様に、二一世紀の中国の新しいインド太平洋戦略には、政権、特に中国の二回目の海洋への大転向の生みの親である指導者の習近平の権威を高めるため、外国人を畏敬の念で満たすことが含まれているように思われる。そしてこれに対する反応はどうだったのだろうか？　一四二〇年に現代の国際政治学者に相当するような識者たちがインド太平洋に住む人々に対して「我々の唯一の穏当な選択は、新たな覇権国家の明白な戦略的重みに恐れおののき、これに従うことである」と語ったであろうことは想像に難くない。ところが中国の海上支配は、それが発生したのと同じぐらいのスピードで劇的に崩壊したのだ。

一四二四年、永楽帝はゴビ砂漠で戦争中に、病のために急逝し、彼の後継者である朱高熾、あるいは洪熙帝は、鄭和の次の航海の準備を直ちに中止させた。しかも洪熙帝の統治は短期的であり、その一年後には次の明朝の皇帝である朱瞻基は、鄭和提督が一四三三年頃に亡くなるまでの間に海上遠征を一度しか許可していない。

そして、それが最後の航海となった。新たな宣徳帝の時代は「徳の公布」を意味し、遠洋航海の冒険行は今や愚行とみなされるようになった。外洋航行船舶の建造は数年のうちに行われなくなり、大規模な造船所は数十年のうちに姿を消した。一五〇〇年代初めまでに外洋への航海は基本的に犯罪行為と見なされるようになったのである。

中華帝国の政策を後退させるこの決定は、インド太平洋をはるかに小規模の欧州勢力による搾取への道をつけてしまったという意味で、その影響の大きさを強調してもし足りないほどだ。この極めて重要な政策転換の正確な理由についての分析は分かれているが、中国本国における国内の緊張が最大のカギを握っていることは間違いない。その理由として挙げられているのは、辺境地域における長期の領土紛争、国内の権力争い、経済危機、国内インフラへの投資の必要性、そして艦隊にかかった莫大な経費などである。ちなみに艦隊の造船のために必要とされた木材は、中国南東部の森林破壊の原因であると言われているくらいだ＊30。

一六〇〇年代にその影響力を南シナ海でいくらか復活させたことを除けば、インド太平洋の全域で「シーパワーとしての中国」という概念が再浮上するには、それから六〇〇年の年月を要した。中国の文化や政策は内向きとなり、新たな皇帝たち――そして新たな諸王朝――は、もはや遠くの地にいる異邦人と接触することにメリットを見いださなくなった。これとは対照的に、欧州の冒険者たちは一四九八年のバスコ・ダ・ガマを筆頭(ひっとう)に、そこに直(ただ)ちに数多くのメリットや優位を見出したのである。

西方よりの風：インド太平洋の植民地化

アジアにおける欧州の帝国主義の物語は、実にさまざまな角度から語られてきた。もちろん功罪相半(こうざいあいなか)ばするものであるが、それが近代化のきっかけとなったという議論もある。それでも西洋から東洋へもたらされた贈り物となったわけではない。この恩恵は、主として強欲、無慈悲、そして文化的な熱狂的愛国主義の副産物としてもたらされたものであった＊31。

植民地主義政策は、通商、征服、およびイデオロギー的熱狂の組み合わせにより、数世紀にわたって場所ごとにあるいは帝国ごとに異なる、さまざまな速度で段階的に進展した。数年前だったら、中国の二一世紀の海外への野心――一帯一路戦略――が植民地主義に類似していると示唆することさえ侮辱的に響いたはずだ。結局のところ、西欧の帝国主義列強からの屈辱と圧迫の経験をしたアジアの文明の中でも、中国はとりわけ目立った例であった。そのような国が、他国を同じような目にあわせたりするだろうか？

一九七四年に行われた記念すべき国連総会演説の中で、その当時、中国代表団の団長であった鄧小平(とうしょうへい)は、そのようなことは絶対に起こらないと確信していたため、仮に中国が超大国になったり「覇(は)を唱(とな)える」ことがあれば、世界の人々はこれを帝国主義と認めて「非難し、抵抗し、そして中華人民と協力してこれを打倒」すべきであると主張したほどだ＊32。

しかし、国外における中国政府の狙いや行動における欧州植民主義との類似を指摘するのは、ますます普通のこととなってきている。ここで注目すべきは、新たな帝国主義としての一帯一路への批判は、自らの過去と葛藤(かっとう)する西欧諸国からだけではなく、過去に植民地だった国々——たとえば、インドやマレーシア——から発せられているという点だ。

ここで主張されている類似性は、見せかけの経済的寛大さを利用した搾取から、小国および現地の文化への敬意の欠如、さらには政治的影響力の壮大なショー（二〇一七年に習が行った一帯一路会議は、一九一一年にイギリスがインドで開催したインペリアル「ダーバー」［イギリス統治下のインドで開催されていた政治イベント］に例えられている）から遠方への海軍の展開および戦略的要地への基地の設置など、実に幅広く指摘されている＊33。

また、中国の意思決定者たち自身も、植民地制度の象徴的な行為をなぞることに満足しているように思われる。たとえばスリランカのハンバントタやオーストラリアのダーウィンなど、遠隔地の港湾を支配するために九九年間の租借(そしゃく)（ドイツ帝国の青島(チンタオ)およびイギリスの香港における帝国拠点を手本にした）を選んだことなどだ。今後数年にかけてカギとなるのは、中国が能動的に二一世紀における事実上の帝国を目指しているのか、それともイデオロギー、経済の絶対的規模や自分自身でもコントロールできない成長の歴史の組み合わせを通じて、無意識のうちに帝国をその手にしつつあるのかという点だ。

中国の国際的な影響力は、西欧の帝国主義を急速に形成したものとなりつつあるのだろうか？　中国の国益と国民がトラブルに巻き込まれたときに、中国はいつまで武力を展開したり行使したりするのをこらえることができるだろうか？　過剰拡大と衰退は不可避なのだろうか——もしそうだとしたら、それはいかなる混乱をもたらすだろうか？

中国の歴史の大半は、海を越えてというよりも陸上を経由して領土を併合したものではあるが、やはり「帝国」であったことは覚えておくべきであろう。中国の国土のど真ん中に「万里の長城」と呼ばれる古い要塞化された国境があるという事実は、今日まで国境がどれほど拡張されたかを示す動かぬ証拠である*34。今日の中国の戦略分析家たちが過去の帝国を研究している理由の一つは、自分たちの新たな帝国が道を誤らぬ方法を明らかにするためであると考える方が合理的だ。

欧州の植民地制度と帝国の指導的原理の大半は、政治的なものではなく商業的なものであった――つまり貪欲が権力に先行していたのだ。たとえば最も影響力を有していた二大巨頭は、厳密にいえば政府ではなく企業であり、さらに正確を期せば、今日でいうところの「官民パートナーシップ」であるイギリス東インド会社とオランダ東インド会社だった*35。しかし、植民地制度の分野におけるアジア初の歴史家であるK・M・パニッカルの言葉によれば、「通商よりも搾取の方が利潤が上がることが判明していた」のだ*36。

［植民地帝国は］手違いによって生まれたのだという主張は、当然のことながら帝国を擁護する者たちによって誇張された形で述べられており、一九世紀のイギリスの歴史家であるジョン・ロバート・シーリー（John Robert Seeley）の手になる昔の一文には、イギリスは「無意識のうちに」世界の大半を獲得し征服したと記録されている。とはいえ、特にイギリス、オランダ、そしてフランスにとっては「ビジネス優先で植民地制度は後回し」というのが典型的なパターンだった。

この当時の政府は、統治の責任と安全保障を民間部門から引き受けることに気乗り薄であることも多かった。その典型が、インドで一八五七年に起こった暴動［インド大反乱］のきっかけとなった、東インド会社のひどい失政後の状態だ。ところがこのインドでの事例が示すように、帝国側がいったん関与すると、その統治は情け容赦ないものとなり、帝国を破滅させる「帝国の過剰拡張」のリスクがあっても、これを手放したがらなかった。

ポルトガルの植民地制度は、当初から軍事的、宗教的および国家主導的に達成すべき意図(アジェンダ)を公然と掲げていたという意味では透明性が高かった*37。これは歴史上の重要な転換点の一つとなった、一五一一年のポルトガルの将軍アフォンソ・デ・アルブケルケ(Afonso de Albuquerque)による戦略的に重要な港湾都市マラッカの占領において何よりも明らかだ。

この決定的に重要な戦いの衝撃は、多方面に及んだ。ポルトガルは欧州における商売敵たち、特にヴェネツィアから、大変貴重な香辛料交易を奪(うば)い取った。イスラム諸国の影響力も(一時的とはいえ)弱体化した。そしてポルトガルはこの重要な場所——速やかに要塞化された——からインド洋における支配的な地位を固めるだけでなく、中国および太平洋へと至る、海上交易の支配権も勝ち取った。パニッカルによれば、マラッカの征服によって「アルブケルケはアジアにおける欧州海上帝国の組織を築き上げた」という*38。もし近代以前に、インド太平洋が戦略システム——ある場所の混乱がはるか広範囲の強国の国益に影響する——として動いた瞬間があったとすれば、それはまさにこのタイミングであった。

インド太平洋の戦略的競争におけるこの事例が変わらない限り、立地がものを言うということになる。マラッカ王国の首都は、マラッカ海峡がベンガル湾へと広がるのを見下ろすマレー半島の南西の、今日のムラカの地にあった。千年以上前のチョーラ朝とスリービジャヤの間の戦争の時から、このメカニズムは変わりはない。つまりこの海洋チョークポイントの支配が、地理経済的および安全保障上の大幅な優位をもたらすということだ。

鄭和は一四〇〇年代にこの地における中国の権威を主張し、オランダ人は(現地のイスラム教の同盟相手であるジョホールのサルタンの援助を受けて)一六四一年にポルトガル人からマラッカを奪い取り、一八一九年にはイギリス人がさらに上手を行って海峡の東端にあった島に新たな拠点を築き、それが後にシンガポールへと成長することになる。そしてこの地は大日本帝国が第二次世界大戦で支配を目指す際の重要な目標となった。

一五一一年のマラッカの陥落は、現地人の服従の見込みがない場合の植民地制度の機能について、あらゆる幻想を氷解させた。抵抗運動があっても、状況がヨーロッパ人に十分に有利なときには、その市場は力ずくや強制、あるいは占拠によって開かれることになった。二一世紀の言葉で言えば、諸国は自国の民間部門の権益を守って促進するために、軍隊を展開したのだ。［一般に言われる「貿易は国旗に従う」のとは異なり］国旗が貿易に従い、そしてそこに留まったのである。

ほとんどの場合、国家が支援したこのような侵略行為は、アジアの勢力を屈服させること――一六世紀のインドおよび東南アジアにおけるポルトガルの猛攻撃、一八〇〇年代の中国に対するイギリスの冷酷で利己的なアヘン戦争、並びに他の列強による屈辱的な「砲艦外交」に至るまで――を狙いとしていた。

しかしながらこの話は、欧州の戦略的な影響力、テクノロジー、戦術あるいは狡猾さが常に勝利を収めたという単純なものではなかった。近年の研究では、植民地時代のインド太平洋地域には多数のプレイヤーが参加していた複雑な状況が強調されている。植民地の宗主国たちは、数で劣っていたり、わずかな軍事的優位しか有していなかったため、現地の同盟関係を頼りにすることが多かったのだ*39。

アジアの大国の側も、域内のライバルを弱体化するために新来者と協力するような動機を持っていた。欧州諸国はアジア海域において経済的に優位に立つために、お互いの間で暴力的な交易戦争を遂行していたので、アジア圏のパートナー諸国と協働することを厭わなかった。スペインはポルトガルに対抗し、オランダはスペインから収奪し、イギリスはオランダにとって代わるとともにフランスを封じ込めた。

西欧の大国はしばしばお互いに対抗したが、アジアの主要文明は嘆かわしいほどさらに分断されていた。イギリス政府の「分割統治」政策は、インドの現地支配者の数の多さを利用しており、彼らの多様な利権と忠誠は、一八五七年の「第一次インド独立戦争」「インド大反乱」においてイギリスによる支配を固める役割を果たしただけであった。

そして一九世紀の中国は「太平天国の乱」により荒廃した。満州族が支配する清王朝に対する大規模な反乱は中華帝国の軍隊により鎮圧されたが、欧州人の将校が雇われていた場合もあった。これはアメリカの南北戦争をはるかに凌駕する一四年間に及ぶ内戦であり、数千万名の犠牲者を出して、中華帝国の既存の体制を深刻に弱体化させた。

「インド洋から太平洋にまたがる統一された地域」というアイディアを発案したのはヨーロッパ人ではなかった。彼らは、すでに連接され、交易を行い、現地社会から見て遙か遠い水平線の彼方まで熟知していた海洋社会のネットワークと出会っただけだ。そして植民時代の経験は、様々な意味でこれらのつながりを妨害し、捻じ曲げ、あるいは白紙に戻すことで、インド洋の交易システムの統一性を損なってしまった*[40]。そして植民地たちは同じ帝国内の他の植民地と人工的なつながりを持つようになり、アジアにある自分の隣人たちとは疎遠になっていったのである*[41]。

インドの初代首相のジャワハルラール・ネルー（Jawaharlal Nehru）は、一九四七年に行ったアジアの団結の呼びかけの中で、「ヨーロッパ人によるアジア支配の注目すべき結果の一つは、アジア諸国がお互いに孤立してしまったことだ」と述べている*[42]。

しかし植民地制度と帝国の力は、同時に距離を超えた接触を加速させ、古くからのインド太平洋地域と、当時台頭しつつあったグローバルなシステムとをつなげたのである。植民地制度にある冷徹な経済論理は、特定の領土のいくつかから市場価値を引き出し、それからそれを欧州に送り返すことだけに限定されていたわけではない。ポルトガル人とこれに直ちに続いた人々――スペイン人からオランダ人、さらにイギリス人とフランス人――は、インド太平洋のアジアを通商と競争のグローバルなネットワークに巻き込むことで、富と影響力を増大させた。

ポルトガルは、欧州のライバル諸国を出し抜き——極めて貴重な香辛料交易を独占することで——イスラム世界を迂回（うかい）するために、インド洋への海上交通路を求めていた。しかし間もなく、一六世紀と一七世紀に複数の欧州の大国が地経学的な争いに加わると、インド洋は東インド諸島の香辛料、インドの胡椒（こしょう）と織物、中国からの磁器、絹、茶、そしてアメリカからの銀の延べ棒などの間を結ぶ、主としてより広範な重商主義的な海洋システムの一部としての価値を持つようになった＊43。後になると、それまでとは異なる植民地間の通商ネットワークも加わった。これにはイギリスが主導したインド産のアヘンの中国への悪名高い輸出などが含まれる［三角貿易］。

あらゆる圧制や不正とともに、植民地制度は現代アジアにある種の特色と輪郭線を数多く刻み込んでいった。この地域の国家のアイデンティティと国境の多く——未解決の紛争を含めて——は、植民地時代よりも前の時代の力学によるものではなく、植民地時代の宗主国たちに都合よく描かれた国境線の産物である。植民地時代のアジアの人々の努力は、地域経済を輸出主導型に再編することによって、今日の世界の交易システムにおけるアジアの地位の物質的な基盤を築いた＊44。

この地域の経済的および輸送のためのインフラの多くは——現在はその更新が待ったなしとなっていることが多いが——、ほとんどの法と統治の国家制度がそうであるように、植民地時代に起源を持つものだ。小国の平等な権利を尊重するのに現在有効となっている「外交」や「国際法」の概念は、欧州の歴史的な慣習にその起源がある。植民地との接触は交易と移住の新たなルートを生むことになり、たとえば唐辛子（南米産）のようなアジア料理の代表的な食材さえもたらすことになった。

アジアの社会間の文化的な交流は、植民地時代でも途絶（とだ）えたわけではない。実際、沈丹森（センタンセン）は、インド人と中国人の関係は「知識、商品および人の循環がさらに強化されたことで」むしろ拡大したと言及している＊45。宗主国たちは、圧政と並行して、自由主義、民主主義、社会主義、ナショナリズム、科学的合理性、産業近代化などの新たなアイディアを不可避的に導入させ、その発達を促したのである。

これらは、二〇世紀に西欧による支配に終わりを告げた汎(はん)アジア的な解放運動にも影響を与えた。また、これは主として西欧の植民地主義への反応として生まれた、アジアという共有されたアイデンティティの自覚についても同じことが言える＊46。帝国は自らの崩壊を助長せずにはいられなかったのだ。

地図づくりによるつながり

欧州の重商主義的な貿易会社、探検家、外交官、宣教師および軍事遠征の活動は、二〇世紀の狭い「アジア」という概念に縛(しば)られてはいなかった。「アジア」と題された欧州の地図は、一五〇〇年代から一九〇〇年代初頭にかけての植民地時代を通じて、インド洋の縁から東南アジアを経由して中国、朝鮮そして日本まで、驚くほどの一貫性をもってインド太平洋の弧を包み込んでいた。

当然のことではあるが、アジア全体を網羅した地図は、西洋が生み出した発明品というわけではない。例えば、一四〇二年に作られたとされる朝鮮の『彊理図(きょうりず)』(Kangnido map) は、二つの大洋とユーラシア大陸からなる一体となった地域をおおむね正確に描き出している。この地図は明帝国とその周辺を描いた一三九八年の『大明混一図(だいみんこんいつず)』(Da Ming Hunyi Tu) の影響を受けたものであるが、明の地図ほど中国中心のものではない。どちらの地図も、中国、モンゴル、イスラムそして欧州で蓄積(ちくせき)された知識を含めたユーラシア大陸全体の地理的伝承の波及によりその情報が伝わっていたのであろう。

このような知識の交流は、中世後期の欧州における世界の概念、例えば一四五〇年頃にイタリアの修道士フラ・マウロ (Fra Mauro) が作成した、南を上にしてアジア、アフリカおよびインド洋を際立たせた素晴らしい『世界地図（マッパ・ムンディ）』（Mappa Mundi）にも影響を及ぼしてきたと思われる。

しかしながら、植民地時代の欧州の地図は、いくつかの点で際立っていた。彼らの地図は海洋面を強調しており、全般的に海岸線と港湾が特に詳細かつ正確に描かれていた。これはつまり、象徴性と美意識よりも地図製作上の正確さの方が優先されていたということであり、地図製作は一六世紀以降の航法と関連テクノロジーの進歩を助け、助けられていたのだ。

この分野での飛躍的な進歩は、アントウェルペン［ベルギー］出身の偉大なる地図製作者アブラハム・オルテリウス（Abraham Ortelius）によって実現した。一五七〇年、彼は世界初の近代的な世界地図である『世界の舞台』（Theatrum Orbis Terrarum）を製作した。この地図の写しの一部は、一五〇〇年代末にイタリア人イエズス会士のマテオ・リッチ（Matteo Ricci）の手によって、明朝末期の万暦帝（ばんれきてい）こと朱翊鈞（しゅよくきん）への貴重な贈答物として中国に持ち込まれた＊47。その中身は、初期の中国の地図作成法に多大な影響を与えており、リッチ自身の手によって皇帝のために作成された世界地図もこれに含められている＊48。

オルテリウスの地図の中でも最も印象的なものの一つである『東印度図』（Indiae Orientalis Insularumque Adiacientium Typus）は、東南アジアの島々が中心となっている（口絵地図2参照）。これは素晴らしく現代的でインド太平洋的な地図だ。なぜならその視点が、ペルシャ湾からカリフォルニア沿岸に至る海洋空間を連接したものであるからだ。もちろん「人魚」や「海のモンスター」といった装飾はあまり現代的ではないが、それでもそれらはこの地域の海洋的な特徴を圧倒的な明白さで強調している。オルテリウスは二つの大洋のつながりを示しており、以後数世紀にわたる地図作成法におけるイメージのトレンドを方向づけた。

一七世紀のフランスの地図製作者のアラン・マネソン・マレー（Alain Manesson Mallet）は、『現代のアジア』（Asie Moderne）という名の地図を描いた。インド、東南アジア、中国および日本を含む広大な弧を包み込んだ地図は、まさに現代のアジアそのものだ。一七〇〇年代に進むと、それと同じように、ドイツ系イギリス人のハーマン・モール（Herman Moll）が、インドおよび「インド海」を中心とした、アジア全体図や地図帳を作製して大きな影響を与えている。

地図は場所についての新たな概念を構築するのに役立った。たとえば「アジア」はそもそも古代ギリシャの東方のあらゆる地域を指していた。植民地時代の海洋アジアは「東インド諸島」としても知られていたが、一九世紀中頃までにこの広大な地域の一部を描写するために、たとえば「インド諸島（今日では東南アジアと呼ばれている）および東アジア」などといった、より具体的な呼び名が生まれてきた。

その次に、一八五〇年にシンガポールに住んでいたイギリスの弁護士で学者であるジェームズ・リチャードソン・ローガン（James Richardson Logan）が「インド太平洋」という新しい用語を発表した＊49。彼は東南アジア、メラネシア、インド洋を結ぶ島嶼（とうしょ）と言語グループのことを描写したのだった。ローガンは後にこの地域の中心にある島々と人々のために「インドネシア」という名称を世に広めている。

帝国の系譜

地図もそうだが、大きな地域の定義も、帝国主義の実態、特にイギリス式の帝国主義が直面した厳しい現実が反映されたものだ。現代インドの戦略家であるラジャ・モハン（Raja Mohan）がわれわれに思い起こさせてくれているように、英領インドを中心とした大英帝国内の交易の大動脈と軍事組織は、シンガポールを経由して中国とオーストラリアに延び、西方はアフリカおよびスエズへと達していた＊50。したがって、一八四〇年代にオーストラリアのトーマス・ミッチェルが、世界につながる自国の生命線を確保し、これを地図上に描くことに興味を抱（いだ）いていたのは不思議ではない。

英領インドは、大英帝国に巨大な戦略的重みと富を与えただけでなく、それ自身の価値によって、帝国の中心地としての性格も帯びていた。だからこそジョージ・ナサニエル・カーゾン卿（Lord George Nathaniel Curzon: 一八九九年から一九〇五年までインド総督）の様な著名人たちは、ユーラシアにおいてロシア帝国を阻止し、イギリスの力のよりどころになり、インド洋において自国に都合の良いグローバルな秩序となる、広域にわたるインドの影響圏の必要性を強調していたのだ＊51。

ポルトガル帝国の残滓と同様に、フランスの領土も二つの大洋にまたがって広がっていた。帝国の大半をイギリスに奪取されたことを受け入れた後に、オランダ人たちはインドネシアに残された植民地を防衛するために、イギリスによるインド洋支配に依存することになった。スペインは一五〇〇年代にアメリカ大陸から太平洋ルートでフィリピンを奪取したものの——新興のアメリカがまさに証明しようとしていたが——旧欧州帝国の中で最も頼りない足がかりしか持っていないことが証明された。

スペインと同様に、アメリカという新大国は、より一般的な意味での「インド太平洋」というよりも、初めは「太平洋」をまたいで戦略的および経済的占有面積を広げていった。アメリカは一七八四年にニューヨークから大西洋とインド洋を経由して広東（今日の広州）に帆船「エンプレス・オブ・チャイナ」を航海させ、商業および外交関係の道を開くことを追求し始めた。

最初の頃のアメリカは、この地域を「東アジア」というよりも「東インド諸島」と認識しており、「ボストン茶会事件」の後には、インドとの直接かつ非課税の紅茶の取引を重視していた。一八三二年のスマトラ島の「胡椒海岸」の海賊に対する懲罰的な海上襲撃という初めての武力行使とともに、アメリカは東南アジアにおける利権も同様に追求しはじめた＊52。

ところが拡大を続ける一九世紀のアメリカは、そのビジネス上の利権が膨れ上がり、戦略的な野望が次第に募るようになると、中国と日本に注目するようになり——市場開放のため、欧州の諸帝国に制限を加え、アメリカ自身のパワーのための空間を創り出すことを意図した勢力均衡外交のために、さらには（まれにだが）自らの共和主義、民族自決、キリスト教イデオロギーのために、両国を開国させようとした。

しかし［アメリカにとって］インド洋は、二義的な重要性しかなかった。なぜなら、そこはアメリカの旧敵であるとともに格上の新たなパートナーでもあるイギリスの、完全な独壇場（どくだんじょう）だと思われたからだ。このためアメリカ大陸における西方への拡張が終わると、次のステップは太平洋にあると感じられるようになった。

二〇世紀の変わり目までに、アメリカは太平洋の大国としての地位を確立していた。そこでは広範囲にわたる商業上の利権と、戦争で奪い取った植民地的な占有地（フィリピン）、そして大国のはざまで信頼できる仲介者であるという評判が、相反しながら両立していた*53。この地位は、技術面でかなり進んだ「海軍」と、誇り高き旧来のいかなる帝国であっても高く評価したはずの「給炭基地のネットワーク」によって支えられていた。

一九〇八年にセオドア・ルーズベルト（Theodore Roosevelt）大統領の下で、近代的な戦艦で編成された「グレート・ホワイト・フリート」の世界周航により、アメリカは自分たちが将来どのような大国になるのか、そのイメージを明確に打ち出した。この艦隊は西航してオーストラリア、日本、そしてインド太平洋を横断し、スエズを経由して本国に帰還し、潜在的な敵と味方の双方に自分たちの存在を考慮するよう促したのだ。

アメリカ海軍の戦略面での初舞台を後押ししたのは、このわずか三年前に大西洋からインド洋経由で太平洋に向かった艦隊による困難な航海であった。すなわち「アジアの成りあがり者の大国」と見なされていた日本に鉄槌（てっつい）を下すべく世界を周航してきた、ロシアのバルチック艦隊の破滅的な大航海である*54。ロシア皇帝の戦艦たちは、友軍基地もない中を、石炭と補給品そして機器の整備を求めながら、インド洋を苦心惨憺（くしんさんたん）しながら横断した。そして近代化されたばかりの大日本帝国海軍は、霧にかすむ対馬海峡における激烈な数時間の戦闘で、ロシアの大艦隊をほぼ完全に沈めてしまった＊55。大日本帝国は一八九四年から一八九五年の日清戦争で、衰退していた清をすでに打ち負かしていたが、この日露戦争では欧州で最も偉大な帝国の一つを打倒したのだ。

　この衝撃は世界中に響き渡り、数十年間にわたり広がり続けた。ロシアはこれに先立つ数世紀の間、陸路で拡大し、ヨーロッパの大国であると同時にアジアの大国にもなっていた。日本への敗北（そしてアメリカによる講和条約の仲介）は、ロシアの太平洋における立場を大幅に後退させた。この敗戦はロシア国内の社会不安を悪化させ、第一次世界大戦を経て一九一七年のボリシェヴィキ革命［十月革命］、ロシア帝国の崩壊、ソビエト連邦の建国、共産党による国家権力の掌握（しょうあく）などにつながっていく。

　また、日本海軍の勝利は、既存の帝国、新興国、新たなプレイヤーなどに対して、陸海の軍種間のバランスの変更や、自国の防衛態勢の見直しの必要性について等しく目覚めさせることになった。これが「グレート・ホワイト・フリート」の世界周航と、一九一一年のオーストラリア海軍の創設につながっている。さらにこれはアジア社会にとって、欧州の植民地制度を追い出す「号砲」となったのである。

　日本は貪欲に自国の国益を追求し、そして後に明らかになったように、無慈悲で達成不可能な独自の「陸海両方で優位な帝国」を目指しはじめている。しかし一九〇〇年代初期に時点においては、日本は「最も早く近代化を成し遂げたアジアの最強国」として希望の担い手であり、他国の手本であった。民族自決を目指す「汎アジア主義」の人々――特にインドとインドネシアにおいてであるが、一部では中国でも――も、日本の動きを称賛に値する自己主張であるとみなしていた。

　帝政ドイツにおいても、日本から一定のインスピレーションを受けているものがいた（とはいってもドイツ自身が日本の近代化にとって多くの面で手本となっていたのであるが）。ドイツは欧州の大国であり、進出が出遅れていたために植民地による海洋利権の多くを取り逃がしており、インド太平洋ではニューギニアと近隣の島々を植民地にすることで我慢していた。そして一九〇八年には、日本に派遣されたカール・ハウスホーファー（Karl Haushofer）という名前の軍事顧問が、日本をドイツ自身には達成不可能な野望を代わりにかなえてくれる者――そして未来の同盟相手――だと見ていた。

地政学の闘技場

ハウスホーファーは、後にドイツ第三帝国の地政学の顧問として、悪名高い（現在ではほとんど忘れられているかもしれないが）人物になった＊56。彼はアジア――大陸と二つの大洋――を戦略的な統一体として理解して描き出した、初期の地理戦略家の一人である。

アメリカのシーパワーの理論家であるアルフレッド・セイヤー・マハン（Alfred Thayer Mahan）とイギリスの大陸主義的な地理学者であったハルフォード・マッキンダー（Halford Mackinder）たちも、すでにアジアを統合された地域として見ていた。そして同じような存在としては、第二次世界大戦中および大戦後の、インドのK・M・パニッカルもいる＊57。

ハウスホーファーのおかげで、二〇世紀初頭の最初の数十年の間に「インド太平洋」的なアジアの定義が注目を集めるようになったが、そこから誤った方向へと進んでしまった。ハウスホーファーの地政学のアイディアは、主として地域を支配することの正当化に関するものであり、このために第二次世界大戦中に枢軸国（すうじくこく）により利用されたのである＊58。

マッキンダーから着想を得たハウスホーファーは、一九一四年以前に行われた日本、中国、朝鮮およびインドへの旅を通じて、世界史から見た独自の地理的決定論を編み出した。一九二四年の著書『太平洋の地政学』(*Geopolitics of the Pacific Ocean*) は、日本の海軍戦略のための「事実上の教科書」と評価されており、ハウスホーファーは四つの「統合地域（パンリージョン）」に分割された世界を予見し、それぞれの地域が支配的な大国を持つと主張した＊59。

「インド太平洋」は、民族学や海洋科学の分野ではすでによく知られた用語になっていた。この言葉は自らの地政学に応用することで、ハウスホーファーはこの「統合地域」のうち「汎アジア地域」を、台頭するアジアの海洋大国である大日本帝国の正当な支配地域として、ロシアと共有されるべきだと見なした。ハウスホーファーの指針の一部は「大日本帝国と第三帝国は自由民主主義と衰退する大英帝国を打倒するために、中国とインドを含めたアジア全域の民族自決運動と、便宜上の同盟を形成すべきである」というものであった。だが今日の「インド太平洋」の概念は、ハウスホーファーの概念とは全く正反対のものである。それは帝国主義的な植民地の切り取り合戦や「生死をかけた闘争」というよりも、広大な共通領域においてさまざまな国家の国益の交わりをうまく処理するための道を探るものである。

実際に、植民地からの解放を訴えたアジアの政治活動家、たとえば日本や中国で人気を博（はく）したインドの詩人で思想家のラビンドラナート・タゴール (Rabindranath Tagore) は、「アジアは一つ」と宣言し、この地域を互いにつながった場所と見ていた。

他のアジアの知識人、例えば日本の岡倉覚三（天心）と同じように、タゴールは「昔からの海洋を通じたつながり、芸術、加えてインド、中国および日本における仏教の様に、共有されている遺産を強調しながら、アジア全体のための文化的基盤を確立することを追求した」のである＊60。「汎アジア主義」という彼らの理想は、日本によって一九三〇年代に帝国主義的侵略を正当化するために盗用され、悪用された。しかしここで重視すべきは、植民地制度に対する反動が、植民地制度そのものと同じぐらい、インド太平洋の人々の共有された運命に対する信念と現実の双方に影響したという点である。

アジアにおける日本の勢力拡張と民族自決運動の高まりとともに、第一次世界大戦は、欧州列強のインド太平洋の植民地に対する支配力を弱めた。世界中が戦場になったが、それでもこの戦争をアジアの視点から見ると、それは「欧州の内戦」であった。この戦争は、アジアの主権と力の再興の速度を速めただけでなく、特にインド遠征軍が大きな役割を果たすなど、インド太平洋的な側面を含んでいた。アジアでは日本も参戦し、一九一七年からは中国とシャム（タイ）が交戦国となったが、すべて連合国側についていた（ただしアジアの世論では親独的な傾向が強かった）＊61。

インド洋は、世界規模の戦争において極めて重要であった。これらの海上交通路を管制することで、イギリスは帝国領域から欧州および中東の最前線への兵員、そして資源の絶え間ない流れを維持することができたのだ。インド太平洋の戦略的地理を超えて、二一世紀になっても色褪せない安全保障パートナーシップが形成されたのである＊62。

例えば、日本はイギリスの同盟国であり、そのため、日本の軍艦は中東までオーストラリア兵とニュージーランド兵の輸送を護衛した。これはもともとは、中国の青島に母港をおいていたドイツの東アジア巡洋艦戦隊の攻撃に対する護衛を提供したものだが、この基地から出撃した巡洋艦「エムデン」は、インドと東南アジアの連合国の船舶交通と港湾に大混乱を引き起こしている。その後、オーストラリアの巡洋艦「シドニー」が、当時も現在もインド洋の重要な警備拠点となっているココス諸島で「エムデン」と対決し、これを撃破した。

第二次世界大戦において、インド太平洋という要素はさらにその重要性を増した。日本の侵略はタゴールの「アジアの同胞」という概念を打ち砕いてしまった。この戦いは「ヨーロッパの内戦」より明らかに大規模であった。ハウスホーファーが予期したように、大日本帝国はその国家の生存のためにインド太平洋の領域支配と資源の搾取が必要であるとみなした。このため、シンガポール、マラッカ海峡およびその他のインド太平洋の海上交通路は、重要な目標となった。戦線が伸び切ったビルマ作戦のさらに先にあるインド洋の大部分の占領を日本が真剣に意図していたかどうかは別としても、日本は確かにビルマ、マラッカおよびアンダマン諸島の基地から、ベンガル湾の様な戦略的な海洋地帯のコントロールを追求し、そして達成していた＊63。その目標には、イギリスからインドを孤立させ、オーストラリアをイギリスおよびアメリカが主導する勢力から孤立させることが含まれていたのだ＊64。

いわゆる「大東亜共栄圏」――帝国を非現実的なまでに慈悲深く見せかけた日本の婉曲表現――の地図は、戦争、帝国、そして国家の生存のために不可欠な原材料の供給源として、東南アジアだけでなく南アジアおよびインド洋の重要性を強調していた＊65。この名称はあらゆる意味において誤った呼称であり、「共栄」だけでなく（すべての富は日本向けだった）「大東亜」という言葉も東アジア以上の広さを意味していた。それはインド太平洋における「支配圏」であり、「汎アジア主義」を帝国主義的・軍国主義的にねじ曲げたものだった。

いわゆる太平洋戦争は、いくつかの点では「インド太平洋戦争」でもあった。とりわけインドが関与して果たした重要な役割――とその絶対的な規模――を考慮すると、たとえば第二次世界大戦におけるイギリス領インド軍は史上最大の志願兵部隊であり、東南アジアに派遣されただけでも七〇万人を数え、日本軍に抵抗して押し戻す上で不可欠の存在であった＊66。

インド軍は日本の占領にも参加していた。ところが同時に、日本の側に立って従軍した、それと同じぐらい愛国的なインド人もいた。そして連合国は、彼らの日本に対する作戦区域が「インド太平洋」的な特徴を有していることを認識していた。イギリス軍は（インド人部隊とともに）今日のスリランカに置かれた地域司令部から、東南アジアを奪回するために戦った。コロンボに置いた「東南アジア司令部」（厳密に言うとこの場所は東南アジアではない）は、イギリス軍、アメリカ軍、オーストラリア軍およびオランダ軍を指揮して、大日本帝国をインド洋から追い出し、太平洋へと押し返した。実際、インド洋と太平洋のつながりは中国を日本軍から守ったのであり、アメリカとイギリスは中国の国民党の軍隊に陸路を経由してミャンマーからインドのアッサム、後には空路でヒマラヤ山脈を越えて補給品を送った。

第二次世界大戦の大変動による多くの断絶の後に再編された世界において、またしても「アジア」の地図が描かれた。植民地の宗主国はなかなか戻ってこなかった。インドと中国は自らの主体性を取り戻した。アメリカは少なくとも太平洋においては支配的な勢力となった。冷戦の世界の無慈悲な新戦略の計算は、アジアであれほどまでに多くの戦闘が行われたにも関わらず、欧州にその焦点を当てた。そしてこの地域に対する全く新しい異質な視点として「アメリカを計算に入れてインド洋を除外する」という視点が定着し始めた。

このようにして、「インド太平洋ではなく」「アジア太平洋」という名前に、二、三〇年もすると誰もがすっかり馴染んでしまい、まるで以前から定着していたものであるかのように振る舞い始めたのだ。

註

1 著者は二〇一二年に、トーマス・ミッチェルを引用して「アジアの傾いた地図」をオーストラリア国立大学の公開授業で紹介した。Rory Medcalf, 'Pivoting the map: Australia's Indo-Pacific system', Centre of Gravity Paper No. 1, Strategic and Defence Studies Centre, Australian National University, November 2012. 以下も参照。Thomas Mitchell, *Journal of an Expedition into the Interior of Tropical Australia in Search of a Route from Sydney to the Gulf of Carpentaria*, Longman, Brown, Green and Longmans, London, 1848.

2 Institute of Geodesy and Geophysics, Chinese Academy of Sciences, 'A new version of world map published', 2013, website accessed 16 January 2019. http://english.whigg.cas.cn/ns/es/201312/t20131211_114311.html.

口絵地図を参照のこと。

3 Pepe Escobar, 'Chinese scholar offers insight into Beijing's strategic mindset', *Asia Times*, 5 January 2019.

4 Andrew Phillips and J.C. Sharman, *International Order in Diversity: War, Trade and Rule in the Indian Ocean*, Cambridge University Press, Cambridge, 2015, p. 9.

5 Tansen Sen, 'The "Indo-Pacific" is really nothing new, just ask the fish', *South China Morning Post*, 30 December 2017.

6 Kalidas Nag, *India and the Pacific World*, Book Company Ltd., Calcutta, 1941, p. 18. 一九二四年にナーグは、インド人の詩人で汎アジア主義の思想家であるラビンドラナート・タゴールと一緒に、インドと東アジアとの文化的および歴史的繋がりを再発見するために航海に出ている。以下を参照。T.C.A. Raghavan, 'The changing seas: Antecedents of the Indo-Pacific', *The Telegraph* (Kolkata), 17 July 2019.

7 D. Fuller, N. Boivin, T. Hoogervorst and R. Allaby, 'Across the Indian Ocean: The prehistoric movement of plants and animals', *Antiquity*, Vol. 85, No. 328, 2011, pp. 544-558.

8 Bill Hayton, *The South China Sea: The Struggle for Power in Asia*, Yale University Press, New Haven and London, 2014, p. 6.〔ビル・ヘイトン著、安原和見訳『南シナ海：アジアの覇権をめぐる闘争史』河出書房新社、二〇一五年、二二～二四頁〕

9 Angela Clark et al., 'Biological anthropology in the Indo-Pacific region: New approaches to age-old questions', *Journal of Indo-Pacific Archaeology*, Vol. 41, 2017, pp. 78-94.

10 Bill Hayton, *The South China Sea*, pp. 6-8.〔ヘイトン著『南シナ海』二二～二八頁〕

11 以下からの引用。Pepe Escobar, 'Chinese scholar offers insight into Beijing's strategic mindset'.

12 Ellen L. Frost, *Asia's New Regionalism*, National University of Singapore Press, Singapore, 2008, p. 47.

13 Kautilya, *The Arthashastra*, Book 6〔カウティリヤ著、上村勝彦訳『実利論（下）―古代インドの帝王学』岩波文庫、一九八四年、四六～五〇頁〕；Shyam Saran, *How India Sees the World*, pp. 11-14.

14 Herodotus, *The Histories, Aubrey de Sélincourt* (trans.), Penguin Classics, London, 1954, pp. 187, 213, 440-441.［ヘロドトス著、松平千秋訳『歴史』岩波書店、一九七一年、上巻二六四頁、二九一頁、中巻二六頁］

15 Tansen Sen, *India, China, and the World: A Connected History*, Roman and Littlefield, Lanham, 2017, p. 6.

16 K.M. Panikkar, *Asia and Western Dominance: A Survey of the Vasco da Gama Epoch of Asian History 1498-1945*, George Allen & Unwin, London, 1953 (1959 edition), p. 29.［K・M・パニッカル著、左久梓訳『西洋の支配とアジア―1498-1945』藤原書店、二〇〇〇年、二四頁］

17 The News Minute/Indo-Asian News Service, 'Navigation began in India: Indians used monsoon winds for sailing long before Greeks', 4 December 2017.

18 中国の知識人である梁啓超の一九二四年の発言から。以下からの引用。Tansen Sen, *India, China, and the World*, p.1.

19 Ibid., pp. 125-127.

20 Howard W. French, *Everything Under the Heavens: How the Past Helps Shape China's Push for Global Power*, Vintage Books, New York, 2017 (2018 edition), pp. 114-117.

21 Philip Bowring, *Empire of the Winds*, pp. 57-64.

22 この部分は、以下の本から引用した。Howard W. French, *Everything Under the Heavens*, pp. 117-119.

23 Timothy Brook, *Great State: China and the World, Profile*, London, 2019, pp. 36-42, 45-52.

24 Ibid., pp. 44-45, 83-84.

25 'Full text of President Xi's speech at opening of Belt and Road Forum', *Xinhua*, 14 May 2017.

26 'Full text: Hu's speech', *The Sydney Morning Herald*, 24 October 2003.

27 Bill Hayton, *The South China Sea*, pp. 24-26［ヘイトン著『南シナ海』四八〜四九頁］; Howard W. French, *Everything Under the Heavens*, pp. 101-104; Tansen Sen, *India, China, and the World*, pp. 195-222: Geoff Wade, 'The Zheng He voyages: A reassessment', *Journal of the Malaysian Branch of the Royal Asiatic*

Society, Vol. 78, No. 1, 2005, pp. 37-58; Timothy Brook, *Great State*, pp.79-83.

28 Xi Jinping, Speech to the Indonesian Parliament, Jakarta, 2 October 2013.

29 Howard W. French, *Everything Under the Heavens*, p. 101.

30 Ibid., pp. 98-109; Bill Hayton, *The South China Sea*, pp. 24-26［ヘイトン著『南シナ海』四九〜五〇頁］; Timothy Brook, *Great State*, p. 105.

31 K・M・パニッカルの『西洋の支配とアジア』(*Asia and Western Dominance*) は、アジア人学者による初めての植民地制度に関する包括的な歴史書であり、説得力のある著作である。

32 'Speech by Chairman of the delegation of the People's Republic of China, Deng Xiaoping, at the Special Session of the UN General Assembly', New York, 10 April 1974.

33 例えば以下を参照。James A. Millward, 'Is China a colonial power?', *The New York Times*, 4 May 2018; Richard McGregor, 'Mahathir, China and neo-colonialism', *Nikkei Asian Review*, 30 August 2018; Mihir Sharma, 'China should beware what it wishes for', *Bloomberg*, 19 May 2017.

34 Isabel Hilton, 'The myth of China's "great state"', *New Statesman*, 18 September 2019; Timothy Brook, *Great State*.

35 Admiral James Stavridis, *Sea Power: The History and Geopolitics of the World's Oceans*, Penguin Books, New York, 2017, p. 103.［ジェイムズ・スタヴリディス著、北川知子訳『海の地政学』早川書房、二〇一七年、一〇四〜一〇五頁］

36 K.M. Panikkar, *Asia and Western Dominance*, p. 49.［パニッカル著『西洋の支配とアジア』六七頁］

37 Robert D. Kaplan, *Monsoon: The Indian Ocean and the Future of American Power*, Random House, New York, 2010, p. 55.［ロバート・D・カプラン著、奥山真司・関根光宏訳『インド洋圏が、世界を動かす：モンスーンが結ぶ躍進国家群はどこへ向かうのか』インターシフト、二〇一二年、九〇〜九一頁］

38 K.M. Panikkar, *Asia and Western Dominance*, pp. 40-41.［パニッカル著『西洋の支配とアジア』五六頁］

39 J.C. Sharman, *Empires of the Weak: The Real Story of European Expansion and the Creation of the New World Order*, Princeton University Press, Princeton and Oxford, 2019.

40 Ellen L. Frost, *Asia's New Regionalism*, p. 54.

41 Michael Wesley, *Restless Continent: Wealth, Rivalry and Asia's New Geopolitics*, Black Inc., Melbourne, 2015, pp. 43-44.

42 Jawaharlal Nehru, Speech to the first Asian Relations Conference, New Delhi, 24 March 1947.

43 K.M. Panikkar, *Asia and Western Dominance*, p. 52［パニッカル著『西洋の支配とアジア』七一頁］；Bill Hayton, *The South China Sea*, p. 35. ［ヘイトン著『南シナ海』六一頁］

44 Ellen L. Frost, *Asia's New Regionalism*, p. 55.

45 Tansen Sen, *India, China, and the World*, p. 4.

46 Amitav Acharya, 'Asia is not one', *The Journal of Asian Studies*, Vol. 69, No. 4, 2010, p. 1003; John M. Steadman, *The Myth of Asia*, London, Macmillan, 1969, pp. 32-33.

47 Matteo Ricci (trans. Louis J. Gallagher), *China in the Sixteenth Century: The Journals of Matthew Ricci 1583-1610*, Random House, New York, p. 364.

48 Timothy Brook, *Great State*, pp. 2-5.

49 J.R. Logan, *Ethnology of the Indo-Pacific Islands*, Jacob Baptist, Singapore, 1852; J.R. Logan, 'The Ethnology of the Indian Archipelago: Embracing enquiries into the continental relations of the Indo-Pacific Islanders', *Journal of the Indian Archipelago and Eastern Asia*, Vol. 4, 1850, pp. 252-347.

50 C. Raja Mohan, *Samudra Manthan: Sino-Indian Rivalry in the Indo-Pacific*, Carnegie Endowment for International Peace, Washington, 2012; 'Return of the Raj', *The American Interest*, Vol. 5, No. 5, May 2010.

51 Robert Kaplan, *Monsoon*, pp. 181-185. [カプラン著『インド洋圏が、世界を動かす』二八三～二九〇頁]

52 この部分は以下の本の内容からの引用。Michael J. Green, *By More than Providence: Grand Strategy and*

American Power in the Asia Pacific since 1783, Columbia University Press, New York, 2017, pp. 21-31.

53 Ibid., pp. 64-77.

54 日本海海戦とロシア艦隊の破滅への航海において無視されてきた側面についての詳細な証言については以下を参照。Constantine Pleshakov, *The Tsar's Last Armada: The Epic Voyage to the Battle of Tsushima*, Basic Books, New York, 2002. ［コンスタンティン・プレシャコフ著　稲葉千晴訳『日本海海戦　悲劇への航海―バルチック艦隊の最後』（上下）、日本放送出版協会、二〇一〇年］

55 Alistair Horne, *Hubris: The Tragedy of War in the Twentieth Century*, Weidenfeld & Nicolson, London, 2015, pp. 66-87.

56 Hans Weigert, 'Haushofer and the Pacific: The future in retrospect', *Foreign Affairs*, July 1942.

57 K.M. Panikkar, *India and the Indian Ocean: An Essay on the Influence of Sea Power on Indian History*, George Allen & Unwin, London, 1945.

58 Dennis Rumley, Timothy Doyle and Sanjay Chaturverdi, '"Securing" the Indian Ocean? Competing regional security constructions', *Journal of the Indian Ocean Region*, Vol. 8, No. 1, 2012, pp. 1-20.

59 Karl Haushofer, *Geopolitics of the Pacific Ocean*, edited and updated by Lewis A. Tambs, translated by Ernst J. Brehm, 2002, Edwin Mellen Press, New York, 1924; K.M. Panikkar, *India and the Indian Ocean*, p. 18.

60 Pankaj Mishra, *From the Ruins of Empire: The Revolt Against the West and the Remaking of Asia*, Penguin, London, 2012, pp. 230-231.

61 K.M. Panikkar, *Asia and Western Dominance*, pp. 197-199. ［パニッカル著『西洋の支配とアジア』二八〇～二八二頁］

62 Ashok Malik, 'Under China's shadow, India looks to Australia', *Yale Global Online*, 8 February 2013.

63 K.M. Panikkar, *India and the Indian Ocean*, p. 85.

64 Admiral James Stavridis, *Sea Power*, p. 111.〔スタヴリディス著『海の地政学』一一一〜一一二頁〕

65 例えば、「昭和十七年大東亜共栄圏図」はプロパガンダ用の地図であり、大日本帝国政府により昭和一七年六月二〇日に公表され、原材料を確保するために征服が必要であることを地域集会で国民に納得させるために用いられた。

66 C. Raja Mohan, 'Return of the Raj'

第3章

国家による波乱の航海：地域の故郷を求める探求の旅

彼らはアジアの各地やそれ以外の場所から続々とやってきた。代表団たちは現在のスリランカ、ミャンマー、マレーシアから来た。インドネシアの初代首相である若く聡明なスータン・シャフリル（Sutan Sjahrir）は、まだ独立を目指して戦っている最中ではあったが、自分の新しい国から三二名の代表団を引き連れてやってきた。フィリピンからは一〇名が参加した。さらに九名は中国、正確には蒋介石の国民党政府から、毛沢東の共産党との戦いに敗れつつある真っ只中にやってきた。独立チベットからの四人の代表者は、会議に参加するためにラサ南部の吹き曝し（さら）の高原と山道を二一日間かけて踏破（とうは）し、中国の反対にもかかわらず受け入れられた*1。

他にも代表団は、ネパール、ブータン、アフガニスタン、イラン、朝鮮［韓国の建国は翌年である］、モンゴル、タイ（当時はシャム）、トルコ、アラブ連盟、パレスチナのヘブライ大学（現代のイスラエルはまだ誕生していなかった）から集まった。ベトナムからはベトナム独立同盟会のゲリラたちがやってきた。彼らの敵であるフランスも──インドシナの大部分をまだ支配していたが──彼らを排除することはできなかった。

ソ連からは五つの中央アジアの共和国が代表として参加した。オーストラリア、イギリス、アメリカ、国連からもオブザーバーが参加した。欠席した者の中で最も目を引いたのは日本であった。アメリカが主導する占領軍は、日本人が自国に留まることを望み、海外渡航を禁止していたのである*2。

代表団として最も際立っていたのはインドであり、盛夏の独立［インドの独立は八月一五日］まで、まだ数ヵ月を残していた。この前例のない再興するアジアの会合がニューデリーで開催されたことは、不思議ではなかった。会場となったのはムガール帝国時代のプラーナ・キラ（Purana Qila）（文字通り、古い要塞）であり、ここからは木々の連なりと真っ白に塗られたラジ［イギリスのインド統治］のバンガローを見下ろすことができた。この会合の招集者は、間もなくインドの首相となるジャワハルラール・ネルーであった。

偽りの春

一九四七年の春にインドで開催されたこの「アジア関係会議」（The Asian Relations Conference）は、真の意味で歴史的な会議であったが、今日ではほとんど忘れ去られてしまっている。この会議は、インドネシアのスカルノ（Sukarno）大統領が一九五五年に外交的面での非同盟化と急進的な反植民地主義を促進するために招集した「バンドン・アジア・アフリカ会議」によって影が薄くなってしまった。

デリーで開催された「アジア関係会議」の成果は、アジアの連帯と民族自決のメッセージと、過去の圧制者たちとの和解と協力への意欲とを調和させた、主としてシンボリックなものであった。その背景には、植民地主義の瓦解、世界的な戦火の余波、そして「冷戦」というキノコ雲が集まり始めていることがあった。議論の主題は、主として社会的、文化的、そして経済開発に関するものであった。女性の権利と社会的地位向上も議題の中に入っており、これはインドの詩人であり活動家でもあったサロジニ・ナイドゥ(Sarojini Naidu)の影響を受けたものであった。安全保障と外交政策は、厳密にいえば議題から外れていたが、代表を出している国の多くが、未解決もしくは進行中の紛争を抱えていたことを考えれば理解できるものだった。今日の外交用語で言えば、これは「トラック一・五協議」であり、半官半民のものであり、完全に公式なものではないが、単なる学術的な懇談会でもなかった。巨大な仮設の会議場には、「教授や革命家、経済学者、政治家、科学者、政府のメンバーたち、フェミニスト、司法や行政の高官」が集まっていた*3。

この会議は、世界史における特筆すべき瞬間であり、アジアの声を一つに結集しようとする初の試みであった*4。それは、地理的に特徴づけられたアジアの地域主義、共通の目的意識とアイデンティティを構築しようとする努力の始まりであった。これは、その後の六〇年間におよぶ、激動と変革の一つの物語となるはずであった。

アジア関係会議の閉会式で演説するガンジー（ニューデリー、1947年）

インドはこの物語の最も重要な原動力であり、結節点であった。ネルーの言葉を借りれば、インドは「注目の的」であり、北アジア、南アジア、東南アジア、東アジア、西アジアという、アジアを構成する各地域の「合流点」であった*5。

出席者の多様な顔ぶれは、インドという地域についての極めて包括的な定義——域外の海洋大国のための場所を含めた、アジアを中心としたインド太平洋とユーラシアの組み合わせを示唆していた。会議の写真には、「アジア」とだけ書かれたネオンサインが点滅する壁一面の巨大な地図の前で、マハトマ・ガンジー(Mahatma Gandhi)が写っている。ヨーロッパは取るに足りない付録に過ぎなかった。交差する線は、世界を結び始めていた航空路を示している。地図の中心にはインドがあった。

ところがその後の数十年間にわたって、インドはアジアの国際関係における中心的な地位を失っていった。一九八〇年代まで、インドは経済・東アジア・アメリカに焦点を当てた新しい「アジア太平洋」秩序を構築するための動きの中で、後回しにされていた。「アジア太平洋」という幕間劇が終わりを告げたのはようやく二一世紀が始まった頃からであり、アジアを中心とする外交は、新時代の幕開けにデリーの古い要塞で垣間見たように、インド太平洋を含んで拡大する、包括的な地域の登場を予感させるものとなりつつあった。

反目と分離

一九四七年は、いかなる形であれアジア統合にとって「偽(いつわ)りの春」であったことが明らかとなった。デリー会議では、この地域の多くの国際紛争や内紛を避けるような指針が明確に示されていた。しかしそれはまさに地域がバラバラであったためであり、この分断はさらに悪化しつつあった。インド自身も、インド・パキスタン分離独立による衝撃とコミュニティー内での流血の惨事を体験することになった。この後、インドでは分離独立紛争や反乱に加え、パキスタンとの四回にもおよぶ戦争の最初の戦いが行われることになる。

国民党の中国は、一九四九年には開催できると楽観視されていた「第二回アジア関係会議」の主催を申し出ていた。しかし一九四九年になると（国民党）中国は他のことに忙殺されることになる。中華人民共和国が大規模な内戦に勝利を収めて台頭し、国民党政権が海を渡って台湾に逃亡したことで、二一世紀でも主要な域内の発火点（フラッシュポイント）であり続けている台湾海峡の緊張関係が固定化されたのだ。中国は長期の国内紛争の最後の大惨事を経験中であり、これが共産党という新政権に嫌われた数百万の人々の殺害に続いて、飢饉と弾圧をもたらしたいわゆる「大躍進政策」による更なる自傷行為、そして「文化大革命」という文明的な内部崩壊へとつながった＊6。

インドネシアの自由への戦いは終焉（しゅうえん）を迎えつつあり、ベトナムの幾度にもおよぶ武装闘争が始まったばかりであった。朝鮮は冷戦の激戦地になろうとしていた。そして一九六二年までにインドと中国はお互いに戦争へと突入していた。

二〇世紀半ばのアジアは「統合」からは程遠い状態にあり、国内でも域内でも、そして世界的にも、新たな衝突の波によって引き裂かれていた。希望に満ちたデリー会議のすぐ後に、この地域は新たな騒乱状態に陥（おちい）った。太平洋とインド洋地域で、半世紀におよぶ対立が始まったのだ。

その要因の一つが、ソビエトが主導する共産主義ブロックと、アメリカが主導する西側陣営の間の「冷戦」であった。日本に対する勝利は、アメリカを太平洋の大国にしたが、この地にとどまったアメリカは、経済的利益よりもむしろその国家安全保障戦略を支えるための「同盟関係による非公式な帝国」を築き上げつつあった。そしてこの戦略は、ソビエトの力と共産主義イデオロギーの拡散を封じ込めることを主眼にしていた。

ところがこれは同時に、日本、中華民国（台湾）、韓国などの地域の勢力が、アジアで大規模な地上戦を引き起こすことを抑制し、アメリカが安全保障上の主な懸念であるヨーロッパと北大西洋に集中できるようにすることも含まれていた（それでもこれはベトナムにおける悲惨な地上戦争に巻き込まれるのを止めることができなかったのだが）＊7。

ソビエト連邦自身は、北太平洋地域における地理的な足がかりを回復し、西側社会との摩擦の中から生まれた独立運動や、新国家を育てる好機として反植民地化運動をとらえていた。だが超大国間の緊張の中心は、世界の戦略的・経済的な重心である「北大西洋地域」であった。米ソ両政府も、アジアを一義的には「自分たちのグローバルなライバル関係」というレンズを通して見ており、アジア自身のためにその統一を助けることに価値をほとんど見出していなかった。両国が地域的な協力関係を構築したときも、それはアメリカの同盟システムと、ソビエトによる共産主義運動の推進と非同盟諸国に対する勧誘といった、全世界的な陣取り合戦の延長でしかなかった。この外交の成果の大半は、イデオロギー面での忠誠心と戦略的実益において、インド太平洋にある国々の間や国内の分裂を深めることになったのである。

この地域が協力するための態勢も不十分であった。初期の「汎アジア主義」の積極的な推進者であった日本は、旧敵国（現在は同盟国）であるアメリカの優先順位と、復興と繁栄に向けたスタートに集中したいという自国民の願いにより、外交と戦略において抑制的になっていた。日本がこの地域のイニシアティブ、特に政治的あるいは安全保障的な性格を持つものをリードして行くという概念については、その帝国主義の名残りのために損なわれていた*8。

日本は交易と戦後賠償――日本の援助計画の起源――についてだけは、国境を越えて手を伸ばそうとしていた。そして新しい平和的な日本は、再創造された地域――すなわちアジア太平洋――における主要プレイヤーとして、交易と開発計画の結びつきのおかげで数十年間のうちに目覚ましい復活を果たした。

その合間に日本の旧敵国であったオーストラリアは、多くのオーストラリア人が大日本帝国の兵士により耐え難い捕虜生活へと送り込まれた英国領シンガポールの陥落の亡霊に悩まされつつ、第二次世界大戦の影から立ち上がっていた。オーストラリア政府は、自国による積極的な外交と並行しながら、強力なアメリカとの間に新たな防衛協定を模索していた。

オーストラリアの働きかけは、結果的に一九五一年の「太平洋安全保障条約」（ANZUS：オーストラリアーニュージーランドーアメリカ条約）と、一九五〇年の「コロンボ計画」で実現した。後者はオーストラリアが主導して東南アジアと南アジアに焦点を当てた、開発・教育イニシアティブであった*9。これは、「アジア諸国自身を巻き込んだ初の多国間援助計画」であり、「この地域をまとめ上げるためのオーストラリアのイニシアティブ」として効果的なものであった*10。そしてこれはその性格において明白に「インド太平洋的」であり、当初の「イギリス連邦加盟国」という枠組みを超えて急速に拡大していった。この計画はコロンボで始まり、インド、パキスタン、東南アジアの大部分を巻き込み、そしてアメリカと、社会復帰した日本をも含むようになった。

しかし、オーストラリアが引き続きこの地域に進出しつづけた主な理由は、やはり安全保障上の動機からであった。共産主義の影響力を弱め、西側社会にとっての冷戦の敵対者だけでなく、より広範なアジア諸国全般に対する防衛力を向上させることを狙っていたのだ、

オーストラリアは、保守的なロバート・メンジース（Robert Menzies）首相の長期政権下で、イギリスの影響を強く受けた「アングロ・ケルト」文化が社会に圧倒的に残っており、人種差別的な移民制限が行われていた。それからわずか数十年後にはオーストラリアはこの地域の包括的な未来を築くために何度も主導権を握ろうとするようになるのだが、それでもコロンボ計画は同国の戦後すぐの時点での唯一の希望の光というわけではなかった。

オーストラリア労働党の元首相ベン・チフリー（Ben Chifley）は、一九五一年の死の前夜に人生最後となった記者会見を行った。同国を訪問していたインド人ジャーナリストのＪ・Ｎ・サーヘニー（J. N. Sahni）は、チフリーのことを次のように書いている。

彼は何度も彼の机から立ち上がってアジアの地図を眺（なが）めた……インド太平洋地域に言及して、チフリ

ーは次のように述べた。「ボンベイからシドニーまで、アジアのこちら側にいる私たちは、相互発展のために、また困っている人たちを助け合うために、多くの貢献ができる」……彼は、オーストラリアの地理的アイデンティティがインド太平洋地域に属することを認めて、それを受け入れていた*11。

インドと中国：巨大な分断

アジアの盛衰の中心にあったのは、中国とインドという二つの巨大な大国が選ぶ政策であった。彼らがどのような関係を持つか——あるいは持たないか——という選択は、この地域のつながりに関するあらゆる現実的な展望にとって死活的に重要であった。ところが残念なことに両者は内向きとなり、独自にあるいは手を携えてアジアを導いていく好機を投げ捨ててしまった。

新たに独立したインドと中華人民共和国は、貿易経済国同士としての数千年にも及ぶ自らの歴史を否定してしまった。彼らは企業家精神に終止符を打ち、輸出をほとんど禁じる専制的な体制を採用したのだ。インドにおける生産活動は大半が国家が統制するものとなり、中国においては完全に国家の支配下に置かれた。域内の交易は、必要最小限のものとなった。お互いの発展を支援しあえるはずであった隣接する巨大国家が、それから五〇年にわたって互いに驚くほど関与しなかった。また、彼らの政治的な姿勢も決定的に断絶していた。

ただしインドは、その欠点にもかかわらず主として非暴力的な圧力を通じて独立を勝ち取り、長年にわたって「インド国民会議」と、王朝的な指導層によって支配されていたものの、世界最大の民主制度という実験に取り組み始めた。一方で内戦を通じて誕生した中国は、一つの党と一人の指導者による独裁体制を強化し、何にもまして支配を通じた生き残りに関心を抱いていた。

ところが一九五〇年代には、表向きには建設的に見えるインド・中国外交の機運が初めて高まり、それが閉鎖的で苦闘する経済圏の間の一九五四年の「貿易」協定において頂点に達した。この協定の真の重要性は、不干渉を通じた「平和的共存」を約束したという点だといわれている。これは主として、四年前に中国が武力侵攻したチベットに対する中国の主権をインドが認めたことを意味する。この協定の締結は、平和と文化交流という理想化された歴史を歌った中国の歌と、インド人と中国人は兄弟であることを繰り返し述べたインドの詩――「ヒンディー・チャイナ・バイ・バイ」――で祝福された＊12。ところがこの歌詞の言葉は、歌われていたことと正反対の意味で不滅のものとなってしまった。

やがて発生する紛争の予兆は、中国の国境線がチベットの占領によってインドの国境、あるいは「マクマホン・ライン」として知られる大英帝国によって定められた曖昧なインドとチベットの国境線と直に接する線まで前進したという事実にすでに表れていた。それからちょうど八年後に、中印の友好関係は完全に破綻した。

一九六二年一〇月、アメリカとソ連の間のキューバ・ミサイル危機という核兵器による死の瀬戸際の体験に世界が釘付けになっていた頃、ヒマラヤの峠や峡谷では、短くも激しい戦争による銃声が木霊していた。これには中国軍による、係争中の山岳国境線に沿った迅速な猛攻撃が含まれていた。インド側の部隊はあちこちで押し戻され、分断され、あるいは打ち負かされた。

その後、中国は戦争前の位置まで自軍を後退させた。ただし紛争が征服よりも懲罰のためであったことを示すかのように、カシミールと新疆に隣接する阿克賽欽（Aksai Chin）と呼ばれる西部のかなりの広さの地域からは撤退していない。

インドから見れば、この一九六二年の中印国境紛争は、インド全体に屈辱を与え、個人レベルではネルー（二年後に死去）を破滅させた奇襲攻撃であり、協力と共存の原則に反する衝撃的な裏切りであった＊13。

その一方で、中国は自らの警告が無視されてきたと主張しており、人民解放軍の行動は「係争地域において〝前方陣地（フォワード・ポジション）〟を保持するために小部隊を駐留させるというインド側の方針への反撃である」と述べている。この見解は、流出したインドの内部報告書をもとに書かれた、オーストラリアのジャーナリストが著した本でも裏付けられている＊[14]。また別の解釈では、この戦争は毛沢東の政策が中国人民にもたらした破滅的な飢饉（ききん）の後で、彼の政権に誇りと信頼を回復するのを助ける国外の騒乱として好都合であったと示唆されている。

いずれにしてもインドは敗北した。インド軍は準備が整っていなかったし、装備も劣っていた。非同盟と反植民地主義との連帯にもかかわらず、インドは、アメリカ、イギリス、オーストラリア、カナダに、手短に言えば、精神的および物質的な支援を要求してそれを獲得していくことになったのだ。これは、二一世紀におけるアメリカとその同盟国へのインド政府の傾斜の前触れであった。

その直接的な原因が何であれ、この戦争は中国の「チベットを占有し、インドを対等の大国として認めない」という決意に影響されていた。これはアジアの二つの大国の間のその後の数十年間に及ぶ仲たがいの土台を設定することになった。その二年後に中国は初の核実験を行い、これによってインド自身の核開発、そしてパキスタンの核開発へと連（つら）なる、作用と反作用のサイクルの最初の一歩を踏み出した。

それから数十年間続いた中国のパキスタンへの軍事支援——核・ミサイル計画を含めて——は、インドの不信感をさらに高めた。半世紀以上経った今でも、インドと中国の国境では軍隊がにらみあい、境界線は確定されていない。世界で最も人口の多い二つの国は、その後の二〇世紀のほとんどの期間にわたって、冷ややかな平和の中で互いを避けるようになった＊[15]。例えば、一九四七年の楽観的なデリー会議の壁にかかっていた地図にあったインド-中国間を直航する民間航空路は、明白に空白地帯となっていた。この中印間の直航便は、二〇〇三年まで運行されなかったのである。

さらにインドと中国は、一九四〇年代後半から一九八〇年代まで、海洋およびインド太平洋の海域をまたいだ彼らの長い交易の歴史に背を向けてきた。あらゆる場所で彼らの海上交易は衰退した。インドの戦略家ラジャ・モハンの言葉を借りれば、「意図的な脱グローバリゼーションと貿易の軽視は、海洋貿易の展望の余地がほとんどないことを意味していた」*16。守るべき長期的な権益がなく、予算不足で技術的にも劣る両国の海軍は、主として局地的で防衛的な作戦以上の能力を持っていなかったのである。

全世界の幸福と災いを北大西洋が支配した「冷戦」と、インド・中国の内向的な相互無関心のすべてが、アジアを複数の地図に分断する手助けをしていた。これらの狭い視野は、経済の未発達、限定的な貿易、旅行や通信分野の新たな技術に手の届かなかった両国の国民たちによってさらに損（そこ）なわれていた（一九六〇年代、インド全土の電話機は一〇〇万台にも満たず、これは国民五〇〇人当たり一台の割合であり、中国の固定電話網もまだ整備中であった）。アジア諸国は、国内でのニーズや問題の解消に没頭していた。彼らがようやく国外に目を向けたときでも、その視線は世界全体ではなく、近隣の空間である東アジア、南アジア、東南アジア、オセアニアへと向けられていた。

この新しい人工的な概念は、アジアを「極東（ファー・イースト）」と呼ぶような時代遅れの欧州中心の習慣が後退し始めるとともに、次第に注目を集めるようになった。だが「アジア」という用語が使われ始めても、それが影響力のある統一体ではなく、異質なパーツで構成されていることを示唆していたため、これらの新しいラベルは、世界情勢におけるアジアの役割を依然として小さなものにしていた。

今日、われわれはこれらの用語や区分が自然な地理を反映したものだと想像しがちであり、実際のところ「東アジア」や「東インド」のような用語は何世紀も前から存在していたのは事実である。しかし「東南アジア」というラベルは、一九四三年に西側の軍事計画者によって新たに考案されたものだ。これは戦略、外交、学術の世界に定着した地域主義の、不自然な解釈の一つだったのである*17。

後に地域全体にまたがる外交協力への動きにつながったのは、一九六七年にこの地域の五ヵ国――インドネシア、マレーシア、シンガポール、タイ、フィリピン――によって主権、不干渉、反共産主義に限定した緩やかな制度を作り上げるようとする控(ひか)えめな行動だった。

「東南アジア諸国連合」（ＡＳＥＡＮ）は、数十年に及ぶ地域協力とアイデンティティの流動性と不安定の中で、めったに得られない安定した場所であり避難場所であった。概して一九六〇年代から一九七〇年代にかけては、広域にまたがる国家間関係についての認識は一般的にほとんど見られなかったし、これに関する名称や性格の合意すらなかった。それは「アジア」、「東アジア」、「南アジア」、「極東」、「太平洋」、「アジアと太平洋」「太平洋アジア」それとも「アジア太平洋」だったのか？　あるいは全く別のものなのだろうか？

インド太平洋に響き渡る反響と予感

このような様々な混乱の中で、インド洋と太平洋の運命をつなぐアイディアは、その後の数十年間にわたって具体的な政策へと移すことに成功した国はいなかったにもかかわらず、安定した普遍的な思想としての地位を保っていた。一九四五年にＫ・Ｍ・パニッカルは、終結したばかりの戦争を振り返り、太平洋で起こったことはインドの安全と国力を長期的に追求する上で極めて重要であると結論づけた*18。

その後、イギリスとオーストラリアにおいて、現在の「インド太平洋」という用語がポスト帝国時代における海洋領域における安全保障上のつながりを定義する目的から、政策面でも少しずつ使われるようになった。一九六五年と一九六六年には、オーストラリア国立大学に集まった防衛アナリストたちが、各国の安全保障の見通しを「インド太平洋海盆(かいぼん)」にまたがるリスクと課題の観点から評価した*19。もちろん政治的・経済的な圧力の高まりが、スエズ以東におけるイギリスのプレゼンスの低下へと追いやったのは事実であろう。しかしイギリスの外交・防衛政策立案者たちはその背後で「インド太平洋戦略」(Indo-Pacific Strategy) と題した機密文書を起草しており、この広い地域でイギリスとその同盟国たちの国益を支えるための選択肢を将来の政府に提供しようとしていた*[20]。この一九六五年のイギリスの「インド太平洋戦略」は、長い間忘れ去られていた極秘の政策見直し文書であるが、現在は機密指定が解除されて公開されている*[21]。

この文書では、ソ連に対抗する上でアメリカ、オーストラリア、そしてニュージーランドを支援することに焦点を当てていたが、特に地域全体に拡大する中国の勢力に注目していた。中国のことを地域全体の脅威の最大の源泉として予測したことや、インドや東南アジアを巻き込んだ戦略の必要性などを指摘したことなど、この文書は二一世紀の状況を驚くほど予測できていた部分がある。イギリスは「アメリカと中国の間の争いが第三次世界大戦の火種を提供する地域」において、アメリカの政策に対する影響力を保持したいと考えていた*[22]。だがこれは主として冷戦時代の文書であり、その概念の一部はまさにその時代の状況に合致したものであった。

インドネシアは、西側陣営の国益に対するもう一つのリスクを抱えた場所として言及されていた。ところがポスト・スカルノの時代には、このような考え方はすぐに時代遅れの概念となった。「東南アジア条約機構」(ＳＥＡＴＯ) については、侵略に対するバランシングの土台となると指摘されていた。この組織はパキスタンとフィリピンを含む多様なメンバーで構成されていたが、あまり活用されることなく一九七七年に解散している。また、どの政府も（ＮＡＴＯのような）国際管理下にある核抑止力を持った多国籍の「インド太平洋核戦力」(Indo-Pacific Nuclear Force) のような、イギリスの戦略に基づく過激な提案を追求しようとは思わなかった。

さらに、中国に対する露骨な「封じ込め」の必要性についても多くの言及があった。「封じ込め」とはこの当時はまさに文字通りの意味であった。それは戦争を戦うための軍事同盟や経済封鎖を含めた、ソビエトを倒すためのアメリカの政策を述べたものだったのだ。

この一九六五年のイギリスの戦略は、完全な実行からは程遠いものであった。しかしそれは「限られた資源、様々なパートナーと幅広い海洋権益、二つの大洋にまたがるある種の戦略の必要性といったアジアにおけるリスクを、一つの大洋とその他の海域に分けて考えることはできない」という認識において、時代に先駆けたものであった。またこの文書は、マレーシアやシンガポールからの駐留軍の撤退が予想されていた、イギリスの国力の限界についても現実的に見ていた。「我々は、アメリカが我々の支援を必要としている以上にアメリカの支援を必要としている」とこの文書は述べている。そしてこれは、当時もそれ以降も、域内のあらゆるパートナー諸国によって主張されうる論点であった*23。

この当時には、他にも「インド太平洋」を予兆させる要素があった。一九七〇年代初頭にアメリカ大統領であったリチャード・ニクソン（Richard Nixon）は、中国への大胆な方向転換を行いつつあったからだ。これはソビエト連邦に対して均衡を保つために、台湾の代わりに中華人民共和国を承認することでモスクワと北京の分断に梃入れするという、アメリカの政策の抜本的な再調整を意味していた。そしてここから中国の国力と富の目覚ましい成長を数十年にわたって支えることになるアメリカの政策が始まったのだ（アメリカに向かって上手く方向転換し、アメリカの側をも転換させたのは中国であったと主張する者もその当時から存在している）。

ヘンリー・キッシンジャー（Henry Kissinger）を国務長官にしたニクソン政権は、アジアに多くの不幸な遺産を残した。ベトナム戦争後半の屈辱的な状況や、カンボジアへの空爆、後にバングラデシュとなる場所におけるパキスタン人による残虐行為の阻止に失敗したこと、更にはベンガル湾への米空母派遣によってインドのバングラデシュへの人道的介入を思いとどまらせようと強制措置を行ったことなどだ。

しかし、これらすべてが起こる前の大統領就任前のニクソンは、どちらかと言えば楽観的な認識をもてあそんでいた。たとえば彼は一九六七年に『フォーリン・アフェアーズ』誌に「ベトナム以降のアジア」と題した政策論文を発表している*24。この中でニクソンは、「アジア地域主義」の出現、いくつかの主要なアジア経済国の成長、そして後に彼は放棄することになるのだが、二つの大洋にまたがる形のアジアにおいて、中国の国力と均衡を保つためにインド、日本、オーストラリア、その他の民主主義国との共通の大義を掲げること、つまり現代においてようやく出現しつつあるパートナーシップの予告編となるべきものに言及していたのだ。

さらに、このような二一世紀のインド太平洋の予兆は、アメリカだけのビジョンには留まらなかった。オーストラリアは自らを改革して、地域における未来を模索するために独自の選択をしていたのである。一九六七年、オーストラリア国立大学は再び先見の明を持った主催者役を演じ、日本、インド、オーストラリアの専門家や元政府関係者の間の対話を主催して「具現化できる重要な三国間関係」の可能性を探った*25。

一九七〇年代初頭、オーストラリア労働党のゴフ・ウィットラム（Gough Whitlam）首相の野心的な政権――白豪主義（White Australia policy）の最後の名残を取り除いた――は、更に一歩進んで、「インドから中国までのすべてのアジア諸国を包含する可能性のある、新しい地域グループ」となる地域のための急進的な外交制度を提案した*26。ところが東南アジア諸国にとって、これはまるで彼ら自身の萌芽（ほうが）期の制度機関のライバルとなるようなものに見えた。ウィットラムは自分のアイディアを「ゆっくりと繊細に成長する」ものだとトーンダウンした*27。これは今から何十年も前の話である。

この時の立往生の原因となったのは、ＡＳＥＡＮをすべての新しい地域的なアイディアと両立させる必要があるということだった。それでも個々の東南アジアの国々は、自分たちの全方位外交を嫌っていたわけではない。その中の少なくとも一ヵ国は「インド太平洋」という用語は使わなかったものの、建国の時点から実利的なインド太平洋パートナーシップのネットワークを張り巡らそうとしていた。

シンガポールの建国の父であるリー・クアンユー（Lee Kuan Yew）は、一九七四年に「私にはインドの台頭を望む利己的な動機があった」と述べ、さらに「もしインドが台頭しないと、アジアは没落してしまう」と付け加えている*28。リー・クアンユーは、その当初は後ろ向きであったインドを、安全保障のパートナーに加えようと懸命に試みた。これは自国よりも大きくてあまり友好的ではない隣国（マレーシアとインドネシア）、そして当然のことながら不気味に迫りくる中国に直面している状況で、複数のプレイヤーをお互いに対抗させて自分の脆弱性を埋め合わせるという、都市国家の戦略の一部であった。

最終的にインドは、自らの事情からこの話に乗ってきた。そしてインド政府の「ルック・イースト政策」（一九九三年から）、後の「アクト・イースト戦略」（二〇一三年から）、そして自国の経済開放は、シンガポールが示した手本と勧めによるものであった*29。インド太平洋は、知識人および政府官僚たちの間でもその片鱗が垣間見えるようになっていた。「国連食糧農業機関」（UN Food and Agriculture Organization）は、一九四八年に「インド・太平洋漁業理事会」（Indo-Pacific Fisheries Council）を設置していたのである。

一九七〇年代には、歴史や考古学に焦点を当てたいくつかの学会や学会誌が、古くさくてロンドン中心の「極東」というラベルを捨てて「インド太平洋」という名前に改名した。しかしほとんどの場合、「インド太平洋」は非公式で断片的な概念であった。なぜなら「アジア太平洋」の時代が目前に迫っていたからだ。

「アジア」と「太平洋」を世界における一つの塊(かたまり)として合体させるというアイディアは、現在では当たり前のように思えるかもしれない。「アジア太平洋」のグーグル検索でヒットする何億もの検索結果の前に、数千万にすぎない「インド太平洋」の検索結果は埋没(まいぼつ)してしまう。結局のところインターネット時代の初期において「アジア太平洋」は一般的な物の見方であったのだ。

その一方で、「インド太平洋」はもっと時代を超えたアイディアであることが明らかとなった。この用語は一九世紀半ばから、控えめではあるが、実にさまざまな本の中で一貫して使われてきた。これとは対照的に「アジア太平洋」は二〇世紀半ばに登場した用語で、一九八〇年代には野ウサギのように増殖し、二〇〇〇年にはあまり使用されなくなった＊[30]。だがこの用語は一体どこから来たのだろうか？

これに対する答えは、一九六〇年代の混乱の中から始まる。インド政府と中国政府は、互いにアジアにおける指導力を妨害しあっていた。日本政府やアメリカ政府にできることにも限界があった。依然として歴史問題に足を引っ張られていた日本は、経済という狭い枠の中で再建・再興していた。アメリカは、地域秩序を構築するという真の急務と、冷戦における闘争の中心であった欧州・大西洋圏への関心と、ベトナムにおいて拡大する渦巻きの間で引き裂かれていた。アメリカはこの地域への関与から撤退しつつあるイギリスと歩調を合わせて、アジアのパートナー達に対して、少なくともこれ以上ソビエトや中国の勢力圏にはまり込まないようにするために、彼ら自身の相違を超えて互いに助け合うか、少なくとも共存するようにと静かに促した＊[31]。

この提案は、互いに連携もとれていなければそれぞれに深刻な事情を抱えていた東南アジアの五つの非共産国家に委(ゆだ)ねられた。彼らは困難な歴史を経験していたために、互いに平和や信頼や寛大さを育(はぐく)めるような状況にはなかった。インドネシアは、苦労して獲得した自らの独立に未だ神経を尖らせていたが、軍事指導者のスハルト（Suharto）を権力の座に押し上げた反共政策をまだ終わらせていなかった。独立して間もないマレーシアは、インドネシアの（イギリスとオーストラリアの軍事援助を受けた）武力対立政策を警戒していた。シンガポールはマレーシアから平和的に分離できたが、今では相手を潜在的な脅威とみなしていた。

フィリピンではフェルディナンド・マルコス（Ferdinand Marcos）という新しい大統領が就任したが、彼が民主制度に対して二〇年間にわたってつけた傷は「汚職」の代名詞となった。タイ王国はシャムの後継国であり、植民地時代のアジアにおいて唯一の独立国であったが、今や親米派の軍事政権によって支配されていた。

ところがこの五ヵ国は、一九六七年にアジアで初めての永続的な外交「構造（アーキテクチャー）」を作り上げた。発足当初は、これが後に発展するような地域共同体には見えなかった。なぜなら利己的な隣人たちが集まって話し合い、互いに害を与えないよう合意したに過ぎなかったからだ。実際のところ、これは後に欧州連合（ＥＵ）へと発展するような、調和のとれたルールと制限された主権とは程遠い遠い存在であった。この五つの政府は、大国からの過度の影響力、共産主義による政府転覆計画、そしてお互いの干渉から解放された独立した状態を維持し、経済的な発展と政治的支配の道を追求するために平和を維持するという決意くらいしか共有していなかった。

ＡＳＥＡＮが発展してより大きな構造の中の中立的な核——いわば頭文字に含まれている頭文字［たとえば「拡大ＡＳＥＡＮ国防相会議」（ＡＤＭＭプラス）のような］——となるのは、これよりずっと後のことだ。ＡＳＥＡＮは当初の五ヵ国から、東南アジアの残りの地域を取り込むためにゆっくりと拡大していった。イギリスから独立したブルネイが一九八四年に加盟し、一九九三年にはベトナム、一九九〇年代後半には地域的あるいは国内的な紛争が安定化したおかげでラオス、カンボジア、ミャンマーが加わった。ところがより大きな地域主義である「アジア太平洋」の到来には、第二の構成要素、即ち太平洋に跨る協力が必要であった＊32。

ＡＳＥＡＮでは平和と共存がすべてであったが、オーストラリアと日本は「経済的な繁栄」という別のエンジンを駆動力とする、地域協力推進の先頭に立っていた。この二つの国は、貿易、地域的な広い視野、そして重要な同盟国であるアメリカの関与を組み合わせた秩序への道を拓いた。中心となったこの二ヵ国の経済学者や政策立案者たちは、一九六〇年代後半から「環太平洋の高度経済成長と産業経済間の相互依存」によって動かされる新秩序を追求した＊33。

これを契機に、太平洋における一連の経済協議会が次々と開催されるようになり、最終的には北米、オーストラリア、日本、韓国、ニュージーランド、台湾、香港、そして東南アジア諸国や太平洋島嶼国が参加することになった。これらは地域の自由貿易を探求する初期の話であるが、すでに旅そのものは始まっていたのだ。

ところがこの太平洋における対話の流れは、もう一つの結果をもたらした。それは、ＡＳＥＡＮの国々がそこに競争の匂いを感じたということである。これは発展の遅れた本当の意味での「アジア」諸国を疎外しようとする、西側主導の企みだったのだろうか？　太平洋における原動力である日本とオーストラリアに関する限り、急速に発展している東南アジアの隣国を締め出すことは望んでいなかった。急成長するマーケットは万人に開かれていたからだ。

前進を続けるＡＳＥＡＮと太平洋が重なり合うのは時間の問題であった。さらなる刺激は、冷戦の突然の終結と、アジアからのアメリカの撤退の可能性に関する懸念という新たな波によって引き起こされた。一九八〇年代までに、ほとんどの国が一九四五年以降のアメリカの支配的立場からどれだけの恩恵を受けてきたかを認識していた。アメリカという「意図せざる帝国」は、あらゆる欠点を抱えているにもかかわらず――すべてを考慮すると――今日の著しい経済成長、開発及び人類の福利の向上を支える安定性を提供していた。

また、民主的で説明責任を負う政府という新たな現象も認められた。日本、オーストラリア、ニュージーランド、そしてその太平洋の小さな隣国たちは、もはやマラッカの東側の民主制度の唯一の前哨地ではなかった。韓国、台湾、タイ、フィリピンはいずれも劇的に民主化され、他の国――特にインドネシア――もそれに追随しつつあった。だが誤解の無いように言えば、いま台頭しつつあるアジア太平洋の新たな地域主義は、商業が第一で、安全保障が僅差の第二、そして価値観がだいぶ離れて第三であった。初期に地域協力を牽引した国々は、共産主義や、他の決して民主的ではない国々を巻き込む方法を見つけるのに苦心していた。その理屈は「豊かさと平和を追求するために集まることで、政治体制の違いを乗り越えられるはず」というものであった。

オーストラリアは、自分たちの規模に合わない過剰な役割を演じていることに気が付いた。この一風変わった国の属性問題や、永続的なアイデンティティの葛藤（欧州でもなく、かといってアジアでもない）、開放されつつあった経済、安全保障上の懸念、そして異常なほど活動的な外交政策――これらすべてが、会合の信頼できる主催者としての名声と合わさっていた。一九八九年にアジア太平洋経済協力閣僚会議（APEC）が設立され、その四年後には首脳会議へと昇格したことは、労働党政権下のボブ・ホーク（**Bob Hawke**）首相（一九九一年まで）と、彼を引き継いだポール・キーティング（**Paul Keating**）首相、そして重要な役回りを演じたギャレス・エヴァンス（**Gareth Evans**）外相による、オーストラリア外交のハイライトであった*34。キャンベラで開催されたAPECの最初の会合には一二の国と地域が参加したが、それが一九九三年までに一七ヵ国に拡大し、一九九八年には二一ヵ国に達するようになっていた。

あらゆる外交と同じように、それは欠点を内包した試みであった。戦略的な問題が解消されるのではなく変容しつつあった冷戦後において、他にも課題はたくさんあったのだが、会議の議題には人為的な限界があったために、とりあえず経済問題を中心に据えざるを得なかった。そこでは拘束力のある合意よりも目標の設定に焦点が当てられていたのだが、これはエヴァンス豪外相が「一つの名詞を探している四つの形容詞」と呼んだこの組織［ＡＰＥＣ］の風変わりな名称にも反映されていた＊35。

その後、加盟メンバーの資格に関する問題も生じた。ＡＰＥＣには多くの明白な欠陥があったが、一九七八年から限定的な市場経済に移行し始めた中国ほど大きな問題はなかった。一九九三年の中国政府によるＡＰＥＣ参加の決断は、アジア太平洋地域の現実と、地域秩序における中国の自信とその受容を、決定的に後押しすることとなった。中国政府は台湾と香港を、国家ではなく「エコノミー」と定義する形で独立した参加者と認め、加えて安全保障は恒久的に議題から外されているという理解の上に黙認することを選んだ。

しかしながら、ＡＰＥＣの会議への出欠は全体として一貫しておらず、毎回の会合で主催国からプレゼントされる「センスのない悪趣味なシャツ」を着て各国首脳が記念写真を撮るのと同じくらい不自然なものであった。ロシア、メキシコ、チリ、ペルーは参加しているのに、南アジアの参加者は一人もおらず、経済面で自国を開放し始めていたインドでさえ参加していなかった。「アジア」あるいはアジアの中心的な地域を反映するものとしては、ＡＰＥＣはアンバランスで持続不可能なものであった。

また、中国のＡＰＥＣ参加というシンボリズム――一九九三年に江沢民国家主席がシアトルで「より素晴らしい新たなアジア太平洋の世紀」と述べた――は、同年に起こった、それまでとは全く異なる現実に向けた深く静かな方針転換の姿を見えにくくしていた。それはエネルギー安全保障、とりわけ石油に関するものであった。これは中国の「インド太平洋の大国」としての運命に向けた、最初の不可逆的な第一歩であった。APECへの中国の参加と同様に、この大きな構造な変化の原因は、中国の爆発的な経済成長にあった。その年だけで、約一四%の成長率を記録していたからだ。

一九九三年に、中国は初めて石油の純輸入国となった。この極めて重要な燃料は、中東とアフリカから輸入されていた。中国にたどり着くためには、インド洋を横断しなければならなかった。かくして鄭和（ていわ）の精神が鼓舞（こぶ）されはじめたのだ。

「アジア太平洋」という舞台

中国とインドの国内における変化は、結果的にアジアの二大大国が再び外部に目を向ける原動力となった。中国が一九七〇年代後半からの一〇年間に経験したことは、本国における（経済面だけでなく社会面でも）活気あふれる改革の影響を強く受けており、また中国政府は更なる成長を促すため、資源、パートナー、安定性を求めるにつれて、海外における実利主義を歓迎するようになった。

中国は広い地域的な視点にはあまり関心をもっていなかったようであり、国境地帯での複雑になりやすい関係、すなわちソビエト連邦、インド、日本、ベトナム、韓国などとの関係には、それぞれ個別に対応していた。実際のところ、中国が「アジア太平洋熱」（亜太热）に感染し始めたのは一九八〇年代半ばのことであるが、それと関連して日本やアメリカが設定した議題に対しては慎重な姿勢を保っていた*36。

ところが中国の国際社会への開放にむけたあらゆる道筋は、政権がさらに大幅な改革と民主的権利を求めて抗議する学生を虐殺するために人民解放軍を解き放った、一九八九年六月四日の出来事によって大きく損なわれた。それでも数年のうちに「経済」と「関与」というストーリーは戻ってきた。アメリカをはじめとする自称「アジア太平洋」諸国の多くは、自分たちが「警戒心が強く脆弱」としてみなしていた中国に対して地域協力の構築に参加するように働きかけることを最優先とした。

そのビジョンの一部は、利他的行為からではなく、相互の経済的利益から中国の発展を助けようとするものであった。しかし同時にそれは地域の平和と安全のためでもあった。そのアイディアとしては、強くなる過程の中国が軍事的な脅威を感じないように――そしてまた隣国を脅かすこともないように、あらゆる面で信頼を構築することを狙いとしていた。

中国は一九七九年にベトナムを攻撃したものの、中印国境紛争の再現には失敗した。しかし、一九八八年にはベトナム軍からある島を武力で占領、そして一九九〇年代には係争中の南シナ海に小さな前哨基地を建設している。しかしながら、中国は軍事的には覇権国であるアメリカだけでなく、日本や、アメリカ製の装備を備えた空軍が台湾海峡を支配する、小さな台湾にも遅れをとっていた。

こうしてＡＰＥＣと並行したさりげないやり方で、安全保障協議の網が構築されていった。ＡＳＥＡＮ諸国はオーストラリアと日本の強い後押しを受けて、アジア太平洋地域の多国間安全保障対話という形をとったＡＳＥＡＮ地域フォーラム（ＡＲＦ）の第一回会合の中核となった。そのオリジナルメンバーである一八ヵ国は、一九九四年にバンコクで初めて会合を行った。

創設当初の参加国は、東南アジア諸国とこの半球に含まれる他の国々――日本、中国、オーストラリア、韓国、ニュージーランドであった。しかしこれはアジアに利害関係を有する世界的な勢力である、アメリカ、ロシア、欧州連合を巻き込むための場でもあった。

少なくともこれで、安全保障の地域的な集まりが一つは存在することになった。ところがＡＲＦの第一回年次総会は、その後に何年も続く会議の雰囲気を決定してしまった。つまりほとんど何も決められなかったのである。ＡＲＦの議定書には「誰にとっても望ましいペース」での信頼醸成（しんらいじょうせい）や「予防的な外交」「建設的な対話と協議」など、眠気を誘うような専門用語が羅列（られつ）されていた。

ASEANの全会一致ルールが意味していたのは、それが新たに参加したミャンマー、カンボジア、ラオスを含む孤立志向の参加国の好みに合わせた、遅々として表面的なものであるということだった。外相同士の年次会合では、大臣たちは記念音楽祭で自分たちのアマチュア音楽スキルや寸劇など披露して雰囲気を和ませることを期待されているくらいで、結局のところ対話そのものは短い型通りの声明の交換にすぎず、彼らが解決に向けてより時間を費やすことができたはずの時事問題は軽く扱われていた*37。

この会議の声明は、デタント（緊張緩和）や冷戦の結果生じたヨーロッパ全域に渡る密接な協力、すなわち、国境を越えて平和を促進するための多国間組織を伴った公式の軍備管理の合意のようなものではなかった。アジアは互いの信頼と統合を、低い土台の基礎の部分から積み上げ始めていたのだ。まず優先されたのは、国内における紛争の再発や、小国間の紛争の予防であった。カンボジアの和平プロセス（オーストラリアと国連のすばらしい尽力による）は、その当時の成果であった。

全体主義の最後の遺物のようであり、昔から核兵器の製造を進めていた北朝鮮は、大規模紛争の勃発が見込まれる最大の懸念であったが、これはアメリカ主導の政策である援助と、核の民生利用に関する協力を組み合わせた宥和政策を組み合わせることで、抑止可能だと思われた。中国に関して言えば、アメリカこそが域内の平和の維持をもたらす唯一の解決法であった。一九九六年［第三次台湾海峡危機］における中国による台湾に対する強制力の行使も、アメリカの空母が（台湾海峡を）通航したことで、完全に抑止されたように思われたのだ。

いずれにせよ、世界のトレンドは経済的な相互依存、自由民主主義を支持する政治システムの「歴史の終わり」への収束、そして強大な国家間の戦争の陳腐化に向かっているように見えた。したがって、アジア太平洋における地域的な安全保障機関のようなものはたしかに望ましいものであったが、支配的なアメリカには不可能なことはないように思われていた。

そして中国のこの地域制度機関への参加――最初はＡＰＥＣ、次にＡＲＦ――は、アジア太平洋地域にまたがる共存・協力に向けた、新たな時代のための土台だと広く考えられていた。アメリカと日本がＡＳＥＡＮの独特な慣例を介して中国と相互対話を行うことに合意したことで、一九九〇年代は一時的にアジア太平洋地域主義の全盛期となった。アジア太平洋というアイディアには、中国が必要だった。しかし、中国の視野はすでにその先に広がっていたのだ。

インドも世界に向けて自国を開放し、そして東方へと視線を向けつつあった。一九八〇年代にはその社会主義経済モデル、国民議会による支配体制、そしてソ連との戦略的パートナーシップは、すでに崩壊しつつあった。一九九一年の国際収支危機は経済自由化のきっかけとなり、海外投資がさらに受け入れられ、お役所的な通商規制が緩和された。インドはようやく自分たちの膨大な人的資本の持つ潜在力を理解し始めていた。インドでは東アジアの多くの地域で富と生活水準が急速に向上していることに気づかずにはいられなかったのだ。

一九九三年、国民議会派のナラシンハ・ラーオ（Narasimha Rao）政権は、「ルック・イースト」と呼ばれる外交イニシアチブでビジネス改革を補完し、ＡＳＥＡＮとの関係を優先して、イギリス統治時代以来初めて、東南アジアとの貿易・投資関係を回復させようとした。シンガポールに至っては、一九九三年に海軍の合同演習を行うなど、インドとの防衛関係も確立した。リー・クアンユーの忍耐がついに実を結んだのだ。

インドとＡＳＥＡＮは一九九二年に公式な対話を開始したが、新たな安全保障フォーラムからインドを長いこと締め出しておくわけにはいかなかった。建前（たてまえ）としてはアジアを中心とした協議会なのに、ヨーロッパ、アメリカ、ロシアが含まれてインドが含まれていないのでは、全く説得力に欠けていたのだ。一九九六年に、インドはＡＲＦへの参加を認められた。ただし一部のメンバー国は、ＡＳＥＡＮ外交の静かな会議場にインドとパキスタンの緊張関係（と歯に衣着せぬ物言い）をもたらすかもしれないという内々の懸念をもっていた。そして実際にインドとパキスタンが一九九八年に核実験を行い、その対立が新たな局面を迎えたことで、インド亜大陸における危機がアジア太平洋地域の楽観主義に暗い影を落とすことになると思われた。

インドはすぐに地域会合へのアクセスが、いわば「諸刃の剣」となっていることに気が付いた。オーストラリアのようなアメリカの道徳を振りかざす同盟国だけでなく、旧来の敵国である中国からの非難の場となっていたからだ。それでもインドがARFに加入すると、南アジアの隣国であるパキスタン、バングラデシュ、スリランカらを除外することはできなくなった。

だが中国やインドがASEANを中心としたアジアの会議場に入り込むための道を探っているその一方で、アメリカや西側と見られる国々、あるいは単に好ましくないアジア諸国を排除するための新たな動きも発生していた。

東アジアの進撃：奇跡、はかない希望、誤った呼び名

一九六〇年代から一九九〇年代まで続いた長期の経済成長と経済相互依存への動きは、疑いもなく東アジアを中心としたものであった。主にアメリカの戦略的優位や貿易と投資によって支えられたこの繁栄の「奇跡」は、日本から始まり、台湾、香港、東南アジア、韓国、それから一九八〇年代からは中国まで、まるで空を飛ぶ雁の群れのように（もしくは急成長する虎のように）広がった。彼ら自身の事業、労働、倹約を通じて、何億人もの人々が尊厳と幸福を手に入れた。

ところが急速な成長は、相互接続に伴う悪影響と共に、リスクをもたらした。一九九七年から九八年に

かけて起こったアジア金融危機は、地域全体の人間の福祉と政治的安定性に多大な被害をもたらし、特にインドネシアでは困窮がスハルトの没落と民主主義の躍進を加速させた。この危機は、留まるところを知らないアジア経済の急成長という期待を打ち砕いた。しかしそれは同時に「アジア太平洋」というプロジェクトの再検討も促したのだ。

一九九〇年代後半には、狭い意味での「東アジアモデル」という地域対話と協力への後押しも行われた。マレーシアのマハティール・モハマド（Mahathir Mohamad）首相のような東アジアの一部の人々の間では、西欧社会の「無政府状態すれすれの政治的自由」を信奉する極論よりも、集団主義、階層性（ヒエラルキー）、家族への忠誠心、そして思慮深さといった「アジアの価値観」が、長年にわたって褒（ほ）めたたえられてきた。

もちろんこれらの「アジア的」な価値やその信奉者自身たちも、危機を未然に防止できずに失敗して苦闘していたのだが、欧米の側にも非難の余地はあった。ある決定的な証拠写真では、傲慢な顔をした国際通貨基金（ＩＭＦ）関係者を前に、（インドネシアの）スハルト大統領が国際通貨基金の緊急援助協定に署名している様子が写っている。これはまさに植民地主義の復活のようであり、屈辱的なイメージであった。

アジア太平洋における対話の枠組みが開花しつつあるのと同時に、別のアイディアも再浮上してきた。それは「アジア人のためのアジア」が「東アジア限定」という形で戻ってきたのだ。参加国はＡＳＥＡＮ諸国（当時は一〇ヵ国）とアジア北部の三大国（中国、日本、韓国）に限られていた。この試みへの保険として、ＡＳＥＡＮはこの三ヵ国とそれぞれ対話を開始していた。

アジア金融危機は、この一三ヵ国が将来の混迷を防ぐために彼らの「アジア」が何をできるかについて対話の場に加わることを促した。彼らはまた、西側陣営（たとえば強化された欧州連合のようなもの）や欧米に支配された世界的な機関がアジアを優先させようという傾向を見せようとしない世界の舞台で、自分たちの集団的な意見と影響力を強化したいと考えていた。

「ASEANプラス3」というプロセスが加速し、金融問題から漁業や社会開発まで、あらゆる議題が首脳会談や高官協議の場で議論された。当時はこれが論理的に見えた。東アジア諸国は、自国の経済が国境を越えた生産と投資の連鎖――好況時には成長へとつながり、不況時には悪影響の伝搬路（でんぱんろ）となる――に組み込まれていることを自覚しつつあったからだ。

日本は生産活動において付加価値を増すプロセスで頂点に君臨し続けていたし、中国はそのプロセスの下段あるいは中段において、労働力とスキルを提供する尽きぬことのない源泉と思われており、中国が重要性を増すことを誰もが歓迎していた。金融危機の間、東南アジア諸国は、中国が自国の貨幣価値を防衛するためにこれを操作する誘惑に屈せず、東南アジア諸国の窮状を悪化させないという中国の決断を歓迎した。

楽観論あるいは忘却であったとしても――中国はまだ強圧的な道に踏み込んでいなかった――新たな集まりを支配するようになる「中国リスク」は、この頃はまだ顕在化（けんざいか）していなかった。その証拠に、彼らにとっての「アウトサイダーたち」（アメリカ、インド、オーストラリア、ロシアをはじめとする国々）を除外した未来への情熱から、ASEANプラス3は、単なる対話を完全に成熟した東アジア共同体へとどのように脱皮させることができるかを調査するために、すぐに専門家と元老らによる「ビジョン・グループ」を設立したからだ。

この調査を強力に推進したのは、韓国であった。なぜなら彼らはアジア通貨危機によって手痛い被害を受け、地域内の秩序に対する独自の貢献を模索し、中国、日本、アメリカ、ロシアおよび不安定な北の双生児といった強大なライバル国により、四方八方から圧迫されていたからだ。

この賢人委員会は、二〇〇一年一〇月に「東アジアの政府と人々が共通の未来のために一緒に働く」「平和、繁栄、進歩の地域」である真の国家間共同体という極めて楽観的な青写真（ブループリント）を添えた報告書をまとめた。ところがその中身は、東アジア諸国の共有された「地理的な近接性、数多の共通の歴史的な経験、文化的規範と価値観の類似性」を強調しつつ、その反対に安全保障上の国益、政治システム、開発のレベル、あるいは国際関係における永続的な格差への配慮には乏しかった*38。そしてこの報告書は、スンダ海峡より南、マラッカより西、もしくは東京より東の世界については、沈黙を守っていた。まるで東アジアが、隔絶された領域で孤立して繁栄しているかのように。この分析は、東アジアを取り巻いて急速に出現しつつあったその外側の広い世界の現実とは全く矛盾していた。

　インドは、インド亜大陸の外側でも真剣に考慮される国になりつつあった。日本と韓国は、中東からの死活的に重要な石油供給のため、インド洋のシーレーンに長い間依存していた。オーストラリアの天然資源は、彼らの成長物語に欠かせないものであった。そして中国の急速な経済成長は、中国を「インド太平洋への依存」という同じ道に引き込もうとしていたのだ。

　さらには安全保障の情勢という不愉快な現実もあった。ビジョン・グループの報告書の中身について検討が行われている合間にも、中国とアメリカの間に戦略面での相違が広がっていた。一九九九年の北大西洋条約機構（ＮＡＴＯ）のコソボ介入の際にベオグラードの中国大使館が誤爆されたことで、北京の街頭では国家主導の反米抗議が燃え上がった。

　二〇〇一年初頭には、ジョージ・Ｗ・ブッシュ（George W. Bush）政権初の対外危機として、南シナ海で中国の戦闘機とアメリカの哨戒機が空中衝突し、アメリカ軍機とその乗組員が拘束された。９・11のテロリストの凶行により、アメリカの関心の大半がアフガニスタンと見当違いのイラク戦争に向けられてしまったが、アジアはブッシュ政権を通じて重要な――そして一般的には上手く取扱われた――優先事項であり続けた。その中には、台湾や北朝鮮をめぐる緊張のコントロール、日本やオーストラリアとの同盟関係の強化、フィリピンやインドネシアのイスラム教徒によるテロリズムの鎮圧への支援、シンガポールや

（とりわけ）インドとの安全保障パートナーシップの構築などが含まれる*39。

インドの一九九八年の核実験をめぐるつかの間の抗議の後、アメリカはこの世界最大の民主国家と和解し始めた。結局のところ、アメリカはテロリズムに対抗するという点で、インドと共通の大義を見出していた。インドは経済的にも成長しており、中国の増大する軍事力とのバランスを整えるのに役立つ理由と能力を持つ大国でもあった。二〇〇二年にはインドの軍艦が、対テロ戦争に対する兵站支援を提供するためにマラッカ海峡を通峡するアメリカ艦船を護衛している。

「歴史上の重要な転換点は、リーダーシップと決断によって決まる」と言う人もいる。だが人口・富・国力の変化という、構造的な要素に注目する人々もいる。しかし歴史は、その双方の要素が交わったときに意図しない結果につながることもある。この東アジアのプロジェクトも、実際には名ばかりの「インド太平洋」を包括する外交機関になったという意味で、全く意図しないものであった。

振り返ってみると、アジア太平洋構想は一九九〇年代に出現した二つの要素との折り合いをつけなければ継続することができなかったものだ。第一に、インドが南アジア域外にも国益を有する、有力な経済・軍事大国として台頭してきたことである。第二に、東アジアとインド洋地域のエネルギーや資源の需要に関連して、その地域における主要国間の経済面でのつながりが強まったことである。

東アジア・ビジョン・グループは、東アジア地域を統一と協力の未来へと導くため、各国首脳による定期的な会合の場となる「東アジア首脳会議」の設置を提言した。これは単純に、ＡＳＥＡＮプラス３のプロセスを東アジア一三ヵ国の常設会議に進化させることを前提としていた。寛容な中国と現実主義の日本は共に優越を分かち合い、韓国は満足し、そして東南アジア諸国は議長国の特権を保持してＡＳＥＡＮの中心的役割という聖杯を守りながら、外交における主導権を占有できるのだ。もしうまくいけば、東アジアサミットはＡＰＥＣに取って代わるアジア地域主義の有力な手段となる可能性があり、「アジア太平洋」の時代を超えて、より狭い「東アジア」の未来を形作れることになる。

しかしながら、これは不自然な配列を別の配列に置き換えたようなものだ。つまり参加国のより厳密な地理的範囲と、ある意味で人工的に共有されたアイデンティティによって区別されたものであり、たとえば「インドネシアがインドとの間にもつ共通項よりも中国との間に共通点が多い」というようなものだ。このままでは、この地位に属する権利と理由とを持つ、多くの国々を締め出すことにもつながってしまう。

しかしながら、待ち受けていたのは全く異なる結果であった。二〇〇〇年代初頭には、経済的な相互依存と、中国が将来どのような社会に変化するかについての希望が重なり合っていた。ところが同時に、台頭する中国のパワーが、より広い地域の他国にとって実際に何を意味しうるのかについての懸念も渦巻いていた。

ＡＳＥＡＮの中でも外交的な駆け引きの上手い国々――インドネシア、シンガポール、タイ、マレーシア、ベトナム――は、自国に許された行動の自由と、新たな時代のバランス・ゲームをどのようにプレイするかについて真剣に考え始めていた。世界第三位の経済大国になると予想されていたインドは、もはやアジアの会議の場でも脇役（わきやく）に甘んじるつもりはなさそうだった。アメリカは９・11事件の後に、将来的な中国からの挑戦に対処する必要性を考えるという課題を先送りはしたが、決して放棄はしていなかった。そしてオーストラリアは、保守的なジョン・ハワード（John Howard）首相の明白なアジア嫌いにもかかわらず、結局のところは自国の地理的な状況を無視できなかった。

大嵐と首脳会談

二〇〇四年の「ボクシングデー」［クリスマスの翌日の休日：一二月二六日］に、スマトラ島北端のインド洋で巨大な地震――リヒター・スケールでマグニチュード9・1の地震――が発生して、東西の広範囲にわたって津波を発生させた。これは、二三万人以上が死亡する世界的な大災害だった。もっとも犠牲者が多かったのは、インドネシア、スリランカ、インド、タイであった。多くの外国人観光客も命を落とした。この時の地震の揺れは、アフリカ、南極、北米のような遠隔地でも感じられた。

まさに「インド太平洋的」と言うべき大災害の中にあって、四つの国が軍事力を含めた迅速な動員を行う決断を下した。それは一つの同盟関係であり、アメリカ、日本、インドおよびオーストラリアから構成されていた。これらの国に共通しているものは何だろうか？　厳密に言えば、東アジアの国は一ヵ国のみであった（そして昔から片足を西側に突っ込んでいると思われていた）。もう一つは南アジアの国であり、さらに一つは「アイデンティティの危機」を永遠に抱えたオーストラレーシア（南洋州）の国、さらにもう一つは太平洋の反対側からやってきた世界的な覇権国だった。

しかし、人道支援と災害救援活動を主導したこの四ヵ国の同盟には、極めて重要な共通項がたくさんあった。それは、海洋領域の安定が国益となっており、直ちに使える能力を持ち、切迫した救援を必要としている人々やパートナー国を支援しようとする意欲であった。

彼らの貢献は際立っていた。オーストラリアだけでも、隣国のインドネシアに一〇億ドルの支援を行った。もし四ヵ国が地理を共有していたとすると、それは津波自体がアジアを区分する二〇世紀的な境界線を無視したように、二つの大洋にまたがって広がっていたことになる。

この四ヵ国の軍隊が、危機に瀕していたインド太平洋の地上、海上、空中に展開されるのと同時に、オーストラリアとインドは、より目立たぬやり方で動員をかけていた。二〇〇五年初頭、スモッグの多い冬のデリーと乾燥した夏のキャンベラで、それぞれの外務省の役人たちが永続的にこの地域の問題に取り組むため、そして新たな首脳会談の場に参加するための外交キャンペーンを練り上げていた。ここで貢献したのは、一般的に洞察力や積極的な行動力よりも独自のリアリズムで知られる、オーストラリアのアレクサンダー・ダウナー（Alexander Downer）外相である。彼は「オーストラリアは外に出るよりも地域のテントの中にいる方が得策だ」とハワード首相を説得したのだ。

二〇〇五年末までに、オーストラリアとインド――ニュージーランドとともに――は、東アジア首脳会議の第一回会合に参加することになった。彼らはシンガポールのようなパートナーの手助けによって参加することができたが、インドネシアと日本、そして積極的に抵抗した中国は、最早この会議を牛耳（ぎゅうじ）ることができないと自覚せざるを得なかった。ＡＳＥＡＮ諸国はアメリカにもドアを開放し、一方で中国の主張によってロシアにも門戸が開かれた。米露両国は二〇一〇年に公式に加盟した。

したがって、地域を縮小させようとする試みは正反対の結果をもたらした。東アジアとアジア太平洋を想定した地域を構築しようとする動きがピークに達した時には、この地域の未来と同様に、この地域の隠れていた歴史という別の構造も露（あら）わになった。

二〇〇五年一二月に、何千年にもわたって二つの海の蝶番（ちょうつがい）であった半島のインド洋沿岸にあるクアラルンプールで、東アジア首脳会議（ＥＡＳ）の第一回会合が開催された＊[40]。ここは一九四七年のデリー会議と同様に、少なくとも拡大するアジアの会議場としてはふさわしい場所であった。そして、インドを含めた当時と同じプレイヤーの多くが――今では独立した国家として――参加していた。

東アジア首脳会議は、突如として「インド太平洋」の主賓席（トップ・テーブル）に躍り出た＊[41]。六〇年間におよぶ国家による波乱に満ちた旅路（たびじ）の末に、ようやく地域の故郷とも言えるようなものが見えてきたのである。首脳同士の外交会議というハイレベルな場で展開される巧妙な駆け引きは、このような地域の新たな形を明らかにしつつあった。そして世界中の船乗りたちは、この後まもなく物理的に同じ問題に取り組むことになったのである。

註

1 Phillips Talbot, '1947 India conference that marked end of colonialism', *The New Republic*, 29 April 1947.

2 Ibid.

3 Ibid.

4 Vineet Thakur, 'An Asian drama: The Asia Relations Conference, 1947', *The International History Review*, Vol. 41, No. 6, pp. 673-695.

5 Jawaharlal Nehru, Speech to the First Asian Relations Conference, New Delhi, 24 March 1947.

6 歴史学者のフランク・ディケッターは、一九四九年から一九五九年にかけての粛清、テロ、強制的な土地の再分配で、少なくとも五〇〇万人の民間人を殺害したのは中国共産党政権の責任だと推定している。 Frank Dikötter, *The Tragedy of Liberation: A History of the Chinese Revolution 1945-1957*, Bloomsbury, London, 2013, pp. xi-xv.

7 Victor D. Cha, *Powerplay: The Origins of the American Alliance System in Asia*, Princeton University Press, Princeton, 2016, p. 4.

8 Amitav Acharya, 'Asia is not one', p. 1009.

9 オーストラリアの外務大臣（当時）による、この二つのイニシアティブの関係者からの説明については以下を参照のこと。 Percy Spender, *Exercises in Diplomacy*, Sydney University Press, Sydney, 1969.

10 Allan Gyngell, *Fear of Abandonment: Australia in the World since 1942*, La Trobe University Press, Melbourne, 2017, pp. 84-85.

11 Julie Suares, *J.B. Chifley: An Ardent Internationalist*, Melbourne University Publishing, 2019, pp. 5-7.

12 Tansen Sen, *India, China, and the World*, pp. 396-398.

13 'India: Never again the same', *Time*, 30 November 1962.

14 Neville Maxwell, *India's China War*, Jonathan Cape, London, 1970, pp. 11-14, 286-288.

15 Jeff Smith, *Cold Peace: China-India Rivalry in the 21st Century*, Lexington Books, Lanham, 2013.
16 C. Raja Mohan, *Samudra Manthan*, p. 39.
17 Michael Wesley, *Restless Continent*, pp. 47-48.
18 K.M. Panikkar, *India and the Indian Ocean*, pp. 14-15, 85.
19 Defence Studies Project, *Proceedings of the Seminar on Nuclear Dispersal in Asia and the Indo-Pacific Region*, The Australian Institute of International Affairs and the Australian National University, Canberra, 1965; Defence Studies Project, *Proceedings of the Seminar on Commonwealth Responsibilities for Security in the Indo-Pacific Region*, The Australian Institute of International Affairs and the Australian National University, Canberra, 1966.
20 UK Cabinet Office, 'Indo-Pacific strategy', 6 October 1965, National Archives Ref. CAB148 52 C614951.
21 以下も参照のこと。Alessio Patalano, 'Days of future past: British strategy and the shaping of Indo-Pacific security', Policy Exchange report, 2019.
22 UK Cabinet Office, 'Indo-Pacific Strategy', p. 2.
23 Ibid.
24 Richard M. Nixon, 'Asia after Viet Nam, *Foreign Affairs*, October 1967.
25 J.D.B. Miller (ed.), *India, Japan, Australia: Partners in Asia? Papers from a Conference at the Australian National University, September 1967*, ANU Press, Canberra, 1968, p. vii.
26 Allan Gyngell, *Fear of Abandonment*, p. 113.
27 Ibid.
28 以下のインタビュー本の中のコメント。Graham Allison and Robert D. Blackwill, with Ali Wyne, *Lee Kuan Yew: The Grand Master's Insights on China, the United States and the World*, Belfer Center Studies in International Security, The MIT Press, Cambridge, Massachusetts, 2012, p. 63. ［グラハム・アリソンほか著

『リー・クアン・ユー、世界を語る　完全版』倉田真木訳、サンマーク出版、二〇一三年、一〇一頁〕

29 Sunanda Datta-Ray, *Looking East to Look West: Lee Kuan Yew's Mission India*, Institute of Southeast Asian Studies and Penguin, Singapore, 2009.

30 Google Books Ngram Viewer で、一八〇〇年から二〇〇〇年までのトレンドを知るキーワードとして「アジア太平洋（Asia-Pacific）」と「インド太平洋（Indo-Pacific）」という言葉をサーチ用に使用している。

31 Sue Thompson, 'The Western powers and the development of regional cooperation in Southeast Asia: The international dimension, 1945-67', *Global Change, Peace and Security*, Vol. 23, No. 1.

32 Amitav Acharya, 'Asia is not one', pp. 1009-1010.

33 Ibid., p. 1009.

34 Paul Keating, *Engagement: Australia Faces the Asia-Pacific*, Macmillan, Sydney, 2000.

35 Yen Makabenta, 'At 26, APEC is still looking for a noun', *Manila Times*, 6 November 2015. もちろん「協調」（cooperation）が名詞であることを指摘する人はいるだろうが、エヴァンスはタイトルの最後に「組織」（organization）のような名前のついた構造物がないことを指摘していると思われる。その結果、ＡＰＥＣには参加者を行動に移させるだけの十分な権限がないということになる。

36 Gaye Christoffersen, 'China and the Asia-Pacific: Need for a grand strategy', *Asian Survey*, Vol. 36, No. 11, 1996, pp. 1067-1076.

37 'Condi entertains at Asean Forum', BBC News, 28 July 2006.

38 'Towards an East Asian Community' (report of the East Asia Vision Group), 2001, p. 15.

39 ジョージ・W・ブッシュ政権のアジア政策についての権威ある記述としては以下を参照のこと。Michael J. Green, *By More than Providence*, pp. 482-517.

40 オーストラリアの学者マイケル・ウェスリーは、マレーシア、タイ、シンガポールを「インド太平洋半島」（Indo-Pacific peninsula）と表現している。以下を参照のこと。Michael Wesley, *Restless Continent*, p. 146.

41　その数年後、インドネシアの元外務大臣マーティ・ナタレガワ氏は、EAS の形成は東南アジア諸国によるインド太平洋外交を意識したものであると述べている。以下を参照のこと。Marty Natalegawa, 'An Indonesian perspective on the Indo-Pacific', Speech to the Centre for Strategic and International Studies Indonesia Conference, Washington, DC, 16 May 2013. 実際、オーストラリアのジャーナリスト、マイケル・リチャードソンは、二〇〇五年九月、まだ首脳が実際に会う前に、このフォーラムがインド太平洋の構造への移行を示すものであると最初に指摘していた。以下を参照のこと。Michael Richardson, 'Australia-Southeast Asia relations and the East Asia Summit', *Australian Journal of International Affairs*, Vol. 59, No. 3, 2005.

第４章

インド太平洋の台頭

鄭和提督は実に誇りに思っただろう。それは警察的なパトロール任務というよりも、帝国の遠征にふさわしい壮行会だったからだ。制服を着た水兵たちが埠頭に整列していた。公式メディアによって喧伝されたイメージは「偉大で寛大な国家が、問題を抱えた遠方の海域の秩序と安全に貢献する」というものだった。

二〇〇八年一二月二六日、三隻の立派な外観の軍艦が、南シナ海の海南島にある三亜海軍基地を出発し、一〇日間の航海でインド洋を横断して、歴史にその名を残すことになった*1。彼らの表向きの任務は、ソマリア沖にはびこっている海賊行為から中国や外国の船舶を守ることであった。しかしそれ以上に大きかったのは、補給艦「微山湖」の支援を受けた駆逐艦「海口」と「武漢」の士官と乗組員たちにかけられていた期待であった。この任務には、中国の誇りと、何年にもわたってひそやかに近代化を進めてきた艦隊への自信がかかっていた。中国にとってこれは六世紀ぶりとなるインド洋への海洋進出であり、中国が海洋大国になる準備ができているかどうかの試金石であった*2。

中国海軍は、海賊対策のためにインド洋に集結した多くの海軍の一つであった。以下で紹介する物語は、新たに台頭しつつあるインド太平洋を形成することになる、国家間の結びつきと競争に抵抗したあらゆる動きを描いたものだ。

海賊とパートナーシップ

海賊たちは自分たちが予期した以上に多くの挑発を行ってしまうことが多い。歴史的に見ても、彼らの商船への攻撃は大陸国家に海洋進出を促してきた。今日のアメリカのグローバルな軍事展開は、一八〇〇年代初頭に北アフリカのバルバリア海賊に対して行った軍事作戦に端を発している。だからこそアメリカ海兵隊讃歌で「トリポリの海岸まで」という歌詞が出てくるのだ。かろうじて航行可能な小舟に乗った現代のソマリアの海賊たちが、世界の一流国たちの海軍を相手にしたり、中国や他の国々に遠洋に軍艦を派遣してインド太平洋の運命を明らかにさせるための原因をつくる計画を持っていたとは想像しにくい。ところが実際にそのようなことが起こったのである。

二〇〇八年の時点では、海賊行為というのは植民地主義や大国同士の戦争のように、あまりにも時代遅れのもののように思えた。世界の経済は、インド太平洋アジアからヨーロッパ、中東、そしてアメリカ市場に向けた、エネルギーや資源、原料や加工品などの、海上貿易の大規模な流れによって繁栄していた。この際重要なシーレーンには、紅海とスエズ運河を経由してインド洋と地中海を結ぶ、アデン湾が含まれていた。ところがこの水路は、紛争の絶えない土地に挟まれていた。北はイエメン、南はソマリアである。内戦が始まると、沿岸部のコミュニティは生き延びるために独自の無法なやり方を実行しはじめた。銃は豊富にあり、失うものは何もなかった。地元の資源である魚はわずかしかなく、遠くの国からやってきた商業トロール船によって乱獲されていた。ところが荒廃した海岸の沖合には、グローバル化した世界の底知れぬ富が行き交っていた。計り知れない価値のある貨物を連日運ぶ、異世界の船団がいたからだ。

二〇〇八年にソマリアの海賊が獲得したのは、まさに国連が運んでいた貴重な貨物であり、これは大きな問題を巻き起こした。海賊は、日本、韓国、アメリカ、ドイツ、インド、マレーシア、シンガポール、ギリシャ、パナマ、ロシア、フランス、デンマークが所有、またはこれらの国に登録された船も襲撃した。その標的は、ヨットやタグボート、ばら積み貨物船（バルクキャリアー）、そしてスーパータンカーまで、実に多岐（たき）にわたっていた。

2008年にはソマリアの海賊に襲撃された漁船「天裕八号」の中国人乗組員が監禁された。この事件をきっかけとして中国はインド洋に初めて近代的な海軍を派遣することになった。

強奪された貨物には、サウジアラビアからの石油、シンガポールからの化学製品、マレーシアからのパーム油、さらにはケニアに向かうロシア製戦車のような船荷さえも含まれていた。人質はマレーシアからミャンマー、パキスタンからフィリピン、イランからインド、エストニアからエジプトまで、見境なく拉致された。ヨットの旅に出た勇敢なフランス人夫婦も誘拐された。裕福なアメリカ人やドイツ人を満載したクルーズ客船を奪おうとする試みもあった。漁船は乗組員とともに拿捕（だほ）され、スペインと中国から（これが大問題となった）の乗組員も拉致された。

中国の指導層は一体何をもって人民解放軍をインド洋に送り込むという歴史的な決断に至ったのだろうか？　決定的であったと考えられているのは、二〇〇八年一一月一四日に、ケニア沖で操業中だった中国の遠洋漁船「天裕八号（ティアンユー）」がハイジャックされた事件である。

捕らえられた乗組員の写真は、世界中だけでなく、ソーシャルメディアが盛んな中国国内でも拡散した。中国人船員は甲板に跪かされて、アフリカの海の強盗に銃を突きつけられていた。これは誰が見ても国家的恥辱であった。その名誉がわずかに回復されたのはそれから一ヶ月後のことであり、別の中国漁船の乗組員たちが放水銃、ビール瓶、火炎瓶などを使いながら、その機知に富んだ行動によって武装した海賊にハイジャックされそうになったのを、マレーシア海軍に救われるまでなんとか防いだのだ*3。

中国政府の決断を促したのは（一党独裁国家では従順であるはずの）国民の怒りだけではなかった。たまたまの偶然である。この当時、中国は新造された外洋艦艇の試験航海や、他国の海軍がどのように部隊を運用しているのかの観察、そして指導部が「新たな歴史的任務」と呼ぶものの実行を開始しようとしており、そのためにはこの事件以上に適切な正当化の理由はなかったのだ。このような計画は、すでに二〇〇四年一二月の胡錦濤主席の演説で示されていた。中国が世界的な経済大国へと変貌を遂げた今、軍は共産党と領土の防衛や台湾の奪取だけでなく、「経済発展」のような広範な利益の保護、さらには世界平和への貢献を謳うようになったのである*4。

海賊行為は、中国国内だけでなく、世界的なつながりの中で経済的・政治的安定の基盤となっていたエネルギーの流通や貿易全体を混乱に陥れた。そのため、北京が長年謳ってきた「不干渉」という言葉に反して「保安官や自警団のようになった」と疑われる危険性はほとんどなかった。国連安全保障理事会は「艦艇と軍用機を派遣」してソマリアの海賊を撃退するように、その能力を持てる世界のすべての国に呼びかけ奨励していた*5。

すでに多くの国、たとえばアメリカとその同盟国となるヨーロッパやカナダ、そしてロシア、インド、マレーシアなどが行動に移っており、彼らには他国の貨物、船舶保険料、そして世界の公益を守るために武力の行使を嫌う理由がなかった。そして中国の例に刺激されて、韓国、日本、オーストラリア、インドネシアなどの多くの国がこれに続いた。これはまさに「インド太平洋艦隊」であった。外交機関や学界の曖昧（あいまい）な世界では、新しい戦略システムの名前を全面に押し出すことを躊躇（ちゅうちょ）していたが、海域で起こっていた現実は、すでに新たな戦略体制を構築しはじめていたのだ。

二〇〇七年、グローバル化とアメリカの優位性の絶頂期にあって、アメリカ海軍のリーダーたちは「一〇〇〇隻海軍」(Thousand Ship Navy)、つまり「ワン・フォー・オール、オール・フォー・ワン」の理念を持った国際的な艦隊の創設を提唱している*6。海軍は、もはや戦争に備えるものではなく、平和で豊かな未来を共同で管理するためのものとなった。つまり犯罪やテロ、環境破壊、北朝鮮のような「ならず者国家」による密輸活動などを防ぐために、共同で「公共財」を取り締まるのだ。この夢は、いまやソマリア沖で実現したかのように見えた。

各国の海軍は、自国の商船だけでなく、互いの商船を護衛していた。これは単なる「利他主義」ではなかった。貨物、船の所有権、登録が多国籍である市場主導の世界では、これはまさに合理的な行為であった。ここでは中国を含む二〇ヵ国以上の国々が、定期的な会議の開催、通信手段の確認、さらには人事交流を行い、パトロールを調整していた。このようなことは、アメリカとその同盟国たちにとっては長年にわたって標準的に行われる慣行であったが、中国やインドのような新興国にとっては初めてのことであった。

これが将来の転換点になると期待されていた。急速に近代化しつつある中国海軍は、疲弊（ひへい）したアメリカやヨーロッパに加わり、世界秩序維持のためのパートナーとなる可能性があったからだ。広範囲にわたる経済相互依存状態や「中国国民は富と国際的な交流によって政治面での自由にも慣れるようになる」という前提のもと、ワシントンの政策はその方向性として、北京を「責任あるステークホルダー」として関与させることを目指していた*7。もし中国がインド洋でアメリカと――そして古くからのライバルである日本とも――協力できるのであれば、他の海域でも相違を解消できるはずだからだ。

海における事実：中国の危機的状況

しかし現実はそうならなかった。中国が自国から遠く離れた場所の海賊対策に協力し始めてからわずか数ヵ月後に、中国の玄関口では全く別の動き、つまり「対立」が始まったのである。南シナ海と東シナ海での緊張の物語は、他の著作でも詳しく語られている*8。だがこの争いがインド太平洋の戦略的競争という、さらに大きな物語とどのように結びついているかという点について広く理解されているわけではない。南シナ海は、地域を連接する中核だ。一つの国が南シナ海を支配すれば、それはインド太平洋全域に影響を及ぼす可能性があるのだ。

二〇〇九年三月、アメリカの調査船（音響測定艦）「インペッカブル」が、南シナ海の端に位置する中国の海南島の南約七五海里［約一四〇キロメートル］の海域で、定期的におこなっていた任務を中断させられることになった*9。インペッカブルは、中国の海南島の三亜基地の拡張に伴い、将来的な潜水艦の発見に役立つ水路測量調査を行っていた。この基地は、人民解放軍の海軍がその数ヵ月前に海賊対処のために遠征部隊を出撃させた場所でもあった。

中国とアメリカは、インペッカブルが行っていたこのような調査活動が国際法の下で認められるかどうかを巡って長い間意見を異にしていた。今回の調査は、中国の二〇〇海里内の「排他的経済水域」（EEZ）の内部にありながら、沿岸国の権限がより強い一二海里内の「領海」の外だったからだ。アメリカは「国連海洋法条約」（UNCLOS）に基づく「航行の自由」の権利を主張していた。「責任あるステークホルダー」という楽観的な政策と並行しながら、アメリカ軍は強力な中国が、アメリカや自分の同盟国である日本や台湾などに敵対的になる可能性があるとしてヘッジをかけていたのだ。

国防総省（ペンタゴン）にとって、南シナ海と東シナ海という東アジアの周辺海域を監視することは、中国が平和的な現状を乱さないよう抑止するための行為として欠かせないものだった。中国から見ればそれは非友好的な活動であり、直ちに終わらせるべきものだった。

世界的な金融危機［リーマンショック］によって、アメリカの唯一の超大国としての信頼は揺らいでいた。オバマ政権の戦略的な決意も揺らいでいるように見えた。そして中国の強さは拡大し続けていた。経済は毎年二桁成長しており、国防費も二〇〇九年だけで一四・九％と、少なくともそれと同じくらいの速さで増加していた。二〇〇八年の北京オリンピックは、国家の偉大さをメッセージとして発信していた。中国は、世界第二位の経済大国として日本を追い越す準備をしていた。すでに人民解放軍はアメリカを除くどの国の軍隊よりも大きな予算をもっていた。中国が世界を支配しようと本腰を入れはじめたのはその後の習近平政権下であった。しかし二〇〇九年は新たな積極的な姿勢の始まりを告げることになったのだ。

アメリカ海軍の艦船であるインペッカブルの乗組員は、このようにしてこの早期の警告を目の当たりにすることとなった。この非武装船は、中国の旗を掲げた漁船、海警部隊（沿岸警備隊）、漁政（漁業局）、海軍の船などの雑多な船団に襲われたのである。このにらみ合いの様子は世界中に放送された。衝突や生命の損失の危険もあった。

中国には、他国との「海上における事故」防止に関する協定や、そのような事態を抑止したり、エスカレートを阻止するためのプロトコルやホットラインが欠けていた。そのようなルールは、米ソ間で冷戦を「冷たいまま」に保つ上で役に立った。ところが北京にはそのようなルールは不必要であり、解決策は「信頼」と、アメリカの海軍がその海域から立ち去るだけでよいと主張したのだ。

中国の海辺は、突然危険になった。長年にわたって、南シナ海は平穏な場所だった。各国は意見の相違があることに同意していた。伝統的に南シナ海は、漁業やインド太平洋貿易ルートなどの「共有空間」であり、多くの社会にとって不可欠なものであった。このパターンは、この海が世界の海運の三分の一に相当する数兆ドル規模の貿易を担うようになった二〇〇〇年代に入ると、さらに激化してきた*10。ポスト植民地時代の国境線問題、国家間の争い、国際法の成文化などにより、南シナ海は二〇世紀に入ると係争地となったのだ。中国、台湾、ベトナム、フィリピン、マレーシア、ブルネイが、それぞれ重複した領有権を主張していた。インドネシアもその一角を主張していた。

中国は一九四七年の地図に単純なU字型の九段線を描き、歴史的な権利について曖昧な主張をすることで、海域全体の大部分の領有権を主張した*11。中国軍は一九七四年と一九八八年にベトナムから係争中の島々を暴力的に奪い取ったが、中国が一九九〇年代にはアジア太平洋の地域主義の外交的な結びつきを受け入れたように見えたため、緊張は緩和された。一時的な休止は、紛争中の岩や岩礁の上に仮設の前哨基地を建設しようとする競争の中で呼びかけられた。

二〇〇二年になると、中国と東南アジア諸国は相違を管理するための「行動規範」を交渉することまで原則合意している（二〇一九年の時点でもまだ交渉中だ）。漁業や海底石油・ガスの共同利用の話もあった。南シナ海は、まるで昨日の問題や、あるいは将来の世代のために棚上げされた問題のように見えたのだ。

しかし二〇一〇年に、中国政府は南シナ海を「核心的利益」として公然と定義し始め、台湾、チベット、国内の安定と並んで、中華人民共和国が戦って獲得すべきものと定めたのである。強硬な主張の展開は海において始まった。表向きは民間人（時には軍人）が乗った中国船が、フィリピンやベトナムの漁師たちから採掘を行っているエネルギー企業に至るまで、外国船に嫌がらせをする事件が相次いで発生した。船は体当たりされ、調査用ケーブルが切断され、脅迫が発せられ、警告射撃が行われた。

インド海軍や国際水域を横断する他の船舶も警告を受けており、頼まれてもいないのに中国海軍から護衛を受けたりした。中国は長年休眠状態にあった領有権をなぜ突然主張するようになったのだろうか？

石油や魚のためなのか、それとも国のプライドのためか？　その理由について、実にさまざまな説が飛び交った。これは二〇〇九年五月にベトナムとマレーシアが国連の委員会で自分たちの主張を明らかにすることを決めたことなど、法的な問題によってもたらされたものなのだろうか？＊12。それは国内でステータスの向上を求めた安全保障関連省庁たちによる勝手な動きなのだろうか？＊13。また、中国の真の動機は南シナ海を核ミサイルで武装した潜水艦の「聖域」として確保することで、将来の紛争で台湾を支援するアメリカを抑止するためなのか？　それとも世界の重要なシーレーンを支配して、中国の海運を安全にし、他国の海運を危険にさらすことを可能にすることが目的だったのだろうか？

さらに問題を混乱させたのは、別の戦線が開かれたことだ。今回は遙か北方の日本に対してであり、東シナ海の海域、岩礁、そして島々を巡るものであった。またしても、これはあるレベルにおいて説明がつかない行動だ。中国と日本は、お互いの違いが何であれ、東シナ海をめぐって何十年にもわたって冷静に意見の相違に合意してきたからだ。もちろん公平な目から見れば、日本の尖閣諸島（中国にとっては釣魚島）の領有権の主張には議論の余地があった。それは双方のプライドの問題であり、領有権のもう一つの主張者である台湾にとっても問題だった。

しかし、すべての主張者たちは、長年にわたってポジティブな面だけを見ようとしていた。漁業と海底資源を共有することで合意できれば、物理的に不毛な岩石の所有権は問題にならない。もしこの地域の将来が協力と平和にあるとすれば「戦時中に中国海軍がこの島々を通過することができるかどうか」は問題にならないはずだ。

日本、台湾、グアム、フィリピンが親米的な「列島線」として中国を外洋から遮断していたのは、確かに一九五〇年代の話であった。

新生中国が平和的に台頭し、すべての人と繁栄するパートナーシップを望んでいたのと同じ時期の二〇〇九年から二〇一〇年の日本は、同盟国であるアメリカから距離を置き始めていた。左寄りの民主党に政権交代するという実に稀な事態の後に、当時の鳩山由紀夫首相は「アジア第一主義」を掲げてワシントンと北京の間にある東京の距離を、より等距離なものにしていくと口にした＊14。中国には「魅力攻勢」を仕掛けるチャンスが舞い込んで来たのだ。

ところが驚くべきことに、二〇一〇年の後半には日中関係は袋小路に迷い込んでいた。中国は日本の西側で大規模な海軍演習を行い、アメリカ——あるいは日本——の艦隊を沈めることを目的とした、最新の巡航ミサイルのテストを行ったからだ。そして九月には、中国のトロール漁船が、係争中の島の近傍で違法操業を取り締まろうとした日本の海上保安庁の船と衝突した。中国人船長は逮捕され、海上では睨み合いが続き、陸上では民族主義者が抗議し、中国が日本の電子産業を傷つけるためにレアアース鉱物の輸出を妨害していると非難されるなど、対立のスパイラルが続いた。アメリカは、いざ軍事的危機に陥ったときに日本政府を助けることをアメリカ政府に義務づけた条約の約束の中に尖閣諸島が含まれているとして、日本に安心供与した。中国は日本からの支持を得るチャンスを失った。そしてその二年後には尖閣諸島の領有権をめぐる緊張が再び高まり、その後に戦争に近い対立が何年も続いたのである。

押し戻しとピボット

その一方で、二〇一二年には保守系の自由民主党が安倍晋三を首相に迎えて政権に復帰し、「広域にわたって自国の国益を守る日本」という彼のビジョンを貫く決意を固めた。中国が日本近海だけでなく、日本の経済の大動脈である南シナ海を支配する準備をしているとの懸念の中で、安倍総理は、中国にとっての命綱であるインド洋で、中国の権益の裏を突く（日本の利益を先制的に保護しながら）ことを構想した。

彼は二〇〇六年から二〇〇七年までの短い任期の間にアイディアを固めていた。つまり、アメリカとの同盟関係を支えるために近代化された軍事面での作戦運用の柔軟性、「二つの海の合流点」を中心としたインドとの新たなパートナーシップ、二〇一五年までに日本の潜水艦の購入を検討していたオーストラリアとの緊密な連携、理想的には「準同盟」となる新たな関係、そして中国の権力を制限する「法を基盤とした秩序」を支えるための、四つの民主国家による「安全保障ダイヤモンド」の構築などだ＊15。「インド太平洋戦略」のいくつかの要素はすでに見えていたのである。

中国の海洋面での野心の全容(ぜんよう)はまだ周知のものとはなっていなかったが、その初期段階で中国の動きに対する抵抗がなかったわけではない。まずベトナムが立ちはだかっていたし、日本も立ち上がったからだ。アメリカは、同盟国や中国に対して自分たちの卓越した力とプレゼンスを思い出させるような振る舞いをはじめた。二〇一〇年七月には、韓国沖、フィリピン沖、そしてインド洋のディエゴ・ガルシア沖で、最新鋭の潜水艦三隻を同時に浮上させ、地域全体に対する抑止力を発信している＊16。同年にはヒラリー・クリントン国務長官が地域フォーラムを利用して中国の責任を追及し、アメリカは「ここに留(とど)まる」というシグナルを発信している＊17。オーストラリアなどの後押しもあって、アメリカはようやく「東アジアサミット（ＥＡＳ）」にも参加した。

同盟国間で議論したクリントンは、「ＡＳＥＡＮ地域フォーラム」を中国の新たな無謀さに対して連携して批判するための場とした。これにより化(ば)けの皮がはがれてきた。中国の高官がベトナムやシンガポールの高官相手に中国は大国であり、他の国は小国であり、「それが事実なのだ」と冷酷に警告してきたのだ＊18。だが水平線のかなたには別の大国［アメリカ］がまだ控えていた。

アメリカ政府は、アジアに対する復活した焦点を、「リバランス」または「ピボット」と呼ばれるものと合体させようとしていた＊19。オバマ大統領は二〇一一年一一月にオーストラリア連邦議会で演説し、

「太平洋国家として、アメリカはこの地域とその未来を形作る上で、より大きく長期的な役割を果たしていきます」と宣言した*20。

ところがこの発言は多くの疑問を生むことになった。果たしてアメリカは、中東のテロリズムに対して一〇年間も回り道をした後で、延び延びになっていた「アジアの同盟国へのコミットの再開」への針路修正を本気で行うつもりなのだろうか？　そもそもアメリカはアジアを離れたことがあったのだろうか？　対テロ戦争やイラクでの大失敗によって影を落とされたが、ブッシュ政権において見過ごされがちな功績はアジアへの持続的なコミットメントであった*21。

また、アジアへの「ピボット」は、ヨーロッパのような、他の地域における削減を意味していたのだろうか？「リバランス」とは、TPP（環太平洋経済連携協定）という新しい自由貿易構想を通じた経済的なものだったのだろうか？　それはアメリカがパートナーや地域の制度をうまく利用することを言い表した、主に外交的なものだったのだろうか？

それとも軍事的なものだろうか？　もしそうだとしたら、このような政策が本当に信憑性のあるものになるのかは微妙な状態であった。なぜならシンガポールから軽量小型の「沿岸域戦闘艦（LCS）」を運用したり、オーストラリア北部のダーウィンに数千人の海兵隊員を訓練のために派遣したりと、小規模な新兵力の投入に過ぎなかったからだ。

その一方で、アメリカがアジアで安全保障上の影響範囲を拡大することは、悪意を持っていると証明されるまではまだ善意を持っているかもしれない中国に対する、無用の挑発的「封じ込め」政策となってしまうのではないか、と懸念する専門家もいた*22。

そもそも「リバランス」は、どの地域に対して行われるものだったのだろうか？　オバマ大統領のキャンベラでの演説では、太平洋、アジア、アジア太平洋、そして「太平洋からインド洋まで」と、様々な地域に言及していた。また、クリントン国務長官と「リバランス」の立役者であるカート・キャンベル(Kurt Campbell)国務次官補は「インド太平洋」という別の地域について言及し始めていた*23。

この理由は、オーストラリアとの同盟関係の性質や、この重要な同盟関係が二つの海洋に目を光らせているという認識があったからだ。しかしオバマ大統領は、アメリカが「アジアの大国」としてのインドのさらに大きな役割を歓迎していることにも言及していた。何十年にもわたって疎遠になっていた世界の二大民主国家は、いよいよ力を合わせ始めていたのだ。

ワシと象

一九九八年五月にインドが核兵器の実験を行ったとき、アメリカは非難の先頭に立っていた。この当時の一般的な感覚として「世界は冷戦が終結してから超大国の兵器削減や核実験禁止条約の締結などによってこのような最も忌まわしい兵器を過去のものとして捨て去りつつある」という雰囲気があったからだ。ところがここに来てその流れに逆らい、ライバルのパキスタンにも同じことを促す国が表れたのである。ビル・クリントンの政権は当初、核拡散防止条約（ＮＰＴ）に具現化された規範を強制しようとする世界的な動きの先頭に立っていた。ところがこれは、一九六七年以前に核実験を行った五ヵ国（アメリカ、ソ連［後にロシア］、中国、イギリス、そしてフランス）のみが核兵器の保有を合法とみなされるという二重基準を正しいものと認めたものであった。インドのタール砂漠で行われた核爆発への抗議は、新しいプレイヤーを仲間から排除するためのもう一つの手段に過ぎないように思えたのだ。

不信感は表裏一体だった。インド政府には、アメリカによるパキスタンへの支援や、ニクソンやキッシンジャーの反インド的な姿勢についての不幸な記憶が残っていた。アメリカ国務省の主流派は、インドを長年にわたって「トラブルメーカー」とみなしており、非同盟運動の「強硬派」のメンバーであり、ロシアと関係が近く、市場経済については曖昧な態度を持っており、国連を主にアメリカの秩序に対するビジョンを妨害するための場として活用している、と見なしていた。多くの国の政策エリートたちは、貧困、混沌、カースト、官僚主義といった時代遅れの固定観念によってインドに対する自惚れた優越感を持っていた。だがインドは変化しつつあり、先見の明のある専門家たちはそこにチャンスを見出していた。

アメリカ政府は核実験に対する形ばかりの怒りを表明してからわずか一ヵ月足らずのうちに、インド政府と共通の利益を見つけるための秘密会談を始めた。インドのアタル・ビハーリー・ヴァージペーイー(Atal Bihari Vajpayee)首相は核兵器の保有を正当化するために、クリントン大統領に「安全保障環境の悪化」を論拠とした書簡を送ったが、その中には「我々の国境の隣にはあからさまに核を保有する国があり、しかもその国は一九六二年にインドに武力攻撃を加えたのです」と記されていた*24。それはもちろん中国のことであった。外交関係において三四年間というのは長いように思えるかもしれないが、インドは「主に未解決の国境問題」と、中国がパキスタンの核武装を支援していたという事実に不信感を抱き続けていたのである。

インドの核武装を容認しようとするアメリカの動機は複雑だった。その直近の目標は、インドとパキスタンの間の和平であった。それからの五年間、インドとパキスタンの関係は、平和と戦争の間を危い形で行き来していた。一九九九年には局地的ではあるが激化したカルギル紛争が勃発したが、パキスタンからは国境を越えたテロも頻発し、二〇〇一年一二月のインド国会議事堂が襲撃されたテロ事件の後には、一〇〇万人の兵士が動員された。

アメリカの「シャトル外交」、つまりニューデリーとイスラマバードの間で信頼できるメッセージを伝えるために何度も訪問を繰り返したことは、二〇〇二年にインドとパキスタンの対立を和らげるのに役立った。これにより戦争は回避され、アメリカとインドは新たな友好関係の構築に専念することができたのだ。

アメリカ政府は、中国とパキスタンが同じことをする気がないのに、インドに対して「核兵器を放棄せよ」と言うことの不条理さに気付いていた。また、別の動きもあった。インドは様々な問題を抱えていたが、それでも毎年七％前後の成長率を達成しており、その後の成長率はもっと高くなると予測されていた。インドは経済面でも一流のプレイヤーになりつつあったのだ。

インドは中国よりも遅れて自国を開放し、多くの改革をやり遂げねばならなかったが、インド市場は世界的にとっても有望な存在であった。信頼性が高いとされる予測によれば、インドはＢＲＩＣｓ（ブラジル、ロシア、インド、中国、そして二〇一〇年には南アフリカも）の一員から、後に世界の三大経済大国の一つとなるとされていた。移民によって、アメリカのインド系の人々は大規模で高いスキルを持つ富裕なコミュニティとなっており、イスラエルや台湾と並ぶ規模でワシントンに影響を与えるロビー活動を行っていた。一九九八年の核実験は、米印関係を打ち砕くというよりは、長い間患（わずら）っていた病気を核という劇薬で治したとも言える。

そこから米印関係は発展していった。歴代の大統領たちの訪問や、防衛やテロ対策での協力関係の進展、さらにはインドを世界の原子力産業の正当なパートナーとして特別な地位を与えるというアメリカの急進的な新たな政策が次々と打ち出されたからだ。二〇〇五年にアメリカは新たな信頼関係を示すために、論争の的となっていた原子力協定に着手した。中道左派のインド国民会議党が率いるインドの連立政権は、かつて疑問視されていたアメリカとの友好関係の優先順位を上げた。柔らかい口調で語る経済学者であるマンモハン・シン（Manmohan Singh）首相は、アメリカとの関係改善を自身の外交政策の看板として打ち出したのである。

二〇〇〇年代初頭までに状況は完全に様変わりしており、アメリカはインドが世界の大国になるのを支援していた*25。九月一一日のテロ攻撃の余波で、アメリカはある意味でインドのジハード主義者によるテロとの長い戦争にも参戦したのだ。だが米印友好の背後にある真の接着剤は、やはり中国の存在であった*26。双方ともに公の場で中国という要素を強調しないように気をつけていたが、アメリカの新たな関係の主要提唱者であるロバート・ブラックウィル（Robert Blackwill）大使と彼の新カウティリア派［カウティリアは古代インドの戦略家］の顧問であるアシュレイ・テリス（Ashley Tellis）にとっては、この現実は明白であった*27。そして中国側もまさにそのように見ていたのである*28。

象とドラゴン

「アジアの世紀」が始まろうとしていた世紀の変わり目には、アメリカはインドにとって唯一の求婚者ではなかった。この段階では、中国の外交政策はまだ実利的なものであり、アジアの他の文明大国との協力関係を構築しようとする新たな動きの兆しも見られた。おそらく中国は、インドがアメリカのライバルになったり、アメリカに近づきすぎたりする前に、インドを無力化しようとしていたのだろう。もしかしたら最大の狙いは「ウィンウィン」の貿易関係の構築だったのかもしれない。

一九九八年の核実験の後、インドは強大化しつつある隣国たちから表裏一体の危ういアプローチに直面した。まず一方で、中国はインドの核保有の正当化を拒否した。一九九二年に核拡散防止条約（ＮＰＴ）に署名し、パキスタンに対して違法な核開発支援をしていたにもかかわらず、中国は外交官たちに対してすでに改宗した人間のような熱意をもってインドを非難するよう指示したのである。また、北京はパキスタン軍への支援も続けていた。その一方で、中国は一九九九年と二〇〇一〜二〇〇二年の危機ではパキスタンの味方をしなかったため、インドは一方の敵だけに集中することができたのである。

そして二〇〇三年に中国は、一九六七年に両国が衝突したヒマラヤの小さな王国であったシッキム地区をめぐるインドの統治権を認めるという、ささやかな「贈り物」をしている。より広範囲な国境紛争への解決はもう手の届くところにあるというシグナルが発信されたのだ＊29。さらに大きな利益が得られそうだった。両国はいまや世界で最も成長を続ける二つの経済圏となっており、貿易は様々な形で発展していた。両国間の直行便もついに就航した。一九五〇年代の中国とインドの「バイ・バイ」(bhai-bhai)［兄弟を意味する］というレトリックが、皮肉な形ではあるが「チンディア」(Chindia) という新しい言葉とともに再浮上してきたのだ。

しかし、この新たな「汎アジア主義」はすぐに後退してしまった。二〇〇五年、デリーと北京はネパールという隣国の君主制国家が政治的危機に陥る中で互いに影響力を競い合うことになったからだ。双方の国境間の緊張は再び高まり、山岳地帯に配備された部隊が増強された。二つの巨大な発展途上国が共にニーズを満たそうとする水やエネルギーなどの問題においても、競争をめぐるダイナミックな動きが現れた。中国は、アフリカや中東からのエネルギーの供給においてインドを圧倒していた。チベットでの中国のダム建設は、インドの農業の大黒柱であるブラフマプトラ川の流れを制限することになるため、インド人の根本的な生活のタネを奪うことになるのではないかという懸念が高まった。中国とインドはまだ完全なライバル関係にはなっていないのかもしれない（そのためには中国がインドを対等な競争相手として認める必要があった）が、それでもその関係は「競争的な共存」という形で続きそうであった。そして協力のフェーズは紛争という形で終わりそうだ。二〇一四年の習近平のナレンドラ・モディとの最初の対話は、スリランカへの中国潜水艦の進出と、ヒマラヤ国境の緊張によって中断された。この緊張は、二〇一七年に起きたドクラム高原での中国軍とインド軍の対立を予感させるものだった。

中国はすでに二〇〇五年の時点で、インドがアメリカの陣営に完全に屈したと結論づけていたようだ。核合意は、中国が対抗できない革命的なジェスチャーであり、アメリカが中国の台頭を抑制するためにインドを協力的に操っている証拠であった。このような認識は、アメリカとインドの安全保障関係者との間に新たな仲間意識が芽生えたことでさらに強まった。防衛装備、宇宙計画、ミサイル防衛などの分野では——野心的で喧々諤々(けんけんがくがく)の厳しい交渉が行われたとはいえ——いくつかの共同計画が発表されることになった。

四ヵ国の仲間たち

米印連携の最も具体的な兆候のいくつかは、中国自身の野心、国益、脆弱性が増大している、海の上にあった。二〇〇二年には、インド海軍の哨戒艦がシンガポールからマラッカ海峡を通過するアメリカ軍の貨物を運ぶ船の護衛任務を引き受けている*30。それに続いて二〇〇四年一二月に発生した津波では、インド軍とアメリカ軍が、オーストラリアや日本と共に、合同で迅速な救援活動を行うために動員されている。

一九九二年以降、インドとアメリカは毎年「マラバール」(Malabar)と呼ばれるささやかな海軍共同訓練を行ってきた。いまやこの演習は、潜水艦や空母を含むようになり野心的に拡大している。二〇〇五年には、海上で一ヵ月間の戦争を模した訓練が行われた。翌年にはアメリカの海兵隊も参加している。さらに二〇〇七年にはマラバールは二回も開催された。一回目は演習の領域を太平洋にまで拡大し、日本も参加している。インド軍、アメリカ軍、そして日本の自衛隊は、沖縄沖で共同訓練を行った。同年九月に開催した二回目となる演習では、オーストラリアとシンガポールから軍艦を呼び寄せている。結果として合計二七隻以上の艦船がベンガル湾に集結し、空母三隻と二〇〇機以上の航空機が参加したのだ。

これは強烈なシグナルだった。むしろ強すぎたと言ってよい。その一ヵ月前に、アメリカ、日本、インド、オーストラリアの中堅幹部らが、マニラで開催されたＡＳＥＡＮ地域フォーラムの合間に、わずか四五分ほど会談し、津波の救援活動で得た教訓について話し合っていた。おそらくその際に中国に関することなど、共通の関心事についても少し意見を交わしたと思われる＊31。ベンガル湾での五ヵ国合同の海上演習は、今では最初の「四辺形(クアッド)」対話だと混同されているが、クアッドの最初の急先鋒が日本の安倍首相であったことを考えればそれほど驚くことではない。

中国は一般大衆の憤激や外交的圧力という形で反応し、「クアッド」参加国の全首都で外交ルートによる抗議を行っている。中国の政府関係者やメディアは、この短い会議を「アジア版ＮＡＴＯ」の設立を企図したものだと報じており、これはソ連が潰(つぶ)されたように、中国に牙をむいて「封じ込める」ための強固な同盟だとした。

ところが現実は全く違っていた。演習は一回限りのものであり、対話へのコミットメントは脆弱であった。安倍首相が突然体調を崩して退陣したことで、日本のコミットメントは弱まってしまった。インドは相変わらず煮え切らない態度であり、その連立政権は、アメリカとの軍事的な連携に近い動きが少しでもあれば腹を立てる左翼政党によって崩壊してしまった。シン首相は米印関係の緊密化を最優先に考えていたために、これを理由としてクアッドへのコミットメントを減らすことになった。

オーストラリアでは二〇〇七年後半にケビン・ラッド（Kevin Rudd）率いる労働党新政権が誕生したが、彼自身はアジアにおける外交の役割に大望を抱いていると発言していた。中国語を話せるラッド首相は、最初のクアッドの崩壊について、やや不当なことに、そのほとんど責任を背負い込むことになった＊32。それでもスティーブン・スミス（Stephen Smith）外相が中国を訪問している際に記者会見の席で同席した中国の外務大臣の隣に立ってラッドがクアッドを続けるつもりはないことを暴露してしまい、この四ヵ国の結束力に極めて悪い印象を与えたのは事実である。

しかしながら、「クアッド1・0」の終了は、四つの海洋民主国家たちの再編成という大局的な動きの中では些細なつまづきに過ぎなかった。少しづつであるが、この四ヵ国は二つの海洋に囲まれた地域で共通の利益を見つけていったのであり、その推進力となったのは中国に対する不信の念であった。その一方で中国は、幻の脅威であるクアッドに集中することで、この動きの本質を見誤っていた*33。二国間の安全保障関係は強化され、アメリカとインドだけでなく、日本とインド、さらにはオーストラリアとインドまでもが関係を深めていた。新たな安全保障の三角関係も形成されつつあった。豪・米・日間の対話、情報共有、複雑な軍事演習に、今度はインドとの協議が加わったのだ。クアッドの構成国が再び同じ部屋で会うことがなかったとしても、クアッドの構成国の組み合わせから生まれる相互に信頼できる安全保障関係の網の目は、中国のパワーに対抗するための準備と同じ効果があった。

プレゼンスと「真珠」

インド洋に話を戻すと、ソマリアの海賊との戦いが、国家の優位性を競うものへと変わりつつあった。オーストラリアの著名な国際関係学者であるコーラル・ベル（Coral Bell）博士の最後の著作の一つに、二〇〇七年に発表された「ヴァスコ・ダ・ガマ時代の終焉」（*The End of the Vasco da Gama Era*）というタイトルの論文がある。彼女はこの中で、国家間の多極的な競争が始まることを予見しており、「インド洋は複雑な海軍の競争の場となる可能性が高い」と論じている*34。

外国の海軍のプレゼンスが持続されるようになると、海賊行為は減少した。ハリウッド映画「キャプテン・フィリップス」の中で語られるアメリカ海軍の特殊部隊である「シールズ」の任務などの活躍により、国際的な海軍は数多くの勝利を収めたが、その活動と海賊の減少との間に明確な関連性はほとんど認められなかった。それよりも大きな影響を与えたのは、陸上での取り締まりや統治が改善されたことや、民間の軍事会社の隊員が商船に乗り込み始めたからであった*35。

しかし、外国の海軍たちは、海賊行為という脅威が減少し始めてからも、これをインド洋を訪問するため、そしてそこに居座り続けるための正当化の理由として使い続けた。つまり海賊対処は、さらなる戦略的な任務のための口実となったのだ。もし外国の軍隊たちがまだインド洋で気をつけなければならないことがあるとすれば、それはお互いのことであったのだ。

アメリカとそのヨーロッパの同盟国たちは、中東で長年活動していたので、インド洋の海域にはすでに精通していた。オーストラリア海軍も、一九一一年以来この海域でほぼ継続的に活動している。インドはそもそも自国の裏庭となる海を無視するつもりはないだろう。驚きだったのは、東アジアの大国たちの新たな取り組みへの粘（ねば）り強さである。二〇〇一年以降、日本はアメリカ主導のアフガニスタンなどでの対テロ行動を支援するために「平和憲法」を創造的に解釈して、インド洋に艦船を派遣してきた。現在では護衛艦による定期的な海賊対処のローテーションに加えて、最初はジブチにあるアメリカの施設から、そして二〇一〇年以降は同地に開設された自国の基地から哨戒機を飛ばし始めた。このわずか一八〇人の兵力で構成された小規模な日本の基地は、一九四五年以降初めての海外軍事基地となった。

北からの深刻な問題に頭を悩ませている韓国でさえ、経済的な生命線を守ることには本気で取り組んでいる姿勢を見せた。韓国のエネルギー輸入への依存度は、中国や日本よりもさらに高かった。二〇一一年、韓国は駆逐艦と特殊部隊を派遣し、海賊に対して厳格に対応し、化学製品を大量に運ぶケミカルタンカーを奪還（だっかん）している。また、二〇〇九年からはアラブ首長国連邦（UAE）に特殊部隊を目立たぬように駐留させていた*36。

中国の新たな安全保障面におけるプレゼンスの規模は、全く別格であった。一回限りの三ヵ月間の任務だったはずのものが恒久化したのだ。中国海軍は二〇一八年末までに部隊を三一回も交代させ、延べ二万六〇〇〇人以上の水兵を擁する一〇〇隻の軍艦に遠距離展開の経験を与え、六六〇〇隻以上の商船を護衛し、七〇人を救助した*37。さらに同海軍は、インド洋での警戒活動を潜水艦で補強している。これは海賊に対して限定的な使用しかできないが、情報収集、抑止、そして戦争には理想的なものだ。二〇一四年には中国の潜水艦がスリランカに寄港するようになった*38。同年、中国の軍艦はインドネシアのスンダ海峡とオーストラリアの島嶼部に近いインド洋の北東の隅にある別の海域で第一回の定例の軍事演習を行い始めるようになり、これはキャンベラにおいて緊迫したニュースとして受け止められた*39。

中国は次第にインド洋で自由気ままに振舞うようになった。これらの活動の一部は、現地の国々から歓迎されたり奨励されたりしていた。また、中国軍はオーストラリアをはじめとする多くの国々と協力して、行方不明となったマレーシア航空のMH370便を捜索している。さらに、中国海軍は自国や他国の国民を紛争で疲弊したイエメンから避難させた。しかし中国の安全保障計画の担当者たちの頭の中は、警察的な任務をはるかに超えるものが占めていたはずだ。

二〇〇四年の時点から、アメリカの安全保障の専門家たちは中国の新たな戦略を「真珠の首飾り」(string of pearls)と名付けて警告していた*40。彼らはその論拠として、アラビア海に面した漁村グワダルの荒涼とした砂地に深海港を建設するという、二〇〇一年の中国とパキスタンのあまり知られていない合意を引き合いに出していた。これはインド洋一帯に海軍基地や寄港地、そしてエネルギーインフラを建設するという中国の壮大な計画の一部であり、これによって将来アメリカと衝突した際に中国の海上石油供給を保護すると同時に、新興のライバルであるインドを自国の同名の海で絞め殺すという、二重のメリットがあると分析されていた。

ところがこのような主張は、空想的で偏執的なものとして広く却下された。なぜなら当時の国際政治についてのトレンドとして、市場を基盤とした国際協力や、大規模戦争が時代遅れになったこと、そしてすべての文明国家はテロリズム対抗するために団結すべしという考え方が流行していたからだ。そして中国も「調和のとれた世界における平和的な発展とウィン・ウィンの協力」を新たに公言していた。

中国が海賊対処の活動を始めた当初の公式見解では、海外に基地を設置する意図は断固として否定されていた。しかし中国の著名な戦略家たちは、しばらくすると「このような世界的な軍事的な展開はもはや避けるべき考えではない」とほのめかし始めた*41。その数年後には、中国はジブチの既存のフランス、アメリカ、日本の基地から遠くない場所に重要な軍事施設を建設するため、地元当局との交渉を始めている。その場所は、中国が運営するコンテナ港となったドラレの隣にあり、紅海とアデン湾の間にあるバブ・エル・マンデブの要衝(ようしょう)を監視する上ではこれ以上にないほど戦略的な位置にあった。アメリカは二〇一四年にロシアによる同様の入札を圧力をかけて阻止したが、中国の大胆な動きを阻止することはできなかった。その結果、二〇一七年に中国軍は、一万名ほどの軍人を収容できる要塞化された場所に五星紅旗(ごせいこうき)を掲げた。彼らの仕事が何であれ、それは海賊を取り締まること以上のものになることは間違いない。

結局のところ、中国はすでにアフリカに「第二の大陸」を確立しつつあり、一〇〇万人以上の中国人の移住とともに、投資、援助プロジェクト、資源開発、平和維持活動、外交などで劇的な成長を遂げていた*42。明の時代の鄭和は、自国から遠く離れた場所に駐屯地を置くことに反対していたが、新たな中国はまったく異なる航海を始めていたのである。

海上シルクロードをたどる

外国の指導者がインドネシアの国会議事堂で演説するのは初めてのことであったが、二〇一三年一〇月二日の習近平の演説は、それとは別の理由もあって波紋(はもん)を広げた。彼は鄭和の歴史的な訪問によって残された「素晴らしい物語」を引用しつつ「中国とインドネシアは海を越えてお互いに向かい合っている」と述べたのだ。さらに習近平は以下のように宣言している。

東南アジアは古代から、古い海上シルクロードにある重要な中継地(ハブ)でした。中国はASEAN諸国との海上協力を強化し、中国政府が設立した「中国・ASEAN海上協力基金」(**the China-ASEAN Maritime Cooperation Fund**)を有効に活用し、海洋パートナーシップを積極的に発展させ、「二一世紀の海洋シルクロード」の建設に向けた努力を共同で行っていきます*43。

「海洋シルクロード」という言葉が、中国のスローガンとして突然加わったのである。これは実に壮大な響きを持っていた。その一ヵ月前に、習近平はカザフスタンの首都アスタナで「ユーラシア地域の経済関係を緊密化し、協力を深め、開発空間を拡大するために、我々は革新的なアプローチを取り、共同で『シルクロードに沿った経済ベルト』を建設すべきである」と発表していた*44。この二つの演説は、やがて習近平の代表的なイニシアチブとなり、中国の国境を越えて歴史に名を刻むことになった。これは壮大な構想であり、まもなく正式に「一帯一路」(ワンベルト・ワンロード：**Yi Dai Yi Lu**)として知られるようになった。その後、中国当局者は英訳を「ベルト・アンド・ロード・イニシアティブ」(**Belt and Road Initiative：BRI**)と改めようとした。これは、遅まきながら「陸(一帯)と海(一路)の両方を支配する」

という中華思想的なビジョンであるという印象を改善しようとするための努力であった＊45。

ジャカルタとアスタナの演説に早くから注目していた多くの人々――中国自身の官僚を含む――は、当惑していた。このような広大なインフラの野望や、隣国への親善のメッセージは、本当に目新しいものなのだろうか？　もしこれが主に経済協力――投資、開発援助、インフラ――に関するものであるならば、中国はすでに何年も前からこのような動きをしていたことになる。中国はすでにそのような地域に対する投資家として成長しており、それなりの理由を抱えていた。中国は資本を持っており、その地域にはそれを必要としている国が存在していたということだ。

中国は、日本やヨーロッパのような既存の援助国と並んで、援助の提供者としての尊敬と影響力を高めていた。中国国内の地方がある程度開発されてきたので、インフラが輸出できるようになったのである。習近平のジャカルタ演説では、スラバヤとマドゥーラの間にある五・五キロの海峡に架かった中国製の橋が喧伝された。ところが他の中国のプロジェクトでは、未完成の石油やガスのパイプライン、地元の抗議で工事を中断されたミャンマーの大規模なダム、すぐに修理が必要となるピカピカのスポーツスタジアムなど、失望や議論をもたらしたものもあった＊46。

最高指導者となってまだ一年もたっていないこの当時の習近平は、権力と権限を情け容赦なく次々に強化していた。彼は国内問題に焦点を当てる代わりに国際的な野心に自分の評判を賭けはじめたため、海外の観察者たちを驚かせた。自己保身的な中国の官僚やビジネスマンなら、誰もが新しい指導者の言葉に異議を唱えるべきではないことを知っている。むしろ彼らはこの話に乗るしかなかった。なぜなら共産党の官僚、地方政府、そして紅い（中国の）資本家たちにとって「一帯一路」は一つの大きなチャンスだったからだ。新しいイニシアチブは、習近平のビジョンを実現するものとして動き始める可能性が高い。既存の傘下プロジェクトは、以前からのその一部であったかのように改名することも可能なのだ。港湾から橋、高速道路から高速鉄道、パイプラインから石油精製所、小規模な建築工事や製造工場、セルビアのタイヤ工場に至るまで、あらゆるものが中国の「世紀のプロジェクト」の一部という体裁をとりつつあったのだ。

「一帯一路」はその形とペースを急速に整えてきた。それは多くの目標を一つの概念にまとめあげたものだ。すなわち、国力と優位性のための経済学の利用という意味の「地経学」であった。この当時は中国経済が減速し始めていたのだが、「一帯一路」の到来によって、生産を継続し、特に鉄鋼やセメントなどの過剰生産能力を輸出する余地が無限に広がったのである。中国の資本は利潤を生み出すことができたし、受け手側が負債を返済できない場合には「債務の株式化」を通じて、港湾のような遠く離れた場所の資産を取得することもできた。

これによってバリューチェーンのトップに立つ欧米諸国に取って代わるチャンスがやってきたのであり、中国の製造業者や貿易業者は長期的な優位性を固め、生産と業務処理の基準を設定することができるようになったのである。

アジアからアフリカに至るまで、中国人労働者に新たな雇用がもたらされた。もう一つの目標は、中国のソフトパワーの投影であった。つまり現場での援助活動や、中国本土での外国人の教育実習など、利他的なイメージの拡散である。ところがこれはよりハードでシャープなパワーを伴ったものであった。それは外国のエリートへの影響力、つまり債務を通じた経済的影響力、個人的な汚職を通じた経済面での影響力は、いつの日か外交や防衛のような問題への中国への支援や非難に対する沈黙に変わる可能性があるからだ。

その当初、人民解放軍は一帯一路が安全保障面において何を意味するのかについて、あえて何も語ろうとはしていなかった。しかし安全保障とは別問題であるというふりをすることはすぐに不可能になった。

「一帯一路」は中国のエネルギー依存のネットワークに沿っており、特にアフリカや中東に至る水域における中国の経済的利益の拡大を意味し、この遠く離れた場所にあるルートは保護する必要があるのだ。

さらにこれらの動きは、中国軍の急速な近代化、つまり遠距離での展開の可能性とその期待とが一致していた。何よりも「一帯一路」をめぐる一連の話は、アメリカ、インド、日本、その他の国々が、北京がその蓄積された力をどのように使おうとしているのかについて公然と疑念を抱くようになったことで、国家間の緊張が悪化した動きと連動していたのだ。

「一帯一路」として始まったものの地理的な曖昧さは、不確実性を増すばかりであった。その定義については、アフリカ、ヨーロッパ、南太平洋、南アメリカでもそれぞれ解釈が違っていた。二〇一五年の文書で発表された公式版では、一帯一路の海上部分である「海上シルクロード」は、南シナ海を縦断してインド洋を通ってヨーロッパに至り、南シナ海から南太平洋への支線もあると定義されていた*47。

先進国がようやく「一帯一路」の圧倒的な力に気付いたときには、それはすでにすべての人にとってあらゆるものに影響するようになっていた。しかし習近平の中国についていえば、あるメッセージが際立っていた。いまや中国は、自国の富と影響力を地域の連接性の統制と不可分のものと見なしており、習近平は自らの遺産と党の正統性を、海外での拡大的な野望と絡み合っているものと見ているということだ。ヨーロッパの専門家の一人であるブルーノ・マサンエス（Bruno Maçães）は「一帯一路」を、中国の新しい世界秩序を構築する目標に他ならないと定義した*48。

もし中国のインド太平洋へのシフトが海上を運搬される石油への依存から始まったとすれば、いまや海上シルクロードのインフラ計画は、中国の運命と野心を、インド洋やそのシーレーン沿いの土地と結びつける役割を果たしつつある。このことは、習近平国家主席が「一帯一路」の美徳を宣言し始めて間もなく、中国が他の地域のビジョン、特に台頭しつつあった「インド太平洋構想」に対抗するように陣容を固めつつあった点を考えると興味深い。

習主席が就任する前の数年間、中国の学者たちは自国の国益と外交について、多様な見解を大胆に提示していた。例えば二〇一〇年には、本書の筆者を含む海外の識者たちに対して「南シナ海での中国の新たな主張は誤りであり、逆効果である」と率直に言い放った者もいたほどだ＊49。中国の学者の中には、変化する地域秩序や、拡大する自国の権益、そして平和的共存を確保する方法を理解するために、この新しい「インド太平洋」という表現——中国語では「印太」——を試みた者もいる＊50。二〇一三年六月には共産党中央委員会国際部の主任研究員である趙明浩（Zhao Minghao）が、「インド太平洋アジア」という新しい「オーストラリア」の概念を支持しつつ、以下のように述べている。

> 多くの中国の戦略思想家や計画担当者たちはオーストラリアから触発されて、中国の壮大な戦略を「インド太平洋」という広い範囲で捉え始めた。（中略）アメリカ、インド、日本および他のプレイヤーたちは「インド太平洋秩序」を構築するために協力しようとしている。（中略）中国は必ずしもこのプロジェクトから排除されているわけではなく、参加国すべてを束ねる戦略目標と相互作用的な規範の再構築に貢献するようテーブルについて議論に参加すべきである＊51。

ところがその後まもなく「一帯一路」が共産党の理念となってしまい、他国の地域秩序のビジョンは歓迎されなくなってしまった。中国の公式見解では、いまや「インド太平洋」という概念は、それが実質的に「海上シルクロード」と同じ地域を別の名前で示しているにもかかわらず、インドを加えて中国を地域秩序から排除しようとするアメリカや日本の陰謀であるとして否定すべきものとなったのだ＊52。

オーストラリアが命名した場所

趙明浩は「インド太平洋アジア」という言葉を採用する際に「中国の戦略家は、オーストラリア国内の研究機関やその議論の動向に細心の注意を払っている」と指摘していた＊53。オーストラリアは地域的な議論の中で、再びその発言力を高めたのだ。

「インド太平洋」という言葉は二〇〇四〜二〇〇五年頃から、何人かの外交政策専門家の間で使われるようになった。例えば、カナダの海軍学者ジェームズ・ブーティリエ（James Boutilier）や、ニュージーランドの学者ピーター・コーゼンス（Peter Cozens）は、この地域の海洋安全保障が過去数十年間にどのように発展してきたのかを説明する際にこの言葉を使っている。オーストラリアのベテランジャーナリストであるマイケル・リチャードソン（Michael Richardson）は、マレーシアで開催される新たな「東アジア首脳会議」を説明するためにこの言葉を使った。

同じ頃、オーストラリア政府の情報分析官であった本書の著者は、インドへの外交官としての赴任(ふにん)から帰国したばかりであったが、この言葉を早くから採用していた数人の政府関係者の一人であった。その論拠は、オーストラリアが存在する地域が、中国が南と西を向いてインドが東を向いている「二大洋体制」に変化しつつあるという認識が、現実が示す証拠と、世界におけるオーストラリアの位置づけを決める必要性の両方に合致していたという点にある。

影響力のある人々の発言も、この概念の普及を後押しした。たとえばオーストラリアで最も尊敬されている元政治指導者の一人である労働党のキム・ビーズリー（Kim Beazley）が「インド太平洋」的な見方を提唱したが、これは彼の地元である西オーストラリア州では特に合理的なことであったからだ。同じく西オーストラリア州選出のスティーブン・スミス外務・国防相は、インド高等弁務官や、後に外務次官も務めた、政策に最も精通した人物の一人であるピーター・バーギーズ（Peter Varghese）の影響を受けて、この見解に決定的に傾倒した。

二〇〇九年にラッド首相は、インド洋での役割拡大を含め、潜水艦艦隊の規模を倍増させるという野心的な計画を発表した。ところが新しい地域ビジョンを全面的に支持したのは、ラッド首相の後任であるジュリア・ギラード（Julia Gillard）の政権であった。二〇一一年、ギラードはインドへのウラン輸出禁止措置を打ち切り、インド洋の二つの民主国家の間にあった数十年にわたる距離を縮めた。二〇一二年には「アジアの世紀白書」を発表し、オーストラリアが存在する地域が経済的にも戦略的にも世界の中心となっていることを確認した。この白書では、台頭しつつあった「インド太平洋」という言葉にも言及しており、オーストラリアの中国、日本、韓国への経済面での結びつきがインド洋の供給ラインに依存していることを示した＊54。

ギラード政権は二〇一三年初頭にさらに前進し、シーレーンを象徴的に描いた地図を用いた新しい国防白書を発表して、オーストラリアの戦略的関心がインド太平洋

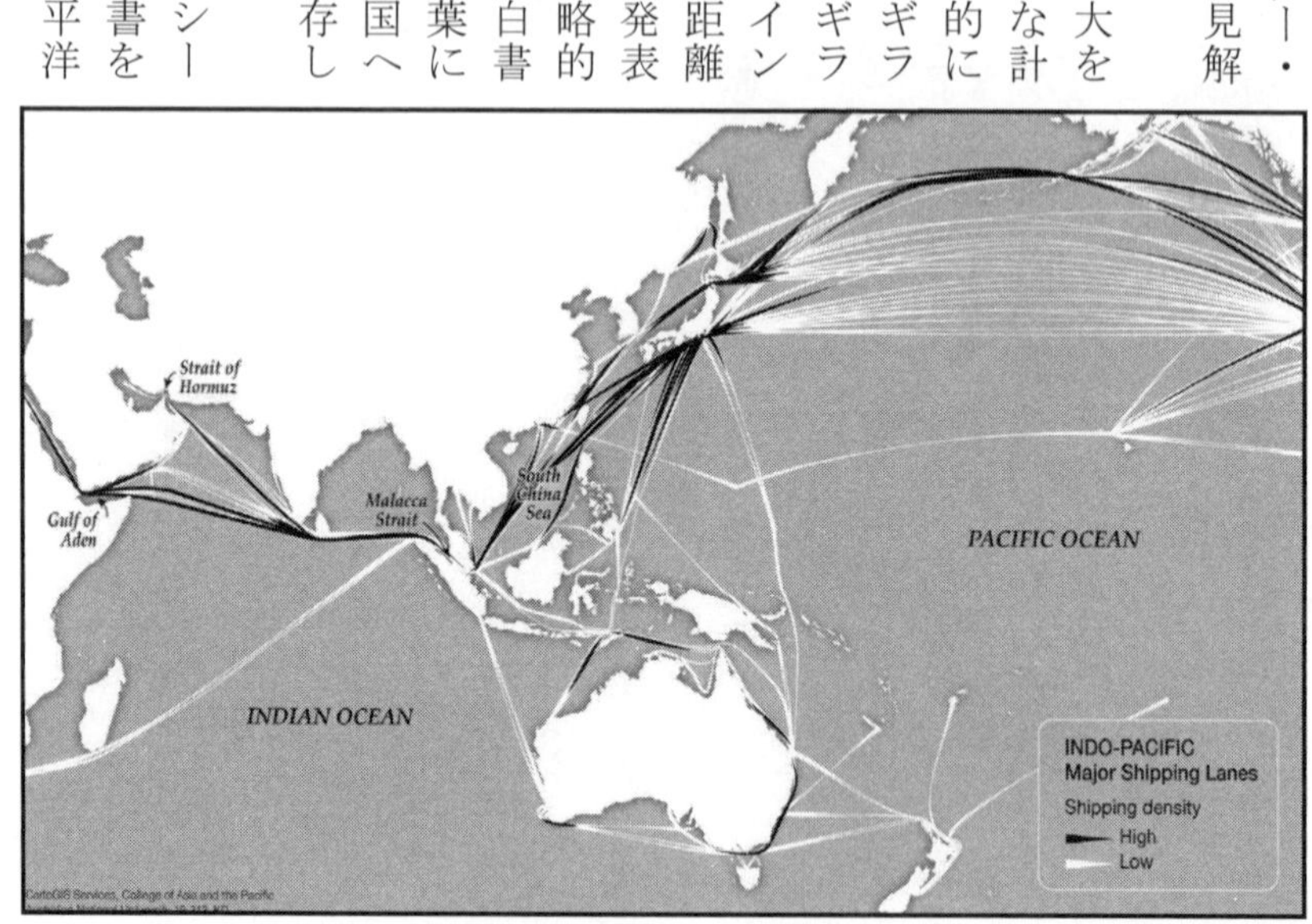

インド太平洋の海上貿易レーン

地域にあることを公式に指定している＊55。

その結果、活発な議論が始まった。批判的な人々は、このような過大な活動地域は、オーストラリアの限られた国防軍が単独で行動するには非現実的であると指摘した。またこの新しい地図は、インドを過大評価し、中国を排除し、アジアを軽んじ、アメリカ主導の海軍戦略を支持することで、地域を不安定化させると警告する者もいた＊56。他にも、東アジアで中国を抑止するために戦力を集中させるのではなく、二つの海をまたいで戦力を分散するように促すのは「間違った方向性であり、危険である」として、アメリカにとってはほとんど必要のないものだと見なす意見もあった＊57。ただしインド洋は、まさに中国がプレゼンスを増していたと同時に脆弱になりつつあった場所であることを忘れてはならない。

いずれにせよ「インド太平洋」という刻印は残ることになった。それは超党派のドクトリンとなったのである。政治指導者たちはこの概念を、真の意味でオーストラリア独自のものと認識していた。影の外務大臣であったジュリー・ビショップ（Julie Bishop）は、その当初、政敵が遺(のこ)したこの新しい表現をいじって「インド洋・アジア太平洋」（Indian Ocean Asia-Pacific）という概念を試してみたが、外務大臣になってから、そして彼女の後の首相であるトニー・アボット（Tony Abbott）とマルコム・ターンブル（Malcolm Turnbull）たちは「インド太平洋」の強力な支持者となった。

ビショップ、ターンブル、そしてフランシス・アダムソン（Frances Adamson）新外務・貿易省次官は、二〇一七年までにアイディアを政策に転換させていた。彼らは（超党派で）外交白書を発表し、「インド太平洋」戦略を、インド、日本、インドネシアのような国々とのパートナーシップに基(もと)づいて捉えて、アメリカとの同盟関係を強化し、中国の台頭のリスクを管理することを提唱した＊58。このアプローチの仕方は、二〇一九年に選出されたスコット・モリソン（Scott Morrison）率(ひき)いる保守系の政権でもそのまま継承されていった。

他の国々はそれぞれアイディアを出し合うことによって、独自に地政学の再構築を行っていた。ハワイに本拠地を置くアメリカ軍の太平洋軍司令部は、自分たちの作戦地域を長年にわたって「ハリウッドからボリウッドまで」という意味の「インド・アジア・太平洋」と呼んでいた。

アメリカの学者やシンクタンクは、中国とアメリカの海上での戦いを、新たな「グレートゲーム」として認識していた。その中にはこのゲームが展開される場のことを「インド太平洋」と表現していたものもあった＊59。いまやアメリカのリーダーや政府関係者たちは、従来の「アジア太平洋」という地域のレトリックの中に、このようなアイディアを織り交ぜはじめた。オバマ大統領は「リバランス」を、インドの「アクト・イースト」と結びつけた＊60。

二〇一三年、インドネシアのスシロ・バンバン・ユドヨノ（Susilo Bambang Yudhoyono）大統領は、柔軟に解釈できる自国の言葉に「インド太平洋」（Indo Pasifik）を追加した。外務大臣のマーティ・ナタレガワ（Marty Natalegawa）は、世界の成長の原動力となるこの地域を大国の競争から守るために「インド太平洋友好協力条約」（Indo-Pacific Treaty of Friendship and Cooperation）の締結を呼びかけた＊61。このような非同盟への取り組みを「アメリカが企(たくら)んだ陰謀だ」と一蹴するのは無理がある。その一年後、インドネシアのジョコ・ウィドド（Joko Widodo）新大統領は、自らの列島国を、二つの海の結節点、つまり世界的な海洋の支柱である、と定義した。

インドもまた海図の上に独自の航路を描こうとしていた。二〇一四年にナレンドラ・モディ新首相は「ルック・イースト」（Look East）がいまや「アクト・イースト」（Act East）になったと宣言し、インドは東南アジア、日本、オーストラリアとの防衛、貿易、外交関係を強化すると宣言したのだ。彼はオーストラリア連邦議事堂で、ダイナミックな「アジア太平洋とインド洋地域」が「世界の未来の鍵を握っており、オーストラリアはその交差点に位置している」と述べている＊62。

彼の前任者であるマンモハン・シンはすでに「インド太平洋」という用語を発明していたが、普段はなかなか変化を受け入れないインド外務省で、まもなく日常的に使われるようになった。結局のところ、インドのアナリストたちは新しいアジアを「二つの海によって構成されるシステム」と見なした最初の人々だったのだが、著名な戦略家ラジャ・モハンは、ヒンドゥー教の神話「サムドラ・マンタン」（海の揺れ）を引き合いに出しながら、中国とインドが海上で大国同士の争いを繰り広げている実態を表現した＊63。首席外交官のシャム・サラン（Shyam Saran）は、インドの将来の安全保障上の利害は太平洋にまで及ぶと考えていた＊64。海軍士官のグルプリート・クラナ（Gurpreet Khurana）は、二〇〇七年に日本とインドの初期の安全保障関係を表現するために「インド太平洋」という言葉を使っている＊65。これはまさに彼らの祖先であるパニッカルが予見していた通りだった。

日本とインドは互いからインスピレーションを得ていた。日本の安倍首相は、アジア最大の民主主義国家である二つの国の間の絆を長年にわたって構想しており、二〇〇七年にはインド国会議事堂での演説の中で、日本がインドのようなパートナーと協力して「ルールに基づいた秩序」を推進する場所として、詩的な「二つの海の交わり」という考えを提示した＊66。

安倍首相は二〇一二年に政権に復帰すると、中国への懸念が深刻化する中で、谷内正太郎や兼原信克などのアドバイザーたちと共に、その政策の中に「インド太平洋戦略」の要素を散発的に盛り込み始めた。たとえばアメリカとの同盟の再確認、海上自衛隊の近代化、南アジアや東南アジアで友好国を獲得するための質の高いインフラ整備の計画、そしてインドネシア、ベトナム、フィリピン、インド、オーストラリアとの積極的な外交などだ＊67。二〇一六年初頭には日本の学者である白石隆（しらいしたかし）が「日本が将来を賭けているのはインド太平洋地域である」と述べている＊68。

不確実性の時代

危機は高まりつつあった。一九四五年以降の制度、規則、非強制という自由主義的な国際秩序に緊張が走っていた。コーラル・ベルが予想していたように、アメリカの覇権は終わりつつあり、大国同士の競争が復活したのである。中国だけでなく、さらに強圧的になったロシアが、権威主義的で修正主義的な性格を見せ始めていた。

既存の秩序を混乱させてダメージを与え、他者を犠牲にして国家の利己的利益を増進させる。これらは、通常の大国の行動による副作用ではなく、彼らが目指していた戦略目標そのものであった。アメリカのリーダーシップと信頼性は、敵対国の行動やワシントンの優柔不断な態度により揺（ゆ）らいでいた。アメリカはすでに南シナ海で、スカボロー礁における中国のフィリピンへの強要を阻止する機会を失っていた＊69。モスクワと北京は、二〇一三年にオバマ大統領のシリアをめぐる「レッドライン」の一件で勢いづいていた。これは「有害なアサド政権による自国民への化学兵器の使用には武力で対処する」と警告するものであったが、オバマ政権はこれを撤回したのだ。これに続いて、ロシアのウクライナへの攻撃や、南シナ海を通過中のアメリカの軍艦とのトラブルを含む、同海域における中国の大胆な行動の増加が続いた。いまや中国とロシアは協調した戦略をとっているように見えた。習近平とロシアのウラジーミル・プーチン大統領との派手な会談を行って、ユーラシア大陸をまたいだ将来の同盟結成の可能性をほのめかしていたからだ。

いずれにしても、アメリカは大国同士の競争に集中することはできなかった。オバマ大統領が二〇一四年に「長い戦争の季節」の終結を示唆したのも束の間、テロリストの脅威は黒い旗を掲げたイスラム・カリフ国へと変貌を遂げたのである*70。

だが日本の持続的な抵抗とアメリカの支援により、中国は少なくとも東シナ海では躊躇している。毅然とした態度と抑止が功を奏したからだ。そこで中国は視線を南に戻した。二〇一四年初め、中国は移動式の石油掘削装置をベトナム沖に送り込み、海底資源を採取しようとした。だがこれは抵抗を受けた。このため中国は自国の戦略を、リスクを伴う対立から、非攻勢的な侵略へと変化させ、見事に効果を発揮したのである*71。

中国は南シナ海全域に島を造り始め、岩や岩礁の上を「埋め立て」るという環境破壊的な大規模なキャンペーンを展開した。習近平はオバマ大統領に対し、このような建造物を「軍事化」させる意図はないと断言した。ところが衛星画像は正反対の事実を暴露していた。滑走路、格納庫、ミサイル部隊が配備されていたからだ。中国は軍事化された島々、つまり係争中の海域全体をコントロールするための不沈空母を作り続けていたのだ。

そしてリスクを負う立場も逆転した。いまや中国は、アメリカやオーストラリアのような国々を非難するようになったのである。その理屈として、このような国々が国際水域や空域で長年にわたって守られてきた自由と慣行を守っているにもかかわらず、自国の新しい「島々」の近くを航行・飛行したりすることで平和を乱しているとしたのだ。

アメリカとこの地域の小国たちは、地域の会議を利用してこのような脅迫を非難したが、効果はほとんどなかった。フィリピンは国際法に望みを託し、二〇一三年に中国を国際的な常設仲裁裁判所に提訴した。二〇一六年七月には中国には南シナ海に関する歴史的権利を主張する法的根拠がないとする判決が下されたが、中国はこの判決を拒否し、独自の法律を作っていた。するとすぐに気まぐれなポピュリストであるロドリゴ・ドゥテルテ（Rodrigo Duterte）率いるマニラの新政府は、苦労して勝ち得た法的な勝利から距離を置き、東南アジアの連帯への期待を弱めたのだ。

更なる嵐の予兆が高まってきた。ロシアの干渉（かんしょう）が報道される中で、二〇一六年一一月にドナルド・トランプがアメリカの大統領に選出されたのだ。トランプには国際政治の経験はなく、過去には同盟国たちを見下すような発言をしており、ルールに基づく秩序や、海外でのアメリカのリーダーシップへのコミットメントもなかった。彼はオバマ大統領の「アジアへのリバランス」の一環で自由貿易の柱である「環太平洋パートナーシップ協定」（ＴＰＰ）を破棄したのである。いよいよ中堅国たちが立ち上がる時が来たのだ。

インド太平洋の移り変わり

ケニアは東京から遠く離れているが、原点回帰の物語にふさわしい場所だ。二〇一六年八月、安倍晋三はアフリカの開発に関する会議を開くためにナイロビに行き、二つの大陸だけでなく、二つの海についての物語を語ったのである。

アジアの海とインド洋を越え、ナイロビに来ると、アジアとアフリカをつなぐのは、海の道だとよくわかります。……日本は、太平洋とインド洋、アジアとアフリカの交わりを、力や威圧と無縁で、自由と、法の支配、市場経済を重んじる場として育て、豊かにする責任をにないます＊72。

彼はここで、日本の「自由で開かれたインド太平洋」戦略を発表していた。これは海を越えた統合を、経済的・社会的発展に結びつけたものだ。それは率直に民主的な価値観について述べていた。安倍総理の演説に「中国」という言葉が出てくる必要はなかった。日本政府はアフリカにまでこの戦いを持ち込んでいたのだ。

しかもこれは日本だけの立場ではなかった。たとえば安倍首相とインドのモディ首相は、インド太平洋パートナーシップを加速させている。彼らはトランプが当選した同じ週に新幹線に同乗した後で、一緒に声明を発表しているのだ。インドは中国の「一帯一路」に対して、厳しい姿勢を取りはじめていた。二〇一七年には壮大な一帯一路サミットをボイコットし、将来にわたって中国のインフラ計画を受け入れる際には、環境の持続可能性、財政の透明性、ガバナンスの質の面で、厳しい条件をつけると宣言したのだ。

トランプの出現により、世界の不確実性は不安定へと変化した。政治の二極化、政策の麻痺（まひ）、自傷的な行為は、アメリカの影響力を弱めた。アメリカ主導の国際秩序への反対派は、自分たちが得るものを明らかにしようとしていた。トランプの朝鮮半島における移り気な対立は、最初に「紛争」そして「取引」という悪夢をもたらした。アメリカが正反対のことを主張するたびに、米国の友好国は不安になった。アメリカの「熱狂」が冷めるまで秩序を維持するために、彼らはどれくらいの期間、「中堅国連合」を結成する必要があるかを真剣に悩んでいたのだ＊73。

ところが諦（あきら）めの代わりに、アメリカの同盟国たちの間では、特にオーストラリアと日本の外交において、新たな動きが出てきた。彼らの合言葉は「パニックになるな、油断するな」であった。貿易の分野では、ターンブルと安倍は、アメリカがいつの日か再び参加できるようＴＰＰを存続させた。安全保障の分野では、東京とキャンベラはアメリカとの様々なチャンネルを通じて、アジアにおける自国の平等性と、平和と繁栄をもたらしてきた秩序を弱体化させる危険性をアメリカに知らせようと根気強く活動した。すると外交の三角関係のネットワークが効果を発揮しはじめた。東京、デリー、キャンベラの三国間で協議が行われ、それぞれが互いに相手のワシントンへの助言を尊重したのだ。

このモデルは、中国のパワーとアメリカの予測不可能性をヘッジするための、独立していながらも連動する一連の枠組みとなった。この考え方は二〇一七年一一月に発表されたオーストラリアの外交白書でも表現されており、「我々の国益に有利なインド太平洋のバランス」を達成するために民主国家間でより緊密な協力を行うことを主張していた*74。

アメリカも、完全に期待を裏切ったわけではなかった。二〇一七年一一月、この四ヵ国の対話はついに再開した。今回はより広範な戦略的な問題（明らかに中国のことだ）を議題とし、四ヵ国すべてが今後も協議を継続すると決意したのだ。その後、毎年恒例のアジアのサミット（ＡＰＥＣや「東アジアサミット」）の季節がやってくると、アメリカは「自由で開かれたインド太平洋」を訴えるようになったのだが、これはまさに安倍総理がアフリカで最初に発表した言葉であった。

では、アメリカは日本の計画を支持していたのだろうか？　それとも自分たちの計画に新しいラベルを付け替えただけなのだろうか？　少なくとも安倍総理は、ホワイトハウスの気難しい住人を、アメリカの友人や外交政策の確立に受け入れられる世界観に近づけるだけの説得力を持っていたことは証明した。世界のメディアは「インド太平洋」という言葉に初めて気付き、それが何を意味するのか疑問に思った。中にはそれがインドを持ち上げ、中国を締め出すためのものだと考える者もいた*75。

ところがドナルド・トランプは、ルールや包括性、そして同盟国たちを尊重する行動計画に関しては頼りにならない存在であった。ベトナムのダナンで行われたＡＰＥＣでの演説では、このような感情と、国内スローガンである「アメリカ第一（ファースト）」の保護貿易主義とが不器用に並べられた。共通していたのは「国家主権」の強調であった。

したがって、トランプはこの地域を「主権を持ち、多様な文化と多様な夢を持った独立した国家が、並んで繁栄し、自由と平和の中で繁栄しうる場所」と見なしていると述べた*76。この言葉そのものはたしかに非の打ち所はないものだ。だが聴衆の反応はいま一つであり、トランプ政権は本当に中国と影響力を競い合うつもりなのか、建設的にそうするだけの知恵があるのか、などと懐疑的な意見もあった。ただし控(ひか)えめであったとはいえ、同盟国はかなり安心した。トランプに関して、同盟国はあらかじめ期待値を下げていたからだ。

それから一ヵ月後に、アメリカは「国家安全保障戦略(NSS)」を発表し、中国とロシアを敵対的な言葉で表現しつつ「インド太平洋地域における……自由な、あるいは抑圧的な世界秩序のビジョンの間の地政学的競争」をアメリカの最優先事項としたのだ*77。アメリカはようやく「インド太平洋」を語り始めたのだが、防衛、経済、外交の面でそれを実行するのかどうかはまだ判断できなかった。

専門家たちは、トランプ政権は戦略というよりも「概念的なスローガン」を示しただけだと警告した*78。マイク・ポンペオ (Mike Ponpeo) 国務長官は「インド太平洋ビジネスフォーラム」において数十年間にわたるアジアへのアメリカのビジネス投資を称賛(しょうさん)した後に、新技術パートナーシップを支援するための実に微々たる、むしろ恥ずべきレベルの資金提供計画を発表した。この方針転換はかなり体裁の悪いものであった。というのも、ワシントンは今よりも与えるものが減少するリスクはあるのに、いままで以上のことをやると約束していたからだ。

他の国々もアメリカにすべての希望を託しているわけではなかった。インドネシアは仲間の東南アジア諸国に対して、もし彼らが大事にしているＡＳＥＡＮの中心的役割を維持したいのであれば、台頭しつつある「インド太平洋」という構想の主導権を握るように促した*79。二〇一九年半ばまでに、東南アジア諸国は「インド太平洋の展望」という文書に合意し、二つの海にまたがるルール、主権、非強制などの共通の利益を定義する一方で、米中のライバル関係によって発生するリスクを警告している。彼らは米中どちら側も危険だと考えていたのである。

その一年前、中国の王毅外相は「インド太平洋」を「注目を集めるためだけのアイディア」と公然と否定していたが、それはおそらく彼が「インド太平洋」というアイディアが他の国々の「一帯一路」への支持を邪魔するものだと見たからであろう*80。しかしフランスのエマニュエル・マクロン大統領は、オーストラリアのシドニー港の海軍基地で演説した際に「インド太平洋」を「現在進行形の地政戦略的な現実」であり、覇権主義を抑止するための新たな勢力均衡の基礎であると述べ、「パリ—デリー—キャンベラ」という新たな連携を提案している*81。シンガポールで開催された二〇一八年の国際安全保障サミット「シャングリラ会合」(アジア安全保障会議)では、インドのモディ首相の基調講演を皮切りに、ほぼすべての演説で「インド太平洋」という言葉が使われた。一部のコメンテーターは、これが地域外交の新時代の到来だと前のめりに評価している*82。

ただしこれはやや時期尚早だったのかもしれない。「インド太平洋」に関する熱狂は普遍的なものではなかったからだ。一部の政府は依然として消極的であった。ニュージーランドの参加のスピードはゆるやかであり、たとえばインドを含むフォーラムでは「インド太平洋」に言及するが、他の場では「アジア太平洋」や「太平洋」という名称だけを使うという、どっちつかずな政策を取っていた*83。政府が政策の視野を広げようとしていても、外交エリートの中には「インド太平洋」という概念があまりにも曖昧であると考える者もいた*84。アメリカと日本は「自由で開かれた」(Free and Open)という形容詞をしきりに使って語ったが、オーストラリア、インド、インドネシアなどの国々は、自由、公平、開かれた、包括的、透明性などの形容詞を独創的かつ気まぐれに使っていた。それでもアジアの外交で使われる用語は、確実に変化しつつあった。

トランプはたしかに予測不能なところがあったが、それでもアメリカの対外政策は中国に対して明確なスタンスを取りつつあった。それはつまり「超党派で厳しく当たる」というものだ。まもなく同盟国たちはアメリカの対中対決を後押しするのではなく抑制したいと考えるようになるかもしれない。そして議論は「包括的な戦略的競争」、経済面での「切り離し」、技術面での競争関係、さらには「新冷戦」へと変わっていった。中国の長年にわたる国家主導のサイバー侵入と知的財産権の窃盗は、アメリカのハト派をタカ派に変えるという意図しない結果をもたらした。経済界、ハイテク産業、国務省、民主党員、共和党員、国防総省、情報機関、人権団体に合流して、習近平の権威主義的な政党国家を「絶え間ないリスクの発生源」と見なすようになっていた。中国共産党による政治干渉や影響工作の懸念は、オーストラリアだけでなく、アメリカをはじめとする世界各地に広がっていた＊85。アメリカのペンス副大統領は「一帯一路」を「借金漬け外交」（debt diplomacy）だと非難しており、アメリカは「インドからサモアまで、この地域全体で我々の価値観を共有する国々と新たに強固な絆を形成します」と宣言している＊86。

二〇一九年六月、アメリカの国防総省は「インド太平洋戦略レポート」を発表した。この報告書では「インド太平洋」をアメリカ軍にとっての最優先地域としていることが確認された。同報告書では、軍事力、外交、ガバナンス、地経学といった複数の力の要素を組み合わせ、同盟国や友好国のネットワークを支援することで、「修正主義的」な中国の「抑圧的」なビジョンに対抗する計画を打ち出している＊87。これは連邦議会で採決された、同地域における中国に対抗するための国防費を支持する政策を基盤としたものだ＊88。

不安定なスタートを切った後、アメリカ、日本、オーストラリアは、中国の小国に対する地経学的影響力に対抗するために、電力や海底ケーブルなどの有望なインフラ投資に協力しようと力を合わせ始めた。これは特に南太平洋の地域で顕著であった。なぜなら同地域は、もはや戦略的には裏庭ではなく一帯一路の延長線上にあり、中国はここで軍事基地を建設する野望をもっていると言われていたからだ＊89。
わずか一〇年しか経過していなかったが、権力闘争の新たな時代は、グローバル化の楽観主義、中国の平和的台頭、「二〇〇〇隻海軍」というコンセプト、そして「大国同士の対立の陳腐化」が語られていた時代とはかけ離れた世界となっていた。「インド太平洋」はすでに富と人口の面では世界の「重心」となっていたが、同時に軍事力と潜在的な紛争の中心地にもなっていた。「対立」は「協力」を打ち負かしつつあった。アデン湾からパプアニューギニアに至るまで、多くの盤面で多くのプレイヤーが参加する「グレートゲーム」の舞台は、ぎこちない形で整いつつあったのだ。

註

1 'Chinese navy sets sail for anti-piracy mission off Somalia', *Xinhua*, 26 December 2008.

2 Rory Medcalf, 'China's gunboat diplomacy', *The New York Times* (International Herald Tribune), 28 December 2008.

3 'Chinese ship uses Molotov cocktails to fight off Somali pirates', *The Telegraph*, 19 December 2008.

4 James Mulvenon, 'Chairman Hu and the PLA's "New Historic Missions"', *China Leadership Monitor*, Vol. 27, Hoover Institution, 2009.

5 United Nations Security Council Resolution 1851, 'The situation in Somalia', 2008.

6 United States Government, 'A cooperative strategy for 21st century seapower', October 2007.

7 Robert Zoellick, 'Whither China: From membership to responsibility?' Remarks to National Committee on US-China relations, 21 September 2005.

8 例えば以下を参照。Brendan Taylor, *The Four Flashpoints: How Asia Goes to War*; Bill Hayton, *The South China Sea*［ビル・ヘイトン著、安原和見訳『南シナ海：アジアの覇権をめぐる闘争史』河出書房新社、二〇一五

年]; Richard McGregor, *Asia's Reckoning: The Struggle for Global Dominance*, Penguin, London, 2017.

9 インペッカブル事件についてのまとまった説明については以下を参照のこと。Michael J. Green, Kathleen H. Hicks and John Schaus, 'Countering coercion in maritime Asia: The theory and practice of gray-zone deterrence', Center for Strategic and International Studies, 2017.

10 'How much trade transits the South China Sea?' China Power website, Center for Strategic and International Studies, https://chinapower.csis.org/much-trade-transits-south-china-sea.

11 Bill Hayton, *The South China Sea*, pp. 59-60. [ヘイトン著『南シナ海』九一～九三頁]

12 Navin Rajagobal, 'The 2009 claims that changed the dynamics in the South China Sea', *The Straits Times*, 12 July 2016.

13 Linda Jakobson, 'China's unpredictable maritime security actors', Lowy Institute Report, 2014.

14 Richard Halloran, 'What is Hatoyama's foreign policy?', *Real Clear Politics*, 6 September 2009.

15 Abe Shinzō, 'Asia's democratic security diamond', *Project Syndicate*, 27 December 2012.

16 'In 2010 the US surfaced three missile submarines as a warning to China', *The National Interest* online, 14 August 2017.

17 'US here to stay, says Clinton, Ha Noi', ASEAN website, 23 July 2010.

18 Joshua Kurlatzick, 'The belligerents', *New Republic*, 27 January 2011.

19 Kurt M. Campbell, *The Pivot: The Future of American Statecraft in Asia*, Twelve, New York, 2016. [カート・キャンベル著『THE PIVOT アメリカのアジア・シフト』日本経済新聞出版、二〇一七年]

20 The White House, 'Remarks by President Obama to the Australian Parliament', 17 November 2011.

21 Michael J. Green, *By More than Providence*, pp. 482-517; Nina Silove, 'The pivot before the pivot: US strategy to preserve the balance of power in Asia', *International Security*, Vol. 40, No. 4, 2016, pp. 45-88.

22 例えば以下を参照。Malcolm Fraser, 'Our star spangled manner', *The Sydney Morning Herald*, 7 June 2012.

23 Hillary Clinton, 'America's Pacific century', *Foreign Policy*, 11 October 2011.

24 'Nuclear anxiety: Indian's letter to Clinton on the nuclear testing', *The New York Times*, 13 May 2013.

25 筆者は二〇〇〇年から二〇〇三年までオーストラリアの外交官としてニューデリーに駐在し、この急激な地政学的変化を間近で見てきた。

26 Shyam Saran, *How India Sees the World*, pp. 194-195.

27 アメリカのロバート・ブラックウィル大使は以下のように宣言している。「この目的を達成するために、アメリカは民主主義の価値観と国益を共有するアジア諸国との政治、経済、軍事的関係を特に強化する必要があります。これはインドを意味しています。平和で豊かなアジアの構築に貢献するアメリカとインドの強力なパートナーシップは、世界で最も強力で最も人口の多い民主主義国の資源を、自由、政治的な節度、経済と技術の発展のために結びつけるものです」。以下を参照のこと。Robert Blackwill, 'The quality and durability of the US-India relationship', Speech in Kolkata, 27 November 2002. 以下も参照のこと。Ashley Tellis, 'India as a new global power: An action agenda for the United States', Carnegie Endowment for International Peace, 2005.

28 'US to help make India "a major world power"', *China Daily*, 26 March 2005.

29 二〇〇三年にニューデリーで著者と中国の上級外交官との間で行われた対話による。

30 Amit Baruah, 'Only "escort duties" in Malacca Straits', *The Hindu*, 23 April 2002.

31 Tanvi Madan, 'The rise, fall and rebirth of the "quad"', *War on the Rocks*, 16 November 2017.

32 ラッドの見解に関しては以下を参照のこと。Kevin Rudd, 'The convenient rewriting of the history of the "Quad"', *Nikkei Asian Review*, 26 March 2019.

33 Rory Medcalf, 'Chinese ghost story', *The Diplomat*, 14 February 2008.

34 Coral Bell, *The End of the Vasco da Gama Era: The Next Landscape of World Politics*, Lowy Institute Paper 21, Sydney, 2007, p. 22. ベル博士は、親しみを込めて「分厚い眼鏡をかけ、青い花柄のドレスを着て、白いスニーカーを履き、真珠をつけたオーストラリアのジョージ・ケナン」と表現されている。以下を参照のこと。Minh

Bui Jones, *The Interpreter* (Lowy Institute blog), 5 October 2012.

35 James Brown, 'Pirates and privateers: Managing the Indian Ocean's private security boom', Lowy Institute Analysis, Sydney, 12 September 2012.

36 June Park and Ali Ahmad, 'Risky business: South Korea's secret military deal with UAE', *The Diplomat*, 1 March 2018.

37 中国専門家のアンドリュー・エリクソンが提供した統計データによる。以下を参照。Andrew Erickson, 'The China anti-piracy bookshelf: Statistics and implications from ten years' deployment . . . and counting', 2 January 2019, http://www.andrewerickson.com/2019/01/the-china-anti-piracybookshelf-statistics-implications-from-ten-years-deployment-counting.

38 Rajat Pandit, 'India suspicious as Chinese submarine docks in Sri Lanka', *The Times of India*, 8 November 2014.

39 Rory Medcalf and Raja Mohan, 'Sea change of China power', *The Australian*, 11 February 2014.

40 'China builds up strategic sea lanes', *The Washington Times*, 17 January 2005.

41 Shen Dingli, 'Don't shun the idea of setting up overseas military bases', *China.org.cn*, 28 January 2010.

42 Howard French, *China's Second Continent: How a Million Migrants Are Building a New Empire in Africa,* Knopf, New York, 2014.

43 Xi Jinping, Speech to Indonesian Parliament, Jakarta, 2 October 2013.

44 'Promote friendship between our people and work together to build a bright future', Xi Jinping, Speech at Nazarbayev University, Astana, Kazakhstan, 7 September 2013.

45 Bruno Maçães, *Belt and Road*, p. 24.

46 Rachel Will, 'China's stadium diplomacy', *World Policy*, 6 June 2012; Thomas Fuller, 'Myanmar backs down,

suspending dam project', *The New York Times*, 30 September 2011; Lermie Shayne Garcia, 'Chinese aid in Southeast Asia before the Belt and Road Initiative: Solidarity or business as usual?', *Asian Studies: Journal of Critical Perspectives on Asia*, Vol. 53, No. 1, 2017.

47 National Development and Reform Commission, Ministry of Foreign Affairs and Ministry of Commerce, People's Republic of China, with State Council authorisation, 'Vision and actions on jointly building Silk Road Economic Belt and 21st Century Maritime Silk Road', 28 March 2015.

48 Bruno Maçães, *Belt and Road*, p. 24.

49 David Zweig, 'Spooked by China's hawks? So are the Chinese', *The Wall Street Journal* (Asia), 11 November 2010. 二〇一〇年末に中国で行われた研究会では、筆者は同様の意見を持った中国の学者たちに会った。

50 例えば以下を参照のこと。Qi Jianguo, 'An unprecedented great changing situation: Understanding and thoughts on the global strategic situation and our country's national security environment', in James A. Bellacqua and Daniel M. Hartnett, 'Article by LTG Qi Jianguo on international security affairs', *CNA China Studies*, April 2013; and Kui Jing, 'Welcoming the US into the Indo-Asia-Pacific', *Sohu*, 19 March 2013.

51 Minghao Zhao, 'The emerging strategic triangle in Indo-Pacific Asia', *The Diplomat*, 4 June 2013.

52 例えば以下を参照のこと。Lü Yaodong, 'Japan's "Indo-Pacific" concept another platform for containing China', *Global Times*, 13 October 2014; 別の中国の学者は、中国を封じ込め、「北京のシルクロードのインド洋への進出に対峙する」ことを目的としたアメリカの「インド太平洋戦略」にとって、インドが「鍵」であると主張している。以下を参照のこと。'Obama's India visit aimed at containing China: Report', *The Times of India*, 25 January 2015.

53 Minghao Zhao, 'The emerging strategic triangle in Indo-Pacific Asia'.

54 Commonwealth of Australia, 'Australia in the Asian Century: white paper', Canberra, October 2012.

55 国防省の高官ブレンダン・サージェント（Brendan Sargeant）が作成したこの地図は、当初、豪州の国防関係者の一部で物議を醸し、中東に目を向けている米国の政府関係者も困惑していたという。豪州の国防当局がインド太平洋を推進したのは「アジアの世紀」構想を推進してきた経済機関に対して優位に立つためだったという、やや陰謀めいた別の見方もある。しかしこの見方は、インド太平洋がすでに「アジアの世紀白書」で発表され、外交政策の世界でも真剣に受け止められていたことを見落としている。以下を参照のこと。Graeme Dobell, 'Sunny Asian century versus dark Indo-Pacific', *The Strategist*, 8 July 2019.

56 Dennis Rumley, Timothy Doyle and Sanjay Chaturverdi, '"Securing" the Indian Ocean?: Competing regional security constructions', Indo-Pacific Governance Research Centre Policy Brief, University of Adelaide, 2012.

57 Nick Bisley and Andrew Phillips, 'Rebalance to where? US strategic geography in Asia', *Survival*, Vol. 55, No. 5, 2013, p. 96.

58 Commonwealth of Australia, 'Opportunity, security, strength: Foreign policy white paper', Canberra, 2017.

59 たとえば以下を参照のこと。Michael Auslin, 'Tipping point in the Indo-Pacific', *The American Interest*, March 2011.ジャーナリストのロバート・カプランは、タイムリーなジャーナル論文によってアメリカの政策思考に一定の影響を与えている。Robert Kaplan, 'Center stage for the 21st century: Power plays in the Indian Ocean', *Foreign Affairs*, March 2009.

60 'President Obama, PM Modi's joint statement: full text', 25 January 2015.

61 Marty Natalegawa, 'An Indonesian perspective on the Indo-Pacific', keynote address at the Conference on Indonesia, Washington DC, 16 May 2013.

62 Narendra Modi, Speech to the Australian Parliament, Canberra, 18 November 2014.

63 C. Raja Mohan, *Samudra Manthan*.

64 Shyam Saran, 'Mapping the Indo-Pacific', *Indian Express*, 29 October 2011.

65 Gurpreet S. Khurana, 'Security of sea lanes: Prospects for India-Japan cooperation', *Strategic Analysis*, Vol. 31, No. 1, 2007.

66 Abe Shinzō, 'Confluence of the two seas', Speech to the Parliament of the Republic of India, New Delhi, 22 August 2007.

67 'Movers of Abe's diplomacy', *The Japan Times*, 11 February 2013.

68 Shiraishi Takashi, 'Japan's Indo-Pacific policy', Center for Strategic and International Studies, 1 March 2016.

69 Michael J. Green, Kathleen H. Hicks and John Schaus, 'Countering coercion in maritime Asia: The theory and practice of gray-zone deterrence'.

70 Barack Obama, 'Commencement speech: West Point', New York, 28 May 2014.

71 Ashley Townshend and Rory Medcalf, 'Shifting waters: China's new passive assertiveness in Asian maritime security', Lowy Institute Analysis, 2016.

72 Address by Abe Shinzō at the Opening Session of the Sixth Tokyo International Conference on African Development, Nairobi, 27 August 2016.

73 Kori Schake, *America vs the West*, Lowy Institute Paper, 2018.

74 Commonwealth of Australia, *Opportunity, Security, Strength: Foreign Affairs White Paper*, 2017, p. 4.

75 Louis Nelson, 'In Asia, Trump keeps talking about Indo-Pacific', *Politico*, 7 November 2017.

76 The White House, 'Remarks by President Trump, APEC CEO summit, Da Nang Vietnam', 10 November 2017.

77 National Security Strategy of the United States of America, December 2017, p. 45.

78 Lindsey Ford, 'Promise vs. experience: How to fix the "free and open Indo-Pacific"', *War on the Rocks*, 10 April 2018.

79 Jansen Tham, 'What's in Indonesia's Indo-Pacific concept?', *The Diplomat*, May 2018.

80 Bill Birtles, 'China mocks Australia over "Indo-Pacific" concept it says will "dissipate"'.

81 Raja Mohan, Rory Medcalf and Bruno Tertrais, 'New Indo-Pacific axis,' *Indian Express*, 8 May 2018.

82 Richard Heydarian, 'The Indo-Pacific era debuts at Shangri-La Dialogue', Asian Maritime Transparency Initiative, 8 June 2018.

83 Sam Sachdeva, 'Peters pushes trade, pokes China in latest US trip,' *Newsroom*, 18 July 2019.

84 東南アジアの政策エリートを対象とした調査によると、六一%がインド太平洋のコンセプトをもっと説明する必要があると考えているという。また、約一七%の人が、このコンセプトはＡＳＥＡＮを弱体化させる可能性があると回答し、同じくらいの人々が、新しい地域秩序のための有効な基盤であると考えているという。約四人に一人は中国を「封じ込める」ためのものだと考えている。また一一・八%の人々がこの構想が「消え去る」だろうと考えているという。以下を参照のこと。*The State of Southeast Asia: Survey Report*, Institute of Southeast Asian Studies, Singapore, 2019, p. 25.

85 John Garnaut, 'Australia's China reset: The rest of the world is watching how we counter Beijing's campaign of influence', *The Monthly*, August 2018.

86 The White House, 'Remarks by Vice President Pence on the administration's policy towards China,' 4 October 2018.

87 US Department of Defense, 'Indo-Pacific Strategy report: Preparedness, partnerships, and promoting a networked region', 1 June 2019.

88 US Congress, *John S. McCain National Defense Authorization Act for Fiscal Year 2019*.

89 David Wroe, 'China eyes Vanuatu military base in plan with global ramifications,' *The Sydney Morning Herald*, 9 April 2018; 'Outflanking China, U.S. allies-including Japan-pledge to provide electricity to Papua New Guinea,' *The Japan Times*, 18 November 2018.

過去

第5章

ゲームと主なプレイヤーたち

現代の「インド太平洋」における大国間競争は、一九世紀に帝国の間でインドと中央アジアを巡って行われた「グレートゲーム」という対立にたとえられてきた*1。この言葉は過去を思い起こさせるものだ。当時のイギリスの戦略目標の一つは、ライバルであるロシアがインド洋とペルシャ湾へのアクセスを獲得するのを阻止することであった。現代にたとえると、ロシア帝国と大英帝国が中国とその潜在的な敵対国――アメリカ、インド、日本――という関係になって、山岳地帯が海洋に置き換わったのだ。

ラドヤード・キプリング（Rudyard Kipling）が古典小説『少年キム』の中で描写したように、グレートゲームは「昼夜を問わず繰り広げられて」いた。このゲームの規模はあまりに大きかったので「一人が一度に見ることができるのはその一部分に」過ぎず、その活動には軍事力やむき出しの権力闘争に加えて、特定の場所の占領、噂の流布、背後での暗躍、スパイ活動、商業活動、影響工作のためのエージェントや現地における代理勢力など、あらゆることが含まれていた*2。強国というのは大っぴらな紛争だけで優位を追い求めるわけではない。彼らは戦争に訴えることなく勝利をおさめたがるのだ。

パワーゲーム

このゲームの例え話（メタファー）は、今日の「インド太平洋」でも深く実感できる。中国、アメリカおよびその他の国々は、この地域にモザイク模様の根拠地――わかりやすい例えはチェスボードだ――の端から端まで、基地、パートナーシップ、さまざまな能力といった、戦略的な拠点を構築している。適切な場所にある適切な戦力資産（アセット）は、情報、抑止、消耗、決定的な打撃のように、一定の効果を発揮するものだ。さらに適切な比喩は、古代アジアの戦略ゲームである囲碁（いご）であろう*3。

囲碁は中国を起源とし、朝鮮および日本に伝播して現代の形に洗練された。このゲームのアジア由来の要素は、ゲームの変幻自在さとその多様性に現れており、まるで海洋を巡る環境のようだ。このボードゲームは、戦術的というよりも戦略的であり、決定的な対立や機動よりも長期的な側面包囲に重きを置いている。このゲームには終わりのない陽動（フェイント）と忍耐、そして決着がつく直前まで勝敗が判然としないという、長期的な視点が含まれている。勝利のために必要とされるのはバランス感覚であり、プレイヤーは勝利につながる包囲をするか、手を広げすぎて自滅するかの危ない橋の間で、常にバランスを保たなければならない。

インド太平洋で台頭しつつある大国同士の争いは、これらの三つ――グレートゲーム、チェスおよび囲碁――を全部足し合わせて、さらに複雑性という次元をつけ加えたものだ。それは多くの階層を持つゲームであり、いうまでもなく軍事力と、さらには経済的な豊かさ、貿易、投資やインフラなどから構成されている*4。テクノロジーはこのゲームに新たな優位をもたらすことになる。外交とインテリジェンスにも果たすべき役割があるのだが、プロパガンダと政治干渉も同様であり、ある意味でこれらにまつわるストーリーそのものが戦いなのだ。

この混乱にさらに輪をかけるのは、これが多くのプレイヤーにより演じられるゲームだということだ。これは単なる中国対アメリカという抗争ではないし、中国とその友好国と想定される国々（例えばロシア）と、アメリカが主導する民主主義同盟という体制間の対立でもない。多極性、すなわち多角的な力学こそが、この地域とその発展を形作る特徴となっている。すなわち「将来のパワーの中心が数多くある」という事実と同時に「単独のパワーが支配的になるのを防ぐために他のグループが結束する可能性がある」という二つの面が存在するのだ。

あらゆる指標――人口、経済、軍事力、技術、地理、外交――から見ても、様々な国家が影響力を有していることがわかる。つまりこの地域の未来は、中国によって、あるいはアメリカ、ないしはその双方によって描きだされることはない。むしろそれは、数多くの国々の選択によって描かれる可能性があるのだ。

本書では以下の二つの章で、この多彩なプレイヤーによって演じられるゲームについて検証する。とりわけ六つの国について詳細に検証する。これらのうちの中国、インド、アメリカの三ヵ国は、将来的にも大国と呼ばれるだろう。彼らの動きはグローバルな影響をもたらすはずだ。四番目の国家である日本は、相対的な衰退に抵抗しながら、世界屈指の経済大国としての地位はなんとか維持しつづけるだろう。何をもって「大国」とするのか、あるいは「強国」なのかについてには繰り返し議論が行われているが、おおよその目安としては、一つの国家がグローバルな国益と影響力を保持しており、加えて単に自分自身を守るだけでなく、他国に強要するだけの力を持っているかどうかであろう。

アメリカと中国は、明らかにその先頭集団にいる。しかしインド太平洋地域においては、少なくともインドや日本も重要であり、おそらく両国は大国と中堅国（ミドルパワー）の境界線上にいると定義するのが最も適当であろう。インドは、人口と経済成長、そして（核を含めた）軍事力を有しており、日本は大きな経済力と、目立たないもののあなどれない軍事力、そして限定的なリソースを活用して良い影響を引き出せる、「真のスマートパワー」を持っている*5。

これから一世代、つまり二〇四〇年代までに、この四ヵ国に五番目のインドネシアが加わるかもしれない。これら五ヵ国すべてが世界の「中軸地域」［インド太平洋］にあり、しかも世界で最も重要な国となりそうだ。

六番目の国家となりそうなオーストラリアも検証しておくべきだ。なぜなら地理的にインド太平洋の中心にあるだけでなく、この地域が形成される過程において積極的な役割を演じている、他の中堅国家――大国間の競争と協力に支配されるこの地域を泳ぎ回るために知力と資源を振り絞る必要があるであろう国々――にとっての手本となる、先導者としての地位を占めているからだ。

国家はビリヤードの玉ではない

当然だが「ゲーム」というたとえ（アナロジー）にも限界がある。国家間の力関係（人類の生き残りや豊かな生活を示唆するもの）を単なるゲームへと格下げすることは不愉快なものだ。ましてやすべてのことが勝ち負けの問題となるわけでもない。その勝敗の間には無数の階層があり、ある分野での成功――たとえばわずかな規模の貿易の拡大、あるいは国家主権の死守など――が、他の分野に否定的な影響を及ぼすこともあり得るのだ。

競争、挑戦、衝突、対立、あるいは紛争といった用語は、世界情勢を解説する際にかなりごちゃ混ぜに使われている。しかし、用語には正確さが必要だ。どうして諸国家は一方の分野では相互に影響を及ぼしあい、他の分野ではそうしないのか？　国家を行動に駆り立てる利害関係とは何なのか？　それはつまり、生き残り（サバイバル）やその他の死活的利益か、あるいはもっと取引可能なものなのだろうか？　大国が進んで競争のリスクを冒したり小国が抵抗を試みるのは、どの程度のものまでなのだろうか？　国家というものは、一方では協力しながら、別のレベルでは競争できるのだろうか、そしてそのような外交面で対照的な行動をどのように解決に導くのだろうか？

　これらの疑問に対する答えは、インド太平洋の複雑で多面的な力によって構成される力学だけでなく、あらゆる国家関係に働く力学を理解する上で必要不可欠なものだ。ここから究極的に描き出されるのは、単なる「ゲーム」というよりも、多次元的なパズルなのである。

　ここでは、学術的な理論が与えてくれる手助けも限定的なものだ。二〇世紀の国際関係論の分野において支配的だったのは、いわゆる現実主義（リアリスト）の理論であった。これらの理論では、相対的なパワーがすべてであった。国際情勢は一種の無政府状態（アナーキー）であると説明され、国家同士はたとえ相互の相違を乗り越えることができたとしても、そこに真に権限のある調停者は存在しないことになる。パワーの中に安全保障（セキュリティ）があり、したがって国家の生き残り（サバイバル）がかかってくる。したがって、すべての国家がパワーの最大化を追求することになる。すると国家にとって究極の報酬となるのは、グローバルな、あるいは域内における序列において頂点に立つ「優越（プライマシー）」あるいは「卓越」の地位を占めることとなる。

　ところがある国家が他の国家よりも強大になるにつれて、衰退する国家の不安全さが増していく。そこで競争が激化するのだ。一方が引き下がるか敗退することになる対立への誘惑（インセンティブ）が増大し、いずれにせよ、力関係（ヒエラルキー）が変化するのだ。これを最も明白に示した理論として「攻撃的現実主義（オフェンシブ・リアリズム）」があり、悲惨な事態――古代アテナイとスパルタの死闘をトゥキュディデスが書き記して以来繰り返し再現されてきた――は避けることができないのだと主張している*6。

　一方の「防御的現実主義（ディフェンシブ・リアリズム）」は、国家は自らの身を守ることだけを真に求めていると主張するが、この行動も結局は他国の恐怖を呼び、闘争を引き起こすことがある。これらに関係する理論は、大国を「修正主（リヴィジョ）

義者」——現状の秩序を変更することに優先的な利益を見いだす——あるいは「現状維持者」であると定義している。弱小国は、結局のところ台頭しつつある大国の側に立つことを選択するか（バンドワゴニング：bandwagoning）、さもなくば対抗して「バランシング」（balancing）を試みることになるが、これは同盟関係がなぜ形成されたり解体されたりするかを説明するためのモデルとなっている。気の滅入るような考え方だが、これは理論としてはとても整っている。

　リアリストの世界観では、ルール、法律、規範、国際機関、共有されたグローバルな国益——リアリズムに対するもう一方の「リベラル」理論で流布しているもの——は、結局のところほとんど意味をなさないということになる。人間の本性における善性などは忘れてしまえ、というのだ。繁栄とはパワーをめぐるゼロサムの争いであり、あまりに多くのエコノミストが予測してきた「ウィン・ウィンのパラダイス」ではないのだ。

　もちろんこれは、国家がどのようにふるまうのかを説明したいくつかの有力な理論を風刺的に描いたイメージでしかない。それぞれの理論には利点があり、説得力の高い文献もある。その他にも「構成主義」のような理論も存在し、これは国家の行動を形作るうえでの社会的慣習やアイデンティティ、歴史などの役割に焦点を当てたものだ*7。

　だがこれらの理論がそれぞれ認めているように、国際関係理論は現実に対して限定的な関係性しか持たない。「国家の行動とはその国益やパワーに関するものだ」と述べるのはもちろん結構なことだが「それぞれの国家が国益やパワーを全く異なるやり方で見ているかもしれない」という認識もまた別の現実として存在している。すべての国家は安全保障上の国益を有しているかもしれないが、正確にはこれは何を意味するのだろうか？　大国は「優越」を追求しなければならないのか、あるいは自衛ができれば十分なのか？　もし大国が「優越」というものを完全に同じ視点で見ていないとすればどうだろう？

「パワー」という言葉一つにしても、現実主義の理論ではしばしば曖昧(あいまい)で多様な定義が示されている。それは、人口、領土、天然資源、経済、軍隊、技術に関するものだろうか？　リーダーシップ、文化、組織、決意、動員体制、決断の早さ、外交、インテリジェンス、同盟国を引き込む能力、あるいは行使された後でなければ測(はか)ることができない、とらえどころのない「影響力」のことなのだろうか？＊8　ソビエト連邦は、ある日突然崩壊するまで強大な国家に見えたが、それ以前に明らかな兆候があったわけではない。パワーとは、他国になんらかの行動を強制することなのか、あるいはそのような圧力に抵抗できることなのか、あるいはその両者なのだろうか？＊9

専門用語としての「パワー」には実に様々なバリエーションがあり、それらはハード（すなわち軍事力）、ソフト（文化的なもの）、シャープ（強制的で隠密裏に浸透するもの）、そしてスマート（どんな小さなものでもそれを効果的に用いるもの）といったものがある。国内総生産もしくは防衛費の支出を基にした単純なパワーの理解では、資源に乏しい国家がより強大に見える国家を何度も打ち負かしてきたことや、人口の多い国家が生産や防衛により多くの富を使う必要があるという事実をうまく説明できない。

別の手法として「総合力」（gross）ではなく「実態力（正味）」（net）でパワーを測定する、というものがあるが、これによると中国やインドは依然として弱く、アメリカ（あるいは他の昔からの先進国）は一般に想像されるよりも強力であることになってしまう＊10。

いずれにせよ、現実世界の政府の中で、純粋にこうした理論的視点だけで国家間の相互作用を理解しようとしているものはいない。だからこそ、各国政府が外交官と情報機関を抱えているのだ。彼らの仕事はまさに、何がそれぞれの国家を異なるものにしているのかを理解することにある。つまり彼らは、政治システムおよび社会について、地域の特性や社会の機能不全について、文化について、イデオロギーと歴史について、地理の示すものについて、エネルギーと資源の流通が特定の場所へ依存するその違いについて、国民、アイディア、価値観に対する対照的な態度について、国境の背後と国家を突き動かす駆動力の中身を覗き込むのだ。

指導者によっても違いが生じる。彼らの決心がものを言うからだ。奇襲、先制、そして予測困難性は、彼らの力となる。ミスは発生するし、アクシデントは問題だ。また、規模がすべてというわけでもない。中小国だって影響力を持っている。国家は衝撃に対していくつかの普遍的な物理学の法則に従って均一に反発しあうビリヤードの玉ではないのである＊11。

価値観や国家のアイデンティティ、そして国内政治が、彼らの選択を形作る。古代アテナイの劇芸術として「悲劇」のもとになったものは、過ちを繰り返さないようにとの警句を知性に訴えるが、これも破滅を預言しているわけではないのだ＊12。

世界情勢を説明するため編み出された初期の洗練された理論は、テクノロジーの新しいトレンド、相互接続性、相互依存性、あるいは各国の個別の特色などについて、現代の状況と変化する条件に基づいて常に再検証されることで正当化されてきた。大文字の'R'で示すリアリズム［一般的な現実主義ではなく、国際関係論の学派としての「リアリズム」の意］では、国際システムの構造こそが、あたかも自動で行われるゲームのように、戦争と平和かを決定するとされている。

ところが、この理論は他のアプローチで調整される必要がある。たとえば外交と抑止の組み合わせが紛争を抑制するとともに、最適な条件下では、より深い協力空間を創り出すことで共存を強めることも可能だ。そして正しい政策を設定する機会を得るためにも、政府はライバルあるいはパートナーの考えを見抜くための「インサイドアウト」［問題解決のために内部から外部を見る視点］のアプローチが必要になる。これは、他のプレイヤーを内側から理解するためだ。

当然のことながら、国家の間にはいくつかの共通点が存在する。すべての国家が適度な繁栄、平和、安全保障、そして主権を追求するものと仮定することはできる。しかし、これらの国家がすべてを平等なり方や、あるいはいかなる犠牲を払ってでも追及することはないであろう。

本当の相違点は、諸国家の国益の定義の中から、あるいは国家間の親和性、ないしは他国の国益との間で生じてくるものだ。現代という時代の複雑性は――争点や国境線にまたがった問題の連鎖によって――すべての国家の国益が一貫しているわけではないという問題点をさらに深刻化させうるものだ。外交政策で時に見られる悲劇は、ある国家の数多くの国益が他国の国益との間で対外的に衝突するのではなく、国内において国益が相互に衝突することである。たとえばある国の「平和の維持」という国益が「主権を守る」という国益と対立した場合、あるいは短期的な国家の繁栄に資する外国からの投資が、長期的に見て安全保障上のリスクをもたらすような場合、一体どのようなことが起こるのだろうか？

次の二つの章では、インド太平洋におけるパワーと影響力についての新たなグレートゲームのプレイヤーたちを見ていくことになる。彼らは何者で、何を欲しているのだろうか？　彼らがしのぎを削っている国益とは何か？　どの国益が一点に重なり合ったり衝突しているのか？　なぜ国家はそのようにふるまうのだろうか？　これらの国は本当に同じゲームをプレイしているのだろうか？　我々はどうしたらこのゲームの中で作用している混じり合った責務――繁栄、安全保障、政策、自尊心の組み合わせ――を理解できるのだろうか？　端的に言って、この世界的に重要な地域における変化とリスクの原動力となっているものは何なのか？　国家の明白な動機に光を当てることによってのみ、紛争の形勢と持続可能な平和の機会を予測するチャンスが生まれるのである。

まず中国から議論を始めるのが都合が良いのだが、それには様々な理由がある。それは規模だけの問題ではなく、他国の行動の多くが中国の動きに反応したものであるという事実による。中国が何を追求しており、それがなぜなのかを明らかにせずに、この地域の将来に関する手掛かりは得られないのである。

中国

中華人民共和国は、インド太平洋の大国である。その国益と行動は二つの大洋地域［太平洋とインド洋］にまたがっており、他のすべての国家に影響を及ぼしている。中国は地域全体にまたがる戦略の下で動いており、これには軍事から、経済および政治におよぶすべてのパワーの手段が含まれている。しかし、これはなぜ行われているのか？　答えは次の二つの基盤にある。すなわち（元々からある）中国の純粋な規模と、（選択的なものとしての）対外的な野望に基づく複雑に絡み合った権威主義的な政治である。

中国の政治指導者たちがまず主張するのは、自分たちは他国とは違うということだ。まずその規模が違う。歴史上あらゆる国家の中で最大の一四億人以上の人口を持ち、広大な大陸領土を占めている。この事実は、経済的・戦略的な面で中国の巨大な武器となっているが、その一方で、発展と社会秩序においてはインドのみが匹敵しうる巨大な課題、すなわち、単一の政府があまりに多くの人々の欲求と願望になんとかして応じる必要があるという挑戦に直面しているのだ。これは人々の期待を管理するという意味では史上最大の実験だと言える。

中国の経済は、アメリカのみが比肩（ひけん）しうる、世界の二大経済圏の双璧の一つである。国内における生活に必要なコストの差異を表す「購買力平価」によれば、中国はすでに世界最大の経済国となっている。より伝統的な指標である「為替レート換算」では、中国は世界第二位の経済大国であり、アメリカを追い越すのは何時になるのか——あるいはもっと重要なのはそれが実現するのか否か——という点については専門家の意見は大きく分かれている*13。

結局のところ、中国は年率一〇パーセントという目もくらむような高度経済成長から大きく減速した。

中国は高いコストを払って素晴らしい成長を成し遂げてきたが、「経済は減速しているのにコストはさらに高まっている」のである*14。中国のデータの信頼性に対する深刻な疑念は、成長率は主張されていたものよりもずっと低かったという疑惑を示唆している。つまり現在は成長率が六パーセントだが、実際には五パーセント、あるいは四パーセントかもしれず、しかも確実な数値は誰も知らないのだ*15。

だが、たとえ中国の成長が明日止まったとしても、経済的なモンスターであることに変わりはない。そしてその富の源泉は、国際貿易・投資システムに大きく依存している。それは陸上だけでなく特に海洋領域をまたいだエネルギーと資源の流通を含む、通商とインフラに頼っているのだ。

しかしながら、この今日のグローバルな経済へのつながりに加えて、中国は文化と歴史に関しても自らを別格だとみなしている。自らが中心となった五〇〇〇年の歴史の文明を持ち、他に優越しているという感覚は、中国標準語（北京語）で「中央の国」あるいは「中央の王国」を意味する「中国（Zhongguo）」という名称にも反映されている。中国の歴史は、今日の中国政府の公式見解が示すほど一様ではなく、統一されたものでもない。中国の国境はそれぞれの王朝時代の力関係に応じて前進と後退を繰り返してきた。チベット、新疆（シンチアン）、あるいは台湾などといった地域は、「一時的に中華帝国に編入された」か、もしくは比較的最近の歴史においてその一部とされたものだ*16。

中国は時に外国や少数民族の影響や支配（モンゴルや満州）を許してきた。そのような路線を進むことができた時代には、民衆の自由やその方向への歩みを経験することもできた*17。

台湾が選択した中国とは別の道、つまり民主的な権利と経済的な繁栄を組み合わせた道は、中国が取り得た別の可能性を示している――そしてこれは、北京の現政権が「再統一」を執念深く説き、究極的には、台北（そして香港）を別天地としている「自由」を最終的に消し去ろうとしている、一つの理由でもある。

それでもなお、現代の中国はその国家の特異性において、極めて大きな存在感を示している。たとえば起源が極めて西欧的でグローバルな「社会主義の進化」という現象でさえも、公式に改変されて「中国の特色ある社会主義」と呼ばれるようになっている。幅広い民族グループ――仏教徒のチベット人やトルコ系イスラム教徒のウイグル人と言った少数派――の納得と同意が織り込まれた「国家の一体性」という主張にもかかわらず、中国の大多数を占めるのは漢民族とその文化であり、人口の九〇パーセント以上は漢民族である。多文化主義のこれ見よがしの主張――国家行事における民族衣装の着用など――にもかかわらず、漢文化は広くそしてしばしば強制力を伴いながら「唯一の真の中国文化」として喧伝(けんでん)されており、これはウイグル人の宗教と伝統に対する抑圧からも見てとれる。とある中国共産党プロパガンダ部門の元研修生によれば、今日において中国の国家主義者(ナショナリスト)であることとは、「事実上の漢民族至上主義者になること」であるという*18。

この多数派による文化的支配は、権威主義的な――そしてますます全体主義的な――一党独裁国家と一体化され、強制されるようになってきている。生活のあらゆる分野に及ぶ権力は、究極的には八九〇〇万人の党員と、党を最優先すると誓いあった、世界最大の組織である中国共産党に委ねられている。この事実は、統制が緩和され、特に一九七〇年代末に始まった「改革開放時代」以降の中国を特徴づけた、富と物質的幸福を追求する自由が許された時期でさえも揺るがなかった。

結局のところ、すべての権力は共産党に委ねられており、軍すなわち人民解放軍であっても、国家よりも共産党に従い、これを守る究極的な任務を与えられている。最高指導者である習近平の言葉にあるとおり、「共産党は国内のあらゆる場所で、すべての活動について総合的な領導(りょうどう)を行う」のだ*19。

中国の人々は、海外の列強および権力を追い求める自国の統治者の双方によってもたらされた、多大の苦難、貧困、屈辱、抑圧と混沌という悲劇的な歴史に耐えてきた。このような残酷な歴史に対し、今日の共産党指導部は「民族の復興」という「中国の夢」を約束している。二〇一七年の、三時間半に及ぶ習近平の演説において語られたとおり、これは安全保障、社会の調和、物理的な繁栄、そして誇りだけでなく国家の偉大さを組み合わせたものだ*20。この偉大さへの道筋は、明白に述べられているとおり——あるいは時によっては単にほのめかされているのだが——教育、健康、技術革新や環境面での持続可能性といった広く称賛に値する目標と、政治的支配に対する執着との間に緊張があることを明らかにしている。

共産党の公式のレトリックによれば、中国にとって良いものは、世界にとっても良いものとなるのだ。しかし、中国にとって何が良いのか、そして党にとって何が良いのかを決めるのは共産党だけだ。そして、共産党だけがこれをもたらすことができるという、ある種の取引があるのだ。中国の人々はこれらの「良いもの」、あるいはその時点で入手可能と思われた「良いもの」の詰め合わせを手に入れるために、政治的自由と民主主義的な選択を諦めてきたのだ。

だが究極的に優先されるべきものは何なのだろうか？　党は人民の生活水準を向上させるために権力を保持するのか、あるいは党の権力維持のために生活水準を向上させているのだろうか？*21　この堂々巡りが、中国の対外政策を不安定な方向に歪めている。

一九四九年の国共内戦終結から毛沢東の死までの間、革命的な熱狂、威嚇、イデオロギーと安全保障に加えて、国家的・物質的・人的発展（たとえば、識字率や平均寿命の改善など）の基本的な要素の多様な混じり合いが中国をつなぎとめていた。とりわけ文化大革命のように人民をつなぎとめるものがない時代には、恐怖が国を支配した。だがこの暗黙の契約は、改革開放時代には好ましいものとなった。すなわち数十年間に及ぶ極度の貧困の後で、物的な生活水準の向上を達成する機会がついに訪れ、それに伴う人間の尊厳とともに、さらなる経済的恩恵がもたらされることになったからだ。これだけでも人民にとっては服従と社会的調和へ誘う強力なインセンティブになったと想像することができる。

しかし一九八〇年代の経済成長は、政治の自由への期待を高めた。こうした期待も、一九八九年六月四日に天安門広場で人民解放軍の戦車と銃火によって打ち砕かれた。富か恐怖は、そのどちらかだけではもちろん、それらを組み合わせたとしても、中国共産党の統治を保証するには不十分だったのだ。そこでナショナリズムを問答無用で繰り返し教え込むことが、政権の正統性（レジティマシー）の新たな源泉（げんせん）となった。中国の歴史の新たな「支配的なストーリー」と「愛国教育」は党の上層部の見地から台本が描かれ、新たな世代を教化していった*22。

長年にわたってお互いを容認してきた後で、このストーリーは人民たちに日本、アメリカおよび西欧を再び悪魔とみなすようにさせた。これは後に党の支配を激震させるリスクとなった、大衆迎合型のナショナリズムを促（うなが）したのだ*23。一九九〇年代以降には「経済的繁栄」と「愛国主義」という二つの柱が党独裁国家を支えてきた。もし一方の柱が揺らぐと、もう一方にますます依存することになる。もちろん中国人民の進取の精神と努力が歴史的な成果をもたらしたことは間違いない。その証拠に、一九七九年以降に数億人が、より豊かで、健康で、そして幸福な生活を手に入れてきたからだ。しかし、これは共産党政権によってもたらされたものではなかった。ひとたび極めて異様で非生産的な集団化と中央計画の統制が解除され、三〇年に及ぶ恐怖による統治が和らぐと、鄧小平が支配する共産党は「中国人民の封じ込められていた経済的エネルギーを解き放ち」、最終的に人民が自らに経済的恩恵をもたらすことになったからだ*24。

一九七九年以前は共産党政権が繁栄を妨（さまた）げていたのと同じように、同じ政権が公共の秩序と国家資本主義によって繁栄を可能とする数多くのことを成し遂げたのである。したがって人民の物質的利益が減少するのであれば、党は自らの正統性（レジティマシー）を懸念するようになるはずだ。このため、経済成長が減速するにつれ、党の支配とナショナリズムの教化がさらに強化されたのは偶然の一致ではない。永遠の闘争という偏執病（パラノイア）的な感覚が、多くの政策に染み込み、これをゆがませているのである。そしてこれこそが、中国の海外における活動と運命を政権の命運と結びつけたのだ。それは危険な契約であることが証明されるかもしれないが、それは中国だけの問題で収まらないかもしれないのだ。

海外の中国専門家(アナリスト)の間で長年にわたって前提となっていた考えは——中国の指導者の言葉を信用して——中国の外交及び防衛の最優先課題は、安定した国際環境を確保し、これにより自国での経済成長と発展を可能にする、というものであった*25。中国は「一度も他国を侵略したことがない」という独自の歴史観を主張しているが、これは「侵略」や「国家」といった用語の定義次第であり、議論の余地がある。

いずれにせよ、中国政府が海外へパワーを投射することに関心を持っていなかったという視点は、中国が台頭する過程にいた間は正しかったかもしれないが、すでに大国となったと感じている現在ではあまり適切ではない。二〇一七年の全国人民代表大会に向けた演説の中で、習近平は中国を二六回にわたって「偉大な国」あるいは「大国」と呼んでいる*26。元指導者である鄧小平の有名な対外政策指針である「韜光養晦(とうこうようかい)」すなわち「能力を隠して時節到来を待つ」はすでに過去の話となったのである*27。

それでは一つの政府の中で、域内秩序をひっくり返そうとする国家主義(ナショナリスト)的な衝動と、自国の利益をある程度維持するための長期的な経済的欲求が衝突した場合、一体何が起こるのだろうか? 過去一〇年にわたり、中国の指導者たちは東シナ海で日本と、南シナ海でベトナムおよびフィリピンと、係争国境を巡ってインドと、西太平洋からサイバー空間に至るグローバルな舞台ではアメリカと争うことを選択してきた。台湾との意見の相違がいつか平和的に消えていくという希望は、先細りする一方だ。香港、チベットそして新疆ウイグル地域では、緊張が増すとともに抑圧が強化され、国際的な懸念が拡大している。

海外における自信と(時には)無謀さは、国内における不安定や権威主義的統治の強化、不服従に対する監視と処罰、今日「ネットワーク化された全体主義」と呼ばれる極端な統制といったものと合致しており、そこには「政治統制こそが物事の核心である」という考えがある*28。かつて中国に対する関与政策を主張した多くの海外の専門家たちは、よくよく考えた末に、彼らではなく中国の側が変わってしまったのだと主張しており、最も高名な中国研究者のうちの何人かがこのような考え方を主張している*[29]。

二〇〇九年以降には中国共産党はかなり大胆になり、国家の「核心的な利益」——これらをめぐって中国は戦争に訴えることも辞さないもの——には、国家の一体性と統一だけでなく、係争中の南シナ海も含めると定義した。そしていかなる理由であれ中国の力を危険視する他の国々は「冷戦思考」の罪に値するとしたのである。二〇一九年には、中国の生存がかかった国益の定義はさらに拡大し、アメリカとの貿易紛争の真っ最中に、中国の「基盤的経済システム」の本質と、共産党が支援する企業、あるいは国営企業が「経済的主権」と定義され、かくしてもう一つの「核心的利益」となっている*[30]。

中国の指導者は、自らの威信と正統性を、中国の国益をより幅広い地域に拡大することとリンクさせてきた。それはユーラシア大陸に広がる「シルクロード経済ベルト」であり、特に中国版「インド太平洋」である「海洋シルクロード」である。「一帯一路」は、習近平の象徴的なイニシアティブであるが、これは単に彼がこの構想を宣言したからということだけでなく、おそらく彼自身がこの構想の中に、遠隔地にある国益を守る中国の能力と、本国における政治的安定性の間に、直接的な結びつきを見ているからだ。

この構想は、中国を際立たせるものだ。中国は大国の中で唯一、自国のインド太平洋戦略により、国内の政治システムの生き残りと、指導者の既得権益とを直接結びつけている。もし中国の支配者が異なる選択をし、党の支配を緩和することにつながる「開放された経済」という展望を受け入れていれば、このようなやりかたをする必要はおそらくなかったはずだ。しかし著名な中国研究家のリチャード・マクレガー(Richard McGregor)の言葉によれば、現状では「中国の内情不安は、海外へ自己主張したいという欲望を抑制するよりも、むしろ後押ししている」のである*[31]。

中国は果たして長期的にエネルギーと貿易のライフラインであるインド洋への依存度を、例えば陸上のパイプラインや物流ルートを通じて、あるいは地球温暖化に伴う北極海から大西洋への航路の「夏だけに限られない」長期間の開放を通じて減らしていくことができるのか、という議論も可能だ。中国は現在世界のエネルギー消費の五分の一以上を占めており、二〇一七年にはアメリカを追い越して世界で最も多くの石油を輸入する国家となり、国内原油生産量が持続的に減少しているという脆弱性にも耐えていかねばならないだろう。自動車は急速に普及しており、二〇一八年には三億台以上の自動車が所有されている。

エネルギー安全保障は政府だけでなく、国民にとっても大きな懸念事項となっている。中東とアフリカからの原油の輸入は、二〇一四年以降にロシアからの供給が倍増したことで減少傾向にあるが、依然として輸入量の半分以上が両地域からのものである。エネルギー問題は、中国が断固として海に向かっている主な理由の一つとなっている。しかし、それだけが唯一の理由ではないのだ。

中国の指導者は現在、遠隔地の国益を守ることを、海軍の近代化と結び付けて考えている*32。これは新しい公式概念（コンセプト）である「世界的な展開能力と抑止」、そして拡大された「前方防御」によっても明らかだ。この公式概念は、航空母艦、攻撃型原子力潜水艦、二〇二〇年までに展開可能兵力が三〇〇〇〇人と三倍に膨（ふく）れ上がる海軍陸戦隊［海兵隊］といった、中国の遠征兵力の急速な拡大の根拠となっている*33。アデン湾への展開、ジブチの基地、インド洋への潜水艦の進出、人民解放軍によるイエメンからの中国人救出などの案件は、中国が海外における自国の国益と認識するものがさらに脅かされた時に今よりも強力な対抗手段をとることを示唆しているのだろうか？

専門家たちの中には、中国および他の強国にとって平和を維持するための確実なやり方は、つまるところ互いに邪魔をしないことだ、と示唆する者もいる。そうすれば、アメリカは東アジアにおいて中国のために場所を空けてやり、代わりに中国はインド洋をインドの影響圏として受け入れることができるかもしれないというのだ*34。このような地政学的な配慮は耳障（みみざわ）りがよく、賢明に聞こえるが、たとえそれが現実的であったとしても、今となってはもう遅すぎる。

このような「影響圏」に関する議論は、不都合な現実に直面している。アメリカがアジアに居る理由の一つは、日本や台湾といったアジアのパートナーを防衛することであるが、中国はアメリカ自身の選択と国益に対して和解のサインをほとんど見せていないからだ。この議論は同時に、中国が国家安全保障を根本的に再定義したことを見落としている。この議論は同様に、中国が南アジアだけでなくアフリカおよび中東にまで伸びたシーレーンを通じて、地経学的な国益の拡大により国家安全保障の考えを変えてきたことを見過ごしている。二〇一九年の「国防戦略」の中でも認めているように、中国は「海外の権益を保護するため」に自国の軍隊を用いようとしているのである＊35。

中国のインド洋での権益は拡大しているが、そのうちのいくつかには正統性があり、いくつかには疑問符がつく。そしてこの領域を「インドの裏庭」あるいはその「影響圏」であると認知する意図を全く示していない。中国が「海洋シルクロード」に沿った自国の国益をたやすく手放すことがないのは、アメリカが突然ハワイ東方まで撤退することがないのと同じことである。

なぜ習近平の中国が「一帯一路」――そしてこれに匹敵する外交及び安全保障上の優位を確保すること――にそれほどまでに懸命になっているのか、その説得力のある説明の一つとして挙げられるのは「時間は明らかに中国の味方をしていない」というものがある＊36。これは、中国政府が喧伝に努めている「中国の留まるところを知らない台頭」というポピュラーな認識とは相容れないものだ。

習近平が目指している行動計画――国内統制の強化から海外への影響力の拡大まで――は、激化する不安定性により後押しされたハイリスクな戦略である、という有力な説がある。つまり習近平は、おそらく一世代と続かないであろうこの期間、すなわち国内で様々な困難が一気に襲い掛かってくる前に、現在のグローバルな影響力の下で相対的な利益を確保しておこうと動いているというのだ。この困難には、経済の減速、膨れ上がる負債、挫（くじ）かれた国民の夢、インドより酷い国内格差の拡大、環境の悪化、国際的な緊張、そして二〇五〇年までに六五歳以上の国民が三億二九〇〇万人を越えると推定される、高齢化に伴う「人口の崖（がけ）」などが含まれる*37。

一般に受け入れられている説として「中国は長期的な計画の達人であり、政策立案者は数十年あるいは数世紀の単位のゲームを行うことで、より近視眼的な国家を常に出し抜いている」というものがある。ところがこの説は、改革開放期の始まりである一九七九年に導入され、近年廃止された「一人っ子政策」という壮大な、そして本当に悲劇的な近視眼的政策と矛盾している。公式に一人っ子政策が終わっても、中国のカップルたちは複数の子供を持ちたいという動機を持てていない。中国の人口は数年以内に減少に転じるだろう。すでに労働人口に毎年加わる人間よりも、リタイアする者の数が多くなっている。

こうした課題は、より厳格な権威主義的体制への移行や、中国の初期の統治制度——たとえば一九八〇年代から二〇〇〇年代の改革開放期に設立された法治システム——が党によって破壊されたことなど、他の問題と組み合わさって政治・経済面での停滞をもたらすことになりそうだ。これは共産党の正統性（レジティマシー）を維持するための強硬なナショナリズムへの依存で高まった国際紛争のリスクと結びつくことになるかもしれない*38。

だがこうした見方は間違っており、このシステムが適応して開花する可能性もある。このような直線的な予測は、中国の人々が、まるで共産党の強制する「繁栄のための統制」という取引を限りなく求めているかのように、今以上の弾圧を生活の安定のために受け入れることを想定している。そして監視技術は反対の声に先手を打って、これを抹殺するだろう。中国は次世代通信技術、人工知能、量子コンピューター、ロボット技術、再生可能エネルギーといった、最先端の科学を革新し、その先頭に立ち続けるかもしれない。そしてこの地域の国家たちは中国に服従することを学んだり、少なくとも口をつぐんで道を譲（ゆず）るようになるかもしれない。

だがそれよりも可能性が高いのは、未来はもっと混沌としたものになる、というものだ。二〇一九年に世界の注目を集めた香港における抗議活動は、時には二〇〇万人を動員し、世界の歴史上、人口当たり最大の大衆動員の一つとなった。これらは「大中華圏」において、そしておそらく中華人民共和国自身にとっても、民衆の力が依然として重要であることを確実に思い起こさせたのだ。仮に中国が国内をしっかりと統治できているのであれば、中国はこの地域と世界に対して自らの意思を強要することができるだろうし、人民解放軍に費やすのと同額かそれ以上の予算を国内治安に向けることもない*39。

中国政府は、中国の絶対的な人口規模と「中華人民の感情」というある集団的な感覚に言及することで、批判を退けることを好む。たしかに共産党は多数の人民からの合意――誘導されているとはいえ――に基づいて統治している。もちろん権威主義的な状況では意識調査にどのような価値があるかわからないし、また、それは偶然にしか入手できないのだが、それでも中国国民の大多数が政治指導部を支持し、その腐敗官僚の粛清、ナショナリズムと反米姿勢を支持していることは示唆されている*40。

それでも潜在的に漢民族中心の共産主義者の世界観と対立している中国人民の数は、それ自体が印象的である。すべて加えると、六〇〇万人のチベット人、七〇〇万人の香港人、二四〇〇万人の台湾人、一一〇〇万人の新疆ウイグル系イスラム教徒、一〇〇〇万人のこれ以外のイスラム教徒、三一〇〇万人のキリスト教徒、禁止された法輪功気功集団の元信者が七〇〇〇万人といったところになる*41。これだけですでに一億五九〇〇万人にもなる。

これらはかなり大雑把な数字であり、当然のことながらこれらすべてのコミュニティがなんとか同時に動員できるという考えは、たとえ二〇一九年の「香港危機」が多くの人々に海外で抗議運動を展開させるよう勇気づけたことを考慮しても、実現性に乏しいと思われる。しかしこれらの人々が国家を形成していると仮定すると、この非共産党大中華圏は、人口でいえば世界で八番目の数となり、バングラデシュ、日本あるいはロシアよりも大きいのだ。したがって、中国共産党が台湾、チベット、新彊、法輪功、および民主主義の活動家を、「五毒」として迫害するのはなんら不思議なことではない＊42。

不満分子となる可能性がある者としては、民主主義および人権運動の元活動家や、基本的な雇用水準や生活水準を巡って苦闘している多くの中国人、特に自らが働く都市部において、居住の権利を持たない地方からの一時雇労働者、あるいはイデオロギーや恐怖よりも、自らの生活水準の条件次第で党支配国家を支持している中流層も含まれる。

ところがこれには世界中に散らばって中国共産党の路線を受け入れていない、様々な中国人移住者（ディアスポラ）となっている数百万人は含まれていない。われわれは現在、中国のインターネットで反政府的な声が比較的聞こえてこないという事実を、中国の新たな「超大国イデオロギー」が支持されていることと同等視してはならないのだ＊43。

中華人民共和国の国内で成功している者でさえ、自分たちのシステムについてそれほど信頼性を表明してはいない。歴史上の超大国において、エリート達がこれほどまでに我先に自分の資産と子供を海外に置いておこうとしている例はない。おそらく彼らは「チャイナドリーム」は進むのかも知れないが、それを支えるシステムは脆弱（ぜいじゃく）であり、もしこれが崩壊するとすればその崩壊は劇的なものになるだろう、という前提に基づいてリスクヘッジしているのかもしれない。

反体制的な感情だけでなく、行き過ぎた愛国的熱情もまた政権にとって問題をもたらす可能性がある。安全保障の領域において、遅かれ早かれ中国は、本国から遠く離れた地において自ら公言した権益を護るために軍事力を戦闘に投入せよと求める国民の期待に直面することになる。たとえばポップカルチャーの世界では、人民解放軍が中国の名において、何ができて将来何をするかについて、愛国主義的でまるで

「ランボー」のような映画「オペレーション：レッド・シー」〔二〇一五年に内戦状態にあったイエメンで実施された在留中国人の救出作戦を基にしたアクション映画〕や「戦狼2」のように、過剰なまでに膨れ上がった期待を反映するようになってきている*44。おそらく、そのような冒険主義的な期待を巻き戻すために、さらに愛国主義的な映画、特に計画されていた「戦狼3」は、政府の命令によってキャンセルされたと伝えられている*45。人民解放軍の急速な近代化は、軍があらゆる不慮の事態に即応できることを意味するわけではないし、おそらく政府は大衆が人民解放軍に対してそのようなイメージを抱く危険性を認識し始めている。

ここでの最大の問題は、中国が自らの行動を本質的にはもっぱら防衛的なものだと主張し、あるいは理解していることではない。軍を急速に近代化したにもかかわらず、中国は一般的に、軍隊の使用については驚くほどの抑制を示してきたからだ。ちなみにこれは、中国軍が全く実戦経験を持たない軍隊であることも意味する。中国軍は、一九七九年にベトナムとの間で手詰まり〔中越戦争〕となって以降は戦ったことがなく、一九八〇年代に係争中の岩礁に孤立したベトナム兵と北京の中心部で中国国民をターゲットとして実弾射撃をしただけだ。習近平は定期的に、中国は「覇権」を追求していないと述べ、世界を安心させてきた。しかし、中国は間違いなく他の大国たちが望まぬ破壊的な変化を追求している。これを簡潔に言えば「修正主義」であり、現状を無効化しようとする決意である。現在のアメリカは、中国の目標について「短期的にはインド太平洋の地域覇権を、長期的にはグローバルな優位を狙っている」と率直に非難するところまで来ている*46。

もし中国政府の戦略的利益と戦略的目標が、そこまで黒白がはっきりしているか過激でなくても、習近平は成功に関して極めて高い基準を設定している。つまり中国は他国が言いなりになることを強制できるようになってはじめて、自らの戦略的なゴールを達成したと言えるのだ。だが他の全ての国家（これにはアメリカも含む）の側から見れば、この基準を拒否することはそれほど難しいことではない。なぜなら抵抗に成功しさえすれば勝利できることになるからだ。

「信頼」が国際情勢の基盤であるという中国政府の主張にもかかわらず、率直に言って、中国がアメリカを信頼したことはこれまで一度もない。ワシントンにおける支配的な意見が「経済的グローバリゼーションは安全保障面での緊張を和らげるだろう」というものだったのにもかかわらず、中国の安全保障政策の立案者たちは、アメリカの同盟システムとアジアにおける軍事プレゼンスから肯定的な面を見出すのに苦労していた＊47。

実際のところ、批評家たちはオバマ大統領に向かって中国に関与するためにさらに努力を重ねるべきであったと批判している。それに対する反論としては、オバマ大統領と彼の混乱した政権は可能な限りの誠実さ（あるいは無邪気さ）で必死に関与しようとした、というものだ。しかし、アメリカが他国内で民主主義を奨励すること、あるいは台湾、日本、あるいは他の同盟国を護っている「現状維持」への関与を続けているかぎり、中国共産党にそもそも備わっている疑いの念は協力への意欲に勝ってしまう。

もちろん米中関係が直接的な武力紛争――すなわち朝鮮戦争――や「台湾防衛」の名のもとに行われたアメリカの強制外交（一九五四年の第一次台湾海峡危機および一九九〇年代の第三次台湾海峡危機）という傷跡を残した時代もあった。アメリカの軍事力はとりわけ同盟国を安心させるために、将来の中国のパワーに対抗した「リスク回避」を行ってきた。しかし、今日の中国の戦略家たちは、他ならぬアメリカが中国の台頭を数十年間にわたって支えてきたことを見落としているようだ。これは冷戦思考だけでなく、現実主義者のゼロサム的な世界観とも完全に反するものだ。

国際関係のリアリズム（現実主義）学派の洞察力に富んだ一派の説によれば、たとえ国家の防衛的な行動であっても、不安定さを高めることがあるという。すなわち、防衛が攻撃的に見えるという「安全保障のディレンマ」により、それぞれの国が他国に対して反応し、その結果、相互不信が公然たる衝突へと陥っていくという*48。この考えはゲーム理論において有名な「囚人のディレンマ」に関連するもので、完全な信頼関係が得られない状況下において、合理的かつ利己的な二者は協力に失敗するだろうというものだ。

「安全保障のディレンマ」の条件下では、事態はさらに悪化する。なぜなら多極世界においては、第三者までが不安を感じることになるからだ。かくしてA国に対するB国の防御的な反応——軍事力の構築という形になる——は、A国だけでなくC国も同様に脅かし、今度はC国が軍事力を増強しようと動くことになる。中国はB国であり、その軍事力の拡張は主としてA国（ここではアメリカ）のパワー増強への反応なのだという中国の主張を受け入れたとしても、これは想像上の国家C国だけでなく、インド太平洋に実在する国家に対して「中国の新たな力によって自国の真に基盤的なものが脅威にさらされている」と感じさせることになる。その筆頭にいるのがインドだ。

インド

インドは、国が抱えている大きな問題という面では中国と多くの共通項を有しているように思われる。政治的安定と国家としての公約にこたえるために、膨大な数の国民——二〇一九年現在で一三億七〇〇〇万人でなお増加中——の要求、すなわち物質的な豊かさ、生活の安全、そして自尊心を満足させなければならないからだ。

いくつかの点でインドが抱えている課題は中国よりも難しい側面がある。中国と同様に、インドは植民地帝国による抑圧と、数多の内部抗争の歴史を有している。インドは発展してまとまった国の建設に向けた起伏のある旅路のまだ比較的初期の段階にある。だが中国とは異なり、インドは本当に戸惑うほど多彩な、文化的多様性を有している。たとえば二二の主要言語に加えて、多くの民族と宗教を持つ歴史的な多文化世界が広がっているのだ。

中国と根本的に異なるのは、インドが自国を民主制度によって統治することを選択してきたことだ。時にはかなりの欠点を示すこともあったが、それでも国民によって支えられた政府であったことは間違いない。中央政府、二九の州、七つの連邦直轄領、選挙で選ばれた数十万の村議会や市議会、あるいは「パンチャーヤト」［「五人会議」あるいは村落自治組織］のおかげで、インドは究極的な多層的民主主義国家であるといえる。良きにつけ悪きにつけ、インドではそれ以外の世界の全てを合わせたよりも多くの数の政治家が選挙によって選ばれているのだ。学者のジョージ・ペルコヴィッチ（George Perkovich）は、「アメリカ、カナダ、メキシコ、中米、南米、フランス、ドイツ、そしてイギリスをすべて合わせたよりも多くの人々と多様性を有する」一つの国を統治することの難しさについて、重要なヒントを与えている*49。彼はこのリストに中東の一部の国を加えることもできたはずだ。インドには二億人近いイスラム教徒が暮らしており、このヒンドゥー教徒が多数を占める国家は、インドネシアとパキスタンに次ぐ、世界で三番目に大きなムスリムの人口を抱えているのである。

だがインドは何を欲し、何を必要としているのだろうか？　この国家の権益は、そのリスクの広がりと歩調を合わせて拡大しつつある*50。中国の場合と同様に、インドでは長年にわたって、開発、経済の急成長、国内の安定が最優先課題となっており、そのためには平穏な対外関係を必要としてきた*51。

しかしインドでは、国家の威信と国内の不安定を極めて重視しなければならなかった。だが中国とは異なり、インドの対外的なパワーの投射は、自らの存在に関わる重大なものではない。すなわち、特定の政治指導者や政権与党の信頼性が、国家の統治体制の存続に直結しているわけではなかったのだ。民主主義体制というのは安全弁を提供している。たとえば政府が国民を満足させられなかったとき、政府は投票箱を通じて罰せられるかもしれないが、統治システム自体は維持されるからだ。

とはいえ、インドとその政治指導者にとって民意の重要性はやはり高い。第二期に向けて極めて強い自信をのぞかせるモディ政権の下では、インドの寛容性、非宗教性や民主的なモデル——たとえば報道の自由や少数民族の権利——のいくつかの側面は、その継続的な劣化が懸念されている*[52]。この問題は市民権に起因するものだけでなく、自由な民主体制がインドの長期的な強靱性（レジリエンス）の源泉であったことにも影響するからだ。

インドはいずれ、アメリカや中国と並んだ世界三大経済大国の一つになると予想されている。近年の経済成長率は、中国を越える年率約七パーセントを維持しているが、今後数年間のうちに六パーセントかそれを下回る程度に減速することが予想されている。インドの政治指導者たちは、次の十年間で経済規模が五兆ドルに達すると予想している。しかしこれは容易な道のりではないであろう。これはビジネス環境の整備、投資、インフラの大幅な改善、信頼できるエネルギー供給の拡大（二〇四〇年までに少なくても供給を二倍）に応じる必要があることを意味する。

経済改革は依然として最優先課題であり、いくばくかの進展にもかかわらず、インドは現在でも、完全な自由貿易体制より政治的および安全保障上の懸念を優先させている。特に象徴的だったのは、二〇一九年末に中国との貿易赤字拡大への懸念から、直前になって地域貿易協定に調印しないと決断したことだ。また、インドは自らの貿易面での優位を見つけられずに苦労している。製造ラインの自動化や、トランプ主義的な保護主義は、インドとその巨大な労働力がグローバル・サプライ・チェーンにおいて先行する中国にとってかわりつつある時期と同時進行で流行している。こうした労働集約的産業が衰退すると、インドにはこれに代わるものが無いのだ。

コンピューター技術について評価が高い一方で、インドは総じて技術的には分が悪い。インドはサウジアラビアと「世界最大の武器輸入国」という後ろ暗いタイトルを争っているが、このおかげで強大ではあるが、ロシア、アメリカ、イスラエルと欧州製の武器システムが入り混じった扱いづらい軍事システムに頼る状態になっている*53。

その一方で、インドでは食糧と水の安全が今日でも差し迫った課題となっている。これらは当然のように間もなく世界最大となるであろう人口を支えるために必要なものだが、人口は、国家の強大さと繁栄の源泉となると同時に、前例のない規模の不平不満と相対的な貧困化の根源ともなり得るのだ。インドの生活水準は改善しつつあり、推定で二億七一〇〇万人のインド人が二〇〇六年から二〇一七年の間に貧困から脱出することができたが、これは実に目覚ましい歴史的快挙である*54。それでも世界銀行の算定によれば、二〇一五年の段階で約一億七五〇〇万人の人々が貧困から這い上がることができていない*55。平均所得や人間開発指数――たとえば平均寿命や識字率――において、インドは依然として中国の後塵を拝しているのだ。つまりインド国内には、国家主権や国際的なパワーゲームよりも、目の前の生活問題を抱えている人々がはるかに大勢いるのである。

また、インドの国民は圧倒的に若い。インドでは六億人以上が二五歳以下と推定されており、世界で最も大きな若年層を構成している。このため、経済活動のために必要とされる一般的な政策において、教育と雇用のための巨大な要求が加わる。若いインド人はたいてい楽観的であるが、インターネット世代は、自分たちがまだ何を手にしていないのかにすぐに気づいてしまいがちである。インドの情報通信への接続は、一九九一年の五〇〇万の固定回線から、二〇一九年の一二億のモバイル回線へと、たった一世代のうちに爆発的に拡大した。

過度に商業化したマスメディア、そしてコントロール不能なほど拡散したソーシャルメディアは、インド政府が直面する難問をさらに厳しいものとしている。中国が「大衆の期待のコントロール」という史上最大の実験を行ったが、インドはまさにその後継者となっているからだ。

しかしながら、インドのように多くの人的要求がある国でさえ、経済成長が完全な解決策となることはない。一つには、環境面での代償がある。人口圧力と経済成長は、中国と同様に、資源をめぐる不安定性、特に水資源をめぐる問題によって、自然環境に恐るべきひずみを生じさせている。インドの大気汚染は世界最悪レベルであり、産業と交通の急速な発展だけでなく、調理と暖房のために木や有機資源（バイオマス）を燃やすような経済面での後進性という側面も原因となっている。

インドのエネルギー源の内訳は、再生エネルギーと原子力の割合が増えるとともに変化しているが、電力の大半は石炭を含む化石燃料から得ている。その一方で、自動車の所有が急速に拡大しているが、中国と異なり、自動車の所有の本格的な普及はこれからであり、二〇四〇年までに現在の八倍にあたる一億七五〇〇万台に達すると予想されている。中国と同じくインドは輸入原油に深刻に存しており、二〇一九年には総消費量の八四パーセントという新記録を更新した*56。

政府の思惑とは反対に、輸入の割合は増加傾向にある。その原油は大半が中東とアフリカから来ており、中国が支配しようと狙っているのと同じシーレーンを通って輸送されている。インドのシーレーンはより短いが、インド洋のシーレーンに対するインドのエネルギー依存は、インド海軍の大幅な近代化を説明するのと同時に、他の国のインド太平洋を巡るディレンマの中にインドを巻き込んでいる。

インド国家の優先順位の中で、安定性と主権の間には根深い緊張関係が存在する。インドの政治的・官僚的指導者たちは、外国からの抑圧や屈辱から独立を勝ち取るために、国内における立場の違いを克服して国家的なアイデンティティを構築してきた。このため、インドの様に巨大で手に負えない国家建設プロジェクトを一つにまとめるために、この国家アイデンティティに関して根本的な妥協（だきょう）を行うことはできないのだ。インド人の誇りや結集力は、多様性があるゆえに強力なのであり、むしろ多様性は障害とはなっていない――だからこそ、ヒンドゥー教信者によるナショナリズムの高まりは、長期的にはインドの国益の妨げとなる可能性が出てくる。

インドは、パキスタンと中国という二つの核保有国と隣り合った危険地帯で生きており、両国と戦争を戦ったこともあるし、現在でも未解決の国境紛争を抱えている。インドの世論では、パキスタンと国境にまたがるテロリズムという長年続いている現実が最も重要な脅威であるとみなされている*57。それと同時に、一般大衆と特に社会エリート層は、中国を「インドの長期的なライバル」とみなしており――あるインドの外交官が婉曲的に表現したように「インドの戦略空間に最も直接的にインパクトを及ぼす大国」なのだ*58。

したがって、インド政府にはこれらの国が隠然・公然と軍事力を使用した強要に対抗して自らの決意を示し、相手を抑止し、報復することに前向きな姿勢を見せる必要がある。そしてインドの安全保障のリーダーたちは、自国をこのような強要からこれまで以上に守るために不安定化に耐え、時にはそれを逆に激化させる必要があるとも考えている。リスクを発信することは、インドを安全に保つための手段となりつつある。しかし、それは危ういパラドックスでもあるのだ。

例えば近年のモディ政権は、インドの国益を守ると警告するために、繰り返し小規模の軍事力を行使したり、そうすると威嚇したりしてきた。パキスタン人が支配する領域から繰り返し行われているテロリズムへの対応として、インド軍は特殊部隊による急襲や航空攻撃さえも実行し、核保有国家同士の紛争がエスカレートするという国際社会の不安を高めてきた。二〇一七年には、係争中のヒマラヤ山脈のドクラム地域において、インド軍が中国側の道路建設を妨害し、数ヵ月間に及ぶ紛争につながっている。このような行動はインドの伝統である「戦略的抑制」を損ない、戦争をひきおこしかねないとして批判されてきたが、それはインドが力の行使に居心地の悪さを感じている消極的な大国であり、他国は罰せられることなくインドに対して自らの国益を主張できるという、古くからの見解を終わらせるためのインド側の主張の一部にすぎないのだ*[59]。インドの誇りと自己主張の強さは、時として中国という巨大な戦略的挑戦から目を逸らしてしまうこともある。たとえば、二〇一九年にモディ政権は、カシミール自治区に対するインド政府の政策に対するマレーシアとトルコの批判に対して、互いの経済に悪影響を及ぼすような脅しを意図的に行っている*[60]。

こうしたインドの力の誇示は、選挙で勝利するためのものなのだろうか?*[61] このインドの対外政策に関する単純な視点は、こうした軍事力のひけらかしは主として有権者、とりわけヒンドゥーナショナリストを支持基盤とするモディの「インド人民党」(**Bharatiya Janata Party : BJP**) 向けのアピールであり、これは少なくとも一九九八年の核実験の後から一貫していると考えられている。国家安全保障は、二〇一九年の選挙においてモディ政権がめざましい勝利をおさめ、続く五年間の第二期政権を維持することとなった勝因の一つであった。

だが「インドが大衆迎合的で好戦的な破滅的道のりを歩んでいる」という安易な想定は、抑制と外交の中に深く埋め込まれた要素を度外視したものだ。独立独歩のインドが持つ素晴らしい特徴とは、どれほど多くの紛争を抱えてきたかではなく、どれほどそれを少なく抑えてきたのかという点にある。インドは一九七一年にバングラデシュを解放するためにパキスタンと戦った［第三次印パ戦争］のを最後に、大規模戦争を回避してきた。一九九九年にカルギル山岳地方でパキスタンとの間で戦われた紛争ではインドは自制し、エスカレーションの恐れを低下させるために、紛争空域へのインド空軍投入を控えて、数百名の歩兵の死傷も甘受している*[62]。インドは二〇〇一年、二〇〇二年、そして最も凄惨な被害をもたらした二〇〇八年のムンバイにおけるテロにおいてパキスタンへの攻撃が正当化されたと感じてきたが、最終的には平和を選んできた。核の恐怖も一定の役割を演じてきたが、その一方で、インドという国家のその巨大な民主制度の中で怒りをコントロールする能力——危険な一線を越えたら戦争に関する議論を抑制する能力——も過小評価してはならない。

インドの国防関係者の間では中国を「敵」とみなす認識が以前から支配的であったが、インド政府は両大国が衝突した際に国家主義者（ナショナリスト）たちの感情を巧（たく）みに抑え込んできた。たとえば二〇一七年のドクラム危機の際に、インドの指導者と関係者たちはすべての好戦的なレトリック（言説）の火消しに回り、政府も野党議員もこの問題をめぐって政治的に点数稼ぎをしようとはしなかった＊63。インド側の頑（かたく）なな態度は中国を一時的に後退させたが、インド政府は賢明にも勝利を高々と叫ぶようなことはせず、双方の面子（メンツ）を立てている。インドは中国を「紛争のリスクを容認している」と積極的に批判したが、その裏では取引を試みており、将来生起する可能性の高い衝突に対する抑止力を長期的に向上させる道を選んだ＊64。

この危機の際にインドの外務次官を務め、広く尊敬されているスブラマニヤム・ジャイシャンカル（**Subrahmanyam Jaishankar**）が、二〇一九年に第二次モディ政権の外務大臣に任命されたことは、再選されたモディ政権が対外関係を巧みで安定した手腕に委ねると決心したことを示唆している。この役職に就任する直前におこなった単刀直入な発言の中で、ジャイシャンカルはインドの実用主義（プラグマティズム）への欲求、およびすべての大国との関係において外交関係を最適化するための「論点に応じた提携」について言及している。すなわち、「アメリカとの関係を発展させ、ロシアと安定した関係を築き、対中関係をコントロールして、日本との関係を盛り上げ、欧州に耳を傾ける」一方で、引き続き直近の地域には高い優先順位を置き、この地域の定義をさらに拡大していくというのだ＊65。

ずいぶん昔の話になるが、ケンブリッジ大学の経済学者のジョアン・ロビンソン（**Joan Robinson**）が「インドに関してあなたが正論をどのように述べようとも、それに対する逆説もまた真なのです」と述べている＊66。当時の彼女のこの論点は、この国の混乱した経済と社会に関して述べたものであったが、今日のインドの世界観と対外政策についても同じ理屈が適用できる。つまり急速に変化するインドが、変容しつつあるこの地域の中にあって何を求めるのか、その首尾一貫した概念を組み立てるのは困難なのだ。インドは平和を欲しているが、それを手に入れるためには紛争のリスクを冒すことも辞さないのである。ジャイシャンカル外務大臣の言葉によれば、「安全にゲームを進めようとすると、リスクを緩和するのではなく、最終的にはそれを高めてしまうような、好機喪失という問題に陥るかも知れない」のだ＊67。

インドはテクノロジー、通商、そして安全保障の分野における戦略的パートナーを求めているのと同時に必要としているが、期待されるパートナー諸国――さしあたりアメリカとロシアが含まれる――同士は、互いを完全に信用しているわけではない。突き詰めて言えば、インド政府は依然として自らの「戦略的自律性」(strategic autonomy) を望んでおり、誰とも同盟を結ぶことはなさそうだ。インドの指導者たちがいかに世界の舞台でどのような地位を占めたいと野心を抱こうとも、国内問題――政治的不安定さ、ジャンム・カシミール州の内戦とテロリズムを含めた――を避けて通るわけにはいかないのだ。カシミール問題は、パキスタンと国外のイスラム聖戦士団により利用されているが、インドの側も、カシミール人の新たな世代の共感を勝ち取る上で、自らの統治が大失敗したという事実を認めなければならない。二〇一九年半ばに、カシミール地方の半自治的な地位を剥奪したことは、現地の人々の感情、特にイスラム教に配慮する多文化国家というインドのイメージに大きなダメージを与えた＊68。インドは自信に満ちた近代的で団結した国家であるというイメージを描き出そうとしているが、北東部辺境地帯の分離独立運動、毛沢東主義者あるいは「ナクサライト」運動の残党、インターネット上のプロパガンダやソーシャルメディアに支えられた圧政的なヒンドゥー過激主義などの国内紛争にも直面しているのだ。

外部世界との関与においては、台頭するインドは今でも政治的一体感が劣っており、バラバラの部品を足し合わせたものにも遠く及ばない。インド政府は政治的手腕の向上に真剣に力を注ぐしか選択の余地がないのだが、外務省の規模は極めて小規模なままであり、ある試算によれば千人規模にすぎないという＊69。民主国家であるインドは、自国の国益と未来への展望を推進する上で、民間企業や海外居住者を今以上に利用することができるはずだ。しかしインドの数少ない外務官僚たちは、自国と世界の間の関係のコントロールを自分たちの手に維持しておきたいので、このようなやり方に昔から嫉妬深く抵抗してきた＊70。インド政府は、中東から東南アジア、さらには南太平洋までの、紛争の絶えない場所に足を踏み入れた短期滞在中のインド人たちを支援したり、膨大な海外居留民に安全を提供することが期待されており、この高まる期待に応じる必要のためにかえって追い詰められている。

モディ政権は「アクト・イースト政策」［従来インドが進めてきた東方重視の外交政策「ルック・イースト」をさらに発展させるというもの］を真剣に推進している。これは経済圏を拡大し、海軍を近代化し、中国や東南アジア、そしてその彼方にある強国との間に、ある種の競合的な共存関係を確立しようというものだ。それでもインド政府の注意は、継続的に自国の近傍、つまりトラブルを抱える隣人であるパキスタン、アフガニスタン、バングラデシュ、スリランカ、ネパール、ブータン、ミャンマー、そしてインド洋に向けられてしまう。インドの政治エリートたちは、パキスタンとの不毛な闘争の先を見越して、将来の戦略的競争相手として中国に焦点を当てようとしているが、その中国とパキスタンは、今や「中国パキスタン経済回廊」（ＣＰＥＣ）と、そこに居住している多数の中国国民によって、両者が実質的に不可分な関係にあることを避けられない。

インドの意思決定者たちは、このような分裂して増え続ける政策上の責務すべてに取り組んでいるのだが、その解決のカギとなるのは中国かもしれない。競争――そして共存――は、インドにとって立て直しにつながる可能性がある。インドはすでに「中国と折り合いをつける」か「自国の近傍において寛大な姿勢で地域を牽引する」かという二つのオプションから一つを選べるような状態にはない。インドはこの双方を同時に行うことが必要なのだ。なぜなら中国がこの地域へ到来したことによって、インドはこれまでは無視するか威張り散らしてきた小国――特にインド洋の島嶼国――との関係を改善せざるを得なくなったからだ。

　インドと中国は、理屈の上では最も重要な権益を共有していることになる。それは、経済発展に必要な安定した地域、エネルギー、資源、環境面での安全保障、そして一〇億人以上の人口を抱える社会の安定性、団結力、国民からの期待のコントロールを維持することなどである。ところが実際には、過去一〇年の間に相互不信は深まるばかりである。国境紛争をめぐる既存の見解の相違や、パキスタンに対する中国の軍事・核開発支援は、インド洋で増大する中国の権益と海軍のプレゼンス、そしてインドとアメリカ、日本、その他の国との間の安全保障協力を含む新たな摩擦と共に、先鋭化してきたのだ。インドが中国の「一帯一路構想」との間に断固とした信念に基づいて境界線を引こうとしていることや、インドが国連安全保障理事会から「原子力供給グループ」に至る世界の「トップテーブル」に着こうとする動きを中国が妨害していることは、中印関係において競争が協力を打ち負かし続ける可能性が高いことを明示している*71。

　結局のところ、インドの中国に対する脅威認識は、中国がアジアにおいて卓越した大国となり、グローバルなレベルではアメリカとのみ比肩する競争相手になろうとする中国の野望に根ざしたものだ。インド政府は、中国政府がインドを永遠に南アジアとインド洋に封じ込めて、この近傍でも戦略環境を自力で描き出す潜在力すらない二線級の大国に抑え込んでおこうと決心していると見ている。インドは中国によるパキスタンの能力向上支援を、中国のエネルギー供給路の確保だけでなく、インド洋全般における中国の影響力とアクセスを確保するためのものだとみなしている。とりわけインドは、核武装したパキスタンを利用してインドを不安定にさせ、南アジアの戦略的システムの中に封じ込めて、さらにはインド太平洋及び世界においてインドが中国に挑戦しあるいは強制する能力を限定するという、中国の長年にわたる政策の重点を認識している。

結局のところインドが恐れているのは、卓越した経済力と戦略的な力、そして強大な軍事能力と核戦力を持つ中国が、危機に際してインドに強制力を行使してくる可能性だ。良い面だけ見れば、これはインドが自らの意思を押し付けるのではなく、中国の意思に抵抗することに優先順位を置くことができるために、インド政府が達成可能な目標を設定している、とも言える。インドは他者に何かを強要できる大国としての地位をまだ得ていないのかもしれないが、それでも他国からの強制には抵抗できる力はあるため、わざわざ自分たちから強制する必要がないとも解釈できる*72。

中国の強大さに直面していることを自覚したスリーシュ・メータ（Sureesh Mehta）海軍大将のような慎重な安全保障の実務家たちは、インドは中国と直接対峙すべきではなく、代わりに絶望的な状況においてインドを守る最善策は「非対称的抑止」と呼ばれる「自分よりも強力な敵に対して受け入れ難い痛みを与える能力」であると認識している*73。それはまさに、中国がアメリカに対し長期にわたって適用してきた「拒否（きょひ）」と「抑止（よくし）」の戦略――現在はさらにその先に進もうとしているようだが――に類似したものだ。かくしてインドは、インド洋のシーレーンを哨戒（しょうかい）して相手を妨害する能力に重点を置き、一方で潜水艦に小規模な核弾頭を搭載することで脆弱性を改善・強化しようとしている。

インドは「戦略的自律性」という従前の方針からも脱却しつつある。インドは、さまざまな国家とデリケートな安全保障問題、たとえば海洋監視や対潜水艦戦の分野での提携を始めている。インド洋における中国の勢力拡大を遅らせて和らげるために、インドはロシアやイスラエルといった従来の軍事技術におけるパートナーとの協働に加えて、インド太平洋の民主国家との協力に真剣に取り組み始めている。これこそが、日本、オーストラリア、そしてフランスとの協力関係の驚くべき進展――たとえば軍事活動に対する兵站支援（ロジスティクス）についての合意――の理由となっている。それでもインドの安全保障上のパートナーの筆頭にいるのは、やはりアメリカである。

アメリカ

アメリカがインド太平洋において将来どのように活動していくのかに関して、専門家の意見は割れている。アメリカは今後も関与し続けるのだろうか？　そしてこれは何を意味するのだろうか――危機、紛争あるいは経済的な危機、もしくは抑止か、安定あるいは豊かさであろうか？　ある者は「インド太平洋地域からの撤退は不可避だ」と言い、ある者は「アメリカは戻ってくる」と述べ、ある者は「アメリカはそもそも一度も離れたことなどない」などと主張している。

ところがここでは、カギとなる二つの問いが見過ごされることが多い。第一に、もし現在のアメリカが、実際にグローバルな影響力をめぐって中国と長期的な闘争にはまり込んでいるのであれば、インド太平洋におけるプレゼンスを維持、あるいは再び主張することなしに成功を収めるということが、本当に可能なのだろうか？　アメリカがそれをどうやって可能にするかを見通すことは難しい。

第二に、アメリカは自国の国益を守るのと同時に中国による挑戦をくじくために、そもそもインド太平洋において支配的である必要があるのだろうか？　現在のアメリカのレトリックの多くは、結局のところ、他の国々が自国の主権を守れるようにするということに尽きる。そのような支援的な役割を演じることによって、アメリカは自国の国益に十分に貢献できるのだろうか？　これらの問いに対する答えは、この地域の未来を理解する上で致命的に重要なものだ。

「トランプ政権の発足」という衝撃が起こるまで、アメリカのアジアにおける国益を説明することは極めて容易であったように思われた。アメリカはこの地域に重要な戦略的利害関係を有しており、その権益については率直に語られていたようにみえる。アメリカの政治学者であるマイケル・グリーン（Michael Green）が以下に述べたように、アメリカはこの地域に死活的に重要な権益を有しており、

アメリカはアジアと太平洋において他のいかなる大国であれ独占的な覇権を確立することを許容しないだろう……過去二世紀にわたって、主要な政治指導者により定義されてきたアメリカの国益とは、太平洋をアメリカの思想や生産品を西方に送るパイプにし続けることであり、脅威をアメリカ本土に向かって東進させせないということだ＊74。

アジアはアメリカにとって重要な同盟国たちの本拠地であり、アメリカ政府はこの地域の安全保障環境をコントロールするために「意図せぬ・非公式な帝国」としての立場や役割を発展させてきた。これはすべての国に対して支配的であると同時に不可欠なパートナーであり続け、同盟国たちも潜在的な敵対国も、等しくこの体制の現状維持を妨げさせないようにしてきたのである＊75。世界におけるアメリカの信頼性は、現在も続く同盟国への支援、特に日本と韓国への支援によって支えられており、そのためにこれらの国に対し中国および北朝鮮がもたらすリスクの管理に関して支援する必要があるのだ。

アメリカは、軍事および外交面での世界秩序において、中国を経済上のパートナー及び利害関係者として関係を結ぶ一方で、中国を抑えこむ必要があった。アジアはグローバル経済において将来的には中心的な役割を果たすことになるため、アメリカの国益にとってこの地域は、自由貿易、投資の流れ、規範（ルール）の形成、民主的な市民社会の発展という意味で最も重要な地域となりつつあった。そしてインドを戦略的パー

トナーとして加えることは、変容するグローバルな勢力均衡においてアメリカを利することになるはずだ。総体的にいえば、アジアにおけるアメリカ政府の権益は、とりわけ自由で民主的な価値に基盤を置いたアメリカ主導の「世界秩序」と絡（から）めて拡大された「国益（ナショナル・インタレスト）」の認識にとって、極めて重要だったのだ*76。

学者たちの中にはアメリカがアジア（そして実際に中東と欧州においても）からプレゼンスを減じているという考えを発表してきた人々もいる。そして彼らには、アメリカは完全に孤立に向かうわけではなく、「抑制（レストレイント）」とか「オフショア・バランシング」によって、米軍が遠方から「国際公共財の支配」を維持して「世界の他の地域に対するアクセス」を保ちつつ、もし重大な脅威が登場したらすぐに戻れるように待機しているのだ、と主張する傾向がある*77。そのような考え方は、中国の強さや決意、海洋に向けた野心を過小評価（たとえば「中国はせいぜいアジアの大陸国家である」）、あるいは一度アジアから撤退したアメリカの戦力が再び優位を獲得することの難しさを甘く見る傾向がある*78。しかし少なくともこうしたアイディアは、この地域の中堅国家（ミドルパワー）が自国を中国から防衛し、中国の野望を困難にする潜在力については正しく認識している。

昨今の傾向と状況の進展はこのような状況を全般的に揺るがせており、アメリカがこの地域で何を欲し、ここにとどまるのか、あるいはなぜとどまっているのか、といった論点についてのさまざまな説明の間に存在する矛盾を際立たせつつある。この混乱の大半は、トランプ政権の地域安全保障に対する姿勢に起因するものだ。たとえばこの大統領は自由奔放（ほんぽう）な意見表明をする傾向があり、典型的なのはツイッターを通じて発信されるメッセージで、同盟国に対して防衛にさらなる予算を割り当てるべきだと要求したり、不快で無礼なコメントを発信しているのだ。

同盟国たちは、トランプ大統領の中国・北朝鮮に対する行き当たりばったりな姿勢——ある日には、「大きな取引（グランドバーゲン）」をすると語り、その翌日は対立について語るなど——に振り回されている。その間にも、同盟国らは自由貿易協定、特に前のオバマ政権とともに交渉妥結に向けてあれほど尽力してきた「環太平洋パートナーシップ」（TPP）の白紙撤回という苦汁をなめさせられている。

だがその一方で、公式な戦略文書やワシントンの政策エリートによる尽力――これは連邦議会の支持も得ている――のおかげで、トランプ政権はオバマ政権の時よりもインド太平洋地域に焦点を当てるようになってきている。彼らはこの地域におけるアメリカの国益を、中国の影響力拡大にたいする世界的な闘争と結び付けている。二〇一七年末に発表された「国家安全保障戦略」は、それ以降の多くの声明やスピーチを含めて、国力のあらゆる要素、すなわち軍事力からメディア、技術から貿易、インテリジェンスからインフラに言及しつつ、インド太平洋地域をこの闘争の最前線であると認識している＊79。これは安全保障、外交、経済、イデオロギー、そして国内政治の領域まで含んだ、長期的かつ包括的な戦略競争となりそうだ。すでにアメリカ人の多く――二〇一九年の世論調査では五四パーセント――は、中国のパワーと影響力を自国の権益に対する主要な脅威であるとみなしている＊80。

北朝鮮の核兵器の脅威の存在だけでも、アメリカが太平洋を越えて戦略的に関与し続ける大きな理由となっている。より広い視点に立つと、アメリカ国防総省はインド太平洋を、中国との全面的な闘争が展開される主要な地理的戦域、すなわち将来の紛争における潜在的な最前線であるとみなしている。この地域におけるアメリカの軍事・外交、そして開発問題における役割に十分に資源配分がされているのかという問題や、さらにはそれらが互いに適切に調整されているのかという問題だけでも論争のタネになっている。二〇一九年のイラン危機のように、中東への強い関心が噴出することもその足を引っ張っている。また、トランプ大統領が論争の的となっているメキシコとの国境の壁の建設費用捻出のために、グアムの軍事施設の建設――中国と北朝鮮を抑止する上で不可欠なものだ――を先送りしたことが暴露されたことによって、アメリカの関与についてのさらなる疑惑が沸き上がった＊81。

ところがこの決断はアメリカ連邦議会で激論を引き起こした。したがって、アメリカがインド太平洋をあきらめたと結論付けることは時期尚早であることを示しており、実際はこれと正反対であろう。広く認められているように、アメリカはトランプ時代の数多くの混乱の中でも現状維持のために他国（同盟国、パートナー諸国、そして台湾）との協働に向けて十分な取り組みを行ったのだが、それでもアメリカがアジアでの優位を維持することに本気なのかは不透明なままであった。だがそれだけでも中国による支配を未然に防止するには充分であったのかもしれない。アメリカの優越政策の提唱者も、中国にとって不利となる、あるいは少なくともこれ以上調子に乗らせない程度の勢力均衡を受け入れることで我慢する可能性はある＊82。

アメリカがアジアに踏みとどまる力は、特にベトナム戦争後や冷戦後の一時期にしばしば過小評価されてきた。ここで重要なのは、アメリカがこの地域にどのような権益——良きにつけ悪しきにつけ単なる意図などではなく、どのような利害関係が実際にあるのか——を持ち続けるのかを正確に解明することである。そしてそれは、よく連想されているものよりもさらに広範多岐にわたるものだ。たとえば経済分野では、アメリカは依然としてこの地域への最大の投資者であり、アジアにおける直接投資額は一兆三〇〇〇億ドルであり、これは中国、日本、韓国が投資している合計額よりも大きい＊83。安全保障の分野では、アメリカにとって最重要の同盟——日本、韓国、そしてオーストラリア——は単なる付録のように選択できる対象ではなく、アメリカのグローバルな戦略ポジションを支える大黒柱である。もしアメリカがこの地域への防衛面での関与を尊重できずに失敗して同盟関係が瓦解したら、アメリカの世界中に広がる何ダースもの同盟を束ねてきた信頼性と能力が消え去ってしまうことになるだろう。

しかし最も重要なことは、アメリカの政策はかなり以前から決定されていたということだ。それはつまり、一つの大国（あるいは大国の連合体）が、初期の地政学者であるハルフォード・マッキンダー（Halford

Mackinder）が仰々しくも「世界島（ワールド・アイランド）」と呼んだ、ユーラシア全体を支配するのを阻止するというものだ。そしてこの政策の論理（ロジック）は、現代においてとるべき政策と、二つの世界大戦、冷戦、そして過去数十年間に採用されてきた政策とつながっている*84。もちろん他にもアメリカのとるべき戦略としてかなり抑制的なものも提案されているが、いずれもユーラシア全体支配のような結果だけは許容（きょよう）しがたいものだとされている*85。ところが中国とロシアは、まさに共謀（きょうぼう）してこのような野心を抱いているかのような印象を与えようとしている*86。

理論的には、このような大国、あるいは大国たちは、米本土さえ孤立させ、脅威にさらすことが可能かもしれない。旧来の地政学の理論では、これによってアメリカは世界市場の多くから排除されるかもしれないと示唆される（すでに誰かが皮肉たっぷりに指摘しているかもしれないが、トランプ政権はまさにこのような悲惨な結末を他国からの助けなしに切り抜ける方法を見つけ出せていない）。原則として、また過去のアメリカ（あるいは昔のイギリス）の経験によれば、こうした危機への唯一の処方箋（しょほうせん）は、シーパワー、同盟構築、軍事的な前方展開の維持、自由貿易と国際法に則った世界秩序への関与（コミットメント）の組み合わせだ。中国あるいは中露が想定しているとされる、アメリカをグローバルなサプライチェーン、投資パターン、資金の流れから包括的に排除しようとする戦略――ユーラシア中心の「アメリカなき世界」――は、そもそも成功を想像することさえ難しい。

地理的な距離というのは、アメリカがアジアで比類なき優越を保つことを明らかに難しくしているわけだが、その一方で、ある種の利点も与えている。インド太平洋戦略には、中国、インドおよび日本が持っているが、幸運なことにアメリカが持っていない重要な原動力がある。アメリカは地理に囚（とら）われているわけではない。中国とインドは、国土がどれほど広大であろうともアジアの大陸に囚われており、だからこそ自由になるために海洋を志向している。ところが両国ともインド太平洋のシーレーンに直接的に依存している状態や、あるいは問題の多い隣国との距離の近さという問題から逃れることはできない。ここで重要なことは、アメリカはもはや自国のエネルギーあるいは資源の安全保障においてシーレーンに依存していないという事実だ。ただしアメリカは、このおかげでインド太平洋よりも中東から撤退する可能性の方が大きい。

また、アメリカのナショナリズムは、インドや中国で行われているように、未完の国家建設や未解決の地域間対立を巡って展開されてはいない。しかし中国との競争をめぐる論争は、あらゆる見地からアメリカの政治において急速に活気づいてきている*87。この意味において、ナショナリズムはアメリカのインド太平洋への衝動のもう一つの要因となりつつあるのだ。

トランプ時代のわずかな副産物は、同盟国たちの間で、それまでのアメリカの政権のリーダーシップからどれほどの恩恵を受けていたのかという認識が共有されたことである。そしてアメリカの政治体制は、社会の分断化と困難な経済面での見通しの調整のため、今後は間違いなく苦戦を強いられることになる。だが全体として、アメリカの国力は衰退よりも順応していく可能性の方が高い。もちろんレトリックおよび実際の貿易の場面で「アメリカ・ファースト」を宣言しても、アメリカは自らの同盟関係を再生させて適合させようとしており、これらを排除する方向には向かっていない。

二〇一九年の「インド太平洋戦略」は、オバマ政権時代の「アジアへのピボット」を進化させるものであって、それを否定するものではない。どちらのイニシアチブも、同盟国とパートナー諸国のネットワークに依存したものであったからだ。その一方で、アメリカの同盟国たちは、互いや自分たちのために今以上に、そして相互に役割を果たすことで、アメリカに「インド太平洋にとどまる価値がある」と説得できると考えたり、あるいは「アメリカの撤退が一時的なものであっても対処できる可能性が高まる」と判断している。

これを言い換えれば、「バランシング」戦略は、たとえ何と言われようとも同盟国たちにとっては筋が通っているということだ。アメリカの同盟システムの「南北の錨」として描かれてきた日本とオーストラリアにとっては、この理屈は本当に適切なのである。

註

1 例えば、以下を参照のこと。David Scott, 'The great power "Great Game" between China and India: The logic of geography', *Geopolitics*, Vol. 13, No. 1, 2008; Robert Kaplan, 'Center stage for the 21st century: Power plays in the Indian Ocean', *Foreign Affairs*, March/April 2009; Bertil Lintner, *Great Game East: India, China and the Struggle for Asia's Most Volatile Frontier*, HarperCollins India, Delhi, 2012, p. xxv; Rani D. Mullen and Cody Poplin, 'The new Great Game: A battle for access and influence in the Indo-Pacific', *Foreign Affairs* online, 29 September 2015; Garima Mohan, 'Great Game in the Indian Ocean', Global Public Policy Institute, 11 June 2018.

2 Peter Hopkirk, *Quest for Kim: In Search of Kipling's Great Game*, Oxford University Press, Oxford, 1996, pp. 2, 6.

3 囲碁のアナロジーについては、例えば以下に記載がみられる。You Ji, 'The Indian Ocean: A grand Sino-Indian game of "Go"', in David Brewster (ed.), *India and China at Sea: Competition for Naval Dominance in the Indian Ocean*, Oxford University Press, Delhi, 2018.

4 アメリカの政治学者マイケル・グリーンは、この地域におけるアメリカの戦略に関して「少なくとも三次元のチェスと同じくらい複雑なものだ」とし、ワシントンは法秩序維持を支援しつつ中国への関与と軍事力の維持を同時に行う必要があるとする。以下を参照のこと。Michael J. Green, *By More than Providence*, p. 543.

5 The 'quintessential smart power' appellation for Japan was bestowed by the Lowy Institute Asia Power

Index 2019, p. 8.

6 John J. Mearshemier, *The Tragedy of Great Power Politics*, W.W. Norton and Company, New York, 2014, pp. 1-5. ［ジョン・ミアシャイマー著、奥山真司訳『新装完全版：大国政治の悲劇』五月書房新社、二〇一九年、三一～三六頁］

7 Alexander Wendt, 'Anarchy is what states make of it: The social construction of power politics', *International Organization*, Vol. 46, No. 2, 1992.

8 国力を形成する多くの要素について最も包括的に分析した文献において最も初期のものの一つである。Hans Morgenthau, *Politics among Nations: The Struggle for Power and Peace*, Knopf, New York, 1948. [ハンス・J・モーゲンソー著、原彬久訳『国際政治—権力と平和』岩波書店、二〇一三年]。より最近のものとしては、インド太平洋におけるパワーの関連性と、これらがファクターごとに異なるそれぞれの重要性に基づいてどのように変化するのかを見積もる便利なオンラインデバイスがある。以下を参照。the Lowy Institute's Asia Power Index: https:// power.lowyinstitute.org.

9 Kenneth Waltz, quoted in George Perkovich, 'Is India a major power?', *The Washington Quarterly*, Vol. 27, No. 1, 2003, p. 129.

10 Michael Beckley, *Unrivaled: Why America Will Remain the World's Sole Superpower*, Cornell University Press, Ithaca, 2018, pp. 10-13.

11 ビリヤードボールのたとえは、国際関係論における現実主義学派の泰斗によって、極めて真剣に引用されてきた。下記を参照。John J. Mearsheimer, *The Tragedy of Great Power Politics*, p. 18. ［ミアシャイマー著『大国政治の悲劇』四九頁］

12 Hal Brands and Charles Edel, *The Lessons of Tragedy: Statecraft and World Order*, Yale University Press, New Haven, 2019, p. 6.

13 David Fickling, 'China could outrun the US next year. Or never', *Bloomberg Opinion*, 9 March 2019.

14 Michael Beckley, *Unrivaled*, p. 61.

15 Wei Chen et al., 'A forensic examination of China's national accounts', Brookings Papers on Economic Activity, 2019.

16 Sebastian Heilmann (ed.), *China's Political System*, Rowman & Littlefield, Lanham, 2017, p. 23.

17 Frank Dikötter, *The Age of Openness: China Before Mao*, University of Chicago Press, Berkeley, 2008.

18 Vicky Xiuzhong Xu, 'China's youth are trapped in the cult of nationalism', *Foreign Policy*, 1 October 2019.

19 習近平の「適度に繁栄する社会建設にあらゆる意味で決定的な勝利をおさめ、新たな時代の中国の特色ある社会主義の偉大な成功にむけた闘争」という報告は二〇一七年一〇月一八日、第一九回全国人民代表大会で発表された。

20 同上。

21 Bates Gill and Linda Jakobson, *China Matters: Getting It Right for Australia*, La Trobe University Press, Melbourne, 2017, p. 46 (ebook).

22 Richard McGregor, *Asia's Reckoning: China, Japan and the Fate of US Power in the Pacific Century*, Penguin, New York, 2017, pp. 129-132.

23 Carl Minzner, *End of an Era: How China's Authoritarian Revival Is Undermining Its Rise*, Oxford University Press, New York, 2018, pp. 21, 168-169.

24 Thomas J. Christensen, *The China Challenge: Shaping the Choices of a Rising Power*, Norton, New York, 2015, p. 13.

25 Elizabeth E. Economy, *The Third Revolution: Xi Jinping and the New Chinese State*, Oxford University Press, New York, 2018, p. 188; Richard N. Haas, *Foreign Policy Begins at Home: The Case for Putting America's House in Order*, Basic Books, New York, 2013, p. 32.

26 Chris Buckley and Keith Bradsher, 'Xi Jinping's marathon speech: Five takeaways', *The New York Times*, 18 October 2017.

27 Elizabeth E. Economy, *The Third Revolution*.

28 Kai Strittmatter, *We Have Been Harmonised: Life in China's Surveillance State*, Old Street Publishing, London, 2019, p. 6.

29 Wang Jisi, quoted in Richard McGregor, *Xi Jinping: The Backlash*, Penguin/Lowy Institute Paper, Sydney, 2019, p. 112.

30 '"Arrogant demands" by US "invade" China's economic sovereignty, state news agency says', *South China Morning Post*, 26 May 2019.

31 Richard McGregor, *Xi Jinping*, p. 114.

32 二〇一七年の習近平の報告によれば「中国の夢を実現するという展望とともに、強力な軍事力を建設するという夢がある……我々は軍事訓練と戦争への備えを強化し、海洋における権益の保護、テロとの戦い、安定の維持、災害派遣、国際平和維持活動、アデン湾における海賊対処、人道支援といった任務を引き受ける」こととされている。

33 You Ji, 'The Indian Ocean: A grand Sino-Indian game of "Go"', p. 90; Michael Peck, 'China is tripling the size of its Marine Corps', *The National Interest*, 29 August 2018.

34 Hugh White, *How to Defend Australia*, pp. 39. 42.

35 State Council of the People's Republic of China, 'China's national defense in the new era' (Chinese defence white paper), July 2019.

36 Howard French, *Everything Under the Heavens*, p. 274.

37 Ibid., pp. 278-283.収入格差を測る「ジニ係数」から見れば、中国はインドよりも格差が大きいということは特筆に値する。

38 David Shambaugh, *China's Future?*, Polity, Cambridge, 2016, pp. 50-51, 125-129; Carl Minzner, *End of an Era*, pp. 164-172.

39 Bill Birtles, 'China's security obsession is now a point of national pride', ABC News, 10 October 2017; Lily

Kuo, 'China is spending more on policing its own people than on its defense budget', *Quartz*, 6 March 2013.

40 例えば、米ピュー・リサーチ・センターが二〇一一年から二〇一四年にかけて中国で実施した「行動とトレンドに関するグローバル意識調査」(Global Attitudes and Trends polling) では回答者の八二から九二パーセントが中国の指導者を信頼していると回答した。しかしこれは習近平政権の初期の調査であり、抑圧と経済の減速が顕在化する前のことである。加えて権威主義監視国家にあっては、意識調査の信頼性に関わる様々な制約が課せられている可能性がある。https://www.pewresearch.org/global/database/indicator/69/country/cn/

41 '20 years on, Falun Gong survives underground in China', *The Japan Times*, 23 April 2019.

42 Tom Blackwell, "'Don't step out of line": Confidential report reveals how Chinese officials harass activists in Canada', *National Post*, 5 January 2018.

43 Peter Pomeranstev, *This Is Not Propaganda: Adventures in the War Against Reality*, Faber & Faber, London, 2019, pp. 246-247.

44 二〇一七年から二〇一八年にかけて非常に人気を博したこれらの映画は、中国人民解放軍の特殊部隊がアフリカやアラビア半島においてアメリカの傭兵やイスラムテロリストといった悪党から捕虜を救出するアクションを描写したものである。「戦狼2」は「中国を攻撃する者は、そいつがどれほど遠くにいようとも殺される」というフレーズとともに公開された。以下を参照のこと。Kai Strittmatter, *We Have Been Harmonised*, pp. 56-57.

45 'Headlines from China: Will China ban *Wolf Warrior 3?*' *ChinaFilmInsider*, 3 December 2018.

46 US Department of Defense, 'Indo-Pacific Strategy Report', Washington DC, June 2019.

47 Wu Xinbo, 'The end of the silver lining: A Chinese view of the US-Japan alliance', *The Washington Quarterly*, Vol. 29, No.1, 2005.

48 Robert Jervis, 'Cooperation under the security dilemma', *World Politics*, Vol. 30, No. 2, 1978.

49 George Perkovich, 'Is India a major power?', p. 130.

50 こうした分野の課題に関し、インドの安全保障戦略に関する単一の政策文書は、公式には発表されていない。インドの安全保障上の課題に関する非公式の分析であれば、下記共著による包括的なレポートが出されている。Sunil Khilnani et al., 'Nonalignment 2.0: a foreign and strategic policy for India in the 21st century', Center for Policy Research, New Delhi, 2012. 近年の国家安全保障情勢を概観するもう一つの文献は以下を参照のこと。Gurmeet Kanwal, *The New Arthashastra: A Security Strategy for India*, HarperCollins India, Noida, 2016.

51 Shivshankar Menon, *Choices: Inside the Making of India's Foreign Policy*, Brookings Institution Press, Washington DC, 2016, pp. 37-38.

52 Annie Gowen, 'In Modi's India, journalists face bullying, criminal cases and worse', *Washington Post*, 16 February 2018.

53 'India is world's second-largest arms importer', *The Hindu*, 11 March 2019.

54 Niall McCarthy, 'Report: India lifted 271 million people out of poverty in a decade', *Forbes*, 12 July 2019.

55 World Bank, 'Poverty and equity brief: South Asia: India', 2019.

56 'India's oil import dependence jumps to 86 per cent', *Economic Times*, 5 May 2019.

57 Rory Medcalf, 'India Poll 2013', Lowy Institute and Australia-India Institute, May 2013, https://www.lowyinstitute.org/publications/india-poll-2013.

58 Shyam Saran, *How India Sees the World*, p. 106.

59 C. Raja Mohan, 'Explained: How Balakot changed the familiar script of India-Pakistan military crises', 4 March 2019.

60 Ravi Agrawal and Kathryn Salam, 'Is India becoming more like China?' *Foreign Policy*, 22 October 2019.

61 'Air strikes on Pakistan may win Narendra Modi India's election', *The Economist*, 14 March 2019.

62 Sumit Ganguly, 'Why the India-Pakistan crisis isn't likely to turn nuclear', *Foreign Affairs*, 5 March 2019.

63 Tanvi Madan, 'Doklam standoff: The takeaways for India', *LiveMint*, 4 September 2017.

64 Ian Hall, *Modi and the Reinvention of Indian Foreign Policy*, Bristol University Press, Bristol, 2019, p. 142.

65 Subrahmanyam Jaishankar, remarks at launch of 'Indian Foreign Policy: the Modi Era', Observer Researcher Foundation, New Delhi, 24 April 2019.

66 Amartya Sen, 'Contrary India', *The Economist*, 18 November 2005.

67 Subrahmanyam Jaishankar, remarks at launch.

68 Sadanand Dhume, 'The dueling narratives of India's Kashmir crackdown', *The Atlantic*, 5 September 2019.

69 Kishan Rana, 'The Indian foreign service: The glass gets fuller', *The Foreign Service Journal*, June 2014.

70 Ashok Malik and Rory Medcalf, 'India's new world: Civil society in the making of foreign policy', Lowy Institute Analysis, May 2011.

71 Ministry of External Affairs, Government of India, 'Official spokesperson's response to a query on participation of India in OBOR/BRI forum', 13 May 2017; 'With China still opposed, India's NSG membership application remains in cold storage', *The Wire*, 22 June 2019.

72 Kenneth Waltz, quoted in George Perkovich, 'Is India a major power?', p. 129.

73 二〇〇九年、スリーシュ・メータ海軍大将は参謀長会議の議長であり、インド軍において最も高位の軍人であった。彼はインドが自分自身をより強大で豊かな中国と直接比較することは無謀であろうと公言したことで議論を巻き起こしたが、後に先見の明のあることが証明された戦略的な提言を行った。彼の提言は「伝統的な、あるいは〃消耗戦主義〃による〃師団に師団で対抗する〃やり方は、高度の状況認識の発展と信頼性の高い遠距離（スタンドオフ）からの抑止のために現代的なテクノロジーを利用するやり方に道を譲らなければならない」というものだ。以下を参照のこと。Sureesh Mehta, 'India's national security challenges: An armed forces overview', Paper presented at the Indian Habitat Centre, New Delhi, 10 August 2009.

74 Michael J. Green, *By More than Providence*, p. 5.

75 Victor Cha, *Powerplay: The Origins of the American Alliances System in Asia*, Princeton University Press, Princeton, 2016, p. 18.

76 Thomas J. Wright, *All Measures Short of War: The Contest for the 21st Century and the Future of American Power*, Yale University Press, Connecticut, 2017, pp. 154-155.

77 Barry Posen, *Restraint: A New Foundation for US Grand Strategy*, Cornell University Press, Ithaca, 2014, p. xiii. 以下も参照。James Steinberg and Michael E. O'Hanlon, *Strategic Reassurance and Resolve: US-China Relations in the 21st Century*, Princeton University Press, Princeton, 2014, pp. 48-55; John J. Mearsheimer and Stephen M. Walt, 'The case for offshore balancing: A superior US grand strategy', *Foreign Affairs*, July/August 2016.

78 Ibid., p. 98.

79 The White House, 'National Security Strategy of the United States', December 2017, p. 45.

80 Poll conducted by Pew Research Center, 2019:
https://www.pewresearch.org/politics/2019/07/30/climate-change-and-russia-are-partisan-flashpoints-in-publics-views-of-global-threats/

81 Audrey McAvoy, 'Diversion of funds for wall puts Guam projects on hold', *The Boston Globe*, 28 September 2019.

82 この点に関する暗黙の了解については以下を参照のこと。Aaron L. Friedberg, *A Contest for Supremacy: China, America and the Struggle for Mastery in Asia*, Norton, New York, 2011, pp. 274-275. ［アーロン・フリードバーグ著、佐橋亮監訳『支配への競争　米中対立の構図とアジアの将来』日本評論社、二〇一三年、三四八～三五〇頁］

83 Patrick M. Shanahan, 'Acting Secretary Shanahan's remarks at the IISS Shangri-la Dialogue 2019', 1 June 2019.

84 James Stavridis, 'China and Russia want to control the world island', *Bloomberg Opinion,* 11 June 2019.

85 Barry Posen, *Restraint*, p. 95.

86 'Kremlin hails special relationship with China amid missile system cooperation', *Moscow Times*, 4 October 2019.

87 'In Washington, talk of a China threat cuts across the political divide', *The Economist*, 18 May 2019.

第6章

数多のプレイヤー

ついこの間まで、「多極化」というアイディア——世界を管理する特定の国家が存在しないという多面的な世界——は、アメリカとその同盟国にとってそれほど魅力的なものではなかった。その恐るべきリスクにもかかわらず、冷戦という二極構造は、少なくとも相対的には安定していて予測可能なものであったからだ。そして一九九一年のソ連邦の崩壊から二〇〇八年の世界金融危機までの間、世界ではアメリカが疑いの余地なくその頂点に立っている、単極構造の時代を経験しているようだった。この当時、「多極化」は、アメリカの優越を終わらせるという中露の目標を伝えるメッセージとしてしばしば取り上げられていた。

だが運命の輪は回り始めた。もちろん中国はまだ頂点を極めたわけではいないし、アメリカが地に落ちたというわけでもない。それでも以前からアメリカのリーダーシップを評価してきた国々を含めた無数の国々の耳に、「多極化」という言葉が突然心地よく響くようになってきたのである。アメリカの同盟国たちから、自国の自律性を重んじる新興国まで、インド太平洋の複雑で多面的な広大さは、自らのパワーを発見し、新たなパートナーシップを作り出し、中国の影響力を吸収し、あるいは逸(そ)らすための空間を提供しているのだ。

学者や研究者たちの間では、多極化が世界をより安定させるのか否かについて、以前から意見が割れていた。たとえばより複雑で相互依存したネットワークを持つ利害関係者が増えると、地域はもっと平穏になると言う者もいるし、長期的には二極体制のみが侵略の可能性を予防する真の勢力均衡をもたらすと主張する者もいる*1。

いずれにせよ、インド太平洋という新たな時代には、多極体制が現実のものとなりつつある。すなわち、数多のプレイヤーの権利と働きを認めようとしない戦略的な秩序の概念は、考慮に値しないものとなったのだ。トランプと習近平が定義する米中二極体制よりも多極体制がどれほど不安定になり得るのか、あるいは北京を中心に描かれた単極的世界観よりも、多極体制のほうが、他の国々の国益、アイデンティティ、尊厳を現在よりも尊重しなくなるかどうかを見通すことは難しい。

日本

十年ほど前の日本は、地政学的に見ると痛ましい状態にあり、村上春樹の小説の冒頭における主人公のように、洗練された自己認識を持ち、自らへの幻滅と衰退を思い、しかしながら行動を起こす意欲に欠けていた。この国は、戦略的プレイヤーとしては休眠状態にあり、自国の国益を守り推進するための国家間の権力闘争にわずかだけ関与しようとするに過ぎなかった。

ところがこのような状況は今や一変した。近年の日本は、インド太平洋における自国の未来を守るために必要な対外関係を追求しようと最も活動的に動いており、外交的に大胆な国家——中国を除いて——であることを証明してきた。東京を訪れる海外からの訪問者は、世界の力の階層における緩慢な凋落を甘んじて受け入れている、成熟した社会の安定性と快適さという感覚を感じながらこの地を後にすることが多い。その歴史がどのようなものであれ――実際のところ、その歴史ゆえに――日本はトラブルのタネを探している国家ではないことがわかる。

ところがこの一〇年間は、この国がポストモダンという幻想の中にある国家であると当然視することは誤っているかもしれないということを明らかにした。むしろ、日本の最も基本的な国益の一つは、一九世紀半ばにこの国が最初に工業化を始めたときから変化していないのだ。それは、資源に乏しい島嶼国家であるがゆえの経済面での脆弱性を守り抜くことである。今日の日本は、ルールに基づいた国際システムを可能な限り維持することについても真剣に取り組んでいる。その理由は、うわべだけの理想論を目指しているというよりも、一九四五年以降に自由民主主義が日本の繁栄と主権にとって極めてプラスに作用してきたという現実的な認識に基づくものだ。ところが日本の外交では民族自決と人権が公式の指導原理となっており、これは少なくとも「自由で開かれたインド太平洋」というアイディアと言葉の上ではつながっているのである*2。

日本は国家としての一定のプライドを抱き続けており、それと同時に安全保障上の懸念も感じている。北朝鮮は、韓国（仲たがいした親族）やアメリカ（遠方の強国）以上に、日本を威嚇している。これらの国とは対照的に、日本は歴史的な仇敵として近傍にあり、中傷するのが簡単で、軍事的には自己抑制的であるという、北朝鮮にとっては都合の良い取り合わせを持っている。だからこそ北朝鮮は、しばしば日本の領土を超えてミサイルの発射実験を行うのである。さらに北朝鮮は日本の海辺から市民を拉致しており、この事実は今でも人々の記憶に鮮明に残っている。二〇〇一年には北朝鮮の工作船と推定される船が海上保安庁の巡視船との間で銃撃戦を行った。その一方で、日本とロシアは第二次世界大戦末期にソ連軍が占拠した北方領土の帰属について解決に至っておらず、係争空域に対するロシア航空機の侵入に対し、航空自衛隊は年に数百回のスクランブルを繰り返している。

しかしながら、日本にとっての戦略的な懸念の元凶として明白に再浮上してきたのは中国である。これは、緊密な経済関係があるにもかかわらず生じている。長年にわたり、中国は日本にとって最大の貿易パートナー（ほぼ同規模の二番手がアメリカである）であり、また一九七九年から二〇〇六年までの間、日本の最大の開発援助対象国であったが、それは遅ればせながら行われた第二次世界大戦の戦後賠償という意味合いもあり、これが中国の急速な経済発展を後押ししてきた*3。

今日における中国と日本の争いは、二国間の競争関係や、中国が経済力や防衛予算で日本を急速に凌駕（りょうが）したことや、中国が先端技術の分野でも日本に挑戦しているという事実だけに限定されたものではなくなってきている。これらの問題は、中国共産党が日本を「現代の脅威」として描写するために過去の過ちを再び取り上げるのと同時に、島嶼と海・空域を巡る対立を再燃させたことも原因となっている。日本は二つの脅威に注目している。一つ目は、中国が東アジアだけではなくより広大な海洋領域を支配しようとしていることであり、二つ目は、日本の補給線、特に特にエネルギーと食料の輸入への海上阻止に対する永続的な脆弱性である*4。海洋を自由で開かれたものとすることは、文字通り日本の国家としての生存（サヴァイバル）にかかわることだからだ。

日本の原油、天然ガスと石炭の輸入依存度は、二〇一一年の福島における「三重の災害」――地震、津波、原子力災害――が発生するかなり前から高かったが、この危機が原子力エネルギーに対する国民の信頼を揺るがした結果として、その度合いはさらに高まってしまった。その後停止された原子力発電所のいくつかが再稼働したが、輸入された化石燃料への依存度は引き続き深刻である。中東、東南アジア、そしてオーストラリアは、日本のエネルギーおよび資源供給先として引き続き死活的に重要であり、それはすべて海を通って運ばれてくるものだ。原油は日本が最も大量に輸入しているものであるが、その八〇パーセント以上がペルシャ湾からもたらされており、そのうちおよそ九〇パーセントが南シナ海を経由している*5。

日本は世界で最大の液化天然ガス輸入国であるが、これもまたその大半が南方からやってくる。したがって、日本には中国が南シナ海と台湾周辺海域をコントロールすることを阻止する切実な必要性があり、武力による「再統一」に際して、台湾とアメリカをサポートする理由があるだろう*6。だが安倍政権下で公言されている自信にもかかわらず、日本はこの地域における比類のないリーダーシップを追求しているわけではいない。東南アジアの経済面での従属を巡る限定的な競争においても、これはもはや日中の間に限定されたものではなくなっている。むしろ日本は他のさまざまな国との間にパートナーシップのネットワークを構築することによって、中国のパワー――あるいは北朝鮮の好戦性――を抑制することを狙っているのである。

日本政府はもはやアメリカ政府にすべての望みを託すのではなく、インドからヨーロッパ、東南アジアからオーストラリアに至る友好国の関係を深化させる、自らのインド太平洋戦略に重きを置いている。二〇一九年六月のG20大阪サミットで仲間の「四ヵ国」――（自国に加え）インド、オーストラリア、アメリカ――の指導者を習近平と対面で着席させたのには、ちゃんとした象徴的な意味があったのだ。日本はアメリカを意識しているが、だからと言ってすべての優先順位が特にトランプ政権下のアメリカと合致しているわけではない。日本政府は自由貿易とルールに基づくグローバルな秩序を追求しているが、これはトランプ政権の保護主義とは正反対の方向を向いている。

さらに、日本は中国との経済的な関係についても実利的だ。日本の投資対象は、中国からインドやベトナムといった戦略的方向性が近い国へと徐々にシフトしており、東南アジアにおける質の高いインフラ投資の蓄積は、中国が近年吹聴している事業よりも依然として高い価値を持っている*7。

それにもかかわらず、日本の一帯一路に対する態度には現時点で「協調と競争」という見出しがついている。すなわち、もし透明性や経済的実行可能性が日本の基準に合致したら、第三国における共同インフラプロジェクトで、日本のビジネスが中国と協力することもありえるということだ＊8。それと並行して、日本の開発支援は一帯一路政策に対する代替オプションの提供や、小国がおそらく中国から海洋資源を監視して守り抜く能力を構築する際に、アメリカとオーストラリアと協調することに重点が置かれている。

ドナルド・トランプからいかに屈辱的(くつじょくてき)な扱いを受けようと、日本政府は自国の究極的な安全保障を、アメリカを「アジアに深く関与している軍事同盟国」としてとどめておくことにいまだに高い価値を置いている。なんと言っても、東京近傍の横須賀を母港とするアメリカの第七艦隊は、将来の紛争において決定的に重要な部隊となるからだ。

同時に、日本はアメリカの太平洋を越えて増援を送る意思と能力もあてにしている。そしてアメリカの「拡大抑止(かくだいよくし)政策」――必要とあらば核兵器を用いても日本を防衛するという約束がその本質だ――は、日本がそのような核戦力を自ら構築する可能性を排除している。日本やアメリカの他の同盟国たちにとってワシントンで行われる選択は、自分たちのインド太平洋の未来にとって死活的に重要であり続けているのだ。

それにもかかわらず、安倍首相の特徴的な政策である「自由で開かれたインド太平洋(FOIP)」戦略の主眼は、インドから欧州、そして東南アジアに至る多極体制の大半を創り出すことで、リスクを回避し、この地域を支えてきた。新幹線の車中でモディ首相と安倍首相が確認したとおり、インドは優先事項なのだ。実際に、安倍首相の補佐官を最近退任した兼原氏［兼原信克前内閣官房副長官補］は「インドを我々の側につけておくことがグローバルな規模で中国との戦略的バランスを保つ唯一の方策だ」とまで述べていた＊9。

だが何人かの日本の政府関係者が非公式に「準同盟国」と言及する国がある。オーストラリアだ＊10。二〇一六年にはオーストラリア政府が、日本が新たな潜水艦の艦隊を供給して日豪の海軍を結びつけるという大胆な提案を却下したにもかかわらず、両国関係は根本的に揺らいだわけではない。そしてトランプの出現と習近平の戦略的野望の加速は、アメリカにとってカギとなるインド太平洋の二つの同盟国間の信頼と協調をさらに深化させることになったのだ。

オーストラリア

二〇一九年六月にシドニーで行った外交政策スピーチの中で、スコット・モリソン（Scott Morrison）豪首相は「インド太平洋こそが我々の生きる場所だ」と述べた。「この地域は今後も我々の繁栄（はんえい）、安全保障、運命を形作ることになる」という発言から、オーストラリアにとってこの地域がいかに重要かを理解することができる。

地理、歴史、資源、そして国民という要素の相互作用が、この国を独特の環境下に置いてきた。この国の人口は二五〇〇万人と比較的少ないが、世界最大級の海洋領域の管轄（かんかつ）など、実に広大な国土を領有している。また、この国の隣国との関係は複雑だ。オーストラリア自身は成熟した民主制国家であるが、この地域には小さくて脆弱（ぜいじゃく）な太平洋の島嶼国家から、人口の多い国、専制主義国家、民主制国家、そしてそれらの間に位置する曖昧な国など、様々な開発段階と多様な統治形態の国がある。

島の大陸として、オーストラリアは世界とつながるライフラインにとりわけ依存している。すなわち、貿易、エネルギー、金融、人材、知識の流れである。膨大な天然資源にもかかわらず、この国は輸入に大きく依存している。とりわけ、精製された輸送用燃料のほぼすべてを輸入に依存しているのだが、その備蓄は無責任と呼べるほど不十分（国際基準を満たしていない）なレベルにあり、このため経済的には東南アジアの海上交通路の混乱や封鎖に対して脆弱(ぜいじゃく)なのだ＊11。

お互いに連接された世界におけるミドルプレイヤーとして、オーストラリアは広範多岐にわたる国益を有している。そしてオーストラリア政府は――そしてオーストラリア国民の期待も――過去数十年にわたり、これらの国益をひたすら拡大して定義する傾向があった。例外的ともいえる経済的成功――主要先進国の中で一世代に渡って景気後退を回避してきた唯一の国――というまさにその事実が、政府が経済を単なる物質的な幸福に留まらない安全保障や安定性の問題としている。そしてこれが政府に対する「経済面での繁栄を保ち続けるはずだ」という国民の高い期待へと転化されているのだ。

さらに言えば、オーストラリア国民は、グローバルな秩序や、太平洋の島嶼国の様な近傍の小国の発展の双方を支援するために、自国が「予想以上の結果を出す」ことに慣れている。軍事力あるいは影響力を通じて安全保障環境を支配できないミドルパワーとして、オーストラリアはルールを基調とした国際秩序の構築に多大な精力を注いできた。そして何人かの著名な保守系の政治家――たとえば二〇一九年のモリソン首相――たちは、ある秩序は他の秩序よりも優れていると示唆してきた＊12。オーストラリアの政策エリートたちは、多文化主義と自由な民主制度という自国の価値観（および国家アイデンティティ）を、相互尊重と平等な国家主権に基づくインド太平洋秩序の中での実利的な国益とリンクさせようとしてきた。

オーストラリアが自らの国家アイデンティティを人種や宗教で定義することはありません。それは政治・経済・信教の自由、自由民主制度、法の支配、人種やジェンダーの平等、相互の尊重といった、共有された価値観により定義されるものです。われわれの法の支配の尊重は国境を超えています。われわれは国家間の関係が、国際法とその他のルールや規範(きはん)により統治される国際秩序を守ることを主張し、追求します＊13。

マリズ・ペイン（Marise Payne）外務大臣はこの考えをさらに進め、民主制度の「原則」と各国の権利が「より強固な国家関係をもたらす」と述べ、オーストラリアはこれに率先して実例を示して「他の国々が強要されているとき傍観すべきではない」と宣言している＊14。もちろんこれは理屈としては素晴らしいのだが、オーストラリアの国益はこの国が自分だけで守り、推進するには単純に言って範囲が広すぎるということの証拠にもなっている。相互依存的な世界では、すべての国家の権益がその能力を上回っているものだが、この問題はオーストラリアにとって特に深刻だ。この国は卓越して強力な友邦――当初はイギリス、そして一九四二年以降はアメリカ――を常に頼りにしてきたのだが、そこには著名な外交政策の専門家であるアラン・ギンジェル（Allan Gyngell）の言葉を借りれば「見捨てられの恐怖」が伴っていたのだ＊15。

今日のオーストラリア政府の対外政策は、ワシントンと北京の間で同じように板挟みとなった中堅国たち、すなわち、インド、日本、インドネシアを含むパートナーシップをあからさまに強調するものとなっている＊16。このような視点は党派を超えて受け入れられており、影の内閣で外務大臣となったペニー・ウォン（Penny Wong）は、二〇一九年にジャカルタで、オーストラリアは「多極化された地域を通じてのみわれわれの目標を実現できる」と宣言している＊17。オーストラリアは、信頼できる安全保障対話のために新たな独創的な「スモール・グループ」を創設することと、これらの「ミニ多国間」を、より大きな国同士の二国間関係や、オーストラリアが推進に尽力した包括的地域機構と組み合わせる、多層的な外交の構築を先導してきたのだ。

しかし、軍事面での重要性において、アメリカとの同盟に代わるものは依然として存在しない。そこが問題なのだ。オーストラリアの政策は、豪米同盟を自国の国益を護るための手段として扱うのか、それとも同盟自体を国益として扱うのかを巡って混乱しているのである。

首相は豪米同盟を「われわれの過去であり、現在であり、未来である」と無批判に礼賛(らいさん)しているが、これは実態を曇(くも)らせているだけにすぎない*18。

オーストラリアはアメリカ製の軍用品、インテリジェンス、そして重大な危機に際しては圧倒的なアメリカ軍が「太平洋共同防衛条約」（ANZUS Treaty）に基づいて来援してくれるだろうという期待に大きく依存している。アメリカ軍とオーストラリア軍は一体となって訓練して共に戦う「相互運用性(インターオペラビリティー)」を有するようになった。トランプ政権と彼の同盟国に対する姿勢の変遷(へんせん)があっても、オーストラリア国民はアメリカとの同盟を必要不可欠なものと認識しており、二〇一九年のローウィー研究所の世論調査によれば、七三パーセントの国民は、豪州が脅威にさらされればアメリカ軍が防衛のために来援するだろうと信じている。だが同時に六九パーセントの国民が、豪米同盟が自国の国益と無関係な「アジアにおける戦争」にオーストラリアを巻き込む可能性の方が高いと感じているのだ*19。

これらを踏まえると、今後のインド太平洋の混迷の時代に航路を切り開く上でのオーストラリアの主要な目標とは何であろうか？　他の全ての国と同様に、オーストラリアも繁栄と平和、安全保障と主権を追求している。しかしながら、これらの耳あたりの良い目標の内側から、あるいは目標と目標の間で、緊張関係が生じつつある。例えば「ルールの尊重」というのは、係争中の地域においては中小国の主権にとって最終的には利益となるはずだ。だがすべての重点が主権に置かれた場合には、そのルールの受け入れは選択的なものとならざるを得なくなり「ルールに基づく秩序」という体系は劣化することになる。

オーストラリアのインド太平洋に関する対外政策の内側に存在するもうひとつのディレンマとは、中国による地域支配が阻止されることを望む一方で、それが戦争や経済崩壊をもたらすようなやり方は望んでいないということだ。オーストラリアと中国の間の驚くべき貿易量は世界的にも有名だ。製品の三分の一が中国に輸出されており、中でも鉄鉱石は群を抜いている*20。しかしながら、これは多くの人が想像するような「経済面における圧倒的な脆弱性」にはつながっていない。オーストラリアの対中貿易依存は、中国自身の豪州産の鉄鉱石に対する依存（直ちにこれにとって代われる国が存在しない）という事実、そしてアジアや欧州のいくつかの国と比較すれば、オーストラリア経済はそもそもあまり輸出に依存していないという事実によって緩和されている*21。

そうは言っても、北京との濃密な貿易関係は、有権者が経済状況に敏感であることに気を配るすべてのオーストラリア政権にとって、高い優先順位を有している。専門家（オブザーバー）の中には、中国が台頭するに従い、オーストラリアが「最大の貿易パートナー」と「安全保障上の同盟国」の間で厳しい選択を迫られると言及する者もいる。

このような言説は、人騒がせなニュースの見出しを安易にもたらすことになる。なぜならこれはただの単純化というだけではなく、明らかに不正確なものだからだ。中華人民共和国は確かにオーストラリアにとって最大の貿易パートナーであるが、オーストラリア経済における投資元としては第九位と立ち遅れており、シンガポールやオランダ、ルクセンブルクといった小国に対しても後れを取っている*22。仮に香港の投資を中国に足し合わせても、アメリカ、イギリス、ベルギー、日本に次ぐ、第五位を占めるに過ぎない。アメリカは終始一貫してオーストラリア最大の投資元であり、二〇一八年の統計では、外国からの累計投資額のうち二七パーセント近くを占めている。これに対して中国の割合は一・八パーセントに過ぎず、さらにその差は近年広がってきている*23。

このため、もしインド太平洋における安全保障上の競争がオーストラリアに選択を迫っているとしても、その選択は経済的繁栄と安全保障を秤（はかり）にかけるよりももっと微妙なものとなる。「貿易」とはすなわち取引のことだが、これに対して「投資」とは信頼なのである。これまでのところ、中国との間の巨額の貿易関係が、アメリカとの安全保障上の結びつきを減退させることにつながっているという視点は、明らかに正しくない。

実際のところ、オーストラリアと日本はアメリカの最も緊密な同盟国だが、彼らは中国が政治的影響力を効果的に拡大している東南アジア諸国よりも、中国と重要な貿易関係を築き上げている。このため、貿易関係は戦略的な選択を決定しないし、アメリカとの同盟は、ある国の貿易相手の選択における戦略的な自律性を損なうわけでもない*24。

さらに言えば、オーストラリアに対する他の主要な投資国——たとえば日本——は、中国との間で安全保障上の異なる問題を抱えており、オーストラリアを将来の自国の資源を確保するための場所と見做している。日本によるオーストラリアの天然ガス田の開発は、まさにこの事情から説明できる。多くのミドルプレイヤーと同様に、オーストラリアは多面的なゲームにおけるたった一人のプレイヤーではなく、むしろ潜在的に見れば、ゲーム盤の上で他国が欲する場所を占めているのである。

もちろん経済を外交的圧力の道具とすることもできるが、これも政治を介してシグナルが伝達された場合に限られる。政治、国内の利害関係、一般大衆の認識が重なり合う部分とは、安全保障分野で他国に影響を及ぼすために経済的なつながりを強く利用できる場所であり、このために主権の中の譲れない部分——独立した意思決定——がリスクにさらされるという側面がある*25。

近年のオーストラリアは、自国の政治と社会に対する中国共産党の干渉に関する報道をめぐって、世界的な議論の渦中にある。そこで伝えられているのは、対外政策に影響を及ぼすための政治献金の使用や、豪国内の多様な中国人コミュニティの中にある様々な意見に対する威嚇などだ*26。対抗策としては、外国の政府から政党への政治献金を禁止することを含めた、水面下の影響工作や諜報活動に対する、法律面での取り締まりの強化などがある。この議論によって、オーストラリア国内の多様な中国系コミュニティを含め、国家に対する忠誠心や民主制度の価値観などの問題について、亀裂が広がり始めた。オーストラリア政府にとって今後の課題の一つは、国内の一二〇万人の中国系市民に対し、国内安全法は彼らを外国政府による干渉から守ることを意図したものであり、彼らの忠誠心の欠如を責めているわけではないと安心させられるかどうかだ。オーストラリアは、かなり早くから主権問題への中国からの干渉を発見して阻止したという意味で「炭鉱のカナリア」と呼ばれるようになってきている＊27。

オーストラリア政府の安全保障上のあらゆる意思決定は、アメリカからの指示に基づくものだという理解は、いかなる意味においても誤解を招きかねない。むしろオーストラリアはこの点においては「追従者」というよりも先導者であり、すべてのリスクと責任を背負って、独自に行動するミドルパワーなのである＊28。実際のところ、中国という一党独裁国家による干渉に対するターンブル政権の抵抗は、アメリカが同様の対策をするはるか以前から着手されていた。たとえば死活的に重要なインフラへの中国からの投資を排除――たとえば国内の５Ｇネットワーク構築から巨大な通信事業者であるファーウェイを除外――するというオーストラリアの重大な決断は、アメリカ自身が中国企業の活動に制約を課すのに先んじて行われていた。

米豪同盟の批判者たちは、当然ながら、今よりも独立した対外政策を求めることが多い。確かに、二〇〇三年のイラク侵攻という愚策にオーストラリアが（そして恐らくはイギリスが）合流することを断ったとしたら何が起こっただろうと想像することは、合理的な仮想現実だ。しかし「独立」とはワシントンへの服従を中国への服従に乗り換えることを意味しているわけではない。

このオーストラリアの経験は「米中の戦略的競争」という状況下で、自国の国益、価値、アイデンティティを守ろうとしている多くの中堅国にとって、良い手本を示している。対外政策、安全保障、経済、国内の強靭性の間の関係は、これらすべての分野に内在する緊張関係のコントロールを複雑化させることがある。このため今後の「新たな標準（ニュー・ノーマル）」には、絶え間ない摩擦を受け入れることが必要になってきそうだ。オーストラリアと最も小さな近隣国家、たとえば太平洋の島嶼国との関係においても、「中国」という要素を除外して考えることは不可能なのだ。

二〇一八年以降、オーストラリア政府はメラネシア全域に対する援助、外交、教育および安全保障上のプレゼンスなどに、大規模に「格上げ」した投資を行ってきた。豪政府は、表向きはこうした動きを主として、太平洋の「家族」として行う適切な振る舞いであると主張している。もちろんお互いを無視したり不満を抱いた時期もあったが、オーストラリアが脆弱な近隣国を強化しようとしてきたのは歴史的な事実なのだ。

しかし当然のことながら、オーストラリアは同時に、自国の根本的な国益に基づいて行動している。南太平洋における中国のプレゼンスは急速に拡大しており、公然・隠然に関わらず、海軍艦艇の寄港、重要インフラのプロジェクト、政治面での影響工作の努力などが含まれている。一見するとそのメインルートから外れているようにも見えるが、南太平洋は中国に二〇一五年以降に公式に「一帯一路」の分岐ルートであると宣言されている*29。そしてオーストラリアは、一九四二年以降では初めて自国の東方に軍事基地を建設している潜在的に非友好的な大国の可能性を認めたのであり、この可能性の実現を阻止すべく決意を固めているように見える*30。

そういうわけで、包括的なインド太平洋政策を宣言し、旧来のアジア太平洋同様に広大なインド太平洋にまたがる自国の国益を守る必要性を認識してから数年もしない内に、オーストラリアは突如として自国の近傍に戦略的なリスクを発見することになったのだ。もちろんその限定的な能力――防衛力でも外交力でも――では、全ての前線を守ることはできないだろう。このため、オーストラリア政府がアメリカとの同盟だけでなく、全く異なる種類のパートナーに期待を寄せているのも当然なのだ。このため、インド洋ではインドが、インド太平洋全域では日本とフランスが、東南アジア水域では複雑な関係の隣人であるインドネシアが、新たな重要性を帯びてきたのである。

インドネシア

インドや中国と同様に、巨大な群島国家であるインドネシアは経済開発を切実に必要としており、そのために必要となる地域の安定を求めている。インドネシアは数百にも及ぶ民族や言語集団にまたがる二億七〇〇〇万人以上の国民を無理やりまとめており、そのために「ありえない国」と呼ばれてきた。そこには「うわべだけの共通の歴史」が存在するが、この国が数千の島々にまたがっていることから、共通の文化がほとんど存在しないことは驚くに値しない＊31。このため、統一され独立した——そして一九九八年以降は——完全な民主国家としての純然たる存在は、驚嘆（きょうたん）に値する偉業なのだ。

しかしながらそこには新たな試練が横たわっている。インドネシアは昔から「自由で積極的な」外交を求めており、東南アジアだけでなく非同盟世界の多くを先導すると主張してきた。しかしこれは、この国の有名な芸術であるワヤン・クリ（**wayang kulit**）、つまり人形影絵芝居に似た政治技術の一種とみなされてきた。すなわち、自国民から外国勢力に至る観客は、中身は空っぽかもしれない芝居劇の見せかけに魅了されてきたのかもしれないのだ。

国家主義者的（ナショナリスト）な美辞麗句（レトリック）と、議論中心のＡＳＥＡＮ外交の組み合わせは、往々にして戦略的指針、リーダーシップ、あるいは国力増強の代用品となってきた。ところがインドネシアはいまや二〇五〇年までに日本を追い抜いて世界第四位の経済大国になると言われている。さらに混迷を深めるこの地域において、インドネシア政府は無秩序に拡散する自国の権益を護るために必要とされる国力と能力を発展・利用するために、今よりも自国の誓約と現実（リアリティ）の間隙（かんげき）を埋めるための努力をさらに行う必要があるだろう。

中国や、あるいはインドとも異なり、インドネシアは「大国」——自国の意思を他国に強要するだけでなく、自らを防衛できる国——という地位を得ようと悪戦苦闘している。この国の軍隊は、長いこと外部の敵と向き合うよりも、国内の治安維持のために用いられてきた。これはある意味で当然のことだ。なぜなら国内の不安定、すなわちイスラム原理主義のイデオロギーやテロリズムは異質なものであり、成熟の途上にある民主制度において終わりの見えない問題となっているからだ。

インドと同様に、インドネシアの国力はそれぞれのパーツを足し合わせたものよりも劣っている。そしてこの国の組織力と動員力には、依然として疑問符が付く。大衆迎合主義（ポピュリズム）あるいはイスラム原理主義へと移ろいやすいリスクを抱えたこの国の政治を含め、国内には依然として多くの機能不全が存在する。軍の政治における既得権益は相変わらずであり、民主的で文民の権威を確かなものにすることを意図した改革を後退させてしまう潜在力を持ったままだ＊32。

そのため、ここに際立った特異性を見出すことができる。インドネシアは首まで海に浸かった国家であり、その排他的経済水域（ＥＥＺ）は領土の四倍の広さがあり、海外線の長さは世界で二番目に長い。ところが大規模なのはインドネシア陸軍であり、海軍は弱小なのだ。インドネシアの指導者たちは、これが係争区域において自国を守るのに十分な態勢ではないことを承知している。「ジョコウィ」ことジョコ・ウィドド（Joko Widodo）大統領は、インドネシアを「グローバルな海洋の支柱」（Poros Maritim Dunia）という役割として捉（とら）え直し、インド太平洋で自国が地理的な中心にあると認めてきた。二〇一四年の第一期就任演説では、彼は二つの大洋をつなぐシーパワーとしての国家目標を強調している。

　インドネシアの海洋国家としての地位を回復するため、われわれは尽力しなければならないのです。

大洋、付属海、海峡、そして湾は、われわれの文明の未来であります。われわれはあまりに長い間、これらの海に背を向けてきたのです。……「海にあってこそ我々は栄光に包まれる」(Jalesveva Jayamahe) のです*33。

これは大胆かつ論理的なビジョンだ。ここではインドネシアにとって、海洋が良くもあり悪くもあるということ、すなわち、好機と脆弱性、独自性と義務といったものをもたらすことを認めている。インドネシアの天然資源の多く――漁業資源、原油、天然ガス――は、沖合の海に存在している。ほぼすべての他国から見たインドネシアの戦略的重要性は、この国の地理的位置に由来するものだ。つまりこれらの国々の通商や軍隊は、インドネシアの領水と領空を往来しているのだが、インドネシア自身はそこから経済的な見返りをほとんど得ることができていない。

インドネシアの大統領であるジョコ・ウィドドは2014年の就任演説で自国の海洋の未来について宣言した。

インドネシアの外交官や学者たちは、群島内の水域における主権を認める法律の案出において世界をけん引してきた。ところが彼らの国は海洋領域の管理・監視でも苦闘しており、その結果勝ち得たものは、違法漁業、密輸、海賊が蔓延する領水だった*34。インドネシアが真の意味で国家としての約束――国内的に団結し、対外的に信用される――を果たすためには、島と島との間の空間を支配する必要がある。なぜなら現時点では、これらの水域のもつ中心的な位置づけが、インド太平洋のライバル国たちにとって戦略的に極めて重要になっているからだ。

もちろん問題は山積（さんせき）している。中核的な問題は、これまでささやかな進展しか見せていない。寄せ集めでしかない海洋官僚組織を一つにまとめる作業はまだその途上にある。インドネシアの港湾インフラは、アジアで最も劣悪なものの一つとして知られてきたが、中国よりも日本からの投資を得て、その状況を改善しつつある＊35。

海軍も拡張中だ。インドネシアは分散した迷路のような水域で警察行動を行うために必要な高速哨戒艇を建造しているが、外洋での活動、情報収集、戦闘、あるいは抑止ということになると、より発展した隣国——中国は言うまでもないが——であるオーストラリアとシンガポールの海軍と比較すると、はるかに弱体なままだ。この海軍の弱さは、中国が係争中の南シナ海に対する主張をさらに推し進め、インドネシアのナツナ諸島に対しての主張を再燃させているために、大きな問題となる。厳密にいえば、両国ともこれを「領土紛争」とは呼称しておらず、これまでの衝突は漁業をめぐるものだということになっている。

これまでインドネシアの指導者たちは違法漁業に強硬な姿勢で臨（のぞ）んでおり、多くの国の漁船が燃やされ、銃撃されてきた。しかしインドネシアの海事安全保障機関〔沿岸警備隊〕は、より大型の中国海警の船舶が介入してくると、そこがインドネシアの領海であっても引き下がってきた。その後、インドネシア政府は漁場を守るために海軍を展開するようになった＊36。このため、この問題の解決策を巡って危険な状況が発生するのは時間の問題となっている。

外交面では、インドネシア政府は二〇一九年中盤に「インド太平洋に関するアウトルック」と呼ばれる文書を作成する際に、域内における新たな課題を認めるように他のＡＳＥＡＮの国々を先導してコンセンサスを得るという成果を挙げている。このことは、中国を中心とした秩序にも、アメリカが主導する中国との戦略的対峙の、いずれにも与（くみ）しないという東南アジアの共通的な意志を反映したものであるのと同時に、ルールに基づき、強制力に拠らず、ASEANを中心とした地域の外交機構を通じてお互いの相違を埋めるという、いわゆる「第三の道」への願望を示している。

だからこそインドネシアの政府関係者は、地域諸国に対してこの地域の将来が本当に「インド太平洋」に――インドやオーストラリアのような国々と共に――にあるということを納得させることができたという自らの功績を誇ることができるのである。

ところがこれも問題の捉え方の話であり、下手をすると東南アジア諸国連合による外交努力を自らの手に負えない緊張関係に直面させることにもつながりかねない。なぜならインドネシアにとっては、これは現実の力関係を変更するというよりも、弱い手札で何とか勝負することになるからだ*37。このため、研究者たちはインドネシアが人形影絵芝居から脱却して、本気で物事を動かせるような国になれるのか疑問視している。これについては「ゲーム」が手がかりを握っているかもしれない。不確実性に備えるために、政府や軍、そしてシンクタンクは、二〇世紀中盤に流行した「図上演習」によって再び未来を占おうとしている。そのような戦略シミュレーションでは、例によって米中関係をはるか未来まで見通すことになるのだが、そこでは第三の勢力がカギを握ることもある。

本書の著者である私が経験した図上演習では、インドネシアは穴馬であった。すなわち、過小評価されているが、外交的にはバランシングとバンドワゴニングを柔軟に使い分けることで自らを大国を利用する立場に置き、目立たぬように経済成長を蓄積して、それを軍事力へと転換するのだ。

しかしここで「ゲーム」と「現実」が分離していく。持続的な経済成長という予測は、予言通り達成されるとは限らないからだ。インドネシアの自由貿易への支持は称賛に値するが、これは成長を阻害する保護主義の伝統と真っ向から対立している。

インフラ面での格差も依然として大きい。インドネシア政府は、中国の一帯一路がもたらす潜在的な物質的恩恵に全面的に反対しているわけではない——結局のところ、習近平が「海のシルクロード」を公表することを容認されたのは、ジャカルタの地だったからだ。ただし、インドネシアが中国に「特例的な資金援助」を求めているという見出しは、その契約の微妙な点を見過ごしている*38。インドネシア当局は、自分たちの条件に合致した場合にのみ中国からの資金を欲する一方で、保険（ヘッジ）を掛ける努力も惜しんでいない。すなわち鉄道事業に対して中国の資金を受け入れつつ、戦略的により重要な港湾事業については日本とインドに任せる、といった具合だ。その一方で、エネルギー部門は相変わらず混乱しており、海外からの投資は旧来の国有化政策によって阻害される一方で、インドネシア自身の原油生産量は減少傾向にある*39。

インドネシアは様々な意味で岐路（きろ）に立っている国だ。インドネシアは植民地時代を経験した国にありがちな主権への執着と、拡大する自国の権益を守るためにやれることは何でもやる必要性とを調和させることができていない。時にこれは自らの資源を動員することを意味し、ある時にはパートナーシップに対して更に創造的な取り組みを行うことや、もしくは進んで自らの立場を表明することを意味する。そしてこれらに伴（ともな）う難問は、インドネシアだけに存在している問題ではないのだ。

多様な国が集う海

インドネシア政府が抱えている外交政策上の懸念は、東南アジア全域の国々が同じように抱えている懸念が反映されたり形が変わって映し出されたものだ。ＡＳＥＡＮの一〇ヵ国の懸念について概括することは実に容易（たやす）い。彼らは開発と社会の団結を最優先し、米中の狭間（はざま）で立ち往生し、自国の自律性を維持しようと決意を固めているが、コンセンサス重視の鈍重（どんじゅう）な外交手法にも固執（こしつ）しており、その実態としては合計で六億五〇〇〇万の人口と三兆米ドルの経済が与えてくれるはずの立場よりも弱い状態にある。同様に、これらの国々の違い、特に一般に「親中国」と信じられている国——たとえばカンボジアとラオス——と、より独立独歩の道を努力して勝ち取っている国々との違いを誇張して指摘するのも容易だ。

しかし、東南アジアには捉えがたい場所という一面もあり、これらの国の間に存在する重要な相違性と類似性は、複雑で分野横断的である。矛盾も当たり前のように存在する。その証拠に、最も中国寄りの発言が、アメリカと同盟関係にある民主国家の民族主義的指導者（フィリピンのドゥテルテ大統領のことだ）の口から示されることもある。同時に、ベトナムの共産主義政権が、かつての不倶戴天の敵であるアメリカとの防衛パートナーシップを通じて中国に対する抵抗を積極的に追求するのと同時に、ロシアとインドから装備品と訓練を受け入れて国軍の強化を行ったりしている。

ベトナムは、インドネシアの次に重要な域内大国となる潜在力を秘めており、誰の属国にもならない国だ。マレーシアの指導者は、ある年には中国の「植民地主義」を非難し、その翌年にはその情報通信技術を称賛している。シンガポールの大統領は、アメリカが対中軍事・経済競争に力を注ぐことの危険性に警鐘を鳴らす一方で、この島国の都市国家は、来訪するアメリカの航空母艦を寄港させて、中国の政治的干渉に断固として抵抗している。

ＡＳＥＡＮ諸国の国益と態勢に絶対的な違いを示すものはなく、それぞれ程度の違いがあるだけだ。すなわち、誰もが中国の持続的な成長と関与が与えてくれる経済的恩恵を求めているが、全ての国——ラオスのような小国であっても——が中国による支配を恐れている。カンボジアは中国の従属国のように見えるが、国民は今のエリート層が国益を北京に売り渡していると感じており、怒りと長期的な反目を引き起こしている。

その度合は様々であるが、全てのＡＳＥＡＮ諸国が多極化した地域をはぐくむことに前向きであり、アメリカ、日本、インド、その他の国とは、中国とのバランスをとるために関与しつづけている。今やすべての国がインド太平洋を地政学的な現実であると認識しており、これを拒否するよりも、その制度を通してこれを受け入れたほうがＡＳＥＡＮにとって得策であると感じているのだ。

またすべての東南アジア諸国は、たとえそれが「現実」というよりも「アイディア」に近いとしても、ＡＳＥＡＮの一体性とその働きを大切にしている。その典型的な例は、南シナ海における主張の相違を管理するための「行動規範」について、彼らが中国と交渉を試みた際の粘り強さに見ることができる。この遅々として進まない外交プロセスは二〇〇二年から続いているものだが、この間に中国はこの係争水域において軍事化された人工島を建設しており、将来のいかなる「規範」であっても中国の違法な進出を防ぐのではなく、むしろそれを肯定する方向へと作り変えてしまった。「包括的な外交討論の場を用いて地域の難題に取り組む」という目標は、たしかに気高いものではあるが、それは戦略バランスが危険な方向へと傾いている合間に対立を先送りすることでもあるのだ。

朝鮮半島でも事情は同じだ。大韓民国、あるいは韓国は、広大なインド太平洋にまたがる極めて大きな権益を有している。エネルギーに関してはインド太平洋のシーレーンに大きく依存しており、中国あるいは日本の依存度よりも深刻で、これには自国の原油需要だけでなく、輸出用の精製油も含まれる。この国はアメリカの同盟国であるのと同時に、発達した民主国家でもあり、造船業を主要産業とする世界第五位の輸出大国でもある。

韓国は世界で六番目に取扱量の多い貨物港や、大規模な商船隊や漁船団、そして強力な外洋海軍を保有している。中国との間の巨額の貿易および投資関係は、アメリカのミサイル防衛システムの韓国政府の受け入れ意志をめぐって、中国政府が韓国企業に制裁を加えたことで高まった不信により影響を受けている。

ところが地域の統合が進展しているにもかかわらず、韓国は自国の近傍の問題にくぎ付けにされてきた。

韓国と日本――韓国が多くの共通の利害関係を有しているはずの国――の関係は、日本による植民地化と戦時中の圧政という負の遺産により歪(ゆが)められている。これについて完全に折り合いをつけることに失敗していることは、普段は賢明な日本政府の外交における不条理な盲点となっている。しかしながら韓国政府の外交と軍事は、主として危険で向こう見ずな北の隣人とのトラブルを中心に動いている。

ところが、韓国が域内で野心的なプレイヤーになりつつあるという兆候(ちょうこう)がある。たとえば、海軍の遠洋における演習、東南アジア諸国との安全保障・情報対話、特殊部隊が中東において果たしている役割などである。文在寅(ムン・ジェイン)大統領は、二〇一九年にＡＳＥＡＮとの関係を深めるための「新南方政策」――東南アジア諸国に中国からの投資に代わる代替オプションを提供し、韓国が外交面で自由に動き回れる空間を、中国、日本、ロシア、そしてアメリカというダイヤモンド型の壁の外側に拡大する――を発表した＊40。韓国政府とインド政府は、互いを鉄鋼業と自動車製造業――現代(ヒュンダイ)自動車は急成長するインドの自動車市場において五番目のシェアを占めている――における提携相手とみなすようになり、二〇一九年には海軍の兵站(ロジスティクス)、防衛技術、サムスンの携帯電話（これにより中国依存から脱却する）へと協業分野を拡大した＊41。

「インド太平洋」という言葉が、アメリカや日本で使われているような形で韓国の当局者たちに言及されるようになるのかは未(いま)だ不透明なところがある＊42。しかし大事なのは言葉よりも行動だ。日中のライバル関係が日本政府のインド太平洋をまたにかけた積極的な行動を推進しているように、日中という近隣大国に対抗する自己主張のための奮闘は、韓国政府をより広い水平線へと向かわせ、その途上で新たなパートナーたちを利しつつある。

人口二五〇〇万の貧しい国である割に、北朝鮮は核兵器開発計画と戦争に訴えるという脅しのおかげで、地域とグローバルな安全保障に対して不相応に大きな影響を及ぼしている。これはインド太平洋広域にまたがる戦略的力学と完全に無関係というわけではない。北朝鮮政府は海上交通路(シーレーン)を、ミサイルおよび核開発計画への支援を含めた密輸活動のために利用してきた。北朝鮮・パキスタン連合は、核およびミサイル開発分野の闇市場で、長年にわたってその一翼を担ってきた。そして国際法に対する北朝鮮の絶え間ない攻撃――核およびミサイルの試験からサイバー攻撃、さらには暗殺まで――は、この地域の制度機関に団結してこれに立ち向かうための口実を与えている。朝鮮半島における危機――全面戦争の可能性を伴う――は、この地域と世界の将来を根本的に変えてしまうような重大な発火点となる可能性を秘めている。これは多くの大国――中国、アメリカ、日本、韓国、さらにロシアも――にも影響を与えるだろう。

インド太平洋の大国としてのロシアの地位には、かなり議論の余地がある。ロシアは昔から部分的には太平洋の大国であったが、ウラジオストックを母港とする艦隊は、ソ連崩壊後に衰退してしまった。プーチン大統領は少なくとも二〇一三年以降、「東方への回帰」政策を推進してきた。この政策は、特に欧州におけるロシア自身の攻撃的な行動が西方における協調的で順調な未来というチャンスを潰してしまったので、東方において中国と日本に対するエネルギー輸出を促進し、中国、ベトナム、インドおよびインドネシアへの武器輸出を回復することを狙ったものだ。インド太平洋におけるロシアの権益は、三つの急務と絡み合っている。すなわち、アメリカや他の民主国家との広範な戦略的競争、強大な中国との関係をうまく保つこと、そしてグローバルな大国としてロシアに残された地位の維持である。

しかしながら、これらの急務は同時にロシアにとっても足かせとなっている。まずアメリカおよび「西側」との競争は、これまで通り、欧州と北大西洋を主な舞台として行われるだろう。北京との関係は、典型的な戦略パートナーシップという衣をまといつつ、究極的にはモスクワが永久に従属的パートナーとして取り扱われることを恐れるがゆえの「政略結婚」でしかない*43。当然ではあるが、中露情勢についてはとりわけ「アメリカのミサイル発射を探知するために中国を技術的に支援する」という二〇一九年一〇月のプーチン大統領の声明に本当にロシアが従っていくのか、油断なく注視していく必要がある*44。

しかし、たとえロシアと中国による共同支配体制がユーラシアから他の大国を締め出すと警告する専門家たちでさえ、中国がロシアからの要求や懸念を受け入れているのは「過渡期」――つまり中国の立場が真に支配的になるまでの間――に過ぎないと指摘している*45。いずれにせよ、ロシアの本当に堅固な対中関係はインド太平洋という海洋領域では限定的であり、ユーラシア大陸を主な舞台として経済的な連携を行い、中央アジアの反自由主義的な政権を支援しながら、両国が「テロリズム」とみなす勢力に対抗する形となっている。

このように、アメリカの力がインド太平洋で縮小していくのを見て満足している間は、ロシア政府は中国が主導権を握るのを許すだろう。ところがロシアが自国の死活的利益を本当に米中対立と絡めて考えているのかどうかは極めて疑わしい。ロシアは中国を対米戦争に引きずり込みたいと本当に思っているのだろうか？*46 一方の中国は、ロシアが無謀な形で中国が主導したものではない危機に関与するのを警戒するはずだ*47。二〇一九年七月に中国と共同パトロールを行っていたロシア軍機が、韓国の空域［竹島周辺空域］にうっかり入り込み、激怒した韓国側の警告射撃を誘発したが、人民解放軍はこれを苦々しく感じたはずだ。さらに言えば、インドとベトナムへ最新兵器を売却する時に、ロシアは中国にとってよそよそしい友人となるのである。

いずれにせよ、ロシアがいくらインド太平洋へリバランスしても、ロシアの長期的な凋落(ちょうらく)を止めることはできないだろう。ロシアは膨大な核兵器を備蓄し続けており、サイバーやインテリジェンスという闇の分野では恐るべき力を秘めている。ロシアの海・空軍は、日本から東南アジア、時には南太平洋までプレゼンスを示している。それでも、ロシアは脆弱な経済と劣悪な人口統計を持つ、いびつな大国であることは間違いない。為替(かわせ)レートで換算すると、ロシア経済は、カナダのそれよりも小さいのである*48。エネルギー輸出への依存状態は、原油価格が低迷する中では何の助けにもならない。劣悪な保健衛生と平均寿命の統計から見ても、ロシアの人口は長期的に見て減少傾向にある＊49。来るべき数十年、ロシアはインド太平洋で主要なプレイヤーであるのと同時に混乱をもたらす国であり続けるだろう。しかし、この国が決定権を握るようなことはないはずだ。

グローバルなインド太平洋地域

ロシアと同様に、欧州も懸念材料を数多く抱えている。その中でも際立っているのは、欧州の「歴史から逃れた長期休暇」の日々が終わりを告げつつあること。そして、安全保障、経済、そして政治問題が周辺で山積みとなっているのと歩調を合わせて、いくつかの主要な欧州諸国とヨーロッパ連合（ＥＵ）が、より広い意味で久々にインド太平洋について真剣に考えるようになり始めたことだ。

欧州は昔からアジア、特に中国を、交易上のチャンスと見なしてきたし、多くの欧州諸国がこのような観点から一帯一路政策を歓迎してきた。その一方で、ヨーロッパの企業は昔からこの地域に対して武器を輸出していた。しかしインド太平洋への欧州の関与はより繊細でリスクに敏感なものとして台頭してきている。これは、海上交通路に頼った経済的利益や、一帯一路が持つ地経学的に隠された意味、中国のサイバー・インテリジェンス活動のグローバルな性質や、復活した大国間の緊張関係がリベラルな国際システムに及ぼす幅広いリスクといったものを欧州が認識したことによって突き動かされているのだ。

フランス政府はインド太平洋という概念を、自国の世界戦略の中核として心の底から支持しながら、欧州におけるこのような変化を先導してきた＊50。フランスは「本物のインド太平洋の大国である」と主張することができる。なぜなら太平洋及びインド洋に多数の島嶼を領有しているため、欧州の他のいかなる国よりも広大な排他的経済水域（EEZ）を恒久的に支配しているからだ。フランスはこれらの領土に一五〇万人の住民と、八〇〇〇名の兵員、小規模の艦隊を常駐させており、これを二〇一九年の空母「シャルル・ド・ゴール」（Port-avions Charles de Gaulle）の寄港のように、艦艇の長距離展開で補強してきたのだ＊[51]。フランスはインド、オーストラリアおよび日本と安全保障上の結びつきを強化している。特にインドとオーストラリアは、フランス製武器の輸入国の筆頭である。ルールに基づく世界秩序に対する圧力——これをもたらしているのは中国、ロシアそしてアメリカである——が高まる中、マクロン大統領は、中国の「覇権（ヘゲモニー）」を阻止する必要性を公言しつつ、インド太平洋における自由民主主義の原則を力強く掲げている＊[52]。フランスとイギリスの軍艦は、法に基づく海洋利用の自由の正常化を強化するために、係争中の水路——南シナ海と台湾海峡——をたびたび通航している。そしてドイツもこれに続こうともくろんでいるのだ。

しかし完全に合理的な疑問として、このようなヨーロッパによるアジアへの関与がどこまで真剣な取り組みなのかを問うことは可能だ。フランスのように遠方にある国が、中国との海洋領域における対立のために、自国の軍隊と経済を本当に危険にさらすつもりなのだろうか？　イギリスはただでさえブレグジットへの対処で忙しいのに、たとえば香港人やウイグル人の人権のために本気で外交資産を投入するだろうか？

イギリスはスエズ以東への外交に明らかに再投資——拠点を開設し、人員を増員する——しているが、それでも全般的な戦略は不透明なままだ。ブレグジットで疲弊（ひへい）したイギリスの政策立案者たちは、二〇一九年の時点でも、この地域に対する自国の関与をアジア太平洋からインド太平洋の政策に公式にシフトするのかという議論を続けていた＊[53]。それでも欧州の大国、集団的にはＥＵ、そしてイギリスは、単なる商業的な観点以上の目で、インド太平洋を見はじめている。

欧州やロシアのような、やや「域外」のプレイヤーにとって、インド太平洋にどれほどの利害関係を本当に有しているのかは明らかではない。しかしこの域内で生きる多くの国家にとっては疑問の余地はない。それは、全てを手中にするのか、失うのか、という問題なのである。太平洋とインド洋にある小さな島嶼国たちは、自分たちが大国同士の抗争の場となっていることを理解している。これは必要とされている自国の開発を進める上で利用できるものだ。実際のところ、中国やその多くの競争相手が、援助、インフラ建設、訓練の提供をめぐって突然競い合うのは、実に恵まれた状況と言えるのかもしれない。

しかしながら、たとえ象徴的なものであっても、こうした注目の代償が、とりわけ主権の侵害や外交政策あるいは資源の使用についての制限、あるいは大国から継続的な圧力を受けずにインフラに関して独自の選択を行う能力の制限につながる場合、自国が他国の戦場になることを望む国はない。これらは、南太平洋やインド洋では自明の問題となっている。なぜならこの地域では、一方に中国やインドといった大国があり、他方にはバヌアツやモルディブのようなミニ国家があって、力の格差があまりに明白だからだ。アフリカでも同様であり、中国との間でバランスをとろうとしている日本、インド、アメリカそして欧州といった国々の間で影響力を求める大国間競争の兆しがあり、ジンバブエやザンビアといった国は、中国の富が自国の意思決定と行動の自由に及ぼす影響について再考しはじめている*54。

さらに言えば、この地域の公共財に対する様々な圧力の矢面(やおもて)に立っているのは、インド太平洋の沿岸部の国々の現地の地域共同体である。ここでは国家間の戦略的ライバル関係が天然資源の商業開発と関連しており、さらに気候変動によって引き起こされた問題が地元住民と生態系に加わることで悪化している。例えば、インド洋における大規模な漁業——中国の助成金を受けた遠洋漁船団にますます独占されている——が海面レベルの上昇と強さを増す嵐といった気候変動の影響と同時に進行したときに、一体どのような事態を引き起こすだろうか？*55 これらの要素のどれか一つであっても、多くの小国の沿岸部の共同体の暮らしに脅威を与えるだろうし、これらが重なれば破滅的な影響を及ぼすだろう。無理からぬことだが、小さな島嶼国は気候変動、資源問題、犯罪や社会秩序といった、もっと喫緊の安全保障上の優先事項を持っているのに、大国関係の緊張によってさらに大きな影響を受けることになるのだ＊56。

バングラデシュやスリランカの様な南アジアの有力な国も、インドと日本がインフラと影響力をめぐって中国と公然と争っているおかげで、このような緊張関係を実感している。これが行き着く先の予測は極めて困難だ。例えばバングラデシュは、かつて考えられていたような受動的な国ではないし、あるいは未来永劫貧困にあえぐ発展に取り残された場所でもなく（年率八パーセントという速いペースで経済成長を続けている）、自国の国力を蓄積している最中である。その結果はまだ確定されたものではない。バングラデシュ政府は、多様な援助者を競い合わせるために様々な条件を示し、大きな自律性を維持している＊57。例えばチッタゴンにおける中国主導の港湾建設計画はずっと中断状態にあるが、近傍における日本のプロジェクトがその代わりに受け入れられている。しかしながら、バングラデシュ海軍に潜水艦を提供し、ベンガル湾に潜水艦用の基地を建設するという中国政府の申し出は、その見返りとして中国海軍によるアクセスの可能性が明白であることから、詮索の的となっている＊58。

インドの影響が全く及んでおらず、アメリカの影響もだんだんと歓迎されなくなっているパキスタンにおいても、中国のプレゼンスがもはや全面的に受け入れられているわけではないという兆候が出てきている。現在のパキスタンは、中国のインフラ、すなわち港湾、鉄道、道路、エネルギー網、工業および農業から構成される「経済回廊」に加えて、中国との軍事協力、急速に増大する中国人コミュニティなどが積み重なった状態にある。ここでのパキスタン政府の最大の狙いは、物質的な発展、国家安全保障、ある程度民主的な軍民政権の正統性の強化、そして政情不安定な州の安定化などである。しかし、中国の野心や新植民地主義的な指針（たとえば中国への食糧輸出を最優先とした農場の取得など）に対する認識の広まり、一部国民の間の怒りの広がりの速さと規模は「中国ファクターはパキスタン国内の不安定やインド・パキスタン間の敵意を、緩和するのではなく悪化させることになるかもしれない」という見通しを提起している*59。

一方のアフリカでは、政府の間にアジア太平洋広域における外交で積極的な役割を演じようとするような兆候は今のところほとんど見当たらない。その代わり、彼らは中国およびその競争相手の双方からの投資を招き入れ、可能であればこれをコントロールしようとしている。日本がナイロビで「自由で開かれたインド太平洋」戦略を打ち出してから三年後の二〇一九年八月には、アフリカの指導者たちはこの戦略を「支持する」のではなく「留意する」と言及するようになったほどだ。

また、個々のアフリカのリーダーたちは、特に中国の一帯一路への関与に条件を付ける際に、歯に衣着せぬようにもなってきている。例えば二〇一九年六月にタンザニアの大統領のジョン・マグフリ（John Magufuli）は、中国による港湾開発を中断し、中国からの融資を「狂った者だけが受け入れることができる過酷な条件」と呼んで批判している*60。

経済的・人口的影響力が今後数十年間にわたって増大するにつれて、アフリカの国々の政府が、中国、日本、インド、アメリカおよび欧州の間を、今よりも積極的に動き回る可能性があり、インド洋を含めた自分たちの広大な地域の未来について発言できるようなチャンスをうかがっている。結局のところ、アフリカの総人口は、二〇五〇年までに二五億人を超え、中国とインドの人口を合わせたものを追い越すことになると予想されているのだ*61。

ペルシャ湾岸の産油国の側から見たとき、インド太平洋におけるグレートゲームは、需要よりも供給の方が多い。中東で変わることのない政治的暴力および不安定性に加え、アラブ国家とイランは、極めて重要な原油取引が根柢から変化するのを目撃してきた。なぜなら彼らの主なお得意先は、もはやアメリカや欧州ではなく、インド太平洋のアジアの大国——中国、日本、韓国、インド——だからだ*62。

これらのアジアの原油輸入国は、現在のようなエネルギーの依存状態に伴い、アメリカという前例に従わなければならなくなることや、ペルシャ湾あるいはホルムズ海峡内外で自らの力に釣り合った安全保障上の責任を果たすことを迫られる可能性を、なかなか受け入れなかった。インドはペルシャ湾内へ艦艇を派遣することに意欲を示しているが、中国と日本は「イランvs欧米」の対立が生じた際には自国の船舶が目標とされないようイランから保証を得ることの方に力を注いでいるように見える＊63。

それと同時に、湾岸諸国の政府たちは、互いに競合状態にあるインド太平洋の大国との関係が今後どのように進展していくのかを決定する上で主導権を発揮したいとは思っていないようだ。その中の例外は、イランとアメリカの紛争的な関係であるが、これもトランプ率いるアメリカ政府とイラン政府が行った選択に、その原因の大半があると思われる。イランと中国の強固な安全保障パートナーシップ、すなわち「中国の兵士五〇〇〇名がイラン国内の原油及び天然ガスインフラへの将来の投資を守る」という構想が二〇一九年にメディアで劇的に報じられたが、中国はアメリカ主導の制裁に挑戦することには引き続き慎重であり、イランは外国の軍隊の駐留に消極的であることから、この報道は立証できず、真偽(しんぎ)のほどは定(さだ)かではない＊64。

多くの場合、中東の産油国は中国、インド、日本との関係を築く際に、長期的な戦略的目標よりも、短期的な経済的日和見(ひよりみ)主義により動かされているように思われる。さらに一般的に言えば、イスラム諸国はいまだに中国国内における意図的な国家レベルのイスラム教徒迫害と正面から向き合っていない。トルコからサウジアラビア、さらに多くの人口を擁(よう)するバングラデシュやパキスタンまで、これらの政府は、新疆における大規模な人権迫害を無情にも軽視してきた＊65。しかしこれはいずれ中国とイスラム世界の間に亀裂を生じさせる問題となるかもしれない＊66。

イスラム世界は、この相互に接続された地域における、国境を越えた共同体のうちの一つである。インド太平洋は主として国家たちによって構成される地域かもしれないが、非国家的なネットワーク――多国籍企業、宗教、そして市民社会から成る――は、今日も国境を越えて活動を続けている。これらのネットワークは、狭い意味での「国益」とは対立する形で、地域的あるいは国際的な利害関係において何を重要視するのか独自の感覚をもっている。ところが大小の国家が経済的な境界線を再主張し、自国民に対して権益よりも国家への忠誠心を優先するように主張しているような状況の中で、これらのネットワークがどの程度の影響力を持っているのかはそれほど明確ではない。それと同様に、あまり理解されていないのは、市民社会のネットワーク――環境問題や人権問題を懸念する非政府組織など――が、国家の独立性に決して干渉させてこなかったこの地域で、EUのような形で本当に国境にまたがってより大きな影響力をふるうことができるかどうかという点だ。この地域には、国境にまたがる組織――それがグローバルな社会運動であれ国連機関であれ――が国内問題に対して決定的な発言権を持つことに寛容な国家はほとんど存在したことがない。

それにもかかわらず、特にソーシャルメディアの情報の流れにより、国境を瞬時に越える影響力は、大衆動員の政治的効果を国境の中だけに抑え込むことができないことを意味している。近年の例で言うと、香港の民主化デモを支援するための国際的な市民運動が挙げられる。そのため、中国は完全なる検閲と監視――そして国境を越えてくる異議を完全に抑圧する能力――を追求している。

インド太平洋は真の意味で「グローバル」な領域だ。貿易、国家間の勢力均衡、海洋公共財に利害関係を有するほぼ全ての国が、権益をめぐって争っている。米中のパワーゲームといった単純な二極構造というよりも、インド太平洋はパズルのような存在であり、権益が重なり合い、提携し、収束し、発散し、衝突している。プレイヤーが多極的であるというだけでなく、互いの競争が多くの層、つまり安全保障、経済、外交、そしてその他の分野にまたがって、複雑化しているのである。

註

1　例えば下記を参照のこと。Karl W. Deutsch and J. David Singer, 'Multipolar systems and international stability', *World Politics*, Vol. 16, No. 3, April 1964.

2　日本で大きな影響力を有するある政策アドバイザーは、日本の「自由で開かれたインド太平洋構想」は「今世紀で最も偉大な挑戦」であり、その次のステージは、人権や人種間の平等、アジアの脱植民地的な民族自決と統治理念の共有といったリベラルな理想の普及であると壮大な主張を行っている。Kanehara Nobukatsu, 'A Free and Open Indo-Pacific Region: Japan's grand strategy', Speech at the United States Military Academy at West Point, 5 February 2018（非公表、本人より引用を許可済み）

3　Ebuchi Tomohiro and Hadano Tsukasa, 'Japan to end China aid, and proposes joint assistance for others', *Nikkei Asian Review*, 23 October 2018.

4　Government of Japan, 'National defense program guidelines for FY2019 and beyond', 18 December 2018 (provisional translation), pp. 6-7.［「平成三一年度以降に係る防衛計画の大綱について」平成三〇年十二月一八日国家安全保障会議決定、同日閣議決定、六頁。］

5　Based on data from US Energy Information Administration, Japan Overview report, 2 February 2017.

6　日本が自国のエネルギーの生命線である海上航通路の中国による支配を阻止する必要性については、中国により大きな戦略空間あるいは「勢力圏」を認めるべきだと主張する者もこれを認めている。オーストラリアの研究者であるヒュー・ホワイト（Hugh White）の言葉を借りれば「中国周辺の水域に拡大された「勢力圏」を中国に認めることは、他の大国、特に日本の死活的利益と妥協できないものを認めることになるだろう」という。下記を参照のこと。Hugh White, *The China Choice: Why America Should Share Power*, Black Inc., Melbourne, 2012, p. 151.［ヒュー・ホワイト著、徳川家広訳『アメリカが中国を選ぶ日：覇権なきアジアの命運』勁草書房、二〇一四年、二一九頁］

7　Michelle Jamrisko, 'China no match for Japan in Southeast Asia infrastructure race', *Forbes*, 23 June 2019.

8 Michishita Narushige, 'Cooperate and compete: Abe's new approach to China,' *The Straits Times*, 13 November 2018.

9 Kanehara Nobukatsu, 'The most important relationship of the 21st century-triangular cooperation among US, India and Japan', Speech to the Hudson Institute, Washington DC, 19 February 2019（非公表、著者より引用を許可）

10 'Japan needs more "quasi-allies"', *Nikkei Asian Review* (editorial), 16 October 2018.

11 Anthony Richardson, 'Australia imports almost all of its oil and there are pitfalls all over the globe', *The Conversation*, 24 May 2018; Alan Dupont, 'Fuelled for action', *The Weekend Australian*, 5-6 October 2019.

12 Allan Gyngell, 'Scott Morrison strikes an anxious and inward-looking tone', *The Interpreter* (Lowy Institute blog), 4 October 2019.

13 Commonwealth of Australia, 'Opportunity, security, strength: Foreign policy white paper', Canberra, 2017.

14 Marise Payne, 'Ensuring security, enabling prosperity', Speech to the United States Studies Centre, University of Sydney, 29 October 2019.

15 Allan Gyngell, *Fear of Abandonment*.

16 Rory Medcalf and C. Raja Mohan, 'Responding to Indo-Pacific rivalry'.

17 Penny Wong, 'Protecting and promoting regional interests in a time of US-China strategic competition,' Speech to the Centre for Strategic and International Studies in Jakarta, Indonesia, 24 September 2019.

18 Scott Morrison, 'In our interest', Speech to the Lowy Institute, Sydney, 3 October 2019.

19 Sam Roggeveen, 'National security: Australians and their elites', *The Interpreter* (Lowy Institute blog), 28 June 2019.

20 'China Fact Sheet', Australian Department of Foreign Affairs and Trade, Canberra, 2019.

21 オーストラリアの輸出は国内総生産の二一・七パーセントに相当するが、これは例えば韓国（四四パーセント）、マレーシア（六九・七パーセント）、ドイツ（四七パーセント）もしくは極端な例であるシンガポール（一七六・四パーセント）などと比較した場合、経済全体からみて需要の混乱に耐えうる体制にあるといえる。下記を参照のこと。World Bank Data, ‘Exports of goods and services as a % of GDP’, 2018, https://data.worldbank.org/indicator/ne.exp.gnfs.zs.

22 Department of Foreign Affairs and Trade, ‘Statistics on who invests in Australia’, 2019.

23 Department of Foreign Affairs and Trade, ‘Statistics on who invests in Australia’, 2019; Ian Satchwell, ‘Trumping trade: Understanding the Australia-United States economic relationship’, Perth USAsia Centre, 2017.

24 Malcolm Cook, ‘Between Japan and Southeast Asia: Australia and US-China economic rivalry’, *Insight*, Australian Strategic Policy Institute, 28 June 2019.

25 Rory Medcalf (ed.), ‘China’s economic leverage: Perception and reality’, Policy Options Paper No. 2, National Security College, Australian National University, Canberra, March 2017.

26 John Garnaut, ‘Australia’s China reset’, *The Monthly*, August 2018.

27 John Garnaut, ‘How China interferences in Australia’, *Foreign Affair*s online, 9 March 2018.

28 Rory Medcalf, ‘Australia and China: Understanding the reality check’, *Australian Journal of International Affairs*, Vol. 73, No. 2, 2019.

29 National Development and Reform Commission, Ministry of Foreign Affairs and Ministry of Commerce, People’s Republic of China, with State Council authorisation, ‘Vision and actions on jointly building Silk Road Economic Belt and 21st Century Maritime Silk Road’, 28 March 2015.

30 David Wroe, ‘“How Empires Begin”’.

31 Elizabeth Pisani, *Indonesia Etc.: Exploring the Improbable Nation*, Lontar, Jakarta, 2014, p. 9.

32 Evan A. Laksmana, ‘Reshuffling the deck? Military corporatism, promotional logjams and

post-authoritarian civil military relations in Indonesia', *Journal of Contemporary Asia*, 2019.

33 Matthew Hanzel (trans.), 'Jokowi's inauguration speech in English', 20 October 2014.

34 Lyle J. Morris and Giacomo Persi Paoli, 'A preliminary assessment of Indonesia's maritime security threats and capabilities', Rand Corporation, 2018, p. vii.

35 Jun Suzuki, 'Japanese-Indonesian team to take on Java port project', *Nikkei Asian Review*, 21 May 2018.

36 Lyle J. Morris, 'Indonesia-China tensions in the Natuna Sea: Evidence of naval efficacy over coast guards?' *The Diplomat*, 28 June 2016.

37 Vibhanshu Shekhar, 'Is Indonesia's "Indo-Pacific Cooperation" strategy a weak play?' Pacnet No. 47, Pacific Forum, Honolulu, July 2018; Donald E. Weatherbee, 'Indonesia, ASEAN and the Indo-Pacific cooperation concept', ISEAS Perspective No. 47, Institute of Southeast Asian Studies, Singapore, June 2019.

38 Wilda Asmarini and Maikel Jefriando, 'Indonesia asks China for special fund under Belt and Road: ministers', *Reuters*, 3 July 2019.

39 Jessica Jaganathan and Wilda Asmarini, 'Indonesia's push to nationalize energy assets could chill foreign investment', *Reuters*, 29 August 2018.

40 Park Chan-kyong, 'Seoul eyes intelligence sharing pact with Bangkok as President Moon Jae-in seeks pivot to ASEAN', *South China Morning Post*, 1 September 2019.

41 Siddharth Vinayak Patankar, 'Hyundai India market share hits all time high', NDTV, 20 August 2019; Manu Pubby, 'India, South Korea extend logistical support to navies', *Economic Times*, 7 September 2019; Ju-min Park, 'Samsung ends mobile phone production in China as it expands facility in India', *Livemint*, 2 October 2019.

42 Ramon Pancheo Pardo, 'South Korea holds the key to the Indo-Pacific', *The Hill*, 18 August 2019.

43 Bobo Lo, *A Wary Embrace: What the China-Russia Relationship Means for the World*, Lowy Institute

Paper/Penguin, Sydney, 2017, pp. 70, 138.

44 'Russia is helping China build a missile defence system, Putin says', *The Guardian*, 4 October 2019.

45 Nadège Rolland, 'A China-Russia condominium over Eurasia', *Survival*, Vol. 61, No. 1, February-March 2019.

46 Bobo Lo, *A Wary Embrace*, p. 125.

47 'Brothers in arms', *The Economist*, 27 July 2 August 2019.

48 World Bank, 'Gross domestic product 2018', World Bank Data, https://databank. worldbank.org/data/download/GDP.pdf.

49 Paul Goble, 'Russia's demographic decline accelerates increasingly because of Moscow's own policies', *Eurasia Daily Monitor*, Vol. 15, Issue 140, 4 October 2018.

50 'French strategy in the Indo-Pacific: "For an inclusive Indo-Pacific"', French Ministry of Foreign Affairs (*France Diplomatie*), August 2019, https://www.diplomatie.gouv.fr/en/country-files/asia-and-oceania/the-indo-pacific-region-a-priority-for-france.

51 'France and security in the Indo-Pacific', French Ministry of Defence, 2019, https://www.defense.gouv.fr/content/download/532754/9176250/file/France%20and%20Security%20in%20the%20Indo-Pacific%20-%202019.pdf.

52 'French President Emmanuel Macron vows to stand against Chinese "hegemony" in Asia-Pacific during trip to Australia', *South China Morning Post*, 2 May 2018.

53 著者とイギリスの外交官との私的な会話による。二〇一九年一〇月。

54 Ricard Aidoo, 'African countries have started to push back against Chinese development aid: Here's why', *The Washington Post*, 16 October 2018.

55 Anthony Bergin, David Brewster, François Gemenne and Paul Barnes, 'Environmental security in the

eastern Indian Ocean, Antarctica and the Southern Ocean: A risk-mapping approach', National Security College, Australian National University and Institute de Relations Internationales et Strategiques, 2019, pp. 25-27.

56 Pacific Islands Forum Secretariat, 'Boe Declaration on Regional Security', 6 September 2018.

57 David Brewster, 'Bangladesh's road to the BRI', *The Interpreter* (Lowy Institute blog), 30 May 2019.

58 Arshad Mahmud, 'New Bangladesh sub base could revive India tensions', *Asia Times*, 23 July 2019.

59 Khurram Husain, 'Exclusive: CPEC master plan revealed', *Dawn*, 21 June 2017; Andrew McCormick, 'Is Pakistani agriculture ready for CPEC?' *The Diplomat*, 17 May 2018.

60 Shem Oirere, 'Tanzania suspends $10b Bagamoyo port project', *Engineering News Record*, 25 June 2019.

61 Jack A. Goldstone, 'Africa 2050: Demographic truth and consequences', Hoover Institution, Governance in an Emerging World project, 14 January 2019.

62 'Who was buying Iranian oil and what happens next?', *Oilprice.com*, 9 May 2018.

63 Euan Graham, 'Should China help secure the Strait of Hormuz?', *The Strategist*, 2 July 2019.

64 Simon Watkins, 'China and Iran flesh out strategic partnership', *The Petroleum Economist*, 3 September 2019; Jacopo Scita, 'No, China isn't giving Iran $400 billion', *Bourse and Bazaar,* 20 September 2019.

65 Michelle Nichols, 'Saudi Arabia defends letter backing China's Xinjiang policy', *Reuters*, 19 July 2019.

66 Farida Deif, 'China's treatment of Muslims a defining moment for the organization of Islamic Cooperation', *Al-Quds* (英訳版はヒューマン・ライツ・ウォッチ（Human Rights Watch）が公表）, 25 February 2019.

第7章

狙われるウォーターフロント

インド太平洋諸国は、良くも悪くも海辺の土地（ウォーターフロント）を横断してお互いに関係を結び、そして張り合っている。この競争は、幅広い分野、すなわち軍事的な防衛問題だけでなく、通商、外交、そして情報操作にまで及んでいる。そしてこのような活動の多くは、海、そして港湾――海と陸が出会い、帯（ベルト）（陸路）と路（ロード）（海路）が出会う場所――で行われている。その片鱗（へんりん）を垣間（かいま）見るために、私はオーストラリア海軍のゲストとして軍艦に乗り込むことにした。

海を観察する

我々は赤道直下のジャワ海の、静かで湿（しめ）っぽい平凡な夜明けの中にいた。しかし、今日はオーストラリア海軍にとって特別な日だ――ジャカルタに温かく迎え入れられるのだ。このインドネシアの都市は、オーストラリアにとって最大の隣国の首都であり、かつては友人というよりも敵になりそうな国であった。ところがそれから状況は一変した。インドネシアは今や、オーストラリアにとってこれまで以上に有望な安全保障上のパートナーの一人となったからだ。インドネシアの成長する経済と独創的な外交は、この国を活力に満ちた地域の中心的な地位に押し上げつつある。だからインドネシアは重要なのだ。中国の指導者が「海のシルクロード」構想を宣言する場所としてジャカルタを選んだのは、むしろ当然のことであった。

オーストラリア海軍の旗艦は、二万七〇〇〇トンの「キャンベラ」(HMAS Canberra) だ。この艦は専門用語で言えば「強襲揚陸艦」(landing helicopter dock) ということになるのだが、広大な飛行甲板があることから、航空母艦のように見える。艦橋ではハイテクの航海用ディスプレイが目を引くが、気分を浮き立たせるような昔ながらの眺望(ちょうぼう)も楽しむことができ、われわれが二日前に混雑したシンガポール海峡を出発して以来初めて、船舶交通が輻輳(ふくそう)する様子を眺(なが)めることができた。貨物船、ケミカルタンカー、特徴的な白いドームで天然ガスを輸送する巨大船、旅客フェリー、トロール船、タグボート、さらには興味を惹(ひ)かれたかのように私たちと針路速力を合わせてきた中国の民間船、そしていよいよインドネシア海軍の先導艦が現れた。

「インドパシフィック・エンデバー」(インド太平洋における尽力) という実に的(まと)を射た名前がつけられた任務部隊 (Indo-Pacific Endeavour:IPE19) ――艦艇、ヘリコプター及び陸軍分遣隊からなる――は、長期展開任務における帰投段階へと近づいていた。この「IPE19」はインド洋から南シナ海まで、実に三ヵ月間にわたってこの島大陸 (オーストラリア) にとって最も重要な海上交通路(シーレーン)に自国の国旗をはためかせてきた。これはオーストラリア政府が、インド太平洋について言行を一致させていることを証明している。オーストラリア軍は、インド、スリランカ、タイ、マレーシア、シンガポール、ベトナムといった各国の軍隊と訓練を行ってきた。この任務では多くの親善行事と広報行事が行われたが、それと同時に、あまり外交的とはいいがたい事案――中国漁船が失明の可能性があるレーザー光をオーストラリア軍ヘリコプターのパイロットに対して照射した――も発生している*1。

私たちは、ジャカルタの商業港であり、インドネシア最大の港でもあるタンジュンプリオクに入港した。近年、同港は非効率的であるという評判を払拭(ふっしょく)し始めているが、素人目には依然として「組織化された混沌(カオス)」のように見えた。それでもこの港は世界で三〇番目に混雑している港に過ぎない。私たちの艦――オーストラリアがこれまでに就役させた最大の軍艦――は、すぐにコンテナとクレーンで構成される渓谷や森の中に飲み込まれ、単なる訪問者の一人になった。この日は二〇一九年五月一八日であり、故郷のオーストラリアでは総選挙の日であった。しかし、ここでは誰もそれほど気にしていないようだ。狭くて良く知らない岸壁に、一〇億ドルの軍艦を係留させるための忍耐強いチームワークに比べれば、国家を運営する技術も唐突に素人っぽく思えてしまう。ついに係留作業が完了し、次は歓迎の儀式、海軍提督同士の敬礼の交換、そしてバリ島の伝統舞踊が続いた。

だが本当に印象的な光景はその周辺に広がっていた。このインド太平洋のウォーターフロントは、台頭する新興経済の奥の間なのだ。船舶、クレーン、コンテナ、トラック、そして会社名で言えばマースク、メラトゥス、コスコ、ＣＭＡ　ＣＧＭ、ワンハイ、テマスライン、エバーグリーン、ハンブルク・スード、ＳＩＴＣといった、まるでグローバル企業のバザールのようだ。遠くには、霞(かすみ)がかかった都市が見える。悪名高い交通量を誇り、一〇六〇万人という人口を擁し、さらに人口が増え続けている都市、ジャカルタである。場違いなのは、これらの風景の中に美しく輝く数隻の軍艦が並んでいることだ。ビジネスと安全保障の世界は縁遠いものに思えるが、両者は突如として隣り合わせになることがあるのだ。

海も「一見にしかず」である。インド太平洋の大動脈や交差路を間近で観察することは、世界の内情を目の当たりにすることになるからだ。これは特にマラッカ海峡とシンガポール海峡に言えることであり、ここでは分離通行帯システムのおかげで毎日何百隻もの船が通過できるようになっている。今日、世界の

2019年の「インドパシフィック・エンデバー」演習の途中でジャカルタの商業港タンジュンプリオクに入港するオーストラリア海軍旗艦「キャンベラ」

人口の半数にも及ぶ何十億人もの人々が、比較的快適で、選択の機会や尊厳をもてる、グローバルな中産階級に属している*2。

ところが平和と豊かさのベールの向こうに、この驚くべき成果を支えている海を越えた止まることを知らない巨大なエンジンがあることを垣間見る人はほとんどいない。しかも実際にはこのエンジンは二つある。すなわち、見栄えはあまり良くないが、グローバルな交易というほとんど想像しがたい重荷を担っている、カラフルで巨大な威容を持つ貨物船たちと、戦争の勃発に備えることでこれを予防することを目的に設計された、やや小規模で灰色の流麗な船体である。

表面的には、これらの世界はお互いに接触もなく、並行線の上を走る別世界の住民であり、厳密な意味では行きずりの他人同士である。商業海運は、私たちが長い間「国境がほとんど意味をなさない」と想像していたグローバルなシステムに似ている。一隻の船舶が、多くの場所で集荷された貨物をさらに多くの仕向け地に運んでいる。船舶が登録された旗国は、しばしば便宜的なもの——つまり法的な責任を最小限にするため——であり、船舶の所有権、多国籍の乗組員、あるいは仕出港や仕向港とは関係がない。

長年にわたって、船乗りたちが自称するような「自国の商船隊」(merchant navy) といえるようなものを招集し、あるいは管理しようとしてきた国はほとんどなかったが、中国はそのような状況を変革しようとしている。その一方で、軍の艦隊――本当の意味での海軍（ネイヴィー）――は、現代においても主権、防衛、そして強制力のための洋上城塞である。海軍技術の流行（トレンド）は、外見上は兵器が目立たないすっきりとした外観の小型艦を指向しているが、だからといって捜索能力と破壊力が低下しているわけではない。このようなトレンドは世界中の潜水艦部隊において顕著（けんちょ）であり、しかもそれらはインド太平洋地域に集中的に配備されてきている。水上戦において大きな役割を演じる現代のフリゲートおよび駆逐艦も、二〇万トン近い巨大なコンテナ船と並ぶとミニチュアのようだ。両者が衝突した場合にどちらの船舶が深刻な羽目に陥（おちい）るかは明らかである。

しかし、インド太平洋の海上交通路における経済と安全保障の相互作用には、その下で交差している潮流が隠れ潜んでいる。富と権力政治は互いに関係があり、お互いを無視することはできない。それゆえ、海軍は戦闘のためだけに存在しているのではない。すなわち、海軍は「プレゼンスを示す外交」（flag-flying diplomacy）から、公海上の警備、避難と災害救助に至るまで、実に多くの時間を、戦い以外の任務のために費やしている。海軍は国家間の競争だけでなく協力のためにも有用であり、典型的な海軍の展開活動にはその両者が含まれている。

二〇一九年初頭の「キャンベラ」の航路は、数百の金線細工のさらにその中の一本の織り糸であり、地図上を縦横に動き回る活発な海軍活動の網目模様の一つに過ぎない。三隻の艦艇と七〇〇名あまりの乗員からなる中国のインド太平洋任務部隊も、インド洋での海賊対処作戦の後、南太平洋への途上でオーストラリアのシドニー港を訪問していた。艦艇訪問について言えば、中国はそれ以前に青島（チンタオ）で大規模な観艦式を行い、一三ヵ国の海軍を招待していた。

フランス海軍の旗艦の空母「シャルル・ド・ゴール」も、ジブチから東南アジアへ自国の任務部隊を率いて航海し、インド、日本、アメリカ、オーストラリア、シンガポール、そしてベトナムと、多様な組み合わせで演習を行った。インド海軍は途切れなく演習を行っており、それとほぼ同時期にインド洋においてアメリカと、ベンガル湾においてオーストラリア、フランス、そして日本と、釜山沖において韓国と、南シナ海においてベトナム、シンガポール、フィリピン、そしてアメリカの各海軍と訓練を実施した。フランスとカナダ海軍は、イギリスのドック型揚陸艦「アルビオン」(HMS Albion) が数ヵ月前に南シナ海において実施したのと同じように、台湾海峡の国際水域を通航する権利を行使した。

日本に関して言えば、保有する最大の艦艇である全通甲板式「ヘリコプター搭載護衛艦 (helicopter-carrier destroyer)」の「いずも」をベンガル湾と南シナ海へと派遣し、米空母「ロナルド・レーガン」(USS Ronald Reagan) を含む多くの外国軍と訓練を実施した。その直後、日本はオーストラリアのクイーンズランド沖で行われた「タリスマン・セイバー」(Talisman Sabre) という大規模な米豪合同軍事演習に、別のヘリコプター搭載護衛艦と通常型の護衛艦を派遣している*3。

民間部門では、大洋の大動脈を通る膨大な量の通商は「上げ潮(あげしお)は全ての船を持ちあげる」ような「ウィンウィンの繁栄」、あるいは「国家と無関係の単なる冒険物語」という単純な問題ではない。おそらく国家と無関係であったことなどこれまで一度もなかったのだが、いずれにせよ、国家は再び自己主張を始め、以前のように海洋を支配しようとしはじめた。港湾の管理と海運会社の所有は、国際的なサプライチェーンを「武器化」するための要素となりつつある。一部のアナリストは、海底ケーブル、海運会社、そして商業港(その多くは中国のデジタル・データの巨大企業のハブとしても機能している)という急速に拡大する国際的ネットワークを中国が国有化して所有し、管理していることを指摘している*4。例えば中国の国有海運グループである中国遠洋海運集団有限公司(COSCO)が支配する国際共同事業体は、フランスのマルセイユを拠点とするCMA CGM社を含む外国の民間海運会社を囲い込んでおり、貿易紛争の際には中国のための船舶輸送能力と港湾への特権的なアクセスを確保すると言われている。

さらに広い意味でこの主張が意味することは、サプライチェーンと港湾を国家的に支配している中国の経済力は、情報収集や経済的な破壊行為、あるいは単に競争相手を通商から締め出すような戦略目的へと変わる可能性があるということだ。例えばＣＯＳＣＯは、中国海軍の主要な兵站(ロジスティックス)請負業者でもあり、洋上で軍艦に対して給油と補給を行うための装備を備えた民用の船舶をすでに数隻保有している。

このような理解は誇大妄想(こだいもうそう)である可能性もあり、もしルールに基づく国際的な協力システムが存続するのであれば、いかなる場合でも無害だと判明する可能性も否定できない。ところが国家間競争が対立へとエスカレートしたり、あるいはそれ以上に悪化した場合、これは大国間競争(グレートゲーム)の核心的な部分を形成する可能性がある。そして当然のようにいざ危機が発生すれば、民間の経済的なつながりが突如として安全保障上の資産や負債になることがあるように、海軍も民間の船舶の領域に無関心であったことを一瞬で忘れることになるはずだ。結局のところ、海軍は民間の船舶を護衛するだけではなく、最後の手段として、相手の艦船を追跡し、行く手を阻み、そして撃沈するよう訓練されているのである。

風向が変わる貿易風

一七七六年にアダム・スミスは「すべての国の政治経済学の大いなる目的は、その国の富と権力を増大させることである」と書いた*5。市場経済学の始祖となった理論家によるこの「富と権力」という見解は、過去数十年間のグローバリゼーションへの耽溺(たんでき)の騒ぎの中でしばしば見過ごされてきた。それまでの多くの政府の掲げていた基本理念は「開かれた市場と経済的相互依存を可能な限り拡大することで、全ての国に常に利益がもたらされる」というものであった。そうなると、彼らの間の勢力均衡の結果として生じるあらゆる変化も、安価と潤沢(じゅんたく)という尽きることのない豊穣(ほうじょう)さのための「コントロール可能なコスト」

となり得たのだ。これはつまり、自由貿易においては「非ゼロサム・ゲーム」的なロジックは否定できないということである。第二次世界大戦直後からの、そして冷戦終焉以降に更に加速した世界経済の成長が成し遂げた偉業が、そのことを証明しているからだ。

この動きは「インド太平洋地域」——あるいはより正確に言うならば、つい最近まで「アジア太平洋」と呼ばれていた地域——でより一般的になってきている。何十億もの人々の生活水準が向上したのであり、これは最初は日本と東アジアの「虎（タイガー）」［香港、シンガポール、台湾、韓国を指す］において見られ、それが中国、東南アジア、インド、そして今や他のインド洋沿岸諸国やアフリカの多くの国の経済成長に波及したのだ。これは人間の努力と幸福の獲得における壮大な物語であった。多くの政府は、二国間あるいは地域全体、特にＡＳＥＡＮを中心とする「地域的な包括的経済連携協定」（the Regional Comprehensive Economic Partnership: RCEP）を成立させるための努力において、自由貿易協定の精神を維持しようとしている。しかし、自由貿易の帆を押す風は非常に弱まってきている。

後に「高度なグローバル化の時代」とみなされるようになるかも知れない一九九〇年代から二〇〇〇年代は、グローバル、アジア太平洋、さらには東アジアという明快な次元における貿易の流れに象徴されていた。中でも支配的だったのは中国、日本、ヨーロッパ、そしてアメリカの間の活発な貿易であり、これがスマートフォンとコンピュータに代表される「メイド・イン・ザ・ワールド」製品を様々な段階を経て生産する、多国籍なバリューチェーン（価値連鎖）の実態を目に見えないものにしていた＊6。

数多い製造国の中には、東南アジア、韓国、そして半導体を支配する島である台湾も含まれている。アジアとヨーロッパ間の通商のほとんどが海運によって行われたことや、中国とアフリカ間の貿易が急増したこと、そして特にインドが多くの国、特にアメリカと中国にとって新たな巨大な交易パートナーとして成長したことから「インド太平洋」というラベルが「アジア太平洋」というラベルの上に上貼りされた。

極めて重要なのは、オーストラリア、アフリカ、そしてラテンアメリカから得られるエネルギー、鉱物、食料などの需要が中国やその他の東アジアの製造拠点において急増したことで、グローバルな貿易とアジア太平洋における貿易のための資源供給基盤はますます「インド太平洋」的な性格を帯びるようになったことだ。貿易の大部分は、重量だけではなく価格面でも海上輸送が担い続けている。例えば世界貿易機関（WTO）によれば、二〇一八年には中国の輸出入総額の三分の二近くが海上輸送によって賄われ、残りの大部分は航空輸送によって運ばれている。インド、日本、東南アジア、オーストラリア、その他の国々において、貿易に海上輸送が占める割合はさらに大きい＊7。

しかし、自由貿易だけがその全体像を示していたわけではない。この期間を通じて一部の政府は、アダム・スミスの経済論理と国家間権力闘争の間に内在する緊張関係に対する警告を、他の政府よりも強く意識していた。とりわけ中国が際立っているのは、外国からの資源供給の途絶に対する脆弱性の大きさだけではなく、自国の生命線を構築し保護するために国家の力を用いるという方針を明確にもって体系的に行っている点だ。国家の生存――というか体制の維持――は市場の力学に委ねられたものではない。その根底にある論理は、一帯一路とその「運命共同体」という空虚なウィンウィンの美辞麗句とはかけ離れたものなのだ。

いまや全ての国がこのことを理解している。たとえばここ数年の間にアメリカの戦略家エドワード・ルトワックが一九九〇年に創り出した「地経学」（Geoeconomics）という概念が急速に社会に浸透してきているが、これは国家間の優位の探求において「通商という手段が軍事的手法に取って代わりつつある」という冷戦終結直後の認識に基づいたものだ＊8。もちろん国境と主権は依然として重要なのだが、今や国家は軍事力よりも（というか正確に言えば軍事力に加えて）経済力を通じて優位性を競っている。二〇〇八年から二〇一八年の間に、アメリカはついにこのルトワックの先見の明を政策に転換し、経済と安全保障を、国家間の権力関係に反映させるためのツールと見なすようになった*9。もはや「経済的、金融的、技術的な相互依存は、それ自体が目的」ではなくなり、国家はこれがライバルに対する影響力と、自身の脆弱性の両方を同時にもたらすものであると認識するようになったのである*10。この問題を定義するもう一つの方法は「相互依存の武器化」(weaponised interdependence)である*11。ある学者の言葉を借りれば、これは「地理的な優位性と脆弱性という碁盤の目の上で……経済政策を安全保障面から分析するのと同時に、戦略的政策を経済面から占う」ことである*12。

この問いに対する答えは、イエスでもありノーでもある。世界情勢に関して注目を集めやすい多くのラベルと同様に、「地経学」という用語も正確なものとは言い難い。多くの場合、やはり地理が重要なのだ。例えば石油や、多くの電子機器に不可欠なレアアースといった原材料の特定の供給源や港湾を巡って、平時から特権的なアクセスを求める争奪戦が行われている。サイバーセキュリティでさえも、地理と驚くほど強く結びついている。インターネットを介した通信に必要な海底ケーブルと人工衛星は、陸上の現実的な空間とリンクしている。地上のデータセンターも、物理的なチョークポイントになりえる。しかし同時に、サイバー攻撃は瞬時に地理、つまり国境を飛び越えていく。地経学の地理的な側面は、サイバー空間における争いや戦略的優位のための法の利用という側面では弱まっており、単なる国力の行使、擁護、あるいは獲得の方が重視されるようになっているのだ。

地理以外にも、グローバルな地経学的競争には、未来の技術を決定する上で有利な立場に立とうとする競争という一面もある。現在ほど複雑ではなかった頃には、このような技術は主として戦闘と抑止のためのものであった。例えば、弾道ミサイル、核分裂と核融合、ジェットエンジン、ステルス関連素材、センサー、精密誘導技術などである。現在、最も機微な科学の戦場は「軍民両用(デュアルユース)」の周辺に広がってきている。すなわち、国家安全保障の形勢を一変させる効果をもつ、一見すると無害な民間の研究分野である。

「中国製造二〇二五」戦略のもとで、中国はこれらの先端技術分野を独占する野心を明確に宣言――意図していた以上に世界に警告を与えた――している。先端技術分野の中には、人工知能、先進的コンピューティング、量子技術、ロボット工学、自律システム、商用宇宙技術、３Ｄプリンターによる造形技術、そして「モノのインターネット」（ＩｏＴ）とこれを接続する新世代（５Ｇ以降）のモバイル通信が含まれている。

これまでの科学競争のすべてが厳密な意味で軍事的なものばかりであったわけではない。例えば、一九五〇年代から一九六〇年代にかけての「宇宙開発競争」は、戦略的な優位性と威嚇という側面を持っていた。しかし今日、民間と軍事の境界線はほぼ識別不可能なほど曖昧(あいまい)になっている。この競争は主としてアメリカと中国との間で行われているが、ヨーロッパ、オーストラリア、日本、インド、その他の国も巻き込んでいる。つまりこれは、ただ単に新たな秘密を生み出し、保護し、あるいは盗みだそうと争う、米中だけの問題ではなくなってきている。この競争は、他の国々が自国に味方することを強要するための、外交、経済、勧誘、そして脅迫も巻き込んだ戦いなのだ。この競争には、国家間の緊張や対立、スパイ活動、潜入、パラノイア、否定などの要素が重なっており、無垢で独立しているはずの大学の研究室、企業の役員室、消費者の自己利益や市民の道徳的選択にまで影響を及ぼしている。以前のような普通の生活が戻ってくるだろうと信じることができたら良いのだが、実際にはそうはならないのだ。

中国の巨大通信会社ファーウェイを巡って長期化する膠着(こうちゃく)状態は、その顕著(けんちょ)な例だ。ファーウェイ社は中国の全ての大企業と同様に、企業内に支配力を及ぼしている国家および共産党との不可分の関係について、信憑性の高い非難を受けている*[13]。このような非難は、中国以外の国における中核的な電気通信事業とサイバーインフラに対するファーウェイの投資の信頼性を損なうものであり、このリスクはオーストラリア政府が二〇一二年に国営ブロードバンドネットワークへのファーウェイの関与を拒否し、そして二〇一八年に5Gについても同社を再び拒否したことで明らかになった。アメリカ、日本、そしてニュージーランドが、オーストラリアの5Gの例にならっており、とりわけアメリカは強硬な姿勢をとり、インド、カナダ、イギリス、そして多くのヨーロッパ諸国も、程度に差はあるものの、規制を強化する方向では一致している。

カナダについて言えば、二〇一八年末にファーウェイの上級役員――同社の創業者の娘である孟晩舟本人――を詐欺と制裁違反に関連した容疑でアメリカに引き渡すために拘束した。これに対し、中国は人質「外交」という醜悪な行為で報復した。北京は二名のカナダ人――一人はビジネスマン、もう一人は国際的に評価が高い非政府組織の「国際危機グループ」（ＩＣＧ）のアナリスト――を逮捕し、カナダ当局が孟を釈放しないことが明らかになったとき、最終的に彼らをスパイ容疑で告発した。彼らと彼女の運命は、非情にも結び付けられてしまったのだ＊14。

単なる地理を越えた「地経学」的競争のもう一つの特徴は、経済的相互依存を圧力として公然と利用すること、つまり安全保障や政治といった他の領域における行動に対して懲罰を加えることである。それをわれわれがどう呼ぼうとも――地経学、経済的な影響力、相互依存の武器化――血を流すことなく相手を屈服させるというアイディアは、国政術と同じくらい昔からあるものである。相互依存度が高くて国力の差が開いていればいるほど、この武器はより強力になる。

しかも中国だけが好戦的というわけではない。例えば、日本と韓国の間では、ナショナリズムと歴史を巡る古い論争が目に見えて再燃しており、最近では一種の経済的な懲罰として輸出入の禁止措置が使われている。もちろん、アメリカは経済的圧力を使いこなす先駆者であり、真珠湾奇襲という不幸へとつながった対日石油禁輸措置に始まり、最近ではロシア、北朝鮮、そしてイランに対して金融・貿易制裁を行っている。インドもまたその力を濫用し始めている。

しかし、経済的圧力を常習的に行使しているのは中国だ。それは反体制派の知識人である劉暁波へのノーベル賞授与を理由にノルウェー産サーモンを禁輸したり、アメリカのミサイル防衛システムの配備を巡って韓国のロッテ百貨店を排除したりしている*15。航空便の到着地の名称に関して台湾の自治を暗に肯定した航空会社や、香港での抗議活動を個人的に支持した幹部が所属するスポーツチームとリーグに対しても脅しが加えられた。

一部の政府や多くの企業は、政治的な抵抗に対する中国からの経済的懲罰を考えて畏縮しているが、そのような圧力の結果は様々である。経済的な圧力は、一回限りの武器になりがちだ。なぜなら、一度攻撃を受ければ、その国家は防衛力を強化し、より信頼性の高い供給者や市場を見つけることで自らの脆弱性を分散しようとする傾向があるからだ。だからこそ日本は、二〇一〇年の海上での衝突をめぐって中国から受けた懲罰の後に、レアアースの新たな調達先を探し求めたのだ。商業的な圧力は、中国自身の経済的繁栄にとって重要ではない分野で起こる傾向がある。このため、オーストラリアは観光とワイン、そして石炭に対して脅しをかけられるかもしれないが、鉄鉱石はオーストラリアが中国にとっての主要な供給源であるため対象とはならないであろう。

「トランプの貿易戦争」が現代の地経学的闘争の起源であるかのような見出しを見かけるが、これは誤りである。この闘争は貿易戦争以上のものであり、アメリカはすでにかなり進行していた競争に遅れて参戦しようとしていたのである。中国――そして他のほとんどの国――に対して、関税を手段として遠慮なく用いる際のトランプ大統領の無謀さと予測不可能さは広く非難されてきた。このようなやり方が際限なくエスカレートすれば、関税の応酬という闘争によって全世界が今よりも貧しくなる可能性が出てくるからだ。しかし「貿易戦争」という概念は、中国が長年にわたってデザインや製品技術に関する秘密を組織的に盗み出すなどの他の広範な手段を通じてアメリカやその他の国々に対して包括的な地経学的キャンペーンを展開してきた、という事実を曖昧なものにしてしまう。

例えばアメリカの大陪審(だいばいしん)は、ファーウェイには競合他社から機密性の高い技術情報を盗んだ従業員を報奨するボーナスプログラムを採用しているとされていること、そして中国の法律では中国企業は国家による情報収集を支援することが義務付けられている疑いについて審理している。この実態は、二〇一八年一二月、中国の国家安全部の職員であるハッカーがインターネット管理サービスのプロバイダーに侵入して「ヨーロッパ、アジア、そしてアメリカで知的財産と機密性の高い商業データ」を組織的に盗み出したことを複数の国が公表したことで確認された*16。スパイ活動は全ての国が行っていることであるが、この事案はその種類と規模において異質なものであった。しかもこれは二〇一五年に習近平主席とオバマ大統領との間で結ばれた経済スパイを行わないという合意への違反でもあった。

日本、アメリカ、インド、そしてオーストラリアからの抵抗は、中国の野心と手段に対して若干の修正をもたらした。しかしこの争いの落とし所は全く見えていない。脆弱性と支配、そして行動と対応というこのドラマの舞台設定は、既に完了しているのだ。そして、それは安全保障、外交、そして人々の心をめぐる競争といった、より広範な競合へと繋がっているのである。

火に油を注ぐ

現代のインド太平洋における経済の物語は、エネルギーから始まった。アジア経済が成長するにつれ、アジア各国における燃料の需要量は自給量を急速に上回っていった。このため、各国は炭化水素の世界的な埋蔵量の多くが集中する、中東とアフリカに目を向けた。今日ではこのエネルギーが、世界の工場たるインド太平洋を動かしている。すなわち「中東からの原油は、アジアにおける製造業のサプライチェーン全体を支えている」のである*17。

中国、日本、韓国、台湾、東南アジア、オーストラリア、そしてインドは、いずれも燃料という生命線――ひいてはその繁栄、政治的安定、そして安全保障――を、インド洋の海上交通線に大きく依存している。中国にとっての主要な石油供給国は、サウジアラビア、アンゴラ、オマーン、イラク、そしてイランである。一方、日本はサウジアラビアとアラブ首長国連邦から、韓国はクウェート、イラク、カタール、そしてアラブ首長国連邦から、それぞれ石油を輸入している。インドにとっての主要な石油供給国は、サウジアラビア、イラク、そしてナイジェリアだ。

このようにアジア経済がエネルギー供給をインド太平洋のシーレーンに依存していることは、もはや目新しい話ではない。しかしエネルギー供給を守るための責任を負うことに対して、ほとんどのアジア諸国が二の足を踏んできた。イランと米英との対立が世界的な石油供給を混乱させるおそれがあった二〇一九年の危機の際も、インド太平洋の大国の多くはホルムズ海峡の通航の確保を目的とした軍隊の派遣に及び腰であった。しかしこれは、これらのインド太平洋諸国がエネルギー供給の脆弱性に無関心であったということを意味しない。アデン湾とその周辺で、多国籍による海賊対処作戦が行われたからだ。中国がアデン湾に恒常的な海軍のプレゼンスを維持し、ジブチに基地を開設し、そしてグワダル近傍やその他の地域にも基地が建設される見込みであることを考慮すると、石油供給に対するリスクがイランからではなくアメリカとその友好国からもたらされると認めた場合、中国は必要とあらば軍事介入能力を向上させていく可能性が高い。実際には、原油タンカーを妨害する意図を示しているのはイランである。アメリカの戦略問題の分析者(アナリスト)たちは、原油タンカーが妨害されるというシナリオを、机上(きじょう)ではあるが公然と検討している*18。一日につきたった一隻のタンカーが足止めされても、それが結果的に中国経済を揺るがす可能性があるからだ。

インド太平洋におけるエネルギー安全保障の追求は、石油タンカーを護衛する海軍だけに限った話ではない。特に中国、インド、そして日本は、昔から海外のエネルギー資源への投資を通じて自国の優位を追い求めてきた。中国とインドは、アフリカから中東、中央アジアに至るまで、石油と天然ガス田の所有権の買収をめぐって競い合っている。しかし、妥当な価格で継続的な供給を確保するという意味でのエネルギー安全保障は、海外に油田等をどれだけ保有したところで、自動的に保障されるものではない。通常の場合、産油国との協定では生産された石油の多くを現地市場に売却することが求められるからだ*19。それでも、中国とインドは、ナイジェリアからイラン、カザフスタンに至る場所で、あからさまな入札合戦を止めることはなかったが、多くの場合、中国が豊富な財源、断固とした国家レベルの動員、リスクを恐れない姿勢などでインドを圧倒してきた*20。

ただし、全てが中国の思い通りに進んでいるわけでもない。エネルギー安全保障を巡る争いは、中国の近海でも繰り広げられているからだ。埋蔵された石油とガスを巡る角逐(かくちく)は、南シナ海における領有権争いの主たる動機ではないかもしれないが、それは不断の地政学的な争いの一部を占めている。とりわけベトナムは、中国による沿岸海域への侵入に抵抗しており、自らエネルギー資源の探査も行い、海外の商業パートナーに鉱区を売却し、彼らに掘削調査を積極的に行わせているが、これらの企業の中にはインドとロシアの国営企業や国営関連企業が含まれている*21。インド政府は南シナ海における揉(も)め事から抜け目なく距離を置いているかもしれないが、一方のロシア政府は極めて大胆になっている可能性もある。なぜなら中国は、ユーラシアにおける野望とアメリカとの競争においてロシアの助けを必要としているからである。

中国のエネルギー面での苦境には多くの側面がある。中国は再生可能エネルギー分野における超大国を目指しており、例えば太陽電池パネル、風力タービン、電気自動車の世界最大の生産国である*22。しかし、中国の経済成長は圧倒的に石炭火力に依存しており、当初は炭素排出量に上限を設け、最終的には削減するという世界から寄せられた期待に対して抵抗していた。現在、中国は依然として世界最大の石炭消費国であるが、中国以外の国をすべて合わせたよりも多くの化石燃料を燃やしているにもかかわらず、気候変動と闘う急先鋒として自らを演出しようとしている*23。当面の間、中国は道路輸送から鉱業、農業、そして製造業に至るまでの全てにおいて、輸入される石油、ガス、そして石油化学製品に大きく依存することになる。エネルギー危機は、経済だけではなく体制に対する国民の信頼にも影響を及ぼすだろう。

　このため、中国政府はインド洋における安全保障上のプレゼンスに加えて、エネルギーが豊富に存在する可能性のある東アジア海域の領有権も執拗に主張している。中国は同時に、はるか遠隔の地にある炭化水素鉱床の株も購入している。中国は、港湾、精油所、そして陸上パイプラインに投資するのと同時に、国有の、あるいは少なくとも国からの指示で動くタンカー船団を、急速に築き上げている。中国は、便宜置籍船を多用する他国とは異なり、これらの船団に自国の国旗を掲げて航行させているが、これはとりわけ武力で船団を防護する際の法的根拠となる。さらなる保険として、中国は相手国の政治体制の種類にかかわらず、供給国と特別な外交関係を構築しており、実際に権威主義的で腐敗した国に対しても好意的だ。さらに加えて、中国は一〇〇日分の戦略的な石油備蓄を自国の領土内に確保しようとしている*24。

　ところがこれらの措置を組み合わせても、危機に際して中国に通常レベルのエネルギー供給を保障することはできないであろう。急速なパイプラインの建設をもってしても、中国の増大する石油の需要には追い付けない可能性がある。パキスタンあるいはミャンマーを通過するパイプラインは、それ自体が破壊工作や妨害に対する脆弱性を持ち、いずれにしても単に航海日数を短縮することに寄与するだけで、海上輸送の代替にはならなさそうだ*25。

　近年のアメリカはシェールオイルの生産を急増させつつ、エネルギー分野における相対的な独立性を高めているため、これは中国と軍事的に対峙する際に有利に働くだろう。とはいえ、アメリカ主導による封鎖戦略には多くの欠点と危険性があり、とりわけ世界経済へ与える影響、多くの第三国の離反、そして最低でもインドと日本――そして理想的にはその他の国々、たとえばロシアでさえ――が参加しなければ封鎖を強要するのは困難である点などが考えられる＊26。

いずれにしても、エネルギー安全保障上のディレンマに対する中国の対応は「影響力を投影することで国益を守る」というさらに包括的な戦略の一部となっている。つまり「一帯一路」と、それに伴う軍事的、そして外交的なイニシアティブなのである。これにより、地経学的競争は第二の段階に入る。すなわち、中国がエネルギーの供給路だけでなく、インド太平洋、アフリカおよびユーラシアにまたがる広範なサプライチェーンと原材料の供給源を支配しようとする段階だ。そしてこの直後には、第三段階、第四段階が控えている。つまり中国に対する反発の発生と、それを受けての中国政府による政策の調整だ。

多帯多路

拒否して相手の機嫌を損ねることがある。二〇一七年五月に中国が主催した一帯一路の豪華な国際祝賀会への参加を辞退したことで、インドは「招かれざる客」となってしまった。そしてこれによって世界は、習近平の壮大な計画の背後にある隠された意図を知ることになった。インド政府の説明の丁重な言葉遣いは一見無害に思われたかもしれないが、外交面では確実に影響を及ぼすことになった。すなわち一帯一路という見世物全体が、中国の利己的かつ独善的な性質であることを暴露したのだ。インドの声明は、一般原則としては中国と協力するという前向きの姿勢と、一帯一路の様な「連携構想」に突きつけた多くの前提条件のリストから構成されていた。すなわち、連携構想は、普遍的に認められた国際規範、優れた統治（ガバナンス）、法の支配、開放性、透明性、そして平等性に基づかなければならない。連携構想は、諸原則、すなわち、社会に持続不可能な債務負担をもたらすプロジェクトを避けるための財政的責任、生態系と環境に関するバランスのとれた保護と保全のための基準、プロジェクト費用に対する透明性のある評価、そして地域社会によって生み出された資産を長期的に運営維持することを支援するための技能と技術の移転に従うべきである。連結性プロジェクトは、主権と領土の一体性を尊重した方法で推進されなければならない*27。

これらは二一世紀における全てのプロジェクトにおける、完全に理にかなった要点であると感じられるだろう。統治の行き届いた社会に生きる市民は、あらゆる地域開発計画、たとえば道路、鉱山、ダム、観光リゾートの開発であっても、それを評価する際に自国政府に同様の基準を期待するだろう。広く認められているように、インドが自国内でこのような基準を適用してきたということは到底できない。すでに論じてきたように、インドが抵抗した主な理由は、パキスタンが占領する一方でインドが領有権を主張しているカシミール地方に中国が「経済回廊（かいろう）」を建設し、インドの主権を侵害したことにあった。

だがインドの姿勢は、中国との提携において契約条項を交渉する機会（チャンス）を見逃してきた他の多くの国の政府に対する呼びかけでもあった。このわずか二ヵ月前にニュージーランドは「国際的に優れた取り組み、マーケット指向、プロフェッショナルな原則」に一致するという漠然（ばくぜん）とした条件に基づき「一帯一路」の名の下で行われるいかなる場所のいかなる活動に対してもお墨付きを与えるという中国側が起草した覚書に署名しており、いわば外交的な「白紙の小切手」を中国共産党に手渡していた*28。公平を期すために付言しておくと、ニュージーランド政府には多くの仲間がいた。すなわち、アジア、アフリカ、そして東ヨーロッパに至るまで、多くの国々が似たような覚書に署名していたし、オーストラリアのビクトリア州政府も、自国政府に事前に通知せずに同様のことを行って国益を損なっていた。それぞれの署名者にとっては、これは北京における良い評判を維持するために支払うべき小さな、そして拘束力のない代償に思えたのかもしれない。しかし全体として見れば、このような合意は習近平にとってプロパガンダのための権威付けとなった。すなわち、習近平は中国国民に対し、中国側の条件に基づく新たな秩序を世界が歓迎していることを示すために、これらの紙片を誇示できるようになったのである。これらの合意は、国際的にも無責任であり、発展途上国が中国の政府系銀行と貸付条件を交渉するのを難しくした。

　加えて、抵抗したのはインドだけではなかった。例えば、フランス、日本、オーストラリア、そしてアメリカもブレーキを踏んでいた。ただし、世界最大の民主主義国であるインドから反発されたことから、習近平の「アジアを代弁する」という主張はとりわけ空虚（くうきょ）なものとなった。インドは、力を奪われたインドの王族が集められ忠誠を誓うことを強いられた大英帝国の「公式接見（ダーバー）」の現代版とみなしたものに対してボイコットを宣言するために、自国の誇り高き反植民地主義の伝統を利用したのだ*29。そしてインドの姿勢は、一つの転換点となったのである。

　二〇一七年以降、中国に対する反発はますます激しくなってきている。多くの国の内部で「一帯一路」プロジェクトの性質と影響、特に負債、汚職、そして中国にとっての戦略的優位性との関連性についての議論が高まっている。スリランカ、ミャンマー、マレーシア、そしてパキスタンのような国々においても、新たな疑念と詮索（せんさく）の目が「一帯一路」に向けられている。二〇一九年末のスリランカでの新たな政権交代（今回は親中派の元大統領の弟であるゴタバヤ・ラジャパクサが率いていた）のように、選挙のたびに中国に対する公式見解が猫の目のように変わっても、この傾向は続くだろう。一帯一路政策と、この政策によって新たに台頭してきたエリート層は、今や多くの国において人々の間に間断なく軋轢（あつれき）を生じさせている。人口約五〇万人のインド洋国家であるモルディブは、国益を守るのに小さすぎる国など存在しないと断言できるテストケースとなっている*30。

モルディブは二〇一三年から二〇一八年にかけて、独裁色を強めるアブドッラ・ヤーミン大統領の下で、空港建設と二つの島を結ぶ「中国・モルディブ友誼大橋」の建設を含む、中国のいくつかの大規模プロジェクトを受け入れた。ところが結果的に、一六億米ドルからこの国の全経済力に匹敵する三六億ドル近い負債を抱える結果となった。二〇一八年初頭、中国との取引や汚職に対する批判が高まる最中にヤーミンは「自己クーデター」を起こし、国会を休会にするとともに、最高裁判所長官を逮捕した。ところがこれは無駄な努力であった。というのも、彼は数ヵ月のうちに大統領選挙で敗北してしまったからだ。そして、イブラヒム・モハメド・ソーリフ新大統領は、続く議会選挙で圧倒的多数を確保して、汚職を調査し、中国への傾倒を終わらせる権限を得た。

ドイツとフランスが警鐘（けいしょう）を鳴らしたため、欧州は分裂し始めた。EUはますます慎重になり、中国を一種のパートナーとしてだけではなく、「技術優位を追求する経済的な競争相手であり、EUに代わる統治モデルを支持する、あらゆる面でのライバル」であると認識しはじめた*31。二〇一八年初頭に発表されたある専門家の報告では、欧州は中国に「進んで従ってしまう」傾向があることが指摘されており、「自由民主主義的な観点からみれば、あらゆる分野における中国との交流は、潜在的に問題をはらんでいる」と警告していた*32。それにもかかわらず、イタリアは一帯一路の受け入れへと一歩を踏み出し、例の悪名高い決まり文句が書かれた協定に署名した最初のG7の国となったが、買い手としての後悔を感じる直前に「そのような協定にはEUの基準を満たす必要がある」という但（ただ）し書きを付け加えている*33。

それと同じ頃、イギリスは自分自身を微妙な立場に追い込んでいた。当時のイギリスはブレグジットの不確実性のおかげで新たな「グローバルな」経済的な機会を死に物狂いで求めており、二〇一九年四月にフィリップ・ハモンド大蔵大臣は、一帯一路政策を「ビジョン」と呼び、英中関係の「黄金時代」という表現を復活させている*34。ところが同じ頃にイギリス議会のある委員会が、中国はイギリスの国益と価値観に対する挑戦を強めており、イギリス政府は「この現実に向き合おうとしていない」と警告していた。

イギリスの取り組みは、経済的な考慮を、他の国益、価値観、そして国家安全保障よりも優先するという危険を冒している。現在推進されている形態での一帯一路構想は、イギリスの利益に関して懸念を引き起こしている。我々は、一帯一路プロジェクトを評価する上で個別の案件ごとに厳格な取り組みを導入し、そして一帯一路を承認する覚書に署名することを引き続き控えるよう、政府に対して勧告する*35。

オーストラリアからは一帯一路の魔の手をさらに明快に警告するシグナルが送られているが、この国はインドが果敢な抵抗をして以降、中国や国内のビジネスロビー団体からの「黙って署名しろ」という圧力に抵抗しやすくなったと感じていた。一帯一路政策に対するオーストラリア政府の慎重なアプローチは、国家の政治的な意思決定に対する中国の影響力への抵抗の高まりと符合していた。オーストラリアの指導者たちにとっては、中国のプログラム全体に対して包括的な契約を提示しても自動的に物質的な楽園が手に入るわけではないし、また支持を控えても経済的な煉獄で焼かれることを意味するわけでもないことが明らかになってきた。キャンベラの二大政党が一帯一路関連のプロジェクトを無視し、反対し、時には受け入れるという厳格な「ケースバイケース」政策を堅持していたにも関わらず、豪中間の鉄鉱石貿易は驚異的な成長を続けたのだ。

最も賢明な対応策の一つの例を示したのは日本であった。特定のインフラプロジェクト、すなわち商業的に意味があり、優れたガバナンスの基準を順守し、日本の品質を明確に示し、そして中国による統制を制限するような案件については、自国の企業が中国と協力することを許可・推奨するというものだ。これは日本の条件に基づく「一帯一路」への参加であり、このようなやり方だと習近平のすべての夢を礼賛する必要はなくなる。

「自由で開かれたインド太平洋」戦略の下で、日本は「多帯多路」(many belts, many roads) とでも呼べるような多国間の地経学的抵抗において、主導的な役割を果たしてきた。日本は単独でも東南アジアにおける最大のインフラ投資国であり、例えば、二〇一九年には中国の二五五〇億米ドルに対し、日本は三六七〇億米ドル相当のプロジェクトを進めている*36。日本政府はインド政府とともに、マラッカからホルムズに至るまでの港湾が、いかなる一国にも独占されることのないように具体的なプロジェクトを進めており、特にコロンボ港では日本とインドが共同で新たなコンテナターミナルを開発中である*37。日本はアメリカとオーストラリアとの行動を調整するために「三国間インフラ・パートナーシップ」を形成した。この三ヵ国が二〇一九年末に設立した、いわゆる「ブルー・ドット・ネットワーク」(Blue Dot Network) は、良質のインフラのために信頼できる企画を提供するための政府間、産業間、市民社会の間のパートナーシップである。すなわち、中国（あるいはその他の国）からのプロジェクトがその約束に違わないものであるのか否かを疑問に思う国家、あるいは自治体のための、国際的な認証シールである。

一帯一路に代わるインフラ計画の信頼性については、パプアニューギニアへの発電とインターネット接続に関する鳴り物入りの共同提案が、ワシントン―東京―キャンベラ共同事業体のテストケースとなるだろう。オーストラリアとアメリカもまた、それぞれ独自の取り組みを進めている。オーストラリアの「太平洋ステップアップ」(Pacific Step-up) には、開発資金、海底電気通信ケーブル（安全保障上のリスクがあると言われている中国のプロジェクトの代替として）、そして地域の各国政府に対する訓練の取り組みなどが含まれている。このような教育の重視は合理的といえる。

オーストラリアをはじめとする成熟した民主主義国家たちが、鉄鋼とコンクリートの量、あるいは事業の推進ペース、規模、そして短期的なコストの面で、中国の上手を行く、あるいは凌ぐことなどは所詮無理な話である。だがガバナンスと透明性に関する訓練を提供することで、これらの国々が中国の大盤振舞いを受け入れるか否かを判断したり、長期的な国益にかなう取引とするための交渉の仕方を教えることはできるのだ。

抵抗することから来る利点もだんだんと明らかになってきている。もし、誰もが中国の言葉を盲信し、一帯一路という合唱団に無批判に加わっていたならば、インド太平洋の多くの国の人々が二つの大きな強みを失っていたかもしれない。第一に、域外の国々はこの地域の恐ろしいまでのインフラ不足を解消するためにさらに尽力しようという意欲を低下させていたかもしれない。ところが中国からの脅威が認識されたことで、日本、アメリカ、オーストラリア、インド、ヨーロッパの国々からの開発プロジェクトが活性化した。スリランカからソロモン諸島、バングラデシュ、そしてバヌアツに至るまで、発展の遅れた国々は、自国が必要とするインフラに資金を提供すべく富裕国同士が競い合っていることを突如として理解したのだ。たとえ一帯一路政策が中国の最も魅力的な約束として何兆ドルもの融資を行っても、この地域の需要のほんの一部しか満たすことができていない。現在では戦略的競争という予感がライバルとなるプロジェクト同士を駆り立てており、多くの場合、その対象となった国が双方の申し出を同時に受け入れることもありえる話になっている。結局のところ、本当に「ウィンウィン」という関係が成立するのかもしれない。すなわち、受益国は、開発資金を提供したいという提案国の数をさらに増やすことで、自らが勝者となるのだ。すると一定の統治上の基準——透明性、説明責任、慎重さ、選択権——も保たれるであろう。

中国に抵抗することによって得られる第二の報酬は、中国が一帯一路政策を一時的に停止し、手直ししていることである。中国は自国のイメージが被（こうむ）ったダメージを局限し、国際的な信頼を回復するために一帯一路政策を再調整しているのである。たとえば二〇一九年四月に行われた二回目の一帯一路政策の国際祝賀会では、北京はより慎重であり、必ずしも謙虚（けんきょ）ではなかったものの、傲慢（ごうまん）さはやや緩和されていた。習近平は「オープンで、クリーンで、グリーンな」開発において「広範な協議、共同の貢献、共通の利益」を提案し、「広く受け入れられているルールと基準」を採用すると明言している＊38。当然のように、中国の当局者は表面的にはイデオロギーに沿った方針を採り、一帯一路政策に対するいかなる批判も「冷戦思考」だと拒絶するだろう。しかし、だからといって、彼らが耳を貸さないわけでも、内心に不安を抱えていないわけでもない。どのみち習近平は中国国内での一帯一路政策に対する不満の高まりにも直面している。それは「中国が国内においてこれほどまでに多くの富を必要としているときになぜ外国にその富を貸し出さなければならないのか」という不満である。

一帯一路政策の動機やその影響に対して異議を唱えることは、もはや物議を醸（かも）しだすものではなくなってきている。すでに「新たな植民地主義」という存在だと呼ぶことができるからだ。もちろん一つの見方から言えば、一帯一路は商業上の論理と中国の国営銀行が利益を得ようと躍起（やっき）になっているという側面を含んだ「接続性」と「開発」に関する構想である言えよう。しかしそれがイデオロギーとは無関係の完全に「市場に基づく」スキームであると主張されても、にわかには信じがたい＊39。これは主として「中国（チャイナ）最優先（ファースト）」政策であり、地政学と経済学を組み合わせた壮大な戦略なのである。そこで狙われている多様な目的は、それぞれが互いに中国の優位性を支えるためのものだ。すなわち、生産と供給が過剰となった鉄鋼と石炭の輸出、エネルギー・資源・食料の供給ラインの強化と確保、反抗的な中国西部の新疆地区の統制、中国の企業と技術に優位性をもたらす経済的な価値連鎖（バリューチェーン）と生産規格の世界的な支配、そして、多くの国を中国の好みと国益に従属させるための外交的な行動力と影響力の拡大である＊40。一帯一路政策は、中国が追求していた多くの政策——経済、外交、軍事——を結び付けようとする習近平の大胆な賭けとして始まったのかもしれない。しかし一帯一路は間違いなく「大戦略(グランド・ストラテジー)」と分類されるものであり、あらゆる「権力のレバー」を動員して、共通の目的を達成しようとするものである。つまり中国がインド太平洋とユーラシアを支配し、そして少なくともアメリカと同等の世界的な大国となり、おそらくは新たな世界秩序の中心に君臨することを目指しているのだ＊41。

しかしこれら全てにおいて、批評家たちも中国の戦略的な天賦(てんぷ)の才や悪意を誇張すべきではない。一帯一路はたしかに「トロイの木馬」——贈り物を装った戦略的潜入活動——かもしれないが、部分的にはフランケンシュタインの怪物でもあるのだ。すなわち、全ての要素を少しずつ詰め込んだ即興(アドリブ)の創造物が独り歩きしているのである。資産の支配権を中国に差し出させ、外交政府に影響を与えるために債務を利用するやり方は、今日広く主張されている体系的な「債務の罠外交」(debt-trap diplomacy)や「略奪的経済(predatory economics)」というよりは、もっと偶発的で日和見(ひよりみ)的であるように思われる＊42。ほとんどの場合、中国は支払いに苦慮している多くの国との間で、債務についての再交渉を行い、問題を先送り(そして更に長期的な債務を確保して)にし、資産の放棄を強制するのは控えている。二〇一九年のコンゴの前例を踏まえれば、「持続不可能な債務負担についての再交渉を行うことを条件に国際通貨基金(ＩＭＦ)が債務国に介入して救済する」という新たなパターンが生まれるかもしれない＊43。

とはいうものの、債務を株式に交換するという解決策が採用された場合は、とりわけ中国がスリランカのハンバントタ港(インド洋の海上交通路の中心にあって将来的には軍事基地となり得る)を獲得した際のように、重大な結果を招くこともある。このような個別的な事件であっても、この一件は各国が一帯一路が地政学的な同意書の締結へと誘惑するリスクに対して躊躇(ちゅうちょ)させるには十分であった。戦略的な理由から融資の担保に固定資産を求める貸し手からの借り入れには、憂慮(ゆうりょ)すべきリスクがあるのだ＊44。

すでに中国が軍事基地を設立し、民間用のドラレ港に権益を持つジブチでは、中国との間に深刻な債務問題が生まれている。小さくても戦略的な位置にあるこの国家は、国内総生産の合計の八八～一〇四％に相当する公的債務を背負うと予想されている。アメリカ政府はジブチがドラレ港のコンテナターミナルを含む資産をさらに中国に手渡す可能性に直面していると警告している＊45。

南太平洋ではオーストラリアとアメリカが、中国の融資により生じた小さな島嶼国に対する返済困難な債務負担と、中国政府が資源と港湾を求める姿勢に懸念を抱いている。二〇一九年半ば、パプアニューギニアのジェームス・マラペ首相は、同国経済の三分の一に相当する、数十億ドル規模の公的債務全体の借り換えを中国に求める可能性について発表している＊46。これによって、中国が鉱山や港湾などの主要な資産を担保に求める可能性が浮上したのだ。それから二四時間以内に、首相官邸はこの発表を撤回し、発表は手違いによるものだと述べ、他の政府関係者は協議を受けていなかったことを認め、そしてパプアニューギニアの開発のための選択肢として多くの国が存在することを表明した＊47。債務の罠外交に対する警告は、国内でも痛切に感じられるようになってきたのである。

ソロモン諸島の周囲でも、この競争が絶え間なく続いている。二〇一九年末にはこの小国が中国からの強い要請によって台湾と断交すると、二つの大規模プロジェクトがメディアで報じられた。すなわち、水深の深い港を完備したある島全体を借り受けようとする中国が出資する企てと、中国の国有企業による主要な道路、鉄道、そして港湾施設の建設を含む、表向きは金鉱山の再開発のための入札である＊48。メディアの注目を受けて、ソロモン諸島政府は島の借地契約の計画を中止したが、ここは中国が民間用だけではなく軍事用にも利用可能な港を確保するために関心を示している、数多くの場所の一つにすぎない。

一帯一路とは本当に「債務の武器化」なのか、議論はいまだに続いている。例えば南太平洋では、現在までに得られた証拠を見れば小国を借金漬けにすることは副次的な結果であり、直接的な狙いではないと

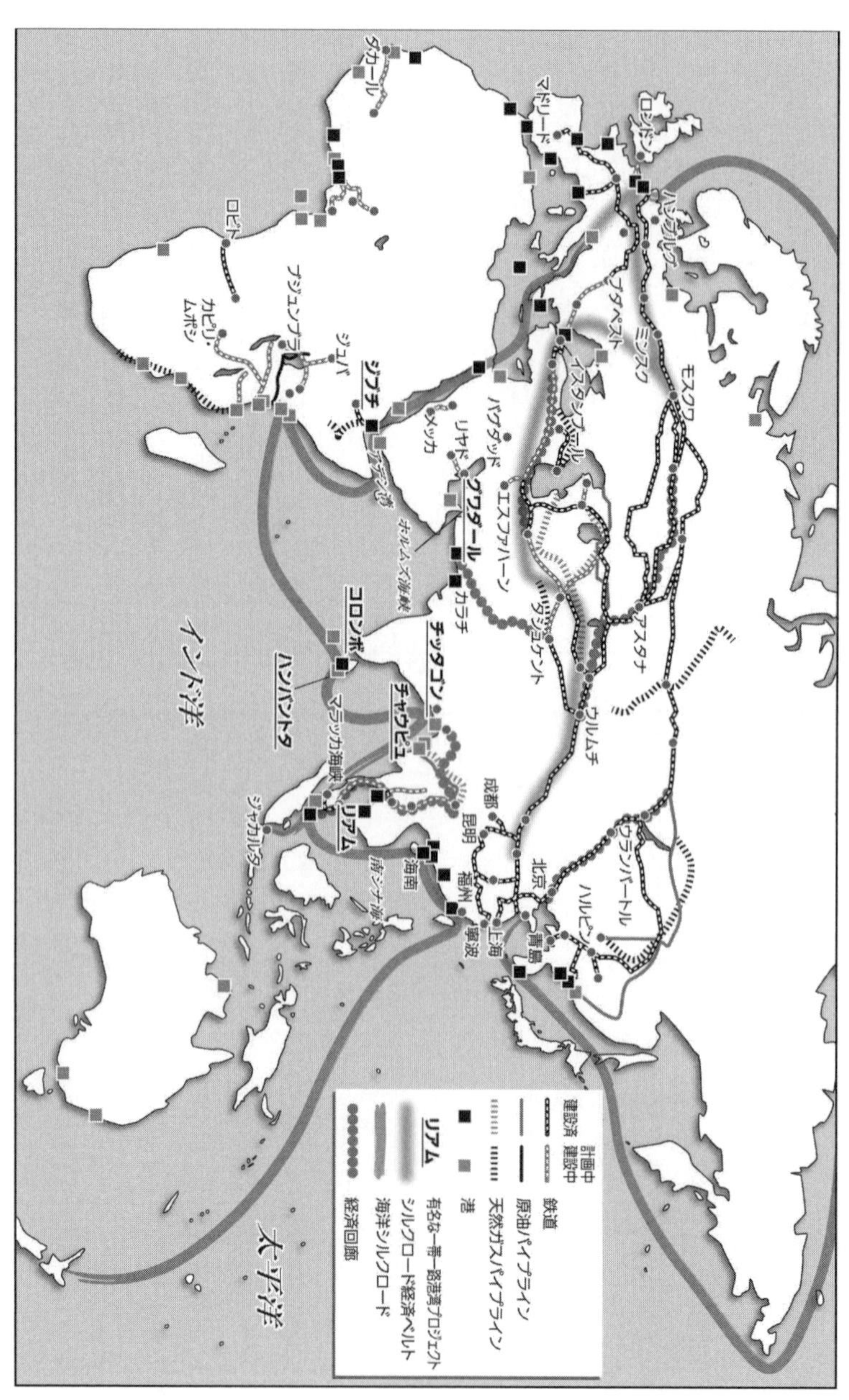
ダカール
マドリード
ロンドン
ブダペスト
ミンスク
モスクワ
ロビト
ブジュンブラ
カピリ・ムポシ
ジュバ
ジブチ
メッカ
リヤド
バグダッド
イスタンブール
アデン湾
ホルムズ海峡
グワダール
エスファハーン
カラチ
タシュケント
アスタナ
ウルムチ
コロンボ
ハンバントタ
チッタゴン
チャウピュ
マラッカ海峡
リアム
ジャカルタ
成都
昆明
海南
南シナ海
福州
北京
ウランバートル
ハルビン
青島
上海
寧波
インド洋
太平洋
計画中
建設中
建設済
鉄道
原油パイプライン
天然ガスパイプライン
港
有名な一帯一路港湾プロジェクト
シルクロード経済ベルト
海洋シルクロード
経済回廊

「一帯一路」

いうことが言える*[49]。しかし、別のコネクションも作用している。すなわち、国政術における率直かつ昔ながらの手段である軍事力という力を伝える伝達ベルトとしての「野心的なインフラ」という役割だ。中国は長年にわたって、一帯一路は軍事力とは無関係であると主張してきた。ところが二〇一九年七月に、中国の国有メディアは、魏鳳和（ぎほうか）国務委員兼国防部長が、南太平洋・カリブ海地域の国防関係者との会合において、中国は「一帯一路政策の枠組みの下で」これらの国々との軍事協力を深める用意があると述べたと報じた*[50]。これは一見すると無害なものであろう。なぜなら魏氏の発言は、主にテロ対策、平和維持、そして災害救助といった共通基盤の領域に関するものであったからだ。しかし、中国はもはや一帯一路政策が純粋に非軍事的取り組みであると装（よそお）うことはしなくなった。これは現実を認めるものであった。つまり「貿易の後には軍旗がついてくる」ということであり、帝国主義には紛争や対立に巻き込まれるという安全保障面でのリスクがあることを示したのだ。

海洋シルクロードは、商業からインフラ、プロパガンダ、そして軍事力にまで広がる、戦略的な競争が繰り広げられる海の戦場（ウォーターフロント）の一部である。中国は一貫してこの戦場のつながりを認識してきた。今や他の国々も、この競争の多様で多層的な性質に気づきつつある。この認識は、自国の国益を主張し、長期的な強要と紛争のリスクを管理するための境界線を設定する上で、極めて重要なものとなるだろう。

註

1 Lisa Martin, ‘Australian pilots hit with lasers during South China Sea military exercise’, *The Guardian*, 29 May 2019.

2 Homi Kharas and Kristofer Hamel, ‘A global tipping point: Half the world is now middle class or wealthier’, Brookings Institution blog, 27 September 2018.

3 David Scott, 'Naval deployments, exercises and the geometry of strategic partnerships in the Indo-Pacific', 8 July 2019, Center for International Maritime Security.

4 Christopher R. O'Dea, 'How China weaponized the global supply chain', *The National Review*, 20 June 2019.

5 Adam Smith, cited in Robert D. Blackwill and Jennifer M. Harris, *War by Other Means: Geoeconomics and Statecraft*, Harvard University Press, Cambridge Massachusetts, 2016, p. 31.

6 以下を参照。 Sam Costello, 'Where is the iPhone made?', *Lifewire.com*, 8 April 2019.

7 World Trade Organization, 'China Trade Profile', 2018.

8 Edward N. Luttwak, 'From geopolitics to geo-economics: Logic of conflict, grammar of commerce', *The National Interest*, No. 20, 1990.

9 Anthea Roberts, Henrique Choer Moraes and Victor Ferguson, 'The geoeconomic world order', *Lawfare* blog, 10 November 2018.

10 Thomas J. Wright, *All Measures Short of War*, p. 127.

11 Henry Farrell and Abraham L. Newman, 'Weaponized interdependence: How global economic networks shape state coercion', *International Security*, Vol. 44, No. 1, 2019.

12 Michael Wesley, 'Australia and the rise of geoeconomics', Centre of Gravity paper No. 29, Strategic and Defence Studies Centre, Australian National University, 2016.

13 Laurence Dodds, 'Huawei's employee ownership claims are a sham covering up possible communist control, research finds', *The Telegraph*, 16 April 2018.

14 *The New York Times* editorial board, 'China's Canadian hostages', *The New York Times*, 23 December 2018.

15 Peter Harrell, Elizabeth Rosenberg and Edoardo Saravalle, 'China's use of coercive economic measures', Center for a New American Security, June 2018; Rory Medcalf (ed.), 'China's economic leverage'.

16 House of Commons Foreign Affairs Committee, 'China and the rules-based international system', Sixteenth

Report of session 2017-2019, 26 March 2019, pp. 41–42.

17 Kibe Hidemitsu, 'Tanker attack shows Asia's vulnerability as "world's workshop"', *Nikkei Asian Review*, 14 June 2019.

18 Sean Mirski, 'Stranglehold: The context, conduct and consequences of an American naval blockade of China', *Journal of Strategic Studies*, Vol. 36, No. 3, 2013.

19 Isabelle Saint-Mézard, 'India's energy security: An assessment of India's international quest for energy sources', in Sumit Ganguly, Nicolas Blarel and Manjeet S. Pardesi (eds), *The Oxford Handbook of India's National Security*, Oxford University Press, New Delhi, 2018, p. 490.

20 Calvin Chen, 'China and India's quest for resources and its impact on the rivalry', in T.V. Paul (ed.), *The China–India Rivalry in the Globalization Era*, Georgetown University Press, 2018, p. 125.

21 Dinakar Peri, 'Vietnam briefs India on standoff with China in South China Sea', *The Hindu*, 30 July 2019; Bennett Murray, 'Vietnam's strange ally in its fight with China', *Foreign Policy*, 1 August 2019.

22 Dominic Dudley, 'China is set to become the world's renewable energy superpower, according to a new report', *Forbes*, 11 January 2019.

23 'How is China managing its greenhouse gas emissions?' China Power, Center for Strategic and International Studies, accessed 6 October 2019, https://chinapower.csis.org/china-greenhouse-gas-emissions.

24 Andrew Erickson and Gabe Collins, 'Beijing's energy security strategy: The significance of a Chinese state-owned tanker fleet', *Orbis*, Vol. 51, No. 4, 2007; David Shambaugh, *China Goes Global: The Partial Power*, Oxford University Press, Oxford, 2013, p. 162. 〔デイビッド・シャンボー著、加藤祐子訳『中国グローバル化の深層―「未完の大国」が世界を変える』朝日新聞出版、二〇一五年、二一七頁〕

25 Andrew S. Erickson and Gabriel B. Collins, 'China's oil security pipe dream: The reality, and strategic consequences, of seaborne imports', *Naval War College Review*, Vol. 63, No. 3, 2010; Aaron L. Friedberg, *A*

Contest for Supremacy, p. 229.［アーロン・フリードバーグ著、佐橋亮監訳『支配への競争：米中対立の構図とアジアの将来』日本評論社、二〇一三年、二九〇～二九一頁］

26 Sean Mirski, 'How a massive naval blockade could bring China to its knees in a war', *The National Interest* online, 6 April 2019.

27 'Official spokesperson's response to a query on participation of India in OBOR/BRI forum', Ministry of External Affairs, Government of India, 13 May 2017.

28 'Memorandum of arrangement on strengthening cooperation on the Belt and Road Initiative between the government of New Zealand and the government of the People's Republic of China', March 2017. 二〇一八年末、ビクトリア州は連邦政府との序列を無視し、キャンベラに相談することなく、主として中国当局者が起草したと思われる同様の文書に署名し、中国の地経学的戦略を「歓迎し支持する」とした。その後、ビクトリア州政府は二〇一九年後半に「目に見える利益」をもたらす一帯一路政策に関する更なる枠組みの合意によって、中国との関係を次のレベルに引き上げると主張した。このような文書が、互いにビジネスを行う際の中国・オーストラリアの各企業の事業予測に変化をもたらすかは、依然として不明である。

29 Nitin Pai, 'Towards many belts and many roads', *Business Standard*, 1 June 2017.

30 Marwaan Macan-Markar, 'Maldives election paves way for China deals investigations', *Nikkei Asian Review*, 15 April 2019; Indrani Bagchi, 'How did "India first" turn into "China first" in the Maldives?' *The Times of India*, 11 February 2018.

31 European Commission and the High Representative of the Union for Foreign Affairs and Security Policy, 'EU–Chinaa–strategic outlook', 12 March 2019, p. 1.

32 Thorsten Benner et al., 'Authoritarian advance: Responding to China's growing political influence in Europe', February 2018, Global Public Policy Institute and Mercator Institute for Chinese Studies.

33 Stuart Lau, 'Is Italy experiencing buyer's remorse after signing up to China's Belt and Road scheme?',

South China Morning Post, 30 July 2018.

34 Keith Johnson, 'China gets a British bedfellow', *Foreign Policy*, 26 April 2019.

35 House of Commons Foreign Affairs Committee, 'China and the rules-based international system', Sixteenth Report of session 2017–2019, 26 March 2019, p. 3.

36 Michelle Jamrisko, 'China no match for Japan in southeast Asia infrastructure race', *Bloomberg*, 23 June 2019.

37 'Japan and India to develop Colombo Port, countering Belt and Road', *Nikkei Asian Review*, 20 May 2019.

38 Xi Jinping, 'Working together to deliver a brighter future for Belt and Road cooperation', Keynote speech at the opening of the Belt and Road forum for international cooperation, Beijing, Chinese Ministry of Foreign Affairs, 26 April 2019.

39 以下で主張されている。Parag Khanna, *The Future Is Asian*, Simon & Schuster, New York, 2019, p. 110. 他のコメンテーターたちは「一帯一路プロジェクトは商業的な論理を欠いている」と全く逆の見解を示している。以下を参照のこと。Peter Frankopan, *The New Silk Roads: The Present and Future of the World*, Bloomsbury, London, 2018, p. 119.

40 Daniel Kliman and Abigail Grace, 'Power play: Addressing China's Belt and Road strategy', Center for a New American Security, 2018, p. 2; Nadège Rolland, *China's Eurasian Century? Political and Strategic Implications of the Belt and Road Initiative*, National Bureau of Asian Research, Seattle, 2017, p. xi; George Magnus, *Red Flags: Why Xi's China Is in Jeopardy*, Yale University Press, New Haven, 2018, pp. 175–184.

41 ナデージュ・ロラン（Nadège Rolland）は『中国のユーラシア世紀？』（*China's Eurasian Century?*）において同様の結論に達しているが、よりユーラシアに焦点を置いている。「世界秩序」については以下を参照のこと。Bruno Maçães, *Belt and Road*, p. 5.

42 Agatha Kratz, Allan Feng and Logan Wright, 'New data on the "debt trap" question', Rhodium Group report,

29 April 2019.

43 Joe Bavier, 'IMF approves Congo Republic bailout after China debt deal', *Reuters*, 12 July 2019.

44 Peter Frankopan, *The New Silk Roads: The Present and Future of the World*, Bloomsbury, London, 2018, p. 127.

45 Nizar Manek, 'Djibouti needed help, China had money, and now the US and France are worried', *Bloomberg*, 6 April 2019.

46 Kate Lyons, 'Papua New Guinea asks China to refinance its national debt as Beijing influence grows', *The Guardian*, 7 August 2019.

47 Ben Packham, 'China and West not everything: Marape backtracks on loan', *The Australian*, 9 August 2019.

48 'Chinese redevelopment of Solomon Islands Gold Ridge mine dubbed "way over the top"', ABC News, 30 October 2019; 'Solomons government vetoes China's attempt to lease an island', *The Guardian*, 26 October 2019.

49 Roland Rajah, Alexandre Dayant and Jonathan Pryke, 'Oceans of debt? Belt and Road and debt diplomacy in the Pacific', Lowy Institute Analysis, October 2019.

50 'China to deepen military cooperation with Caribbean countries, Pacific island countries', *Xinhua*, 8 July 2019.

第8章

拡大する戦線

軍服姿で落ち着かない様子の習近平は、北京北西の郊外にある五階建ての建物に足を踏み入れた。そこは中国軍の新しい戦闘指揮所の正面入口であり、堅固なカルスト台地の中腹には天然の対核地下壕である洞窟群が広がっている。習は中国の最高指導者であり、中国国家主席、さらに重要なのは「共産党総書記」の肩書きを持っている。しかしこの日、習は「中央軍事委員会主席」、すなわち兵力二五〇万人の人民解放軍の最高指揮官としてこの場に君臨していた。中国中央テレビ（ＣＣＴＶ）は、モザイク調の迷彩が施された人民解放軍の新型「デジタル戦闘服」を着用した習が、拍手喝采し、あるいは熱心にメモを取る何列もの軍事作戦の計画担当者たちに向かって熱弁をふるっている映像を全国に放送した。これは習近平の前任者たちの控えめな文官スタイルとは大違いだった。そこには「韜光養晦」の欠片もなかった。

中国のインド太平洋軍事地図

習の軍司令部訪問がテレビ放映されたのは今回が初めてではなかった。だが今回（二〇一七年一一月）

の放映では、習近平はテレビ放送を単に軍隊を視察するためだけでなく、軍隊に対する中国の新たな期待の高まりを誇示するために利用したのだ。一番の見せ場は、ジブチに最近開設された基地との間のテレビ会議であった。習近平ははるか遠い中国の地から駐屯部隊に対して訓示し、「国際平和と安定」を守るという任務を称賛した。彼は人民解放軍全軍に対して「危機と戦争に関する感覚を研ぎ澄ます」ことと「戦闘即応態勢の向上への努力を惜しまない」ように命じた。合わせて、あらゆる緊急事態に備える必要があると述べた。

2017年、ジブチの中国軍基地の開所式

このような野心の大きさと範囲を示すかのように、司令部の中央作戦室の壁には、中国だけでなく、南シナ海だけでもなく、日本からアフリカの角を含む広大な地図が掲げられていた。すなわちユーラシア大陸とインド太平洋まで広がる地図であり、一帯一路であり、中国の戦略的国益が広がる地域の地政学的な陰と陽であった。もし中国の勢力範囲が東アジアに限定されているのであれば、誰も人民解放軍に対してこのような訓示を行わなかったであろう。習近平は、中国が自国の沿岸から遠く離れた場所で軍事的な競争に関与しており、天津からジブチまでインド太平洋にまたがる区域で軍事作戦に備えているという事実を隠そうともしていないのである*1。

中国の軍事力近代化の規模と速度には驚くべきものがある。いくつかの信頼できる推定によると、一九九〇年の中国の国防予算は約一〇〇億ドルであり、これは例えばイギリスやフランスの三分の一未満であった。ところがその三〇年後に中国の軍事支出は二〇倍以上に増加している。二〇一九年の公式予算である約一七七〇億ドルには、軍艦のような新たな能力の購入や研究開発のための予算は計上されておらず、その多くは民間部門の予算に紛れ込んでいる。専門家によると、これらを含めると支出は約三分の一増加するという*2。この数字に比べるとあまり理解されていないのは、海洋と世界にまたがって急速に拡大する中国の軍事的な影響力と野心である。二一世紀の世界の地政学において核心となる問題は、中国政府が広大な距離を越えてどれだけの軍事力を投射して維持できるかということなのだ*3。

中国の大規模な軍事力のほとんどは、常に領土防衛のために割かれることになるだろう。なぜなら、中国は他のいかなる国よりも多い、一四の国々と国境を接しているからである。ロシアや中央アジア諸国との国境の多くは一帯一路外交によってコントロールしやすくなったが、残りの国々との国境は監視を続ける必要があり、例えば朝鮮半島の混乱に備えて中国軍は警備を固めている。兵力一五〇万の人民武装警察を含め、国内の治安維持にはさらに多くの部隊が従事している。

人民解放軍とは結局のところ共産党の軍隊であり、厳密にいえば国家の軍隊ではない。その最大の任務は、どんなことが起こっても共産党を権力の座につけておくことである。人民解放軍の多くは中国の東部沿岸部における任務にも専従している。特にここには台湾に侵攻するという消えることのない脅威が存在しており、例えば二〇〇五年の反分裂国家法によって「戦争に訴える」と一触即発の脅しを加えることで、中国共産党は自縄自縛に陥った。この法律は、もし台湾が独立を宣言した場合、中国は「再統一」のために「非平和的」な手段を用いる義務を負わせている。言い変えれば、中国は二〇世紀前半から未決着のままになっている内戦を、自らの正統性の中心的モチーフとして、さらには軍事的な台頭の主な理由の一つとして選んだということだ。人民解放軍の中国東部での任務には、日本とのライバル関係や、南シナ海で係争中の領有権の主張も含まれる。

ところが中国政府は多様な任務、遠征そして遠隔地における駐屯に向けて、次第に準備を整えつつある。中国海軍は真の「外洋海軍（ブルーウォーターネイビー）」への脱皮を完了しており、八三隻の大型戦闘艦あるいは「主力水上艦艇」、六二隻の潜水艦を含む、三〇〇隻以上の艦艇を擁している*4。さらに中国海軍は、高度に軍事化した沿岸警備隊（中国海警局）によって補完されているが、巡視船の何隻かは多くの外国の軍艦よりも大型なのだ。中国海軍の作戦は、徐々に空母を中心としたものに再編され、おそらく二〇三〇年までに六隻の空母を運用するようになるだろう。この空母計画の始まりについての話は他に類を見ないものであり、中国の軍事的台頭の背後にあるきわめて固い決意——そして欺瞞（ぎまん）——に関する手がかりとなる。

中国初の空母は、ソ連が最後に設計した艦艇の一隻の船体を用いて建造された。この未完成の船体は、水上ホテルとカジノとして利用するという偽りの仮面をかぶった作り話のもとで、香港を拠点とする中国人実業家が経済的に困窮していたウクライナから三〇〇〇万米ドルという破格の安値で一九九八年に購入した*5。二〇〇〇年から二〇〇二年にかけて、この廃船は一九〇五年のロシア皇帝の不幸な大艦隊と同じように、黒海から大西洋、そして喜望峰を経由し、インド洋から南シナ海を、まるでウミウシが這うような速力で曳航された。しかし、この誤魔化しは報われた。真実は二〇一二年までに誰の目にも明らかになった。すなわち、この船の真の使用者は人民解放軍であり、大規模な改装を施され「遼寧（りょうねい）」と改称されたこの艦は大連造船所で就役したのだ。

二〇一六年までにこの堂々たる外見の艦は戦闘準備が整ったと判断され、二四機の攻撃機を搭載し、大国としての中国の威信のために士気の大幅な向上という役割を果たしたが、一部の専門家は、これを最先端の戦闘用プラットフォームというよりも、実験艦、「パイロット訓練大学」あるいは技術検証以外の何物でもないと述べている*6。ところが人民解放軍は、いまや最も要求水準の厳しい水上艦艇を建造し、改良し、リバース・エンジニアリングする方法を熟知しているのだ。より高機能で、中国国内で建造される二隻目の空母も進水し、三隻目の空母が建造中であるが、その設計は回を重ねる度に改良されている。これらの空母は、駆逐艦、ドローン、ジェット機、ヘリコプター、潜水艦によって構成された、アメリカ式の防護兵力を備えた「戦闘群」として行動するようになるだろう。中国軍の文献では、これらの空母戦闘群について、遠距離作戦のための「戦略的な拳」であると記述しているが、その戦闘力を過大評価しないことも大切である*7。

中国の空母はアメリカの空母に比べれば小型で、アメリカ海軍がほぼ一世紀にわたって極限状態の下で試行錯誤を重ねて成熟させてきた海軍航空の生死を分ける複雑さに関して言えば、中国の艦艇乗組員もパイロットもほとんど経験を積んでいない*8。中国のドクトリンでは、空母は依然として他の手段では代えがたい、遠方の海域あるいは外国の領域において制空を確保するための移動プラットフォームという存在だと考えられているようである。地上の基地は自由に移動することができず、空中給油にも限界があるからだ。

ところが潜水艦やミサイルの脅威が増大し、アメリカの軍事力に対して不利な状況が続くと予想されるため、中国は自国沿岸部での本格的な戦争においては空母は理想的なものではないと考える可能性がある。その代わりに、空母は自国よりも軍事的に劣る国を抑止したり、威嚇（いかく）するために遠征をしたり、南シナ海やインド洋、場合によっては南太平洋において保護や強要を行うような任務には最適だ。ある専門家は、中国海軍の空母を中心とした海軍は「アメリカの海洋覇権に挑戦するというよりも、その後継者となることを目指している」と明快に述べている*9。

当面の間、中国は海洋シルクロード沿いにある中国の資源、権益、国民、威信の守護者という意味では自分たちの巨大な軍事力のほんの一部しかインド洋、アフリカ、南太平洋に展開させないと予想されている。このため、そのような不快な仕事の多くは、中国の民間軍事会社、すなわち人民解放軍の元兵士を雇った傭兵部隊に委ねられる可能性があり、これはアメリカ軍やその同盟国の軍の元兵士たちが欧米の警備会社のために働いているのと同じ構図だ。

これらの中国の民間軍事会社の部隊は、すでに南スーダンとイラクで緊迫した状況に直面している。パキスタンでも、自国の資源が中国によって開発され占有されていることに憤慨したバルーチ族の分離主義者など、現地の武装勢力による中国人への襲撃が繰り返されており、二〇一八年だけでも一二件の事件が発生している。現時点における現地での警備は、国内全域で一帯一路プロジェクトの警備に専従する一万五〇〇〇名のパキスタン軍にゆだねられている。もしどこかの時点で傭兵や現地軍が自分たちでは対処できない衝突に巻き込まれたり、あるいはこれを悪化させたりした場合には、本物の中国軍に対して介入を求める圧力が高まるはずだ*10。

ではインド太平洋における中国の軍事プレゼンスとはどのようなものになるのだろうか？　空母、戦闘艦艇、潜水艦の部隊には、三万人から一〇万人の間の規模へと増強が予想されている海軍陸戦隊の一部や特殊部隊が加わることになるだろう。中国空軍に配備されている二七〇〇機の航空機のうち、遠距離行動が可能なものはごく少数と思われるが、トルコや太平洋の深部といった遠方へ展開したり演習するような動きは始まっている。このような話を総合すると、中国軍全体の中で遠隔地に展開可能なものはごく一部にすぎず、軍の大部分は中国本土またはその近傍において主要な任務を遂行するために後置されるだろう。だが仮に中国が持てる力のほんの一部を出撃させたとしても、インド洋、南太平洋、東南アジア、そしてシーレーンに依存している域内諸国——とりわけ日本と台湾——の間で、中国に対する戦略的な懸念が大幅に高まることになるだろう。自国の近傍で先進技術を備えた敵対的な軍隊と遭遇することに慣れていないこの地域の国々の多くにとっては、中国の軍事力のごく一部であっても圧倒的な力の差を見せつけられることになる。かつての鄭和の「宝船」の記憶を現代に呼び起こすように、中国の空母戦闘群が水平線上に現れる姿だけでも、小国、とりわけ信頼できる同盟国を持たない国を屈服させるのに十分かもしれない。緊張が高まった場合に、中国の潜水艦はインド洋に依存する、インド、日本、オーストラリアあるいはその他の国々を躊躇させることになる。海軍陸戦隊一個大隊を乗艦させた強襲揚陸艦一隻があれば、小さな島国や内戦地域で、秩序を維持したり、中国人を保護したりするのには十分であろう。中国は二〇二〇年代後半から新型の誘導ミサイル潜水艦を配備する予定である。この潜水艦は、原子力推進の水中アーセナルシップ〔誘導ミサイル等を大量に搭載した打撃力重視の潜水艦〕であり、アメリカやロシアが中東でしばしば行ってきたように、沖合に潜んでテロリスト集団や敵軍といった地上目標に向けて、きわめて高精度のミサイル発射を行うことが可能だ＊11。このような兵力は、インド太平洋における二一世紀版の中華帝国が行う砲艦外交にとって、理想的な道具となるだろう。

いずれにせよ、中国の安全保障計画の担当者は、もはやこれらの遠く離れた地域を独立した、あるいは補助的な地域として取り扱ってはいないようである。むしろ、習近平の戦闘指揮所に掲げられていた地図によって極めて大胆に示唆され、また中国の軍事問題に関する著名な研究者であるアンドリュー・エリクソン（Andrew S. Erickson）が指摘しているように、このような遠隔地は公式な『軍事戦略の科学』という本の中で、中国の「前縁防衛」（forward edge defense）のための「単一の弧状の戦略地帯」（single arc-shaped strategic zone）として示されている＊12。アメリカが数十年にわたり行ってきたように、中国はインド太平洋のある地域から別の地域に軍事的な力点を次々と移すようなことを常態化させるであろう。帝国時代の堅牢なローマ街道は、商業のためだけではなく軍隊を速やかに移動させるために設計されていた。海洋シルクロードも、軍用高速道路という第二の役割を担うだろう。また、その道中には重要な戦略的中継地点として、休憩施設や補給設備だけでなく、監視施設や要塞も建設されることになるのだ。

基地をめぐる競争

南シナ海は、中国にとって支配すべき隣接領域、あるいはナショナリズムと資源のための活動領域だけではなく、さらに遠くの地域への軍事プレゼンスの重要な足がかりとなっている。人民解放軍に関する世界的な権威であるマカオ大学の由冀（ユー・ジ）（You Ji）教授は、以下のように述べている。

……スプラトリー（南沙）諸島における人民解放軍による埋め立ては、インド洋に至る前方展開を確立するという戦術的、さらには戦略的な目的にかなうものであった……南シナ海とその周辺のチョークポイントをコントロールするために重要な最前線での建設工事は、中国の石油輸送のためにマラッカ海峡を確保することになる……そのため、人民解放軍による南シナ海と海上交通線（sea lane of communication：SLOC）を巡る作戦はこのようにして統合され、中国的なインド太平洋ドクトリンの誕生は不可避であると思われる*13。

この説は、タイ湾に面したカンボジアのリアム港が中国の基地と化している証拠が増えていることによって信憑性の高いものとなっている。リアムからは、爆撃機、ジェット戦闘機、軍艦が東南アジアのほとんどの地域、そしてマラッカ海峡のような重要なチョークポイント、さらにはインド洋にこれまで以上に容易に到達できる*14。カンボジアの基地は、中国のインド太平洋におけるプレゼンスのために拡大を続ける「戦略支点」（zhanlue zhidian）の連（つら）なり、すなわち軍事的に利用可能な、水深の深い商業港のネットワークの一部を構成する可能性がある。このネットワークには、西はジブチ、そして潜在的にはパキスタンのグワダル、インド洋中心部においてはスリランカのハンバントタとおそらくコロンボ、インド洋とマラッカ海峡の間のベンガル湾においてはミャンマーのチャウピュー、そしてバングラデシュのチッタゴンあるいはコックスバザールなどの数か所、そして東ティモール、バヌアツ、ソロモン諸島、さらにこの地域の南東部が含まれる。これには、人民解放軍海軍の多くの戦力の目下の母港となっている海南島（沿岸部の洞窟内には潜水艦の秘密基地が建設されている）、そして南シナ海に点在する軍事化された人工島も含まれる＊15。

公開情報で入手可能な中国の港湾・基地建設計画に関する分析の多くは、そのほとんどが推測の域に留まっているが、様々な政府から示されている懸念は、おそらく機密情報や外交官からの報告によってもたらされたものであろう。一部のメディアの論評は、中国には「地域の支配」という進行中の計画が本当に存在するのか、それとも中国政府の計画は本質的に守勢的なものなのか、明らかに疑いの目で見ている。例えばイギリスの「エコノミスト」誌は、一帯一路の地図上にある重要な軍民併用施設は、将来中国に対して行われるかもしれない封鎖から石油と原材料の輸入を守るために理想的な位置にあると指摘している＊16。しかし、これはまさに過去の帝国の拡大のパターンを踏襲したものだ。すなわち、広域防衛に最適の拠点は、戦力投射の足がかりになるのと同時に、日本のような他国の資源輸送を拒否するのにも理想的なのである。

中国は基地の獲得競争に断固とした姿勢で参加しているのだが、公平を期すために言えば、これは中国が始めたレースではない。アメリカは、ハワイの真珠湾にあるインド太平洋軍司令部のほかに、昔から正規の基地を日本、韓国、グアム、時としてフィリピン、西はジブチ、ディエゴ・ガルシアに保持するとともに、シンガポールとオーストラリアとは公式な訪問協定を結んでいる。日本もジブチに進出しており、その艦艇は東南アジア、インド洋、オーストラリアに次第に姿を見せるようになっている。インドは、アンダマン諸島とニコバル諸島に自分たちの「東海軍コマンド」を維持するだけでなく、セーシェルといったインド洋の島嶼国や、湾岸諸国であるオマーンとアラブ首長国連邦、そして東南アジア諸国、特にベトナムへの特権的なアクセスを追求している＊17。

オーストラリアもインド洋のココス諸島とクリスマス島に独自の戦略的前哨拠点を持ち、マレーシアのバターワース基地から監視飛行を行うとともに、パプアニューギニアのマヌス島に存在していた第二次世界大戦時代の施設を、海軍用に再開することを目指している。フランスは、インド洋から南太平洋にまたがる戦略的に重要な島々の連なりに小規模ながらも効果的な軍事プレゼンスを維持している。これらレユニオン島やニューカレドニアといった島嶼は、厳密にいえばフランスの海外県・海外領土である。イギリスはディエゴ・ガルシアを領有しており、東南アジア、おそらくブルネイに、小規模な軍事プレゼンスを再建することを検討していると伝えられている*18。

中国の戦略家たちは、長年にわたって西太平洋をアメリカが支配する「列島線」と考え、中国海軍の行動の自由（あるいは近隣諸国に圧力をかける自由）を阻害する存在とみなしてきた。彼らは今や広域のインド太平洋を、基地と友好国の織りなす連鎖、あるいは少なくとも中立的な空間を利用して互いに相手を出し抜くための、より広範な競争領域となっていると見なしている。そして他の国々も、列島線の概念がインド洋にまで拡大する可能性を密かに注視している*19。このような考え方は、海外基地の獲得競争を説明する上で役に立つ。貿易、投資、インフラのネットワークと並行して、二一世紀における軍事施設のパッチワークが縫い合わされつつある。ただしこれらの軍事施設は、領土支配のための強大な城塞というよりは、一九世紀の給炭基地の現代版、補給と給油のための貯蔵場所、そして遠征とパトロールのための中継点といった機能を監視所に付け加えた、軽武装を施した睡蓮の葉のようなものだ。それでもこれらすべての要素は、ライバルが戦力投射を行う上で役に立つと思われる。ただし一旦戦争が始まれば、全ての基地は緒戦における攻撃目標となるだろう。

政府というものは、自国の軍隊が戦争以外にも多くの任務に就いていることを誇示したがるものだ。実際にほとんどの軍隊は、人道支援や災害救助から海上犯罪への対処、テロの捜索と戦闘、捜索救難、平和維持、紛争地域からの避難まで、常にあらゆる非戦闘任務に従事している。軍の中でも特に海軍は外交任務のために派遣されるものであり、例えば、親善訪問、プレゼンスの誇示、外国のカウンターパートとの演習や訓練、あるいは新しいパートナーとの間に信頼を築くための通貨としての「能力構築（キャパシティー・ビルディング）」を通じた知識や技能の伝授などを行っている。同様に、軍は友好国か潜在的な敵対国が相手かに関わりなく、文民の使節団に参加している。これはいわゆるリスクの軽減や信頼醸成措置（しんらいじょうせいそち）を通じての情報共有、あるいは紛争を管理するための手順を議論するためだ。これらの活動のかなりの部分が高度なインテリジェンスによる状況把握のためという裏の顔を持っているにもかかわらず、すべてが大きな安心感を提供しているように見えるのだ。

しかし結局のところ、国家がハイテク技術や機密軍事装備品に数十億ドルを投資するのは、戦争が起きる可能性があるからである。それは、世界的な相互依存状態と気候変動という抗しがたい共通の難題を抱えた時代においては、最大級の悲劇であり時代遅れのことかもしれない。それでもこれが現実なのである。「相互確証破壊」（mutually assured destruction）という核の脅威の下でも、「相互確証混乱」（mutually assured disruption）というサイバー空間のクラウドの下でも、ほとんどすべての政府はいまだに古いローマの格言、「汝平和を欲するならば戦に備えよ」（si vis pacem, para bellum）に耳を傾けている。もし中国が孫子を意識して「戦わずして勝つ」を狙っているのであれば、中国は心の底から本気なのだという印象を与える必要がある。まさにそれが中国の軍の近代化で起こったことである。しかし、この意味において中国は独りぼっちではないのだ。

インド太平洋地域には、アメリカ、中国、インド、ロシア、日本、韓国という、世界有数の防衛予算を持つ国の多くが含まれている。この事実はインド太平洋地域を世界の一大武器市場にしており、欧州とイスラエルの防衛技術企業が、ロシア、アメリカ、中国とともに、収益性の高い軍拡競争のブームに参入している。この地域には、中国、インド、アメリカ、ロシア、韓国と北朝鮮、パキスタンという、兵力的に見ても世界最大規模の軍隊が存在する。さらにアメリカ、中国、北朝鮮、ロシア、オーストラリア、日本、韓国、シンガポールのような、サイバー戦争という見えない手を使う世界的なリーダーの大半がここにいるのだ。そして、この地域では各国が最も積極的に戦力を遠隔地に投射し、軍事技術で競い合い、防衛外交における協力を自称している。特に海軍の近代化は、この地域に集中している。すなわち、中国の艦隊の急速な増強だけでなく、インド、日本、ロシア、オーストラリア、韓国、東南アジア諸国たちが、確実に能力を向上させているのだ。

このように、インド太平洋における軍事競争は、極めて難題ではあるが、それでも「無制限な競争」というわけではない。この競争は、厳密にいえば本格的な「軍拡競争」ではないのだ。この言葉は漠然と用いられることが多いが、厳密には各国が自国の富を持続不可能なほど大量に兵器に費やしていること、あるいは互いが標的とする兵器の数と破壊力を激しく競っていることを指している。もちろん現在の世界の軍事費の支出は、冷戦以降では最高の水準にある＊20。だが人々は冷戦中のはるかに高烈度なライバル関係が存在していたことを忘れている。たとえばソ連は最盛期には国内総生産（ＧＤＰ）の約二〇パーセントを軍事費に費（つい）やし、はるかに豊かなアメリカでさえ国内総生産の一〇パーセント以上を使ったこともあったほどだ＊21。

それに比べれば、今日のほとんどの国が国内総生産のほんの一部しか国防費に費やしておらず、世界平均でも二・一パーセントに過ぎない＊22。その中にあって、北朝鮮は極めて例外的な存在であり、国家の富の最大四分の一を軍事に費やしているが、それは国防あるいは他国を脅かすためのものであると同時に、国内の統制を維持するためのものである＊23。中国政府が軍事費の一部を民間の研究開発費として隠していることを考慮しても、中国の本当の国防費が二パーセントをはるかに超えているとは考えにくい。人民解放軍の予算は年に一〇パーセント以上増加するなど、急激に増大してきているが、大枠ではその伸びは中国経済の成長に歩調を合わせたものだ。習近平の下では実際に兵員数は削減されており、これは資金を賃金や生活費から先進兵器の調達へと配分するために行われている。これらのことは、もし緊張状態が悪化すれば中国が軍事支出をさらに増加できることを示唆している。とはいえ、中国の社会保障費はそもそも不十分であり、軍事支出の更なる増大は、高齢化しつつある国民に社会的セーフティーネットを提供する共産党の能力に悪影響を及ぼすことになる。

この問題に関しては、中国よりも貧しいインドにおいても事情は同じであり、同国の軍事費は年一・六パーセントから二・四パーセントの間で変動している。日本も中国が言い立てている「再軍備化」の非難を受けるいわれはないだろう。日本の防衛費は国内総生産の約一パーセントだが、水陸両用部隊、防衛用の対ミサイルシステム、潜水艦、先進的なアメリカ製戦闘機、そしてジェット戦闘機を搭載するためのヘリコプター搭載護衛艦の改装など、重大な影響を及ぼす能力への投資が毎年微増しているくらいだ＊24。

ところがアメリカは、依然として世界最大の国内総生産の約三・二パーセントという世界最大の軍事支出国である。七〇〇〇億ドルを超える国防予算は驚異的に思えるが、アメリカが数十年にわたって積み上げてきた世界的な戦略的プレゼンスと任務という壮大な野心とは釣り合いが取れていない。この隔たりは、二〇一一年から二〇一八年にかけて国防支出が二一パーセント減少したことでさらに拡大した。既存の能力を単に維持するためだけでなく、留まることを知らない技術の進化とコストの増大に歩調を合わせるためには、支出を再び増大させる必要があるだろう＊25。アメリカの能力はアジアに集中しているわけではなく、世界中に分散配備されており、西太平洋地域では中国に対して通常戦力——すなわち核ではない戦力——における軍事的優位性を失いつつある、あるいはすでに失っているのではないかという深刻な懸念が高まりつつある。

この地域で総力戦が起こることが確定しているわけではないし、そのような見通しも存在しない。軍事目標も大半が限定的なものばかりだ。朝鮮半島や中国による台湾奪取の脅威を除けば、ほとんどの国が本格的な侵攻を開始したり、あるいはそれに抵抗するのとは程遠い任務や防御戦略に焦点を当てている。これは、領土侵略の恐怖や現実が日常茶飯事だった冷戦や世界大戦の頃とは大違いだ。台湾の外に広がるインド太平洋の洋上では、最も差し迫った軍事的な不測事態でさえ、異なる様相を示す公算が高い。典型的な軍事力の行使が意味するところは、圧力を行使したり、圧力に抵抗したりすることであって、征服したり、征服に抵抗したりすることではない。戦争の脅（おど）しとは「他の手段をもってする政治と外交である」ということになるだろう。だがこれらのシナリオの複雑さと不確実性は、武力紛争が深刻にエスカレートする可能性を示唆している。

いずれにしても、状況は予断を許さない。インド太平洋の軍事バランスに平凡な日々が訪れることはないのである。もちろん数字だけが唯一の尺度ではないし、規模がすべてというわけでもない。今後の軍事対立で重要なのは、単に誰が最も多くの戦車や兵士を持っているかということではないのだ。しかし、アメリカとその同盟国、特にオーストラリアの安全保障専門家の間では、「インド太平洋地域におけるアメリカの長年の軍事的優位が、少なくとも西太平洋地域では揺らぎつつあることをすでにアメリカが許容しつつあるのではないか」という妥当な懸念が存在する。彼らは中国がＡ２／ＡＤ（接近阻止／領域拒否）として知られる戦略、すなわちアメリカの前方基地に壊滅的なミサイル攻撃を仕掛け、中国が将来、台湾、日本、あるいは東南アジア諸国を攻撃するのをアメリカ海軍が阻止しようと介入してくるのを防ぐために対艦弾道ミサイルの脅威を利用する、と主張している*26。

もちろんこれは将来の紛争の結果がすでに決まっていることを意味するわけではない。そもそもアメリカとその同盟国は、中国の軍事力に対抗するための新たな方策を模索(もさく)している。また、軍事部門への投資、配備そして訓練において、手段を講じたり対抗手段をとることも考えている。様々な要素の複雑な組み合わせの中に優位となるものが潜(ひそ)んでいる。すなわち、リアルタイムのインテリジェンスと監視がどのように迅速性と目標の照準に寄与できるのか、同盟国と基地の分散したネットワークがどのように遠隔地にいる部隊を支えていくのか、兵器の「プラットフォーム」が新しく高価であっても、現実的な訓練と長年にわたる経験がいかに必須の要件であり続けるか、ドローンと人工知能の持つ新たな恐るべき能力はその意思決定ループの中にどの程度人間の関与を必要とし続けるのか、空、海、陸、宇宙、そしてサイバーの一体となったパワーは、各戦闘領域(ドメイン)を足し合わせたものをどの程度上回ることができるのか、リスクを計算することと誤算することはどれほど結果に影響するのか、などだ。

ナポレオン時代のプロイセンの戦略家カール・フォン・クラウゼヴィッツによって集大成された戦争と軍事的優位に関する西欧の伝統的概念は、兵力の質量、戦力の集中、そして重心に関するものであった。ところがクラウゼヴィッツは、戦争の結果においてむき出しの力が決定的な要素ではないことも認めていた。「戦場の霧(きり)」を突破するためには、意思決定も重要なのである。したがって、二一世紀の戦争——あるいは戦争を防ぐためのリスクの調整——における決定力は、情報、スピード、そしてネットワークにあるのかもしれない。つまり誰が先に発見して発砲するのか——あるいはそれができることで十分な恐怖を喚起(かんき)させることができるのか——が強みになるかもしれないのだ。戦争がどのように始まり、あるいは拡大するかということに関して、新たな霧が立ち込めている。秘密主義がこれほどまでに軍事的優位性の中心になったことはない。目に見えないものは、目に見えるものよりもはるかに相手にダメージを与えることができるのである。

水面下の闘争

それはエイリアンの宇宙船との接近遭遇の、いわば「海洋版」であった。二つの異なる世界が、南シナ海で危うく衝突しかけたのだ。二〇一九年九月、小さなベトナムの漁船――エンジンを装備するようになったことを別とすれば、何世紀にもわたってこの海域を行き来してきた粗末な木造船――が、一一〇〇〇トンの獲物を「水揚げ」して、世界的なニュースとなった。漁船の脇をすり抜けて浮上したのは深海の巨獣であり、それは通常の潜水艦とは比較にならない巨大な金属の船体を備えていた。SSBN（弾道ミサイル搭載原子力潜水艦）という優美さに欠ける頭字語は、玄武岩のような灰色の甲羅の下に何が隠されているのかを知る手がかりを与えてくれる。それは見つかったり聞かれたりすることを想定していない艦であり、波の下から突如としてすべての都市を跡形もなく消滅させるのに十分な量の大量破壊兵器を運搬するために建造されたものだ。背ビレのような艦橋には、中国の軍艦旗が赤くはためいていた。ベトナム漁船の船長の一人が、小さなトロール船の後ろに、核武装した海の怪物が迫っている不気味な光景を写真と動画で撮影した。彼らがどのようにしてパラセル諸島近傍の紛争海域で行き会ったのか正確なところは謎だが、画像では潜水艦の外殻が完全に乾燥しているように見えるため、漁網に絡まって浮上したという噂と矛盾している*27。もしかしたら、この比較的新しくて先進的な中国艦艇には機械的な問題があったのかもしれない（だとすればほとんど問題はないが）。理由は何であれ、インド太平洋における経済面でのライバル関係と軍事面でのライバル関係という、一見すると別々の階層の住民が交錯したものとしてこれ以上のわかりやすい例は存在しない。

インド太平洋の水面下では、二〇世紀のゲームチェンジャーであり、戦闘、監視、抑止において今なお高い価値がある、潜水艦の開発競争が行われている。潜水艦の隠密性は、海底ソナーアレイ、他の潜水艦、そしてコンピューターの改良によって強化された自律型海中ドローン群(スウォーム)や磁気異常探知といった「破壊的(ディスラプティブ)技術(テクノロジー)」からの挑戦を受けているといえる。実際のところ、対潜水艦戦ではその重要性から再投資が活発に行われている。それでも海洋は技術の進展でも「透明」になったわけではなく、ようやく「半透明」になってきたといえるくらいであり、潜水艦は今後数十年にわたって有望な投資対象であり続けるであろう。中国は新世代の潜水艦を開発中であり、この分野におけるアメリカの並外(なみはず)れた優位性を減じようとしているのだ。

日本は現在もこの分野で優位性を保っており、二二隻の先進的な潜水艦は恐るべき「盾(たて)」となっている。インド太平洋では、何十隻もの原子力推進の「ハンターキラー」や「攻撃型」潜水艦が、常に音もなくパトロールし、情報を収集し、将来の攻撃対象の特徴を学習し、潜水艦の隠密行動に必須の海洋観測と海底地形調査を行い、そして戦争に備えた訓練に従事している。オーストラリアは、戦略レベルの将来の多くの部分をフランスの技術で建造されることになっている世界最大のディーゼル潜水艦一二隻に託(たく)しているが、今後何年もの間は現存する老朽した潜水艦六隻で対応しなければならない［二〇二一年に英米から原潜を供給してもらう計画に変更された］。インドネシアは、韓国との契約により東南アジアで初めて建造される潜水艦を就役させる予定であり、今後さらに建造が続くことになっている。中国はパキスタン、バングラデシュ、ミャンマー、そしてタイに潜水艦を供給しており、ロシアはベトナム向けに六隻を建造した。インドはフランスが設計した潜水艦を建造するとともに、核弾道ミサイル搭載型の原子力潜水艦を独自に建造している。

潜水艦と核兵器の結合は、理屈の上ではインド太平洋地域に存在する国家間の安全保障において極めて有効な安定化装置の一つである。そしてこの論理（ロジック）には二つの暗黒面がある。第一に、潜水艦はあまりに壊滅的な破壊をもたらすため、戦争の勃発（ぼっぱつ）を抑止するというものだ。第二に、潜水艦は発見することがほとんど不可能なため、先制攻撃による核攻撃の阻止を確実に不可能にするための最善の方策であるということだ。このように、水中の核兵器は、核戦争を起こさせないためのおそらく究極の保証であると考えられている。なぜなら、潜水艦は敵の核攻撃を生き延びて壊滅的な報復を行うため、敵の第一撃（ファースト・ストライク）を無意味なものにしてしまうからだ。

核兵器をめぐる新たな軍拡競争が太平洋とインド洋の水面下で加速しているのは何も不思議なことではない。アメリカとソ連が大西洋、太平洋、そして北極海の氷の下で競い合った、あの広く知られている冷戦下の競争が、いまや多国間で再現されているのだ。アメリカとロシアは、長年にわたって核弾頭搭載の長射程弾道ミサイルを搭載した原子力潜水艦、すなわちＳＳＢＮ、あるいは「ブーマー」を配備している。中国とインドもまた、この選（えら）ばれし者による贅沢（ぜいたく）なゲームに参加している。特に中国は、アメリカ本土を射程に収める新世代ミサイルを搭載した、少なくとも五隻の弾道ミサイル原潜に資金を注ぎ込んでいる。そして南シナ海を支配しようとする中国政府の決意の説明としては「南シナ海の深部に究極の抑止力でありアメリカとの間に対等性をもたらす弾道ミサイル原潜を隠しておくためである」という説明に最も妥当性がある*28。インドにとっても核兵器は現実の問題であり、インド政府は弾道ミサイル原潜計画を、中国と肩を並べるための手段とみなし始めている。実際、二〇一七年にインドと中国の歩兵部隊がヒマラヤ山脈にあるチベットとインドがブータンに接する係争地ドクラム高原で対峙した際、モディ首相がインドの唯一の弾道ミサイル原潜である実験艦「アリハント」（Arihant）を出撃させることを検討したとの未確認の報道が発表されたが、これはインドが送ろうとした準備と決意のシグナルを示すものであった可能性がある。同艦が事故のため非可動状態にあったことはむしろ状況的には良かったのかもしれない＊29。

パキスタンや北朝鮮でさえ、核兵器搭載潜水艦の大流行に乗じてディーゼル潜水艦（能力的には原子力推進艦に劣るが）に核兵器を搭載するという次善の策を試みている。二〇一九年一〇月、北朝鮮は潜水艦からの発射能力への足がかりとして、海中に設置したプラットフォームから弾道ミサイルを発射した＊30。今後数年のうちに、少なくとも六ヵ国がこの極めて重要な地域の水面下で世界で最も危険な兵器を保有することになるかもしれない。

中国初の空母「遼寧」

このような状況は、それが感じさせるよりも実際は遙(はる)かに安心感に欠けたものだ。というのも、海中の核兵器は無言の平和維持軍であるという論理に、インド太平洋の新たな状況下では重大な欠陥(けっかん)があることが判明しているからである。実際のところ、このような兵器を平和と安定を約束するもの、いわゆる「継続的な海の抑止力」という聖杯にふさわしいものにするために必要な技術、技能、心理学、ドクトリン、そして指揮システムを完璧なものとするためには、この地域の国々が危険な実験に数十年を費やす必要があるからだ。

その合間に悲惨な事件が発生する可能性は現実として存在している。危機が始まったとき、ある国が弾道ミサイル原潜を出撃させたとすれば、それは相手側にどのような種類の不安定化シグナルを送ることになるのだろうか？　極端な場合、いったん紛争が始まると、探知された核兵器搭載潜水艦の指揮官は、その破壊的な武器を使用するか失うかという恐ろしい二択の中で、沈(しず)められる前に発射するという選択をする可能性がある[*31]。インド太平洋では、唯一アメリカの核兵器搭載潜水艦隊のみが、技術、経験、そして地理的条件の有利な組み合わせを維持できる可能性がある。中国が広大な太平洋でアメリカの潜水艦を見つけるよりも、アメリカ軍とその同盟国が南シナ海の内側に封じられた中国の潜水艦を見つける見込みの方がはるかに高いのだ[*32]。

核の影

ＳＳＢＮを巡る競争が行われている場は、インド太平洋のあまりに多くの戦略的競争の次元が交錯する場でもある。そこでは、大国政治、海洋を巡る領有権主張、海軍戦略、技術的優位、そして通常は語られることはない悲惨なエスカレーションの脅威が重なり合っている。とくに「経済的相互依存こそが一九四五年以降の大国間の全面的平和を維持してきた」という人気のある仮説は「核兵器がなくなることは決してない」という厳しい現実を見過ごしている。

さらにインド太平洋は、核抑止と核のリスクの巨大な爆心地、すなわち「第二の核時代」の中心地である。またこの地域には、アメリカ、ロシア、中国、インド、パキスタン、北朝鮮という世界の核保有国の大半が存在している[*33]。もしアメリカの同盟システムと「拡大抑止の傘」――アメリカが防護を提供するので同盟国は自ら核武装しない――が崩れることがあったとしたら、日本、韓国、そしておそらく台湾でさえも「世界の新たな核保有国」のリストに加わる可能性が出てくる。ほとんどの場合、現代のインド太平洋における核兵器の役割は、冷戦時代のように恐ろしいほど明々白々なものではない。中国とアメリカは外交の場で互いに核の脅威をほのめかさないよう慎重な態度をとってきたが、これは（議論の余地はあるが）「軍縮、あるいは軍備管理に対する切迫感を低下させる」という望ましくない効果をもたらしてきた。

二〇一七年のアリハントの件は別として、中国とインドは互いに核兵器を向け合っているという事実を公然とひけらかさないよう慎重に振舞っている。その一方で、インド・パキスタン間の緊張は何度か露骨な核の脅しを伴ったが、これまでのところ、これらの脅しは最終的には緊張の度合いを低下させ、正気を保たせるのに役立ってきた。予測不可能性の度合いに関して言えば、むしろ北朝鮮とアメリカの関係の方が高いかもしれない。北朝鮮のはったりと好戦的態度の頻度は、金正恩の下では高まる一方であり、ドナルド・トランプもこれに激しくやり返している。

長年にわたってこの憂鬱な問題の理解に身をささげてきた専門家たちにとっても、インド太平洋における核抑止の成り行きは依然として不透明なままである。だが幸いなことに、この地域や世界における核兵器の数は、米ソ冷戦の最盛期に比べれば少数にとどまっており、特に中国、インド、アメリカは、このような壊滅的な兵器を強制外交の一環として公然と振りかざすようなことはしてはいない。ロシア、パキスタン、北朝鮮は、紛争において核兵器を先制使用する用意があるとあからさまに表明しているが、厳密にいえばアメリカも同様のドクトリンを持ち続けており、オバマ大統領の下でこの政策をやめる努力が行われたのにもかかわらず、トランプ政権下では先制使用がより明確に言明されるようになった。この地域で最も起こりそうな将来の安全保障上の危機においても、初期段階から核の脅しという「計算された狂気」――あるいは実際の核の使用――が主役を演じるような可能性は極めて低い。そのような危機における最初の事件――例えば、係争海域の境界や陸上の境界線をめぐる小競り合い――から核攻撃の開始までの閾値の間には、多くの段階的なエスカレーションが存在すると思われる。

それにもかかわらず、インド太平洋には核兵器が影を落としている。中国は長年にわたり、控えめなペースで核兵器を備蓄し、その規模を比較的小規模（アメリカおよびロシアの数千発に比べて中国は数百発）に抑え、インドのように「先制不使用」と軍縮の双方を説いてきた。しかし、このような姿勢はますます空虚なものとなってきている。二〇一九年一〇月一日、中華人民共和国建国七〇周年を祝うパレードで、中国の指導者たちは核攻撃力についてのグロテスクなパフォーマンスを行うことを選択した。そこにあったのは、全人民が達成した民間部門の業績に焦点を当てるかわりに、不安感と冷戦思考の究極の展示物、すなわち巨大なトラックに積載された数十発の軍用ロケットが北京の街路を行進する、ソビエト式の大行列（ページェント）であった*34。これには（アメリカ本土に到達可能な）DF-41大陸間弾道ミサイル、JL-2潜水艦発射弾道ミサイル、そしてミサイル防衛を回避するための極超音速「滑空体（グライダー）」を備え、中国の近隣諸国やアメリカ軍基地に到達するのに適した「中」射程のDF-17が含まれていた。

　このような世界終末兵器の誇示は、中国が自国の伝統的な核兵器への自制的な政策を放棄し始めたことを示唆している。中国による核の威嚇の恐怖に関して、さらに多くの国が日本に同調するようになるだろう。中国政府は確かに自国の核兵器を増強するという選択肢を留保してきた。中国は核兵器の核（コア）となる核分裂性物質――プルトニウムと高濃縮ウラン――の生産を停止するというアメリカ、ロシア、イギリス、フランスとの枠組への参加を拒否してきた。これにより中国は、軍縮にとって重要な礎石（そせき）となるはずの世界的な条約の締結を妨げている。中国は、潜水艦だけではなく、日本、インド、ロシア、アメリカなどの目標を攻撃することができる移動式で隠蔽（いんぺい）可能な地上配備型ミサイルを獲得する核計画を加速させてきた。また、「先制不使用（NFU）」が実際に何を意味するのかについては多くの議論があり、核兵器部隊と連接（リンク）された中国の衛星や通信システムに対する通常兵器による攻撃は、核の引き金を引かせる挑発として十分な条件になるという疑念さえ生じさせている。世界的な軍縮に中国を関与させようとした二〇一〇年のオバマの理想主義的な取り組み――そこにはアメリカとロシアが軍備を削減した後、中国が第三の軍縮推進者になることが意図されていた――は悲劇的な失敗に終わった。そして中国がアメリカやロシアに続いて軍備を削減しなければ、インドは中国に続かず、パキスタンはインドの後に続かないだろう。気がかりなことは、インドが自らの「先制不使用」ドクトリンからの脱却（だっきゃく）をほのめかしていることだ＊35。

核抑止を巡るこじれた問題に終わりは見えない。だがこれは軍事能力とリスクについてのさらに難解で錯綜（さくそう）した問題の一部でしかなく、他には一連のミサイル防衛システム（これは核ミサイルを阻止するのだろうか、それとも敵に核ミサイルの更なる製造を促すのだろうか？）、人工衛星と対衛星攻撃兵器（ASAT）、人工知能、ドローン、潜水艦、そして対潜水艦戦などが含まれている。核兵器が平和をもたらすのか、それともハルマゲドンをもたらすのかについては、リーダーシップの心理に関する理論に大きく依拠しているのだが、これは一般的に言って本格的な危機の中で検証された理論ではない。核兵器は、リスクを負うことを思いとどまらせるのだろうか、それとも助長するのだろうか？

インド太平洋の安全保障面での最もありうる将来像とは、核による対立ではなく、戦略家が「安定・不安定のパラドックス」と呼ぶものに支配された、永久に強要が行われているような状態である＊36。これはつまり、核戦争の前兆が紛争を抑制している状態ではなく、むしろ紛争を低強度の――しかし依然として危険な――レベルにおいて激化させるような状態だ。大規模な暴力への恐怖が国家間の暴力を押しとどめることはなく、世界を小規模な暴力を行使しても差し支えない場所にしてしまう。その結果、国家の行動が攻撃的なものに変化したり、暴力が誤算によって制御不能なスパイラルへと陥（おちい）ったりするようなリスクが存在し続けることになる。これは特に一方の側が他方よりもリスクを欲している――あるいは、変化を強制しようと決意している――場合に当てはまる。そうなると「修正主義者」は優位に立つことになる。だからこそ北朝鮮は、より小規模な攻撃――艦船を撃沈し、砲撃を加え、サイバー攻撃などを行う――によって韓国に小さな嫌がらせを行うことができると感じているのだ。あるいは、パキスタンがインドに対するテロを助長する可能性もある。もしくは中国が係争中の南シナ海と東シナ海の一部をサラミを薄切りするように少しづつ奪い取る「サラミスライス」戦略を採用することも可能となる。なぜなら中国は、自国より小さな国々、あるいは彼らの同盟国であるアメリカでさえも戦争のリスクにつながるような抵抗をする可能性は低いと感じるようになるからだ。ここで重要になるのは「中国と域内の他の国々との関係において、このパラドックスが激化するのか、それとも他の国々が何らかの手段で中国に対抗する形でこのパラドックスを利用し始めるのか」という問題だ。

率直に言って、インド太平洋における戦略的危機は、核の「閾値(いきち)」――指導者が核の脅威を持ち出す以外に選択肢がないと感じる瞬間――よりも低いレベルで起こる可能性が最も高い。しかし核兵器が使われるようなレベルは、外交が失敗に終わった後に発生する多くの蓋然性(がいぜんせい)の高い紛争シナリオの中でも極限状態に至ったものだ。この地域の危険に満ちた未来を理解するためには、われわれは外交の欠点などについても熟考する必要がある。

外交をつくりあげるもの

外交で用いられる専門用語は、現実世界と乖離(かいり)していることで悪名高い。外交官以外の人々に自分たちの仕事を説明して理解してもらうための懸命な努力を通じて、外交官たちは国家間の関係を、平和的に、予測可能に、そして生産的に保つために、数多くの会議や合意を「構造(アーキテクチャー)」といった物理的な類語(アナロジー)を用いて表現している。ところがインド太平洋地域では、この言葉はかなり説得力に欠ける比喩である。この地域における外交的構造は、通商――毎日、船舶が輻輳(ふくそう)する海上交通路で目にすることができる物理的な現実――の構造よりもはるかに壊れやすく、外交という枠組みは本当に平和を維持するのに有効なのか、あるいは侵略を防ぐのに有効なのか、誰にもわからないからだ。外交は、強国の選択肢を制限するロープや鎖(くさり)

というよりも、むしろ巨人にとって都合の良い間だけ彼らを拘束できるリリパット［ガリバー旅行記の小人］の細紐による縛めのようなものである。

当然のことながら、戦争よりも話し合いの方が好ましいし、外交には機会を与えるだけの価値はあるのだが、その機会に対してほとんどの国が情けないほどの投資しかしていない。「果てしなく続く空の旅とカクテルパーティー」という一般に流布した固定観念とは似ても似つかないいほど、外交にはコストがかからない。防衛予算と比べれば、外交はまぎれもなく「お買い得」なのだ。

安全保障の「リアリスト」を自称する者や、ダブルスタンダードに敏感な者は誰でも、「ルールに基づく秩序」というアイディアを嘲笑するかもしれない。これは確立された国際法と規範の利点を説明するために、中小国たちによってしばしば称えられてきたものだ。もちろん以前のアメリカはこれを支持していたが、トランプ政権下ではそれほどでもなくなってしまった。もちろんこの秩序は、常に「ルール――そしてパワー――に基づく秩序」であり続けてきた。しかし、ルールは国家間競争の動きに対して少なくともある程度の予見可能性、抑制、そして限界を加えることでパワーを抑制している。そうでなければ、競争の力学は「力は正義なり」という醜悪な論理に支配されてしまうだろう。近代外交――国際的な相互依存の複雑さの大半を規制する礼儀をわきまえた意思疎通と法体系――が持つ利点は現実のものであり、かけがえのないものなのである。

また、中国が苛立ちを示していると思われる二〇世紀に形成された「ルールに基づく秩序」の重要な一部――例えば国連海洋法条約（ＵＮＣＬＯＳ）――の公式化プロセスにおいて、中国がかなりの役割を果たしていたことも認めるべきだろう。実際のところＵＮＣＬＯＳは真に世界的な遺産であり、南米とアフリカの新興独立国は、排他的経済水域（ＥＥＺ）のアイディアを擁護し、インドネシアは群島の持つ権利の先駆者となった。その他のルールは、インド、日本、インドネシアのような他のアジアの大国の犠牲のもとに、不相応な利益を中国にもたらしている。これらの国々とは異なり、中国は国連安全保障理事会で拒否権を持つ常任理事国であり、核兵器不拡散条約（NPT）の下で、核兵器を保有する法的権利が認められている。一方のアメリカでは、トランプ政権が過去のアメリカの指導者達がその確立に主導的な役割を果たしてきた多くの世界的なルールを深刻に傷つけているにもかかわらず、政府関係者たちは自国が法を軽視していないと主張しようと躍起になっている。アメリカのミサイル配備を制限した一九八七年の中距離核戦力（ＩＮＦ）全廃条約のような合意からの撤退について、アメリカはロシアが先に撤退したことや、同条約の非加盟国である中国が、北京で行われたパレードで見せつけたように、まさにこの条約が禁止する中距離ミサイルを用いて近隣諸国を威嚇していることを論拠として正当化してきた。

　ではこのように大洋をはさんで互いに武器を構えて不信の目を向ける中にあって、外交、ルール、相互尊重などは、一体どのような役割を果たせるのだろうか？　これらの分野のいくつかの誤解についてはここで正しておくべきであろう。

　第一に、外交とはいかなる犠牲を払ってでも友好関係を追求するということではない。何らかの形で国益に資するものでなければ、外交はほとんど意味を持たないのだ。もちろんそこには交渉と妥協が含まれるかもしれないし、含まれるべきであるが、それは波風を立てないようにするために基本的な国益――そして価値観――を犠牲にすることと同じではない。最初に抵抗を試みずに強国に譲歩することは、更なる圧力を招くだけだからだ。

　第二に、外交はパワーを伴うものだ。外交は、単なる「強国の良心に対する道徳的あるいは法律万能主義的な訴え」であってはならない。同時に、外交は国家の他の手段――例えば軍事力、情報、地経学的な影響力など――に代わるものとしてではなく、これらを補足する戦力増強（フォース・マルチプライヤー）的な要素とみなすべきである。中国のような大国を手なずける場合、他の国は外交とある種の制裁や罰則を組み合わせ、そして自国も懲罰を厭(いと)わない気持ちがなければ、外交上の成果を得ることはほとんどできない。どんな小国であっても、大国を困難に直面させる方策を考える必要がある。たとえそれが大国による弱いものいじめに自国を直面させ、小国同士が互いに連帯することによってのみ達成可能であったとしてもである。そして外交が失敗したときのために、中小国たちが最終的にある程度の防衛的――さらには攻撃的――な能力を保有しておくことが望ましい。アメリカという強大な同盟国を持つことは大いに役に立つ。しかし、新たな協力関係や中堅国たちによる有志連合(コアリション)――例えばオーストラリア、インド、日本、インドネシア、ベトナムなど――が急成長し、自国の軍事力を増強しているのは、これらの国々が外交をあきらめているからではなく、外交に屋台骨(バックボーン)を加えようとしているからなのである。

丼の中をさまよう

第三に、外交とは国家間競争に代わるものではなく、競争のための闘技場――文字通りの戦場よりもはるかに望ましい場所――である。アジア、アジア太平洋、そしてインド太平洋にある外交の制度機関に詳しくない人々にとっては、驚くほど多様なアルファベット型のパスタが入ったスープ――あるいはもっと適切な言い方をするならラーメンの入った丼――の中でアルファベットの頭字語を並べた略語の中の力関係を探求すれば、素早く理解できるようになる。構造(アーキテクチャー)――堅固で信頼できる構造を意味する――と大層な呼ばれ方をしているものの大半は、それを煎(せん)じ詰(つ)めると、誰が誰に会って、何を話しているのかということに行き着く。すなわち権力と会談なのだ。

このため、「東アジア首脳会議」（ＥＡＳ）は、建前としてはこの地域の最上位に位置するフォーラムであるはずだが、通常は年に一度の、半日かけた各国首脳の懇親会の様なものであり、ほとんど何も起こらない。「アジア太平洋経済協力会議」（ＡＰＥＣ）のプロセスや、「ＡＳＥＡＮ地域フォーラム」（ＡＲＦ）、拡大ＡＳＥＡＮ国防相会議（ＡＤＭＭプラス）などについてもほぼ同じことが言える。カラオケが会議の次第に入ることもあり、南シナ海のような戦略的問題では中国がカンボジアのような代理人を使って拒否権を行使し、加盟国における人権侵害――例えばミャンマーのロヒンギャ族や中国のウイグル族――について言及されることはほとんどない。インド洋の外交機関も似たり寄ったりであり、「環インド洋連合」（ＩＯＲＡ）では、魚の乱獲から中国、インド、パキスタン間の緊張にまで至る範囲の問題について論じられることはほとんどない。

しかしこのような理解は、地域的な多国間外交を読み誤っている。多国間にまたがる機関に与えられている権限は、強大国が望んだ範囲に限定されるのだ。ヨーロッパ型のモデルは、しばしばインド太平洋地域の目指すべき目標として非現実的な形で持ち出されることがある。ところが欧州連合（ＥＵ）は、何世代にもわたる壊滅的な戦争を経て、フランスとドイツのパワーと国益が根本的な一致を見たことでようやく現実となったものである。これとは対照的に、インド太平洋における安全保障上の相違と不信は、本質的に未解決のままで更に悪化しつつあるのだ。

したがって、多国間外交は主として紛争を管理し、緩和し、未然に防ぐといった、ぎりぎりの線上で効果を発揮するのだ。その典型的な例が、一九九〇年代初頭に楽観的に着想されたＡＲＦの三つの任務であり、それは対話、信頼醸成（しんらいじょうせい）、そして究極的には紛争予防であった。このモデルとなったのは冷戦中の「ヘルシンキ合意」であり、これは核戦争による世界の滅亡に対する切迫した恐怖と、人権から軍備管理の枠組みに至る重層的な対話が相まって、戦争のリスクを低減――「排除」はできなかったが――させることに貢献したものだ。それから二五年が経過したが、ＡＲＦは紛争予防や調停という役割――特に大国間に対して――から、これまで以上にほど遠い存在に成り下がっている。

多国間外交のより憂慮すべき失敗の一つは、南シナ海における加盟国の権利と国益の侵害にＡＳＥＡＮが良いように使われてきた点である。たとえば東南アジア一〇ヵ国と中国が「行動規範」の最終決定に近づいているという明るい見出し――あるいは実際には同じ内容の使いまわし――が毎年のように発表されている。この奇跡のような文書を読めば、何らかの形で海上での紛争は予防され、係争海域における協力の道が開かれ、おそらく資源の共同開発への道さえも開かれるような錯覚（さっかく）に陥（おちい）る。ところがあまり熱心に宣伝されていないのは、この交渉が二〇〇二年に開始されたという事実である。この年に東南アジア諸国は協調的な外交努力によって、（現在よりもはるかに弱かった）中国から、自制を示し、武力の行使を避け、航行の自由を尊重し、係争対象である島嶼への移住を増やさず、拘束力のある行動規範の準備を開始するという、拘束力のない「宣言」を引き出している*37。ところが中国はこれらの同意を反故（ほご）にしただけでなく、行動規範の交渉の遅々としたペースにより期待に反する状況を生み出した。第六章で指摘したとおり、将来的に締結される行動規範は、中国が違法に埋め立ててきた新たな海洋領土から、他国を排除するための武力による威嚇（いかく）を行うことを正当化することになりそうだ。これは「目立たない侵略」の勝利宣言となるだろう*38。

しつこいようだが、これは多国間を舞台にした外交が時間の無駄であると言っているわけではない。ＥＡＳやＡＲＦのような会合は、各国の責任を問い、容認できない行動に対し注意喚起するための場を提供している。ただしそれは、指導者たちがそのような形で会合を利用する意思がある場合に限られる。このような会議は、たとえば自然災害やパンデミックなどの危機を解決したり、集団的な対応を宣言するための舞台を提供する。このフォーラムは、特定の一国の行動が他の全ての国家にとって常軌（じょうき）を逸（いっ）しているような稀有（けう）な事例では力を結集する場となり得るはずだ。だが実際には、北朝鮮を批判するためのコンセンサスを得ることさえ困難であることが証明されている。

また、大規模な会議も真の外交――すなわち、間接的な策略や、会場の外で行われる秘密会合、信頼できる二・三ヵ国あるいは小さなグループの間で協議する諸国家――のために完璧な隠れ蓑を提供している。典型的な小規模の多国間グループ会合――議論を呼んでいる米印日豪の四ヵ国も含めて――は、大規模な会合に付随して行われることが多い。従来の二国間主義も依然として支配的であり、大国同士が協議事項の設定と小国を味方にひきこむことを巡って競い合っている。しかし中堅国たちもこのゲームに参加できる。例えば、小国が特定の問題で国家間の提携関係をけん引する好機を掴めば、多国間主義は小国がその機敏さと積極的行動が効果を発揮できる場でもある。実際に、このような状況下においては小国が議題を設定して大国に影響を及ぼすことができるのだ。

だからこそ会議のメンバー構成が重要なのである。ＥＡＳは依然として有望である。というのも、同会議の参加国は、少なくともインド太平洋、すなわち中国――あるいはアメリカ――が支配するには広大すぎる空間の大半を反映しているからだ。中国はそれを理解しているからこそ、弱い国々とは一対一で、あるいは東南アジア諸国とはアメリカ、日本、インド、オーストラリアのような国を排除した多国間で、機微な問題を議論しようとしているのである。より明確に言えば、中国は自国が支配可能な新たな国際機関に投資しており、例えば「アジア相互協力信頼醸成措置会議」(the Conference on Interaction and Confidence-Building Measures in Asia) は「アジア人のためのアジア」の協定としながらも、日本、インドネシア、アメリカ、オーストラリアを排除しつつ、都合良くロシアを含めている。

したがって、指導者が集まる大規模な会合という芝居がかった多国間主義は、インド太平洋における本物の安全保障協力を構築し、あるいは紛争のリスクを低減することにほとんど寄与していない。協力は、どちらかと言えば小さなグループの間や二国間の枠組みにおいて行われることになる。さらに、平和を維持するためには抑止――軍事力を外交的に発信すること――と、いわゆる「信頼醸成措置」(またはＣＢＭｓ)

の交渉と実施という骨の折れる作業の組み合わせが関係してくるのだ。

信頼醸成措置とは、かくも長きにわたって冷戦中の平和を維持する手助けをしてきた慣習、情報伝達ルート、そして相手に対する理解といった類のものである。模範的な例としては、「警戒していない状況で相手に遭遇」した際の「海上での事故」を防止するためのルールに関する合意［海上事故防止協定（ＩＮＣＳＥＡ）］があり、これはお互いの艦船または航空機が相手を警戒させることなくどこまで接近できるのかについて共通の理解を与えるものである。また、他の信頼醸成措置として、大規模な軍事演習を事前に通知し、これが戦争の始まりではなく、単なる演習であることを確約することで、相手の誤解を防ぐことを目的としたものもある。専用の「ホットライン」は、前線の軍指揮官、外交官、あるいは政治指導者が危機に際してお互いの意見の不一致に対処するために、それぞれのカウンターパートと緊急に連絡を取るのに役立つ。武器の保有数についてのデータを共有するための「透明性を向上させる措置」も導入できるし、お互いに査察を行い、合意が破られていないことを確認するのを認めることもできる。ライバルとなる国同士で、ドクトリン、意図、そして「レッドライン」――すなわち紛争の引き金となりうるもの――を明示するために定期的な対話を持つことも可能である。一九六二年のキューバ危機を受けて、米ソ両国関係の中でこのような危機管理のための洗練された構造が発展した。この構造は、常にうまく機能したわけではなかった――戦争の恐怖は一九八〇年代まで続いた――が、これ以外の選択肢ははるかに悪いものばかりであったはずだ。

しかしながら、新たな時代におけるインド太平洋の信頼醸成措置の中身は貧相なものだ。一〇年前に中国は、海洋において自国の軍隊が圧力を加えている国家――特にアメリカ、日本およびベトナム――との間で、リスクを低減させるための公式対話を拒否し、代わりに影響力を行使するために誰もが認める自国の無鉄砲さをツールとして活用するようになった。その理屈は、中国の反応を予想できなければ、他国は中国の独断的な主張に抵抗する公算が小さくなるだろうというものであった。そして人工島の埋立て計画が進展するにつれ、リスクの管理と中国による支配力の強化が上手く合致するようになったのだ。今やアメリカが主導する「航行の自由」のためのパトロールは、平和を乱す侵入者として描かれる可能性さえ出てきた。さらに言えば、信頼醸成措置の本質的な弱点は、それらが偶発事故や計算違いのリスクを低減させる時にしか働かないということである。片方の側が紛争のリスクを冒す——あるいは紛争を引き起こす——ことを意図している場合には、信頼醸成措置はほとんど役に立たないのだ。

それでも信頼醸成措置は取り組むに値するものだ。中国は、二〇一四年に「洋上で不慮（ふりょ）の遭遇（そうぐう）をした場合の行動基準」(the Code for Unplanned Encounters at Sea: CUES) ——アメリカとその同盟国が以前から関心を払ってきた、地域全体の慣習を集めたもの——への参加を決定した＊39。二〇一八年には中国と日本が、東シナ海において両軍が遭遇した際の危険性を緩和するためについにホットラインを設置した＊40。インド洋では、中国とインドが折に触れて両国間における海洋問題について対話を発展させてきたが、これは両軍の間で問題が生起し得ることを想定したものであった＊41。陸上においては、ドクラムでのにらみ合いを受けて、中国とインドが戦争へとエスカレートしかねない国境での小競り合いを防ぐために、両国軍がいかに将来起こる衝突に対処すべきかを定めた信頼醸成措置を強化した。特筆すべきは、平和を維持するためのこれらの改善は、いずれも緊張が高まった後に行われたものであり、これらは「リスクを無限に管理することはできない」という中国軍内部における反省に従ったものかもしれない。もし他国が抵抗を示してこなければ、中国はこのような妥協のための手段に意味を見出すことはなかったであろう。これは、外交と軍事力がいかに連携して機能しているのかを示す良い例だ。二つがバラバラでは機能しないのである。

しかし、もし外交が戦略レベルで何かを形作るための活動——戦争を阻止し、限定し、または終結させること——だとしたら、外交を形作るものは何だろうか？　インド太平洋の舞台裏では、いくつかの国が他国の外交政策の決定過程に影響を及ぼそうとしており、インド太平洋におけるパワーを巡る競争の、捕らえがたくはあるが、しかし重要な側面となっている。自国の敵となる可能性のある国に、自国の視点と相手の視点を混同させることで、外交上の結果を確実に自分の条件どおりにすることは「戦わずして勝つ」ための最良の策ではないだろうか？

中国側の視点に立てば、例えば他国の有力な政策立案者が「中国に恐れず立ち向かうことは正しくもないしその価値もない」という見解を持ち、かつその見解を伝え広めてくれることが理想的であろう。中国は、世界における未来像のナラティブについて説得力のあるストーリーを形作るために莫大な投資をしている。一帯一路が本格的に開始される以前の時点でも、「対外的プロパガンダ」のための予算は年間一〇〇億米ドル——これは中国以外の世界中の国家が広報文化外交（パブリックディプロマシー）に費やす予算の総計を上回る可能性がある——であると推計されていた＊42。

特に不透明なのが、「政治戦」(political warfare)を遂行する任務を与えられている、中国の国家機関と共産党の機関である。これはすなわち「戦わずして敵を屈服させる」ということである。政治戦は、国家の間には「宣戦布告の無い戦争」が恒常的に続いているという、ソ連を起源として後に毛沢東が採用した概念に基づいている。一方の民主国家は、戦争は最初の一発が発砲された時から始まるとしか考えていない＊43。また、全ての国家には、自国を有利にするために秘密裏に情報を収集する情報機関が存在する。中国は、自国のスパイがこのような役割を果たすだけでなく、さらに他国の外交上の意思決定にも影響を及ぼす役割を持っていると考えている。これらの取り組みは、世界最大の情報機関である国家安全部（国安部：Guoanbu）によって指揮されるとともに、影響力を及ぼす手段としては並ぶもののない、いわゆる「中央統一戦線工作部」によって補完されている＊44。習近平は、一九三〇年代から一九四〇年代にかけての中国内戦にまで遡るその任務を復活させて、資金を注ぎ込んできた。これは共産党の敵とみなす人々をプロパガンダ、勧誘、脅迫など、手段を選ばず孤立させ、中立の立場の者を味方に引き入れる活動に他ならない。中国政府がこのような影響工作によって発しているメッセージは、シンプルな三段階のストーリーに集約される。すなわち「中国の台頭とは慈悲深いものである」「中国のパワーの増大は不可避である」、そして「中国の台頭を邪魔する者は誰であっても罰せられる」というものだ*45。この論理の持つ内部矛盾を気にしてはならない。このようなストーリーは抵抗しづらいことを証明しつつあるのである。

ナラティブを巡る戦い：最前線に立つオーストラリア

「中国の国境の保全は中国の問題である」……カンガルーとエミューの国章が描かれた演台の後ろに立ったカリスマ的なオーストラリアの若手上院議員が、人目を惹くオーストラリア国旗を背にしてこのように語った。これはまるで政府の公式見解のものに見えた。何も知らない人の耳には、彼の言葉は自明で無害な声明のように聞こえたかもしれない。しかし、問題の「国境」は、中国のものではなく、係争中の南シナ海全域を指していた。この政治家は、オーストラリア労働党の新星であり有力者でもあった、サム・ダスティアリ（**Sam Dastyari**）であった。彼はさらに続けて次のように述べた。

> オーストラリアが友人として演ずべき役割は、私たちが数千年の歴史……そこには我々が関わるべき場所とそうではない場所がある……を見ているのだということを知ることです。そして、中国の支持者であり、中国の友人であるオーストラリア労働党は、この関係を維持する上で重要な役割を演じています。そしてこの関係を維持する最善の方法は、私たちが関わるべき時とそうでないタイミングが

いつなのかを知ることなのです＊[46]。

これは重大な発言であった。というのも、二〇一六年のオーストラリア連邦選挙運動の真っ最中、そして国際裁判において南シナ海に関するフィリピンと中国との間で待望の裁定が下されるわずか数週間前に発せられたものだったからだ。この時にダスティアリの横に立っていたのは、黄向墨（Huang Xiangmo）であった。彼は、オーストラリアの主要二大政党に対して多額の献金をしていた億万長者の不動産開発事業者であり、統一戦線工作部と緊密な関係を有していると告発された中国国民であり、数年後にオーストラリアへの再入国を禁じられていた人物である＊[47]。ダスティアリの発言は、オーストラリア政府の政策とも、彼自身の野党の政策とも全く相容れないものであった。メディアの報道が黄との関係にスポットライトを当てるようになると、これがダスティアリの政治家としてのキャリアの破滅の原因となった＊[48]。

これは同時に、オーストラリアの社会制度に対する海外からの関与があることに対する警鐘でもあった。そこから、中国という一党独裁国家によるタペストリーのように精巧で手の込んだ影響工作が、オーストラリア国内で進んでいたことが明らかになった。これには政党への献金、中国語メディアの統制、一部の者に対する友好の深化と同時に他の者への威嚇、さらには地域社会と学生団体の支配が含まれていた。これらの活動の実態が突然明らかにされて、その反響はいまだに世界規模で起こっている。いまやオーストラリアは世界中からこのような影響工作や干渉に対する早期警戒レーダーのような存在としてみなされるようなっており、これは外国からの干渉問題や、これに対して民主国家がいかに対処すべきかを教えてくれる事例研究ともなっている＊[49]。

中国共産党がオーストラリア国内で権威主義的な「シャープパワー」を行使している理由は少なくとも四つある＊[50]。第一に、中国は米豪の安全保障同盟が弱体化するか、あるいは理想的には破棄されることを見届けたいと思っているのだ。つまりある衝突が発生したとして、アメリカと日本に軍事的、外交的、あるいは情報面での支援を与えたいというオーストラリア政府の意向を邪魔するものであれば何でも良いのである。第二に、中国にとってオーストラリアは、アメリカとその同盟国の国家安全保障上の秘密情報や軍事技術情報を収集するのに好都合な場であるとみなされている。第三に、中国にとって不都合な国際法と規範や第三国への支持を表明するオーストラリア独自の外交発言を封じる試みは必要不可欠となっている点だ。それゆえ、例えば二〇一三年に当時外相であったジュリー・ビショップが、日中間で争われていた空域を統制する中国の宣言を率直に批判した後、中国政府はオーストラリアとの外交関係を凍結しようとしている。

そして最もぞっとさせられる四つ目の理由は、オーストラリアが全ての中国系移民たちの独自の政治的見解を抑圧するための優先的な目標とみなされている点だ。そのような異論に対する口封じとして、個人、あるいは中国にいる彼らの家族に対して嫌がらせや脅迫が行われ、また、中国共産党を批判した中国系オーストラリア人や中国出身でオーストラリアの永住権を持った者が中国国内に滞在中に拘束される事態は、その他の者に対する警告であると考えられている＊51。あるいはその干渉が、企業、地方自治体、メディア支局への圧力によって明らかになることもある＊52。オーストラリアは、全体主義的な傾向を強める中国の指導部に対して、実際に好ましからざる意見を持つ人々が避難できる聖域となっている。この人々とは、つまり香港の民主活動家、天安門事件からの亡命者たち、台湾人、ウイグル人、チベット人、弾圧されている気功集団である法輪功の支持者たち、そして民主化を求める活動家に転向した共産党員たちのことだ。

オーストラリア国内の香港人コミュニティーは、それに賛同する幅広いシンパの人々とともに、二〇一九年の大規模なデモ活動を精神的に支援した。こうした状況を受けて、中国共産党は「オーストラリア国内の反対意見をつぶすことができれば世界中のどこでも同じことができるのではないか」という結論に至ったようだ。普段はのんびりとしていてトラブルとは無縁の世界であると思いたがるオーストラリア社会は突然、スパイ、嘘、甘言、そして脅しといった戦略的競争の最前線に押し出されていることに気付かされた。シドニー、メルボルン、ブリスベンなどの街頭で中国共産党に対する抗議活動をする者の中には、中国にいる家族が犠牲にならないようにマスクを着けて参加している者もいる。それとは逆に、共産党支持派の中国人学生の中には――中国側の当局者からの支援や働きかけを受けて――中国政府の掲げる大義を、オーストラリアの街頭や大学のキャンパスで訴えかけるために動員された者もいる*53。今回の香港危機では、微博（Weibo）や微信（WeChat）のような中国語ソーシャルメディアが、オーストラリア国内の中国共産党系の新聞やラジオと同じように、中国政府の関心事や世界観にとって好ましい方向にストーリーをねじ曲げるために利用されていることが明らかとなった。

オーストラリアと中国との関係についてのありきたりな解釈によれば「オーストラリアと中国との間には巨額の貿易依存があるので、オーストラリア政府は中国政府の機嫌を損ねることを恐れている」ということになる。ところが外国からの干渉に対するオーストラリア政府の毅然とした態度――特に二〇一七年のマルコム・ターンブル首相の下で――は、多くの人々を驚かせることになった。アメリカの大統領選挙におけるロシアの干渉に対する懸念の高まりは、オーストラリアが自らの民主制度の強靭性を強化する決意を固める前触れとなった。外国勢力とその手先による、腐敗し、共謀し、秘密で、かつ強制的な活動と戦うための法律が、次々と可決された。情報機関は、これまでにはなかったような形でスパイ活動の脅威についておおっぴらに警告を発するようになった。外国からの政治献金は禁止された。中国企業のファーウェイと中興通訊（ＺＴＥ）は、国家の重要なインフラ計画から締め出された。しかし、後のアメリカのアプローチとは異なり、オーストラリア政府はどちらの企業も名指しせず、「外国の勢力からの〝指示〟

に影響されやすい全ての企業を排除する」という原則を採った。当初はオーストラリアの偏執病的ともいえる姿勢に困惑していた他の国々も、短期間のうちにその懸念の一部を理解し、独自の措置を講じ始めた。

ところが影響力をめぐる競争、あるいは説得力のあるストーリーを巡る戦いは、西洋諸国に限ったことではない。シンガポールが二〇一七年に外国勢力の工作員であると告発された著名な学者を国外追放するなど、慎重だが熱心にこの問題に取り組んでいることは特筆に値する。シンガポールはオーストラリアの経験を研究しており、法律のさらなる強化まで視野に入れている*54。台湾は、情報戦争が最も広範囲に及んだ「戦場」となっている。資金、メディア組織、ソーシャルメディア、そしてコミュニティへの浸透などの全てが、「祖国統一と支配」という北京側の目的に沿う政権への交代のために用いられている*55。東南アジア、そしてインド洋と南太平洋のさらに小さな国家にまたがった地政学的な影響力を巡る闘争は、汚職疑惑、ビジネス上の取引、一帯一路による債務、そして特定の指導者による独善的な選択などによって混乱に陥っている。これには、フィリピンのポピュリストであり、ある意味権威主義的なロドリゴ・ドゥテルテやカンボジアのフン・セン (Hun Sen) から、選挙で敗れたマレーシア、モルディブ、そしてスリランカの前指導者たち、すなわちナジブ・ラザク (Najb Razak)、アブドゥラ・ヤミーン (Abdulla Yameen)、マヒンダ・ラージャパクサ (Mahinda Rajapaksa) たちにまで及んでいる。

地経学における貧富の重み、そして軍事力の生死を司るパワーと比較すると、認知とプロパガンダのゲームは二次的で些細なものに思えるかもしれない。しかしこれほど真実とかけ離れた話はない。なぜなら統一戦線工作部は、軍や党組織と並んで、中国共産党による支配を確実なものにするための「魔法の武器」として賞賛されているからだ*56。インド太平洋における地政学では、北京とワシントンの間の多くの中間勢力が、中国の強さと自己主張に対する各国の反応をうかがっている。だからこそ、見せかけそのものが現実を具体化するようになってきたのだ。インド太平洋における権力闘争には、国民、政治的な意思決定権者、報道機関、企業の間で、彼らの態度や語られているストーリー、さらには受け入れ可能な言説を形作るという競争も含まれている。説得と魅了という「ソフトパワー」は、どの国の外交官にとっても正統な手段である。ところが中国政府が得意とするのは、「シャープパワー」――ロシアの破壊的でお粗末な戦術よりも巧妙に調整された方法――を用いて外国への政治的干渉を行い、反対勢力を無力化し、インド太平洋のゲーム盤を自らが有利になるように改変することだ。政治とは無関係な民間企業の活動にも例外が認められることはなく、このことは台湾行き航空便の行先表示［二〇一八年に中国は「中国台湾」のように台湾が中国の一部であることが明らかになるように航空便の行先表示を改めるよう航空各社に要求した］から、香港における民主化運動への支援に至る様々な問題について北京が繰り返し謝罪を求めたことからも明らかだ＊57。アメリカの大手映画会社は、自主的に中国に対して好意的な娯楽映画を製作している。例えば、ドリームワークス社と上海のパートナーが共同制作した子供向け映画の中で、中国の標準的な地図の一部として九段線を描くという忌まわしい決定が下されたことがある＊58。スポーツでさえも例外ではない。たとえばあるバスケットボールチームの役員が、香港の自由化運動を支持するツイートを発信した際に、中国がアメリカのプロバスケットボール協会（ＮＢＡ）に謝罪を求めて圧力をかけたことで、この問題は転換点を迎えた。その後の謝罪と怒りの連鎖は「表現の自由」という原則をめぐってアメリカと中国をさらに二極化させ、経済的なデカップリングがスポーツと娯楽の分野にまで拡大する見通しを強めたのだ＊59。

中国の「一帯一路」という途方もなく巨大な販売促進キャンペーンは、中国を中心とした世界を「人類共通の運命共同体」と意図的に曖昧に定義することで、ソフトパワーとシャープパワーを連携させて推進するものだ＊60。無頓着あるいは従順な外国政府との間に署名された「一帯一路」の文書の一枚一枚が、影響力――未来を描くのは中国であり、それゆえに参加を拒んでいる国もこの計画との距離を詰めた方がよいというメッセージ――という矢筒（やづつ）に入った矢の一本となっている。これに対し、民主国家たちもソフトパワーの面で中国のメッセージに対抗し始めたが、これまでのところ「政治戦」での全面戦争への突入は望んでいないか、あるいはできていないという状況だ。

日本は、質の高いインフラ、信頼に足る外交、脅威を感じさせない戦略を駆使して、南アジアから東南アジア、アフリカ、そして太平洋地域に至るまで、幅広い国々とのパートナーシップ――さらには信頼関係――を築くことに習熟してきている。アメリカは、かつてはソフトパワーの達人であり、冷戦期には独自の政治戦も行った経験を持っている。だがアメリカはトランプ政権下で民主主義的な価値観に訴えかける力を失いつつあり、また、ＡＳＥＡＮの友好国と疎遠（そえん）になるというリスクを抱えている。インドは話術に長けているのかもしれない――モディ首相が二〇一八年にシンガポールで行った演説は、おそらくインド太平洋構想を最も端的に表現している。ところがその一方で、小国における中国マネーの誘惑を打ち負かそうと苦労しており、しかもこの地域の自由貿易協定への参加を拒否することで自らに不利益を課している。オーストラリアは、国内における中国共産党の干渉活動に抵抗することに加え、独自の「太平洋ステップアップ」（Pacific Step-up）、すなわちソフトパワーと開発資金や安全保障上の支援の組み合わせを通じて、小さな島嶼国における中国の影響力に対抗しようとしている。しかし、太平洋諸島の人々に自国の善意を納得させるためのオーストラリアの能力は、保守的なスコット・モリソンの政権の石炭政策に足を引っ張られている。なぜならモリソン政権は、石炭の採掘――気象、資源、そして海面レベルの上昇という世界規模での気候変動の非常事態に直面している太平洋島嶼国にとって優先的な関心事項――の漸次（ざんじ）廃止に反対しているからだ＊61。

情報を巡る戦いの多くは、政府間ではなく市民社会の中で繰り広げられている。学者、ジャーナリスト、政治家――物質的な現実と同じぐらい思想（アイディア）によって定義される職業――にとって、知識と理解を形作ることを目的とした国際的な権力闘争を自らの日々の仕事から排除できないというのは、今や不快な現実となっている。安全保障、国際関係、政治文化に関する学術的な議論は、もはや純粋に学問だけにとどまるものではなくなってしまった。経験豊富な中国ウォッチャーたちは、中国のシンクタンクや報道機関、大学、さらには企業までもが、共産党の影響工作のため、そして共産党が「敵性外国勢力」と認定する相手との思想的な闘争のための受け皿になり得ることを熟知している。それゆえこのような受け皿は、民主国家にいる「相手組織（カウンターパート）」に対して思想（アイディア）を巡る闘いを仕掛ける際に、極めて優位に立つかもしれないのだ。そのような場合、中国側はしばしば（意図的または本当に）視野が狭くて世間知らずの相手と向き合っていることに気づくことになる。すなわち、民主国家では、国会議員の視野は短期的だし、学者は現実世界で影響力を持つことに不慣れであり、企業と大学の経営者は金のことしか考えていないという現実だ。民主国家側は、競争が始まっていること、あるいは自分たちが敵として、または影響力行使の対象として扱われていることに気付いていないこともしばしばである。相手が紛争の存在に気付くのを可能な限り遅らせることも、政治戦の本質なのだ＊62。

自由民主国家の市民の中で、物語（ナラティブ）を巡る戦いで最も有力な抵抗者であることを証明しているのが、虚偽と弾圧に対して揺るぎないアンテナを持つジャーナリストたちである。オーストラリアによる中国の実態調査は、一握り（ひとにぎ）りの根気強い調査報道ジャーナリストによって引き金が引かれ、その結果としてまだ名誉棄損の訴訟と闘っている者もいる＊63。「第四の権力」と呼ばれる自由なメディアという制度は、独裁者やデジタル技術による妨害の圧力に世界中でさらされている。その一方で、権威主義と外国からの干渉に対する闘争は、質の高いジャーナリズムに新たな目的と社会的な使命を与えてもいる。中規模の民主国家が自国の価値観と国益を守る上で最も効果的な方法の一つは、国内外の自由なメディアを重用（ちょうよう）し支援することであり、その一例としては、小国のジャーナリストを養成することが挙げられる（南太平洋では地元メディアが一帯一路に対して議論と透明性という待望の「速度規制」を加えられるようになった）。

一方で、人々の認識の支配を目指す中国の試みに対する最も効果的な抵抗の一部は、他国の政府ではなく、ゆるやかに連携した人々によるグループ、特に香港人やウイグル人やその他の海外移住者のコミュニティの間に広がる、自称「グローバルな反全体主義」運動から生まれている。香港はそもそも小さいし、そこに住む人々による道徳的な訴えは、中国という国家とその巨大な政治宣伝（プロパガンダ）機関のパワーには到底かなわないように思えるかもしれない。しかし、この抵抗運動の独立性と創意工夫は、それ自体がこの運動のパワーの増幅装置となっている。若き活動家たちは、昔ながらの街頭デモとデジタル技術の創造的な利用を融合させている。つまり集会を連係させ、警察の動きに対して警鐘を鳴らし、中国本土からの来訪者を啓蒙（けいもう）し、国家による暴力を世界に暴露しているのだ。一般的な民生品――傘、マスク、ヘルメット、レーザーポインター――がゲリラ的な抗議戦術を行うために転用されている。すでに動乱の日々は香港では終わりを迎えつつあるが、抵抗運動は歴史上のこの瞬間を記録する恒久不変の名曲を残した。それはどこからともなく歌われはじめた「香港に栄光あれ」（Glory to Hong Kong）という曲である。この賛歌は、ショッピングモール、スタジアム、あるいは学校において自発的に集まった群衆によって歌われた。そして、フルオーケストラと顔を隠すためにマスクを着用したボランティア聖歌隊による動画は、インターネット上で世界中に急速に拡散した＊64。

このような動画の拡散は、人々の共感を得る上で感動的なやり方であった。これとは対照的に、中国共産党が国家間の地政学的競争を多くの国の国内にまで拡大させたことは、中国に対する印象や中国の国益にとって、極めて非生産的であった可能性がある。オーストラリア国内における対中世論の悪化（二〇一九年には中国を信用する人の割合が二〇パーセント低下した）は、世界で同様のことが起こる予兆だと言えよう＊65。このようなトレンドは、これらの国で生活する中国系の住民にとって、あるいは各国の社会の一体性や多文化主義の健全性にとっても極めて有害となる可能性がある。

オーストラリア政府は、外国の干渉に対抗する新たなキャンペーンが「特定の国を断定したものではない」――特定の民族や国家を対象としてはいない――ことを熱心に指摘してきた。「オーストラリアにとっては、中国政府による中国系オーストラリア人への強制と支配に対抗して行動を起こさないこと自体が人種差別的な振る舞いとなる」という倫理的に健全な主張もある。民族性だけに注目して、このような市民に「外国勢力からの保護」という主権的な権利を与えず放置することは、彼らを二級のオーストラリア国民として扱うことになってしまう。たとえそれがその通りだとしても、地政学的な対立が内政に入り込むことは永続的な損害をもたらす可能性がある。そしてこれは米中紛争だけに限定される問題ではないのだ。インド太平洋は移民たちによって作り上げられた地域でもある。例えば将来の中印戦争は、カナダあるいはオーストラリアのような多文化国家――両国では移住によりインド人コミュニティが最も急速に成長している――に波紋を投げかける可能性がある。この前兆は、二〇一七年にドクラムで中印が対峙した時の状況にも見てとることができる。この時にはシドニーの中国人学生の小グループが高級車に紅い旗をなびかせて脅迫的なスローガンを連ね、見るも不快な反インド的な自動車デモを行っている*66。中国の「シャープパワー」を押し戻すことにおいて世界をリードしてきたオーストラリアは、今や多様な中国人コミュニティの保護――市民の平等な権利を守る上で重要な役割を果たす――という点において指導力を発揮する責任を有しているのだ。

あらゆる分野で、あらゆる手段で

ソーシャルメディアの巧みな操作と海外移住者を対象とした謀略における人心攻撃の複雑さは、習近平の戦闘指揮所や、原子力潜水艦に対して音もなく行われる不眠不休の監視と比較すると、実に遠い世界のできごとのように思えるかもしれない。だが中国共産党が中国の未来を「国内・外の敵対者との闘争」という明白な捉え方で定義しているという不快な現実から逃れることはできない。インド太平洋、そして地球規模において、この闘争はあらゆる分野にまたがる問題——防衛だけではなく、経済、外交、そして情報の統制——における国家間の優位性、影響力、そして安全保障を巡る競争という形態をとるからである。

明るい面としては、最悪の事態を想定したいくつかの評価に反して、中国はこの地域を戦略的に支配するための基本計画を持っていない可能性がある。ただしそれが真実であったとしても、良いニュースはそこまでかもしれない。中国の国益と能力の拡大の圧倒的な規模、中国が地域全体に手を伸ばしてきたその手法、多面的な競争（地経学、軍事、外交）、そして物語(ナラティブ)の間の不安定なもつれ合い、そして中国に対する抵抗——協同、あるいは他の手段により行われる——が避けがたいことは、重大な結果をまねきかねない災厄が前途に待ち受けていることを意味している。国家間の不信感の解消を早期目標に掲げることは、現実的ではないのだ。少なくとも中期的に共存を維持できればましであるという程度だ。

註

1 Sutirtho Patranobis, 'Be ready to fight and win wars, Pres Xi Jinping tell's China's military', *Hindustan Times*, 4 November 2017; 'Xi instructs army to improve its combat readiness', *Xinhua*, 3 November 2017.

2 データは、世界の軍事支出に関して最も信頼できる二つの情報源、ストックホルム国際平和研究所と国際戦略研究所に基づいている。中国の予算の過小評価については以下を参照のこと Meia Nouwens, 'China's defence spending: A question of perspective?' International Institute of Strategic Studies blog, 24 May 2019.

3 Andrew S. Erickson, 'Power vs. distance: China's global maritime interests and investments in the far seas',

in Ashley J. Tellis, Alison Szalwinski and Michael Willis (eds), *Strategic Asia 2019: China's Expanding Strategic Ambitions*, National Bureau of Asian Research, Seattle, 2019, p. 247.

4 International Institute of Strategic Studies (IISS), *The Military Balance 2018*, IISS, London, 2018, pp. 252–253.

5 Sebastien Roblin, 'How China got its hands on its first aircraft carrier', *The National Interest* online, 28 July 2018, https://nationalinterest.org/blog/buzz/how-china-got-its-hands-its-first-aircraft-carrier-27122.

6 You Ji, 'The Indian Ocean: a grand Sino-Indian game of "Go"', pp. 98–99.

7 Office of the Secretary of Defense, 'Annual report to Congress: Military and security developments involving the People's Republic of China', 2019, pp. 35, 37–38; Andrew S. Erickson, 'Power vs. distance: China's global maritime interests and investments in the far seas', p. 255; citing Peng Guangqian and Yao Youzhi (eds), *The Science of Military Strategy*, PLA Academy of Military Sciences, Beijing, English translation 2005, pp. 213–215.

8 Michael Beckley, *Unrivaled*, pp. 67, 164.

9 Sam Roggeveen, 'China's new aircraft carrier is already obsolete', *Foreign Policy*, 25 April 2018.

10 Helena Legarda, 'Chinese mercenaries are tightening security on the Belt and Road', East Asia Forum, 16 October 2018; David Brewster, 'The forces needed to protect the Belt and Road', *The Interpreter* (Lowy Institute blog), 28 November 2018.

11 Jeffrey Lin and P.W. Singer, 'A Chinese shipbuilder accidentally revealed its major navy plans', China Aerospace Studies Institute, 15 March 2018.

12 Andrew S. Erickson, 'Power vs. distance', p. 252; citing Academy of Military Sciences, The Science of Military Strategy, pp. 102, 106, 109.

13 You Ji, 'The Indian Ocean: A grand Sino-Indian game of "Go"', pp. 96–97.

14 Timothy R. Heath, 'The ramifications of China's reported naval base in Cambodia', *World Politics Review*, 5 August 2019.

15 David Tweed, 'China's clandestine submarine caves extend Xi's naval reach', *Bloomberg*, 31 October 2014.

16 'China's "maritime road" looks more defensive than imperialist', *The Economist*, 28 September 2019.

17 David Brewster, 'Indian Ocean base race: India responds', *The Interpreter* (Lowy Institute blog), 15 February 2018.

18 Brad Lendon, 'A British military base on the South China Sea is not a far-fetched idea', *CNN*, 4 January 2019.

19 Wilson Vorndick, 'China's reach has grown: So should the island chains', Asia Maritime Transparency Initiative, 22 October 2018.

20 'Global military spending at new post-Cold War high, fuelled by U.S., China: Think tank', *Reuters*, 29 April 2019.

21 'The Soviet Union: Military spending', Nintil, 31 May 2016, https://nintil.com/the-soviet-union-military-spending.

22 'Military spending: % of GDP', The World Bank data, accessed 22 August 2019, https://data.worldbank.org/indicator/MS.MIL.XPND.GD.ZS.

23 'N. Korea ranks No. 1 for military spending relative to GDP: State Department report', Yonhap news agency, 23 December 2016.

24 Tara Copp, 'Japan surges new weapons, military roles to meet China's rise', *Military Times*, 15 January 2019.

25 Ashley Townshend, Brendan Thomas-Noone and Matilda Stewart, 'Averting crisis: American strategy, military spending and collective defence in the Indo-Pacific', United States Studies Centre, University of

Sydney, 2019, pp. 27–28.

26 Ibid., pp. 6–7.

27 この事件はヅアン・ダン（Duan Dang）と他のベトナムのＳＮＳユーザーによって世間の注目を集めた。また、本件は海軍アナリストのＨ・Ｉ・サットン（H.I.Sutton）によっても報告された。これについては次を参照のこと。H.I. Sutton, 'Chinese submarine may have been involved in incident in South China Sea', *Forbes*, 16 October 2019. この突如として出現した噂は、ジェームズ・ゴルドリック（James Goldrick）元オーストラリア海軍少将によって一蹴された。

28 Greg Torode and David Lague, 'China's furtive fleet of nuclear missile-laden submarines tests the Pentagon', *The Japan Times/Reuters*, 7 May 2019.

29 Brendan Thomas-Noone, 'India's rivalry with China, from the mountains to the sea', *The Interpreter* (Lowy Institute blog), 23 February 2018.

30 Michael Peck, 'North Korea's new submarine-launched missile: Where was it fired from?' *The National Interest* online, 5 October 2019.

31 Brendan Thomas-Noone, 'Nuclear-armed submarines: The Indo-Pacific's great destabiliser', *The National Interest* online, 7 September 2015.

32 Owen R. Cote, 'Invisible nuclear-armed submarines, or transparent oceans? Are ballistic missile submarines still the best deterrent for the United States?' *Bulletin of the Atomic Scientists*, 2 January 2019.

33 インド太平洋における核の状況に関する権威ある調査報告については以下を参照のこと。Ashley J. Tellis, Abraham M. Denmark and Travis Tanner, *Strategic Asia 2013–14: Asia in the Second Nuclear Age*, National Bureau of Asian Research, Seattle, 2015; Muthiah Alagappa, *The Long Shadow: Nuclear Weapons and Security in 21st Century Asia*, Stanford University Press, Stanford, 2008.

34 Minnie Chan and Liu Zhen, 'China rolls out new weapon systems, nuclear-capable missiles in military

parade', *South China Morning Post*, 1 October 2019.

35 Elizabeth Roche, 'India's no first use policy may change: Rajnath Singh', *Livemint*, 16 August 2019.

36 Robert Jervis, *The Illogic of American Nuclear Strategy*, Cornell University Press, Ithaca, 1984; Michael Krepon, 'The stability–instability paradox', *Arms Control Wonk*, 2 November 2010.

37 Governments of ASEAN and China, 'Declaration on the conduct of parties in the South China Sea', 4 November 2002.

38 Ashley Townshend and Rory Medcalf, 'Shifting waters: China's new passive assertiveness in Asian maritime security', Lowy Institute Analysis, 2016.

39 Western Pacific Naval Symposium, 'Code for unplanned encounters at sea, version 1.0', 2014.

40 'Japan and China agree on security hotline after a decade of talks', *Reuters*, 9 May 2018.

41 Ministry of External Affairs, Republic of India, 'Media release: Second India-China maritime affairs dialogue', 13 July 2018.

42 David Shambaugh, 'China's soft power push: The search for respect', *Foreign Affairs*, July/August 2015.

43 Ross Babbage, 'Winning without fighting: Chinese and Russian political warfare campaigns and how the West can prevail', Center for Strategic and Budgetary Assessments, 2019, p. 3.

44 Roger Faligot, *Chinese Spies: From Chairman Mao to Xi Jinping, Scribe*, Melbourne, 2019, pp. 2–3.

45 John Garnaut, 'Australia's China reset', *The Monthly*, August 2018.

46 Quentin McDermott, 'Sam Dastyari defended China's policy in South China Sea in defiance of Labor policy, secret recording reveals', ABC News, 29 November 2017.

47 Nick McKenzie and Chris Uhlmann, '"A man of many dimensions": The big Chinese donor now in Canberra's sights', *The Sydney Morning Herald*, 6 February 2019.

48 ダスティアリは後に彼が黄（ホワン）と「あまりに近しい関係」にあり、「とても、とても高額な報酬を支払われていた」ことを認め、最終的に議員辞職した。下記のトランスクリプトを参照。'Interference', *Four Corners*, ABC TV, 8 April 2019.

49 Amy Searight, 'Chinese influence activities with US allies and partners in Southeast Asia', testimony before the US–China Economic and Security Review Commission, 6 April 2018.

50 本書を通じて、著者が言及している「中国の影響力」という言葉は、中国人一般を指しているのではなく、特に一党独裁国家としての中国、すなわち中国共産党（ＣＣＰ）に支配された中華人民共和国（ＰＲＣ）の活動を指している。オーストラリアにおける中国共産党の影響力と干渉に関する動機と要素については、以下に詳しい。Rory Medcalf, 'Australia and China: Understanding the reality check', *Australian Journal of International Affairs*, Vol. 73, No. 2, 2019.「シャープパワー」については、以下を参照のこと Christopher Walker and Jessica Ludwig, 'Sharp power: Rising authoritarian influence', National Endowment for Democracy, December 2017.

51 Andrew Greene, 'Chongyi Feng's detention in China a blunt warning to Chinese Australians', ABC News, 2 April 2017; Chongyi Feng, 'Why "democracy peddler" Yang Henjun has been detained in China and why he must be released', *The Conversation*, 23 July 2019; Fergus Hunter, 'A student attended a protest at an Australian uni. Days later Chinese officials visited his family', *The Sydney Morning Herald*, 7 August 2019; Nick Bonyhady, 'Outspoken journalist in Australia and father in China harassed online', *The Sydney Morning Herald*, 6 September 2019.

52 Nick McKenzie, Sashka Koloff and Mary Fallon, 'China pressured Sydney council into banning media company critical of Communist Party', ABC News, 19 April 2019.

53 Vicky Xiuzhong Xu, 'Blinkered Chinese nationalists are trolling me ? but once I was one of them', *The Sydney Morning Herald*, 20 August 2019; 'Australian warns diplomats after China praises "patriotic" clashes with pro-Hong Kong protesters', *The Guardian*, 27 July 2019.

54 Nick Bonyhady, 'Australia's anti-foreign interference laws a model for Singapore', *The Sydney Morning Herald*, 5 March 2019.

55 Chris Horton, 'China uses Taiwan as R&D lab to disrupt democracies', *Nikkei Asian Review*, 28 December 2018.

56 Anne-Marie Brady, 'Magic weapons: China's political influence activities under Xi Jinping', Wilson Center, 18 September 2017.

57 John Gapper, 'Business in Hong Kong needs to stay strong', *Financial Times*, 21 August 2019.

58 この決定の結果、いみじくも「アボミナブル（忌まわしい）」と名付けられたこの問題となった子供向け映画は、マレーシアとベトナムにおいて上映禁止となった。ストーリーを巡る闘いを遂行するために非自由主義的な手段を用いようとする海洋紛争の当事者は中国だけではない。以下を参照のこと。Bethany Allen-Ebrahimian, 'Hollywood is paying an "abominable" price for China access', *Foreign Policy*, 23 October 2019.

59 Jordan Valinksi, 'How one tweet snowballed into the NBA's worst nightmare', *CNN Business*, 9 October 2019.

60 Eyck Freymann, '"One Belt One Road" is just a marketing campaign', *The Atlantic*, 17 August 2019.

61 Kate Lyons, 'Fiji PM accuses Scott Morrison of "insulting" and alienating Pacific leaders', *The Guardian*, 17 August 2019.

62 例えば以下を参照。Ross Babbage, 'Winning without fighting', pp. 3–10.

63 特に以下が参考になる。'Power and influence', *Four Corners*, ABC TV, 5 June 2017; Michael Pelly, 'High court appeal on defamation tactics', *Australian Financial Review*, 8 September 2019.

64 Vivienne Chow, 'I've been waiting for a song like "Glory to Hong Kong" my whole life', *The New York Times*, 16 September 2019.

65 Kelsey Munro, 'Australian attitudes to China shift: 2019 Lowy poll', *The Interpreter* (Lowy Institute blog),

27 June 2019.

66 Rekha Bhattacharjee, 'Chinese students, expats are now flexing muscle over Doklam in Australia', *Business Standard* (India Abroad News Service), 31 August 2017.

未来

第９章

不信の海を航行する

「黒鳥(こくちょう)」（ブラック・スワン）とは、インド太平洋に生息するオーストラリア原産（特に南西部と南東部沿岸周辺）の珍しい動物である。一六九七年、ヨーロッパ人がオーストラリアの西海岸の端に位置する川を初めて探索した際、この水鳥を発見して驚愕(きょうがく)した。ヨーロッパの文化ではそれまで「ブラック・スワン」は不可能を表す隠喩(いんゆ)表現だと考えられてきた。もちろんオーストラリアの原住民にとってブラック・スワンの存在は何万年にもわたって至って自然なものではあったのだが、言うまでもなく、ヨーロッパ人にとって「白鳥(スワン)」とは白い鳥のことであった。最近では、著名な無作為性の研究者であるナシーム・ニコラス・タレブがこの黒鳥(ブラック・スワン)の象徴性を復活させ、これによってあり得ないことや、多くの場合破滅的な出来事の同義語として、また、うまくいかない可能性のあるすべてのことを象徴した不当な悪評を新たに付け加えている[*1]。今や「ブラック・スワン・イベント」とは、事前に予測が困難で、起きた時の影響が甚大(じんだい)であり、しかも振り返って見れば明白な、不規則に起こる出来事を意味するポピュラーな言葉となった。実例としては、第一次世界大戦や、9・11同時多発テロ事件、そして国際金融危機［リーマンショック］などが挙げられる。

ブラック・スワンとブラック・エレファント

より詳しく見ていくと、このような戦略的ショックはむしろ別の生物に似ていることがわかる。この生物とは「黒い象（ブラック・エレファント）」という想像上の生き物である。これはブラック・スワンと、「明白な危険が無視されている状態」（**elephant in the room**）――問題が重大で明白であるため、誰もその問題に触れたくないことを表現した言葉――という表現を混ぜ合わせたものだ。したがって黒い象とは、認識してはいるが不確かなこと（**known unknown**）であり、皆が急迫していると認識している（悪い）出来事だが、それでも実際に起きた場合には衝撃をもたらすことを指す。この言葉は元々は高級官僚であったピーター・ホ（**Peter Ho**）率いるシンガポールの鋭い知性を持つ情報コミュニティの戦略予測家の間で生まれたものだが、これは大国間の中で生きる小国が時として将来の見通しについて抜群の能力を発揮することがあることを思い出させるものだ*2。

インド太平洋では戦略的リスクが増すにつれ、同時に沢山のブラック・エレファントが現れることになるのだ。

たとえば中国による台湾への侵攻、もしくは少なくとも台湾への砲撃や海上封鎖、そしてそこから派生する一連の惨禍（さんか）が発生すれば、東アジアの平和は崩壊する。そしてそれに呼応する形で、アメリカとその同盟国たちは、中国に対する海上封鎖を域外の遠方から行うことになり、この紛争はインド太平洋へと拡大することになる。南シナ海において生起した小競り合いは、様々な理由から武力紛争へと発展するだろう。朝鮮半島における紛争と混乱は、アメリカだけでなく中国をも巻き込むものとなる。インドとパキスタンは再び戦火を交える。中国の人民解放軍の部隊、もしくはパキスタン国内の中国人が戦争に巻き込まれると、中国政府は戦争に介入することになる。インドと中国の国境では武力衝突が起こるだろうし、中国と日本の間では島嶼をめぐっていがみ合いが起こり、この紛争はインド洋における海軍同士の対立へと拡大するだろう。アメリカや中国の偵察機や情報収集艦が衝突して相手に拿捕された場合には、人員の救出や極秘機材の回収を試みようとして対立が続くだろう。イラン危機が深まるにつれ、海上交通を守るために中国やインドを含む数ヵ国の海軍がペルシャ湾に集結するはずだ。これらの国々は現地に留まり、基地を設け、将来起こりうる衝突に備えるだろう。中国の人民解放軍は、アフリカ、インド洋、南アジア、中央アジア、中東もしくは太平洋の「一帯一路」圏沿いのどこかに存在する自国民や権益を保護するために介入する。ところが中国軍が現地の争いに巻き込まれる場合には、その計画は頓挫する。これらのシナリオの多くは、中国の急激に拡大する国際安全保障に関わる活動に付随するリスクが積み重なった結果を反映したものだ。

そしてあらゆる場所で、環境対策や気候変動の影響が権力闘争を悪化させるであろう。淡水や漁場などの天然資源の利用に対する（勝者と敗者が明確に分かれる）ゼロサム的なアプローチは、メコン川下流や南シナ海のような場所で、特に中国vsインド、または中国vs（中国よりも小さい）東南アジアの国々との対立のような、国家間対立の危険性を高めるかもしれない。気候変動が農業生産に与える被害を考慮して、中国政府が食料安全保障戦略の観点から外国の農地や漁場へのアクセスを求めることもありえる。紛争の原因が気候変動に関する懸念でない場合でも、気候変動の懸念は国家間が協調的な対応やそれぞれの違いの克服を失敗することによって人的被害を拡大させるだろう*3。もし戦略的不信が続くのであれば、例えば地域諸国は海面上昇によって沿岸地域から別の場所に追いやられた数多くの住民の再定住に関して合意を結べるのだろうか？　アメリカ国家情報会議（National Intelligence Council）によれば、

人口の増加は、海面上昇や洪水、そして高潮などに脆弱な地域に集中し続けるだろう。二〇三五年ま

でに世界中で海抜が低い沿岸地域に住む人口は、二〇〇〇年当時と比べておよそ五〇％以上増える見込みである。その増加数はアジアにおいては一億五〇〇〇万人以上であり、アフリカでは六〇〇〇万人以上にのぼるだろう。バンコク、ホーチミン、ジャカルタやマニラといった多くの巨大都市では、過剰な地下水の汲み上げや自然の地質活動によって、今後も地盤低下が進むだろう*4。

気候変動により、多くの人々が強制退去せざるを得なくなるだろう。バングラデシュ一国のみでも二〇〇〇万人が移動する可能性がある。退去の多くは、おそらく国外への移動ではなく、国内の移動の可能性が高い*5。それにもかかわらず、長期にわたる気候危機と国家間の権力争いによる相互作用はインド太平洋地域において特に顕著にみられるはずであり、脆弱な住民、競争しあう国々、異常気象という、悲惨な三角関係が形成されるだろう。インド太平洋における起こりうる対立のシナリオを想像することは恐しいほど簡単であり、十分な権益や不確実性が関係している場合には、政治指導者たちは相手に対して紛争に訴えるという意思を明確にするかもしれない。だがこのように延々と続くリスクの話には、本物の「ブラック・スワン」、つまり「認識されていない不確かなこと」は含まれていない。インド太平洋のような肥沃な場所、つまり巨大かつ密接な地政学的空間においては、リスクは拡散しやすい傾向があるのだ。

例えばトランプ大統領の新たな外交政策によってどのような混乱が予想され、とりわけ二期目において中国との対立や同盟軽視が強まった場合にはどうなるだろうか？　もしアメリカが自分たちのインド太平洋戦略を達成せずに本当に撤退したり、アジアの同盟国たちを支援できなくなった場合、どのような強制や紛争のパターンが起きるであろうか。そしてこれは本当に中国の思い通りになることを意味するのであろうか？　領土侵攻は永遠に起こらないと言い切れるだろうか？　もし日本と韓国が竹島などをめぐって武力衝突したらどうなるか？　アメリカとロシアの紛争はいかにしてインド太平洋まで拡大するであろうか？

　インドは二〇世紀にはまさにそうであったように、二一世紀中頃においても比較的抑制的な大国であり続けるのだろうか？　中国またはインド、もしくは両国が、過去の歴史を捨て去って軍事同盟を結び始めるようなことはありえるだろうか？　この両大国の一方もしくは双方が、新たな内紛によって被害を受けながら、その一方で他方がこの状況を利用する場合はどうであろうか？　もし来(きた)る時代が真に「米中新冷戦」となる場合、地域紛争、恐らく小国内の内戦という形の代理戦争において、これはどのような影響を与えるのであろうか？　幾(いく)つもの弱小国家が内乱に苦慮した場合や、または一見安定していると思われた政権が不安定であることが判明して崩壊した場合は、一体どのような影響が出るだろうか？　そしてそこに大国が介入した場合には、互いを邪魔しないようにどのように振る舞うだろうか？　チベット、新疆ウイグル自治区、香港といった、中国の自治区や特別行政区などにおける弾圧や抵抗の新たな波は、中国の国境を越えて波及するであろうか？　そしてこれらに対して中国と世界はどのように反応するであろうか？中国とイスラム諸国は長期にわたって衝突を避けることができるのであろうか？　もしイスラム聖戦主義のテロリストがフィリピンやインドネシアといった海上交通路に近接する東南アジアにおいて新たに領域を奪い取り、中国に国際的な介入に参加する正当な理由を与えた場合はどうであろうか？

　気候変動や資源の面での不安は、国家間の対立状態をどのように悪化させるだろうか？　これらの（人類）共通の課題は、中国、インド、アメリカに偏狭な国益をひとまず脇に追いやって、互いに協力し合うよう促すことになるのだろうか？　それとは逆に、国家が環境問題に対して単独で気候工学(ジオエンジニアリング)的な手段を用いて気象条件を自らに好ましいように操作する場合はどうであろうか？　このような手段としては、たとえば一部の国が自国の温度を下げるために、国境を越えた広域の気候システムへの影響や他国の権益に影響を及ぼす可能性があるにも関わらず、エアロゾルを自らの領土上の成層圏において散布することもありえるだろう*6。国家たちがインド洋と太平洋に存在するほぼ手つかずの海底資源をめぐって公然と争うようになるまで、あとどのくらいの時間が掛かるであろうか？　海底資源への需要は日々高まっており、特にスマートフォンや車のバッテリーに必要な元素を含んだ「多金属団塊」に対する需要の高まりは顕著である*7。また、海底資源発掘に必要な海中ロボットに関する技術も向上している。すでに中国とインドは、鉱物が豊富に存在するインド洋南西部海底の探査を活発に行っている。

二〇一九年にオーストラリアとフランスの研究者が共同で行った研究では、海底探査は国際的な緊張をもたらす原因となりうるとの懸念が表明された。なぜなら海底資源が有する価値だけでなく、採掘そのものが潜水艦のための調査であったり「海底に監視装置を設置すること、または海底ケーブルへの妨害」といった安全保障関連の活動の偽装工作と見られるなど、関係悪化の原因となるからだ*8。そしてもしデジタル・データが「新たな石油」であるとすれば、海底ケーブルは新たな戦略的チョークポイントとなり、とりわけ数少ない貴重なケーブル網によって支えられている島国にとっては致命的なものとなる。

「ブラック・スワン・リスク」は南極海と南極大陸においても確実に高まってきている。もちろん南極大陸では、二〇四八年に更新をむかえる南極条約によって軍事活動や資源採掘は禁止されている。南極大陸の領有権問題は未だに解決しておらず、単に凍結状態にあるだけだ。世界各国は、現時点では本質的には互いの意見の相違を認め合っている状態だ。南極大陸の領有権の主張の大半は、二〇世紀に小国または中規模の七カ国によってなされたものだ。オーストラリアが主張する領土が四二%と最大であるが、二一世紀の大国である中国やインドは、それについて異なる意見を持っているかもしれない。すでに中国とロシアはオーストラリアの南極領土内に基地を設けており、現地で鉱物探査を行っている*9。

最悪のシナリオとしては、今世紀の中頃までに南極大陸が軍事化され、競合する国家基地が軍事通信や諜報のためだけでなく、南極で新たな資源を獲得するために軍事力を展開する上で利用されるというものがある。もし「ルールを基盤とした秩序」が弱体化し続けているにもかかわらず、南極の体制が相変わらず規則と自制に依存した状態にあるのであれば、南極における、または南極大陸をめぐる戦争は、絶対に起こらないとは言い切れなくなる。南極大陸の将来がどのような形になるのであれ、南極はインド太平洋における権力闘争の一部となり得るのであり、太平洋やインド洋におけるシーレーンへのアクセスは、中国や他のアジア諸国の南極大陸における野望を追求できるかどうかにおいて重要な鍵を握ることになる。

破壊的な技術は、やはり今までほとんど考えられていなかった方法で世界中の国家の富や軍事バランスを変えるのであろうか？　そして、地球温暖化によって北極圏の実用的なシーレーンが開かれる可能性が十分あり得るのであれば、インド太平洋はいつまで経済の重心であり続けられるのだろうか？

シェイクスピアは国家間の争いについて多少なりとも知っていた。彼は『ハムレット』の中で「悲しみというやつは、いつもひとりではやってこない。かならず、あとから束になって押しよせてくるものだ」と記している。戦略的ショックも単独では起こらず、そのショックは互いが密接に繋がった世界で倍増して拡散するので、その影響を予め予測することは不可能だ。地域を超えた戦略的難題の不確実性や複雑性、そして相互作用（多くの層、多くのプレイヤー、恐怖、確信、ナショナリズム、偽情報、力などの相互作用は、移り変わりが早くて予測不可能である）を考慮すれば、要するにインド太平洋に関して確実に言えるのは「今後世界的にも重要になるこの地域には困難が待ち受けている」ということだけだ。政府だけでなく企業たちも、複数の起こりうる未来の危険に対して気を引き締めて備えるべき時が来たのだ。

共倒れもしくは崩壊：不安の連続

憂鬱な雰囲気は世間の注目を集めるし、困難のリストを作り上げることは簡単だ。したがって、ここでは一度冷静になり、次の問いを考える方が良いだろう。「われわれが直面している問題は、本当に多種多様な解決不能なものなのだろうか？」結局のところ、専門家たちや各国政府の中でも、中国が本当に何を求めているのか、そして本書が示唆しているように、インド太平洋と世界の安全保障の未来は本当に困難に満ちているのかどうかについて、深刻な意見の相違がある。

　中国が公式に望んでいるのは、平和、繁栄、安全、安定といった、全ての国家が等しく受け取るに値する未来である。ところが「一帯一路」や軍事活動の増大によって、中国の問題は世界的な問題となりつつあり、世界の問題は中国の問題となりつつあるのだ。さらに、中国は大半の国と同じく紛争を求めてはいないのだが、それでも軍事力、地経学、政治的干渉などの強制力に頼ることを厭わないような姿勢を明確にしつつある。したがって他の国々にとっての重要な課題は、中国が仕掛けてくる強要に対して、いかに紛争や降伏という形に至らずに対処できるかだ。

　この問題に答えるためには、国家同士が互いにどのように影響を与え合い、この交錯するパターンを望ましい結果に向けてどのように促せるのかを理解する必要がある。これは単純な話ではない。というのも、第五章で議論したように、国際関係を物理法則のようなものに矮小化して捉えることには落とし穴があるからだ。だが少なくとも国家間で起こりうる様々な関係性をそれぞれ明確にすることには意義があるだろう。たとえば国家間の関係性は、ラテン語で「共に」を意味する com に由来する接頭辞の「co」の連続語として理解することが可能だ。つまり「協力」（cooperation）から始まり、「共存」（coexistence）を経て「競争」（competition）から「対立」（confrontation）、そして「紛争」（conflict）という最終段階へと至るのである。これらの内のどれもが単独では世界情勢の「自然」な状態であるとは言えない。というのも、大抵の場合はいくつかの現象が同時に発生しているからだ。たとえば競争が協力よりも優先されて紛争へと行き着いてしまうような状況も存在するのだ＊10。

「協力」が最も穏やかな状態であり、国家はお互いの権益を支持する。いうなれば権益は共通のものとして定義され、その帰結はポジティブサムですらある。つまり、全員が勝者となるような状態だ。国際システムは、気候変動、越境犯罪、生態系へのストレス、資源の逼迫（ひっぱく）、エネルギー需要、疾病の根絶、そして健康や教育といった人間開発の指標を越えて、世界中の人々の幸福や充足感の向上といった共通の課題に取り組むために連携している。「協力」は、国連、欧州連合（EU）などの共通の制度機関を通じて、多くの国家間でも生じることがある。もしくは、二国間または小集団の間のほうが最も上手く機能する場合もある。同盟や条約は、協力を公式化して強化するものだ。全ての「協力」において両者の信頼が必要というわけではないが、少なくとも信頼の土台となる予測可能性と互恵性（ごけいせい）は必要になる。

「共存」はそれほど野心的なものではないが、「協力」には不可欠となる出発点だ。この関係性は、比較的穏（おだ）やかな中立関係を意味する。つまり国家は多少協力するのだが、彼らの優先事項は、他者を害しない方法での利益の追求だ。大半の国は、ほとんどの場合において他国と共存している。共存は、ヨーロッパを荒廃（こうはい）に導いた「三〇年戦争」を終結させた一六四八年のウェストファリア条約にも見られるように、近代国家システムの中核を成している。しかし、共存は純粋にアジア的なものでもある。「平和的共存」の原則は、冷戦期から中国やインド、そして非同盟諸国によって説かれてきた。これは一九五四年にインドネシアのバンドンで締結された「パンクシェール条約」（サンスクリット語で「五つの美徳」を表す）に基づいたものだ。ここでは「領土・主権の相互尊重」、「相互不可侵」、「相互内政不干渉」、「平等」と「互恵」が訴えられ、これを総括すると「平和共存」となる。この原則は特に中国の自己主張が強くなるにつれて破られることもあったが、原則自体は公正で永続的な世界秩序形成へ向けた立派な出発点であることには変わりはない。各国に自国の約定を守らせるために、この原則を復活させるべきであろう。

国家は「共存」関係にあっても「競争」することがある。実際のところ、「協力」と「競争」は同時に同じ当事者国間で起こりえるのであり、異なる問題、または異なる場所において起こりうるものであり、「共存」が国家同士をつなぐ接着剤となる。通常の経済関係は、協力関係と競争関係が併存する。世界貿易機関（ＷＴＯ）の論理はまさにこの通りであり、国家はルールを設定して従い、施行するために「協力」する。そして国家は、この定められた範囲内において「競争」をする。このような状況下において、協力はある種の譲歩や弱点ではなく、共通の要求や問題に対する認識となる＊11。

「**競争**」とは、自らの優位を積極的に追求することであり、国家間の競争である。そして共存とともに、国際システムにおける伝統的な状態でもある。貿易と外交においては、競争というのは尊重されうるものであり、少なくともルールと構造によって制限されている。実際に国際競争に関する標準的な前提というのは「競争は規制されており、ゆえに制限される」というものだ。貿易から海洋紛争に至るまで、理屈の上では合意された法体系だけでなく、それを仲裁する者（上訴機関や法廷）までもが存在している。競争の欠点は、国家たちが共通の目的のためではなく、相手との戦いにエネルギーを使ってしまう可能性があるという点だ。例えばこれには、「自国を守る」という優先的な目的のために国軍や諜報機関に資源を費やしてしまうといったことが考えられる。しかしながら国際競争は、例えば冷戦時代のアメリカの宇宙探査やインターネットの発明のように、国家の偉業を達成するために国の能力を活性化することにもつながる。ここで生み出された成果は、後に人類共通の利益のために利用が可能となることもあるのだ。競争が抱えるそれよりも大きなリスクとして挙げられるのは、それが強大な国家間で発生すると、第三国にどちらの側につくかプレッシャーを与えてしまうことだ。そして最大のリスクは、競争が紛争に繋がる可能性があるということだ。

　だが最初にやってくるのは、決定的な対立への移行段階だ。つまり緊張関係が高まり、危機へと向かうフェーズである。ここでは激しく――そして、もしかすると突然――権益が衝突して危機に陥り、紛争への扉が開く。「対立」というフェーズでは重大な決定が下される。対立が単なる不運や誤算によって発生するという考えは浅はかである。対立とは「相手はリスク回避の傾向が強い」もしくは「相手への押し返しは今後はさらに難しくなるのでチャンスは今しかない」という見積もりによる瀬戸際外交や、国政術のツールにもなり得るのだ。だからこそ中国は、日本やベトナム、そして、フィリピンと海上での衝突を引き起こしたのであり、インドはドクラム高原において中国と争う選択をしたのだ。インドとパキスタンの対立は、困惑させられるほど頻繁(ひんぱん)に発生している。アメリカは、貿易と技術の分野で中国と何度も対立することを選択してきた。小規模ではあるが、二〇一七年にオーストラリア政府は外国勢力が国内政治に干渉することへの明確な拒否姿勢を表明することで中国と対立したのだ。

対立は「強要」と結びついている。強要とは相手の選択肢を強制的に制限することであり、脅威を用いて自らの利益に合致するように相手の行動を誘導するものだ*12。強要とは、一方が相手に「望まない行動をさせる」能力のことである*13。

強者は、強要戦術として「対立」を利用することができる。さらに、対立は長期的な脅しに対して「レッドライン」を設定する手段ともなりうる。強要は、上記の威圧手段をより繊細な手段である「共謀」と組み合わせる場合もありえる。つまり、強者は相手の意思決定者に対して自分たちの国益は強者側のそれと一致していると思い込ませようとしたり、あるいは買収したりすることだ。強要が最も効果を発揮するのは、弱い側の国内で「この戦いは無駄である」という意見が支配的になった場合だ。ドゥテルテ大統領が中国のフィリピン海域への侵入阻止に失敗した理由の解釈の一つはまさにこれであった*14。

しかし対立がいよいよ決定的な瞬間を迎えると、各プレイヤーたちの政治面での選択肢は三つに絞(しぼ)られてくる。それらは「紛争」「降伏」「譲歩(じょうほ)」である。

「**紛争**」とは、究極的には総力戦まで至る武力行使のことを意味する。あるいは物理的破壊が伴わないものの、経済制裁、もしくはサイバー攻撃といった、重大な損害を与える非暴力手段を指すこともある。紛争は強要（地経学的手段を使用することもありえる）とは違って双方向的なものである。相手が反撃するからだ。そして紛争はいずれ決着がつくものかもしれないが、全ての紛争当事者に甚大な影響を与えるものだ。とりわけこの影響は、大量破壊兵器と大混乱をもたらす兵器が存在する相互依存の世界では顕著に出る。そうなると唯一最大の焦点は、紛争を防ぐこととなる。

「**降伏**」とは、一方が紛争の可能性に尻込み（しりご）みして、戦わずに負けることを選ぶことである。降伏は、新たな共存関係や協力関係を生み出すものかもしれないが、違った見方をすれば、それは一方が自らの権益と独立に対する多大な損害を恒久的に受け入れた状態である。中国が対外的に主張を強めるようになってから、紛争を回避する必要性について実に多くの議論がなされるようになっている*15。

だがその大小に関係なく、国家には領土保全だけでなく、国益、国家の価値観、そしてアイデンティティに沿った独立した意思決定を行う能力といった「主権」を守ろうとする強い欲求が存在する。もちろん最初から対立を防ぐことの方が好ましいものだ。だからこそここで「抑止」が登場するのだが、これについては後述する。

「**譲歩**」は理想的に聞こえるが、発展を続けるインド太平洋においては特に選択しづらい可能性がある。たとえば中国共産党の権力の基盤となっているのが、国内の社会的な安定だ。彼らはこの国内の権力基盤を国外での影響力に結び付けており、さらにこの影響力を拡大的な地政学的野心や、外国の社会への内部浸透へとつなげている。第二に、これは中国だけに限ったことではないが、国家指導者たちは、ナショナリズムや国家指導者の全ての言動に常に注目するメディアの多大な影響力のおかげで、「面子（メンツ）」を失わないように警戒している。トランプ政権は、中国に対する経済的な瀬戸際外交と北朝鮮との核の瀬戸際外交とを、少なくとも「世界の安定」という観点と同じくらいのレベルで、国内の選挙政治や大統領のエゴという観点から見ているようだ。第三に、地域勢力が多極であるという事実は、米中を含めたいかなる二カ国間の妥協が成立しても、それは第三国にとっての利益にならず、むしろ不利益になる可能性さえあり、それが将来の紛争の火種(ひだね)となることを意味する。

次なる段階へ

本書を執筆中である二〇一九年末の現時点でも、危険な兆候が見えてきている。インド太平洋の全体的な状況はスペクトラム上の「競争」の線上のどこかに位置しており、「対立」と「紛争」が高まる危険と一定のリスクを抱えている。この状況は平和でもなければ戦争でもないが、国家の多くの国力を巻き込んだ継続的で包括的な競争状態にある。

たとえばアメリカは、とりわけ市場操作、地経学的強要、そして技術の盗用など、中国の違反行為の一部を非難している。ところがアメリカのその後の行動は世界を安心させるものでは決してなかった。もし、ドナルド・トランプが自ら言う通り、中国と対決する「選ばれし者」であるならば、われわれはただ天に助けを祈るしかない。

アメリカやその他多くの国にとって有害ではあるが、アメリカ政府は「競争」と「対立」とを前面に打ち出している。アメリカは競争に必要不可欠な大規模な準備もせずに、いきなり中国との対決姿勢を強めている。この競争の準備には実に多くのことが必要となる。国内の安定、指導力の発揮、長年にわたって宣言されている価値観を守ること、同盟関係の深化、非同盟諸国を味方にすること、インフラへの適切な投資、国家の科学研究の基盤の再構築、そしてインド太平洋へ軍事力の配備を優先することなどだ。中国政府が準備を整える前にアメリカ政府が「中国との建設的な関与を打ち切る」と宣言すれば、おそらく中国は不意を突かれ、慌(あわ)てふためくだろう。だがアメリカとその同盟国たちが準備を整えている様子はない。
この準備不足は戦争を防ぐことにならず、むしろ戦争を早めてしまうかもしれない。対立や紛争下ではルールが尊重されることはほとんどない。その意味では、すでにわれわれは管理された競争よりも危険な領域に突入しつつある。紛争というものは、国家指導者が意図した通り展開することはほとんどない。敵にとっては相手のいかなる戦略も「阻止すべき計画」となるからだ*16。

従って、中国がミサイル、潜水艦、水陸両用部隊、台湾内部への潜入者やサイバー面での脅威によって台湾包囲網を築(きず)いたように見えても、公然とした侵略は依然として極めてリスクが高い。日本、インド、ベトナムは中国よりも弱いかもしれないが、少なくとも中国の脅しや強要に待ったをかけて、侵攻のリスクを上げることはできる。さらに、中国の短期的な軍事面での「成功」も、世界を「反中」で結束させるだろう。例えば台湾を攻撃することは、地域及び世界経済へ重大な打撃を与えるため、台湾を独立国家として承認していない国々にさえ台湾防衛を支持する資格を与え、中国の台湾封鎖に挑戦させることになる。その一方で、中国が軍事的に失敗すれば、中国共産党の支配の正統性(レジティマシー)をひどく傷つけることになる。自らの同盟国を守るためのアメリカによる軍事力の行使は、事態を制御不能にする可能性がある一方で、アメリカが同盟国のために戦わなかったり、もしくは早い段階で決意を喪失(そうしつ)した場合には、アメリカの世界的な同盟システム全体の信頼性を粉々に打ち砕くだろう。これは真に世界を変えるかもしれない。不安を抱いたアメリカの「旧同盟国たち」は、危険なほど軍備増強を進めるか、もしくは主権を明け渡して中国のアジア支配やロシアのヨーロッパ支配、さらにはイランの中東支配まで認めるかもしれない。

共存への道筋を描く

中国は、自分たちが修正主義勢力であることを隠そうとはしていない。中国は国際秩序を自らの拡大する権益に合致するよう変更したいのだ。そして他国が争いを厭わないほど重要な領土に対して主権を主張している。そして歴史的にもまれに見るような劇的な軍の再編を進めている。国内の政治体制はまさに毛沢東、スターリン、そしてレーニンが夢見たような新種の「ネットワーク化した全体主義」のようであり、体系的に技術を活用して、支配、監視、恐怖、虚偽、現実の脅威、そして脅威となりえる敵に対する（現実および認知された）憎悪を抱かせている。ウイグル人の弾圧は、ナチスドイツによるユダヤ人やその他の少数民族の投獄の記憶を呼び覚ます恐るべきものである。人民解放軍が対外政策を支配している様子は、一九三〇年代の日本政府における強硬派の将校たちのことを思い起こさせる。これは大日本帝国が中国国民を苦しめたことを考えれば、二重の意味で悲劇的な比喩だ。世界について冷めた見方や寛大な見方をもっていてもかまわないが、とにかく中国を「平時の普通の国」として見ることはできない。

だが二〇世紀における中印国境紛争、中越戦争、そしてアメリカ主導の国連軍と戦った朝鮮戦争などの戦争では、その能力と野心は高まっていたにも関わらず、中国はしばしば戦略面で自制を示してきた。だが将来的には、中国は強要を通じて地域の改変を追求し続けそうだ。そうなると、中国は高まる自尊心や中国国民のナショナリズムを慎重に取り扱わなければならなくなる。つまり人民解放軍は中国の国益を守ることができるし、いついかなる時と場所でも挑戦者を処罰することができるという期待を高めているのだが、これはまさに中国のインド太平洋進出のおかげで高まったものだ。だが中国の戦略家は、実際のところは過去の帝国の戦略家たちよりも戦争に訴えることで失うものが多いということを明らかに自覚している。彼らの戦争を忌避するその姿勢は、世界に何かしらの協力をするチャンスを与えている。中国自身にも当然のように安全保障面でのニーズがある。その歴史を紐解けばわかるように、中国にはアメリカの力によって抑えつけられてきたと感じる十分な理由があり、シーレーンの支配を永遠にアメリカ海軍に任せるつもりがないことがわかる。これは致命的なのだが、中国の指導者たちの頭の中では、自分たちの体制存続と他国の安全保障及び権益に対する侵害を融合させてしまっている。これでは不信感が永遠に続くのも不思議ではない。

このような状況下では、本格的な「協力」は予見できる将来において現実的なものではないことがわかる。中国という共産党支配国家の国際的な行動に根本的な変化が無ければ、他国が防衛的な姿勢や、いわゆる「冷戦思考」をやめることや、中国政府と新たに戦略的な信頼関係を築くというような考え方は、まやかしであり、むしろ逆効果でさえある*17。

むしろ最も重要な目標は、定義するのは簡単だが、達成するのが難しいものだ。

それを一言でいえば「共存」である。

これは「対立」を思いとどまらせ、「競争」を健全なレベルに保ち、可能な限り状態を「共存」へと戻すことだ。実際のところ、これはどちらかと言えば一種の「競争的共存」(competitive coexistence)であり、中国の挑発的な軍事行動を抑止する一方で、中国の死活的国益を害することはないと安心感を与えるという、二つの間で繊細なバランスを取るものだ*18。このような「競争的共存」は、米中間だけでなく、日中間、そして長期的には中印間でも現実的な状態であろう*19。

この状態を維持するためには、「開発」「抑止」「外交」という三つの手段の適切な組み合わせが必要になる。この三つの手段は「団結」(solidarity)と「強靭性」(resilience)という二つの特性に基づくものでなければならない。これこそがインド太平洋時代における新たな「五つの共存の原則」である。それぞれ単体ではこのどれもが上手く機能しないであろう。これらが一体となって相互補完することによって、将来の紛争や降伏を防ぐ最上のチャンスを与えることになる。

原則その一：開発

「一帯一路」という中国の激しい地経学的な攻勢作戦に対していかに強く抗議しようとも、ただ単に貧困国に対して「中国からの融資と見かけ上の気前の良さを拒否せよ」と言うだけでは、失敗は目に見えている。貧困や低開発が大衆にとって差し迫った問題となっている場所においては、主権、民主制度、安全保障、勢力均衡に対する警鐘を鳴らしたところで、彼らには何も響かないのだ。従って、中国の力をうまく対処したり抑えてくれる可能性のある国々にとって、開発は極めて重要であることは変わらない。だからといって中国の経済・支援プログラムを完全に拒否すべきだという話でもない。とりわけ重要になるのは、（アメリカも日本も参加すべき）「アジアインフラ投資銀行」（ＡＩＩＢ）のような多くの国が共同で組織運営するように調整された構想と、中国の目的と影響力が常に最優先されるような構想を区別することだ。

アジア太平洋での闘いは、援助や融資、教育、訓練、インフラ、そして投資などをめぐって争われることになる。発展途上の国々に何が最善かを説くことに慣れている西側諸国は、それが最も進歩的で啓蒙的な言葉で説明されていたとしても、その考え方を改めるべきであろう。逆に言えば、援助する側の国がもし忍耐を失って、援助の受領国に対して援助国には権限があることを露骨にちらつかせるようなことがあれば、本来の戦略目標を損なうものになるだろう。これは南太平洋で中国の影響力への対抗を目指すアメリカやオーストラリアを始めとする国々が本当に気をつけておかなければならないことだ。

ところが自らの利益は他国の援助をめぐるインド太平洋の競争とは無関係であるかのように振舞うことも無意味だ。日本やオーストラリアが現地の沿岸警備隊の訓練を行ったり、艦艇や海上監視システム、通信システムを、ベトナム、インドネシア、ソロモン諸国、スリランカといったパートナー国へと提供するような、いわゆる「能力構築」に取り組むことは実に理にかなっている。この取り組みはさらに強化する必要がある。そうすればより多くの国々が中国の能力と侵食の増大に対して自国の主権を守ることができるようになるからだ。

原則その二：抑止

抑止(ディタレンス)とは不快な響きを持つ言葉かもしれない。核兵器や冷戦下の緊張を思い起こさせるものだからだ。だが抑止が効くことは紛争よりもはるかに好ましいものだ。抑止が基本的に伝えているメッセージは、「ある一連の行動（具体的なものは軍事侵略だが）のコストは（予想される）利益を上回るため、その行動は控(ひか)えよ」というものである。抑止とは「意図的で目的のはっきりとした脅し」であり、相手を説得して行動を起こさせない場合に成功するものだ*[20]。抑止とは、単に軍事力や脅威や軍拡のことを意味しているわけではない。外交と共に、その能力、意志、そして意図を明確に相手に伝えることが求められるのだ。

「拡大抑止」（extended deterrence）とは、アメリカが軍事的に同盟国を守るために何十年にもわたって使ってきた常套(じょうとう)手段であるが、これは同盟国に危害を加える可能性のある相手に対する抑止よりも、同盟国たちを安心させる役割の方が大きかった。そしてここで重要になるのは「将来のインド太平洋における有効的な抑止とはどのようなものであり、それを促進(そくしん)させるためには何ができるのか？」という問題だ。

抑止をめぐる状況は明らかに変化しつつある。前章でも説明したように、中国の軍事力は驚くべき速度で成長しており、本格的な紛争に至らない程度で、強引な挑発的行動の後ろ盾となっている。大規模な海・空戦、サイバー戦、核による威嚇など、本格的な紛争段階においては、中国は依然としてアメリカよりも弱く、理論的には敗北するだろう。しかし米中双方とも損害を被(こうむ)るのは確実であり、その被害の規模は計り知れない。さらに中国は、アメリカが「勝利」に付随(ふずい)する代償を払いたくないと見込んでいるかもしれない。大量の短距離・中距離ミサイルをはじめとする中国の劇的な能力の増強は、既成事実化を目指す戦争遂行戦略に上手く合致したものだ。この戦略には、前線のアメリカ軍を迅速に叩いて戦闘から後退させ、アメリカとその同盟国たちの増援や反撃を抑止することなどが含まれる＊21。

このような理由から、アメリカがインド太平洋戦略をある種の「核兵器のアジアシフト」のような単純なものにしてしまうことは恐ろしい愚行（ぐこう）となるだろう。残念ながら、核兵器は依然として重要なものだ。核兵器を「二〇世紀に存在した悲劇的な時代遅れの物」として忘れようとしても無意味である。だがアメリカやその同盟国たちは、抑止の信憑性（クレディビリティー）を「紛争を核使用のレベルまで拡大させよう」とする意図に託すわけにはいかない。平和と世界戦争との間の曖昧な境界線の中で、もし中国を抑止する唯一の支柱が核兵器であるならば、勝負はその時点で負けである。

独自の勢力均衡を好むアメリカをはじめとする全ての国々は、その代わりに通常戦力、未来技術、地経学的な強靭さ――プレッシャーに耐える力と、逆にプレッシャーを与える力――において優位を取り戻す必要がある。これらの国々は「拒否的抑止（きょひ）」と「懲罰的抑止（ちょうばつ）」、つまり敵の利益を否定するものと、相手に報復を与えるものの両方を復活させる必要がある＊22。このためには戦いの新たな手段となるサイバー、人工知能、宇宙、新素材、ロボット工学、先端コンピュータ等の活用を含んだ持続的な軍事力の近代化、本格的な投資、そして失敗を恐れない姿勢などが求められるのであり、それはこれらの能力のルールを定めるための新たな外交と共に行われる必要がある。

いずれにせよ、インド太平洋地域における多くの重要な変化は、影響力を拡大しようとチャンスを狙っている第三国――つまり中堅国たち――によってもたらされることになる。日本、オーストラリア、ベトナム、インドネシア、シンガポールといった国々の軍事戦略においては、対中抑止はもはや暗黙上のものではなくなっている。ただしインドでは常に明白に語られていた。

今後の課題は、これらの国々が中国との間で危機に陥(おちい)ったときに、紛争を未然に防ぐための警告として中国をけん制できるだけの信頼性の高い能力を構築できるかどうか、もしくは少なくとも中国を食い止め、あるいは反撃さえも行うという意思表示をできるかどうかだ。中堅国同士の共同軍事演習の頻度(ひんど)の高まりは、外交分野において彼らが有志連合(コアリション)や集団的な自助努力に向かうトレンドが最も明確に現れたものだ。これはパワーバランスを維持するためにも、危機的状況下での不安定な行動や明白な侵略に対抗するためにも「小規模な国家グループが力を結集する」という本気の意志にまで拡大する必要がある*23。

同時に、各国は第一次世界大戦の主な原因となったように同盟へのコミットメントが意図せずまたは取り返しがつかないほど緊張を高めることがないように、十分な柔軟性をもって中国に対抗するために団結することができるのだろうか? 台湾、日本、そしてベトナムのような最前線の国々は、どうすれば中国を不必要に挑発しない程度ながら大胆な行動で「侵略から守られている」と感じることができるだろうか? 中国の潜在的なターゲットとなっている国々に対して、どうすれば彼らは独りではないと安心を供与しつつ、作用・反作用(相互作用)のスパイラルによる同盟の自動的な動員を避けることができるのだろうか?

団結力と柔軟性の差は紙一重(かみひとえ)である。このためには条約を結んだ同盟国間(特にアメリカ、オーストラリア、日本)だけでなく、新たに台頭しつつある戦略的パートナーであるインド、インドネシア、そしてベトナムなどの間での、率直かつ洗練された外交が必要となる。対話は、政治レベルのものも含めて頻繁(ひんぱん)かつ率直に行わなければならない。そしてこれは、インテリジェンスやロジスティクス等の問題に関する実践的な作業部会(ワーキング・グループ)の情報を基に行われるべきだ。危機のシナリオは率直に検討されて机上演習(ウォーゲーム)を行って検証すべきだ。一般国民は、大半の国の間では不測事態への対処計画が実際にはほとんど議論されていないことに驚くかもしれない。長年にわたるインド太平洋諸国間における外交上の儀礼的な前提は「戦争について話し合うことが戦争の可能性をより高める」というものであったが、現在においてはこれと反対の説が正しくなってきている。パートナー国同士は、互いの国家の優先事項や、意思決定プロセス、危機時において互いに期待するものは何か、行動を起こすための合意された条件などについて、より明確な認識が必要となっている*24。そのような将来起こりうるリスクの見積もりは、単純に「全面戦争」のシナリオに基づくようなものではだめだ。ほとんどの摩擦は、大規模な軍事衝突には至らないものばかりであり、例えば軍隊に準じた沿岸警備隊〔海警局〕、国家が支援する漁船団、南シナ海における人工島の建設を手掛ける者などによる、一連の小規模な侵略などが考えられる。国家は単独もしくは協同で、抑止をエスカレーションラダーの一部として位置づけるだけでなく、「グレーゾーン」における幅広い強制活動を予期、阻止する「多岐(たき)にわたる分野横断的」なオプションとして構築する必要があるのだ*25。

原則その三：外交

もちろん外交だけでは、インド太平洋における紛争を防ぐことはできない。しかし外交的な手段は無尽蔵にある。

インド太平洋は、その絶大的なスケール（ほとんど世界の半分の規模）も相(あい)まって、単一の包括的な組織による管理は適していない。「ASEAN地域フォーラム」（ARF）のような多国間組織も、コンセンサスや「すべての人にとって快適なペース」「誰の悪口も言わない」というASEANの慣習による最小公倍数的な伝統に制約されており、十分な効果を得られていない。だがインド太平洋地域の利害関係者の利益を大国の二国間主義の気まぐれに任せるわけにはいかない。ここでは米中——そして将来的には中印——たちが、たとえ短期間であったとしても他国を犠牲にして調和を追求している。つまり時としていわゆる「大国の協調（コンサート）」が提唱されるのだ＊26。

これは調和があって安定しているように聞こえるかもしれないが、露骨に言えば、お互いの勢力圏を尊重するための一握りの大国同士の取り決めであり、自らの勢力圏においては小国を抑圧することを許すものである。そのため、この協調は生起しにくく、長期にわたり機能することはない。最も有名な「協調」の例は、覇権に対する「バランシング」には成功したが欧州における既存の秩序を崩壊させた、ナポレオン戦争の廃墟から生まれたものだ。この欧州列強による協調体制は共有された（反動的な）価値観に基づいたものであり、それが海外領土や海洋帝国に及ぶことはなかった＊27。いまや中国の「一帯一路」はインドや日本といった他国の権益と恒久的に衝突しているため、これらの国家との間やアメリカとの「協調」が、一体どのように機能するのかを想像することさえ難しくなってきている。

それでもわずかな希望は、新たな「小規模多国間外交（ミニラテラリズム）」の台頭に見てとることができる。「例えば日米豪の」三ヶ国の協議や日米豪印の「クアッド」のような枠組みは、国際的な信頼関係の拠（よ）り所である。これらの枠組みの論理の大部分は中国との均衡であり、一種の潜在的な抑止を狙ったものだ。だがこのような集まりは、多くの国を巻き込んだ協力活動への足掛かりとなる、潜在的な可能性を持っている。もちろんこれが上手くいくかは、関連する外交をいかに慎重に扱うかにかかっている。あまり連携をしたがらない東南アジア諸国のような国々が、対立的なブロックと見なすものに対して慎重であり続ける可能性は大いにあるからだ。それでも将来的にはこの「小規模多国間外交」における協力は、中国を加える選択肢を含めて残すべきだ。これには例えば災害救助や避難活動が当てはまる。そしてこれにはルールや原則に関する基本的な合意が必要となる。

より完全な答えとしては「ハイブリッド」なものになるだろう。これは二国間主義、多国間主義、この二つの中間に位置する現実的な「小規模多国間外交」という要素を持った、多層的な外交である。これは大国の外交資源でさえも使い果たす、粗雑で労働集約的なものだ。だが少なくとも包括的で柔軟性はあるのである。

　いずれにせよ、無数に開催される会議だけでは不十分である。現実的にリスクを軽減させるためには、いわゆる「信頼醸成措置」を拡大して公式化し、実際に利用する必要がある。このような措置の最大の狙いは、大国間の完全なる信頼という理想郷のような状態ではなく、不信感が存在する状況下で安定と予測可能性を構築することだ。中国軍と遭遇する可能性がある全ての国の海軍、空軍と沿岸警備隊は、偶発事件に上手く対象するために、その場合の取り決めの合意や、国際的な協定、そして通話のチャンネルの創設を追求すべきである＊28。そのようなルールは存在することもあるが、実際に履行されることは少ない。「ホットライン」への応答もないかもしれない。「洋上で不慮の遭遇をした場合の行動基準」は、そのような遭遇があらかじめ計画されていたものであった場合には役に立たない。政治指導者たちは、信頼醸成措置に真剣に取り組む必要があり、署名はしたが実際に使用されることはない「単なる外交上の都合の良い合意」として扱うべきではない。このような措置で特定の危機を乗り越えることができれば、その価値の大きさは広く証明されたこととなる。信頼醸成措置を拡大することや、サイバー戦、自律兵器、さらには戦時のＡＩの使用も含めた新たな能力の制限という、大変困難な任務についての「対話」が求められている。何を規制すべきで、何が倫理なのか？　ある種の透明性と予測可能性は実現できるのだろうか？新たな戦闘形態を規制・制限するとなると、これは我々が一九五〇年代の核時代——核戦争は勝利可能であり、軍備管理は実現不可能な夢だと考えられていた——と似たような状況に直面していることになる。

　差し迫った危険は、依然として海上に存在する。中国（もしくはどの国でも）が海洋のリスク軽減措置への合意を拒否したり、あるいは危機においてその措置を使おうとしない場合、彼らの無謀さや侵略的な態度を暴く必要がある。二〇一九年に中国の漁船団、海警局の船舶、海洋調査船（石油探査船）がベトナムの二〇〇海里内にある排他的経済水域（EEZ）に進入した事件は、まさにこのような事例に当てはまる*29。中国の人工島建設にも関わらず、南シナ海は依然として共有空間であり、国際公共財の一部であり、インド太平洋の中心であり、中核的な商業路であり、全ての国家のビジネスの場である。関係各国にとっては、ＡＲＦや東アジアサミットに自国の漁業や環境面での危機を監視する権限を与えたり、事件や報告された平和を乱す違反行為に関するデータベースを公開したりすることは、それだけでも十分な権利となりうる。これは中国政府が主張する「ウィン・ウィン」のレトリックを証明するチャンスともなるし、もしそれを拒めば中国自身の横暴さを露呈することになる。

　このようなことは、関係各国が現在の汎地域的な意識の台頭をどのように利用するかにかかっている。最も精巧な外交体制も、各国に利用されなければ意味をなさない。そして現在は、オーストラリア、インドネシア、シンガポール、インドや日本などの中堅国が関与・主導する外交構想にとって、絶好の機会が到来している。

　ここにおいて、曖昧さと二面性を持った「インド太平洋」という概念が強みとなる。もちろん国家の公式声明から語義上の違いを見つけたり、多くの国が対中で団結するのではなく、インド太平洋秩序のビジョンを表明する際に全く異なったことを望んでいることを指摘するのは簡単だ。たとえば日本とアメリカは明確に「自由で開かれた」インド太平洋を望んでおり、中国を唯一最大の問題と見なしている。東南アジア諸国は調和と包括性を好んでおり、特に中国という龍（ドラゴン）を憤慨させたくないように見える。そしてオーストラリアとインドはこの中間に位置しており、各国の共通点を特定したり拡大したりするのに適したポジションを取っている。そしてこれらの議論の水面下には不透明な緊張感が存在しているのだ。インド太平洋という枠組みは、多くの中堅国たちに米中のどちらかを選択させるための手段となるのだろうか？それとも米中両国に戦略的競争を管理するよう取り組ませることにより、全ての国家にとっての競争が対立または紛争に発展することを予防するプラットフォームとなるのだろうか？

原則その四：団結

しかしここで驚かされるのは、各国のインド太平洋ビジョンには実に多くの共通点があるということだ。それはスローガンであり、中国の力を弱めて吸収するための規準なのだ。ただしこれは問題の一部でしかない。アメリカを含むインド太平洋のバンドワゴンに参加する全ての国は、ルール、規範、国際法、小国の権利や主権を強調し、強要を拒否している。ＡＳＥＡＮを中心とした地域機関の重要性を尊重することも、インド、日本、オーストラリアやアメリカのような非ＡＳＥＡＮ加盟国たちが一貫して発しているメッセージである。二つの大洋を越えた関係性は、新しい時代の特徴として定期的に認められている。これらの原則はインド太平洋という視点を収束させるものであり、結果的に団結のための基盤となっている。

強力な中国に対抗する上での地域統一的なアプローチの構築のためには、特に臆病（おくびょう）すぎるＡＳＥＡＮと、他国の視点に無頓着（むとんちゃく）すぎるアメリカとの間で「ギブ・アンド・テイク」が必要となるだろう。たとえば東南アジア諸国がもしルールを尊重して強要を拒否することに対して真剣であるならば、中国の威嚇行為の責任を問う上ではＥＡＳのような制度の活用と強化が必要となる*30。そしてもしアメリカが地域の連結、開発、そして経済発展に本気であるのならば、地域のパートナーの関心（中国との長期的な経済及び技術競争の緩和）にこれまで以上に注意を払う必要が出てくるのだ。

インド太平洋における「団結」は、中国の力に対応する方法としては極端な「封じ込め」や「協調」などとは異なる代替案を提供している。この「第三の考え方」とは、「取り込み」（incorporation）、もしくは「条件付き関与」（conditional engagement）である。これには「エンゲージメント」（関与）と「バランシング」（直接対抗）のための調整が伴う。つまり中国を、相互調整と相互尊重が存在する枠組みの中で、地域全体の中の一つの正統な大国として扱うのである。そうなると、中国はインドなどの他国の利益と敏感な感情に適応しなくてはならなくなる。これは他国が中国に対して適応しなければならなくなるのと同じだ。つまり中国が重要な役割を果たすことを受け入れるのだが、それは中国だけのためではなく、あくまでも地域独自の規準に基づいたものでなければならない。そして一方でこのような関与策が失敗した場合には、より積極的なバランシングが行えるように備えるのだ。

このアプローチは、一部の学者が提言する単純な「勢力圏」という地理的な考え方とは異なるものだ。「勢力圏」という考えは、地図上に新しい線を引くことで、中国は自らの独占的な勢力範囲を保有し、アメリカ（または日本、インド、もしくはその他の国々）が独自の勢力圏を維持する場合に平和は保たれる、というものだ。この考え方の別バージョンのものとしては、たとえば中国の東アジア支配は認められるべきである一方で、インドはインド洋を管理して、アメリカは東太平洋へと撤退し、台湾は見直された「防衛線」の中国側に取り残されてしまうというものすらある＊31。このような区分けは、複雑でダイナミックなインド太平洋という地域においては上手く機能しない。なぜならここでは多くのプレイヤーが権益と力を持っており、中国政府も安全保障、地経学、政治上の影響力を、自国の沿岸部から遠く離れた場所まで拡大しているからだ（他にも中国は香港の事例のように過去の取り決めを上手く反故にしたりしている）。条件付きの関与を通じた安定の追求は、方針の意見表明のような形ではなく、実際の行動に基づいたものとなるだろう。このアプローチは、中国が多くの場所でプレゼンスや権益を持っていることを受け入れつつ、同時にアメリカ、インド、日本などの国々にも地域全体での持続的かつ拡大的な役割を演じる権利を等しく認めるものである。しかし強要禁止の原則や小国らの権利が破られた場合には、インド太平洋の複数の国々にはこれに対抗するための団結が求められることもある。

「団結」への反論は、以下のように容易に思いつくことができる。たとえば、国家は自らの国益に基づいて行動するし、大国は小国を一度に一国ずつ強要したり仲間に引き入れたりするものだ。他国の利益のために自らの生き残りを危険にさらすような国家はない、というのもそうだ。アメリカは小さな台湾をめぐって大規模戦争の賭けに出るだろうか？　二〇一六年の安倍首相とモディ首相の新幹線の旅に象徴されるように、日本もしくはインド（またはオーストラリアも）が、二国間の友愛を示すために中国との紛争に一緒に介入して第二の戦線を開くという無謀な行動をとれるものだろうか？

ところが国家間の「団結」というのは、純粋に軍事的な領域だけに存在するものではない。同盟、連合、そして政治的な勇気などは、軍事力だけにとどまる話だけではないのだ。確かに中国の影響力は、中国よりも小さい国（または民間企業）に個別に服従を強要するものである。この点において中国政府は恐ろしいほど創造的（クリエイティブ）だ。中国政府は通常の外交が上手くいかなくなると、カナダやオーストラリアの特定の個人や、さらには香港のイギリス領事館の現地職員さえも人質に取る。台湾、人権、アメリカの同盟国らに対する中国の基本方針に従わない外国企業には、国民の怒りを動員することで収益に大損害を与える。中国は、平時でも戦時でもないグレーゾーンにおいて他国に対して個別に強要するのだが、その際に国家が支援する文民（シビリアン）の部隊を用いて侵犯したりするし、軍艦が使われることもある。また経済的な冷遇（れいぐう）という制裁を加えたり、重要な問題に関する外交対話を単に保留したりすることもある。

だからこそ、他の国は数の上での安全を求め、共通の目的のために外交的に結集する必要がある。だが控えめに言っても、優先すべきは地経学やグレーゾーンでの強要といった領域での容認できない行動に対して、各国がどのように団結して対応できるかを確認するための対話だ。閣僚会談や高官協議の場では、絶望的な意見が飛び交っている。「中国は我々を痛めつけることができる」「中国は巨大で我々は小さい」「われわれは孤独であり従う以外に何もできない」などの声だ。中国共産党中央統一戦線工作部であっても、これ以上優れたシナリオは書けないだろう。

このための唯一の打開策は、対立が始まる前に「団結」して境界線を引くことである。地経学、国際法、サイバー安全保障、人権、外交、そしてプロパガンダへの対抗などの分野で、集団的な行動や防衛的行動に関する理解を共有したり、いざとなったら公式な合意まで形成するのだ。各国は一帯一路計画に関与する上で、最低限の共通基準に合意することができるだろう。インドが二〇一七年に発表した運営、透明性、環境に関する声明などはそのための出発点となる。アメリカ、日本、オーストラリアが主導する「ブルー・ドット・ネットワーク」はその方向にむけた第一歩としては正しいが、幅広い賛同があってはじめて成功するものだ＊32。共存のための「非干渉」の原則を肯定する共通の立場は、影響工作に対する、より協調的な抵抗を行うための下地となりうるものだ。

南シナ海で浚渫を行う企業や民主国家の国内で妨害活動を行う工作員など、国外における中国の強要に関与する組織や個人たちに対して、各国は統一された制裁を適用するために協議を行うこともできる。非干渉原則を考慮すれば、さらに議論を呼ぶ行動は、極端な内部弾圧に関与した個人や組織などへの対応を調整する取り組みである。各国の外務省は、領事館による渡航勧告を連携させることで、自国民に対して「新たな中国」が行う恣意的な逮捕や、新たな「人質外交」の危険性などについて警告を発するべきであろう。おそらく最も難しいのは民間企業が人権や表現の自由などの問題に関する共通の価値観を共同で宣言することであり、これによって企業に対して個別に罰を課すのを難しくするような行動だ。オーストラリア、カナダ、ニュージーランド、イギリスやアメリカなどの国々の大学は、キャンパスにおける香港関連の抗議活動によって目覚めることになった。このような傾向は、大学が直接サイバー攻撃を受けたり、政府から中国とのつながり対して境界線を引くように通達が出されたおかげで、さらに強まっているといえる＊33。

独裁的な国家に対する集団的、もしくは少なくとも協調的な抵抗というのは、理想的で現実離れしており、戦略というよりは単なる希望だと言えるかもしれない。すでにいくつかの取り組みは行われているが、その範囲と効果はいまだに限定的だ。ヨーロッパはアメリカの「グローバル・マグニツキー人権問責法」（Global Magnitsky Act）に範をとった独自の制裁体制の確立を目指している。同法は、スパイ行為、組織犯罪、人権侵害関連の活動を行う個人を狙い撃ちにするものだ＊34。

アメリカ政府に対して、新疆ウイグルや香港での抑圧に関与した中国高官や企業に制裁を課すべきだという圧力が高まっているが、小国たちがどこまで同じような手段を取るのかは未知数だ。二〇一六年のハーグの仲裁裁判所がフィリピンの訴え［中国の南シナ海での活動の違法性］を認めたことは、第三国に対して集団で国際的な航行の権利を訴える機会（とりわけＧ７の声明を通じて）を与えたのだが、当のフィリピン政府が自分たちの主張を強く訴えることに失敗したので、効果は薄くなってしまった。より有望なものとしては、二〇一八年一二月に、七ヵ国の政府――アメリカ率いるファイブアイズ情報共有同盟に加えて日本とドイツ――が一致して中国の大規模なサイバー窃盗行為に対して非難し、中国の諜報機関が支援するハッカー集団（ＡＴＰ１０）が世界中の企業の知的資産をシステム管理されたサービスプロバイダーに侵入して盗み出していることを非難したような例がある＊35。

個人（人間）レベルにおいては、中国共産党の弾圧の矛先である一般市民の間で結束が高まるにつれて――おそらく注目を浴びた香港の衝撃的な事件によって加速した――、政府と企業に対して「中国との関係を見直すべきだ」とする国際世論が高まるだろう。すべての結びつきが強まった世界におけるソーシャルメディアを通しての社会運動は、企業に対して奴隷労働や人種差別、男女平等の分野において大きな成果を上げており、その他の人権問題においても同じことが起こり得るだろう。不愉快な現実ではあるが、民間企業というものは利益、評判、事業の持続性と合致する場合に限って人権を優先事項にするものだ。

しかし企業は、中国の世界観に屈することは一時的な猶予が与えられるだけであり、恒久的なビジネスの優位を得るものではなく「さらなる譲歩は常に可能だ」という北京側の期待感を高めるだけであることも理解し始めた。さらに中国は、外国企業への一連の脅し行為が自らの首を締めることにつながり、中国の要求に喜んで従っている企業の国際的な評判を悪くし、中国に新たに投資しようとする外国人投資家を遠ざけることになることをやがて学ぶことになるかもしれない*36。

しかし、強大な中国に対して対抗する連合を組むための最初の一歩を、中堅国の政府や企業が単独で開始するような無謀な事態は本当にありえるのだろうか？　これについては二名のカナダ人に対する「人質外交」の例がわかりやすい。一部の国は、二人の窮地やカナダに対する威圧に対して同情を公式に表明したが、それが何か効果的な国際的な報復や、今後のこのような行為に対する抑止に繋がったわけではない。その一方でオーストラリアは、ファーウェイを制限しようとする国際的な動きの「首謀者」であるとする中国政府の非難に対しては今でも神経質である。ドゥテルテ政権下のフィリピンは、自らの南シナ海に関する法的勝利の正当性をほぼ否定している。インド、日本、ベトナムは、それぞれドクラム高原、尖閣諸島、南シナ海をめぐって戦争の瀬戸際まで中国と対立してきたが、結局は次の対立が勃発するまでの間に融和的な態度で関係を修復している。たしかにアメリカ以外の国々は、短期間ならば自らが最前線の標的となるのを防ぐために中国の力を制限することはできる。小国や企業の場合も同様で、単独での抵抗は「賢明」というよりも「勇ましいだけ」のように見える。もちろん国際的なグループ企業の団体や業界団体は効果的に抵抗できる可能性を高めるが、何よりも求められるのは「団結」なのだ。

そして「団結」は大国、とりわけアメリカが関与する場合に発生しやすくなり、その効果も高まる。したがって予見できる将来にわたってアメリカという要因は極めて重要なものであり続けるはずだ。「団結」には常にアメリカの指導力を必要とするわけではないが、アメリカの関与は必要だ。インド太平洋における投資、貿易、同盟、技術、安全保障といった構造的な理由のおかげで、アメリカは中国と対抗しなければならないのである。これらの点は、アメリカ連邦議会からの超党派的なシグナルだけでなく、トランプ政権の力強い発言や、いくつかの施策にも反映されている。それでも肝心な部分の不確実性は残ったままだ。トランプ大統領の悪名高い信頼性の欠如（たとえばクルド人を見捨てたことなど）は、アメリカの政権としては異常な例なのか、それとも何かの前兆なのだろうか？　中東でのアメリカの介入のつまづきは、インド太平洋への関与へのマイナスになるよりも、プラスになるだろうか？

著名なアメリカの安全保障問題の専門家であるコリ・シェイク（Kori Schake）は、アメリカ政府が冷静さを取り戻す中で、中国（そして時にはアメリカ）に対抗して中堅国たちが世界中で立ち上がり、自由でルールに基づいた秩序を維持するための青写真を描いている*[37]。彼女によれば、中堅国たちは自分たちが考えるよりも強い存在であり、いまこそ「自らの想像の中で中堅国が衰弱する」状況を逆転させるべき時なのだ。

中堅国の復活は、世界や地域のレベルで、それぞれ性質は異なるが相互補完的な形で起こるだろう。ヨーロッパは貿易、環境、人権やルールに基づく秩序の保護といった世界的な問題に関して重要な役割を有しているが、それと同時に日本やカナダ、オーストラリアと共に、ドイツ外相のハイコ・マースが「多国間主義のための同盟」と名付けて提唱した「中堅国の連合の要（かなめ）」として自らを位置付けることもできる*[38]。インド太平洋では、日本、インド、インドネシア、ベトナム、韓国、オーストラリアの役割がさらに大きくなりつつある。日本、インド、インドネシアの国力を合計すると、二〇四〇年代までにはＧＤＰ、軍事費、人口において中国を上回ると予想されていることは繰り返し強調すべきことであろう。これに一ヵ国または二ヵ国を加えれば、強大な連合となるだろう。とりわけそれらの国々がインド太平洋上の戦略的航路を集団的に監視できるという地理的な利点から考慮すれば納得できるはずだ。

もちろん、アメリカにおけるトラブルが通り過ぎるのを時を稼いで待つだけというのは解決策ではなく、やや絶望的な代替策だとしか言えない。では我々はどれくらい待たなければならないのだろうか？　トランプ政権の二期目が終わるまで、世界秩序は一体どのようになっているのだろうか？　だがおそらくこのような疑問は、アメリカは依然としてインド太平洋において活動的である——予測不可能ではあるが消極的ではない——という現実を覆い隠してしまうものだ。アメリカが意欲的、もしくは責任をもった行動をする場合には、対抗同盟を動かす立役者やリーダーとして、もしくは連合内の単に主要なプレイヤーとして、アメリカは巨大な力を持っていることになる。それと同時に、二〇二〇年代以降の中国は行動面でかなり制約を受けることになるはずだ。というのも、国外では拡散する権益をコントロールするのに苦労することになるし、国内の課題も山積することになるからだ。

だがもし他のインド太平洋諸国がアメリカと手を携えて、あるいはアメリカ抜きで中国の力を抑えこもうとする場合、これらの国々は代償を払う覚悟が必要であり、長期的な安全保障のために短期的な痛みに耐えければならなくなるだろう。そのためには先見性と政治的意志、そして何よりも強靭性が必要になる。

原則その五：レジリエンス

レジリエンスとは、ある種の特殊な力のことだ。ベトナムと中国の沿岸警備隊の船艇が、南シナ海のベトナムの海岸線近くで石油や天然ガス田の探査のコントロールをめぐって競り合っていた時に、あるベトナムの外交官が外国人の学者たちとの会合で質問に次々と答えていった。もし明日にでもベトナムが中国と戦争することになったら誰が助けに来るのでしょうか？　「その答えは簡単ですよ、ベトナムの国民です」とその外交官は臆することなく答えたのだった。

彼の説明によれば、ベトナムは自らの力を高めようと取り組んでおり、外国の友人たちに求めているのはベトナムの国防力を高めるための能力構築支援であるというのだ。テーブルの反対側にいる我々にとって、これは実に説得力のある回答であった。結局の所、ベトナムはそれまでそのような経験を実際に体験して実践してきたのだ。つまり千年間にわたる中国の権力への対処から、記憶に新しい「強大なアメリカに屈辱(くつじょく)を与える」ということまでだ*39。

国というのは、その規模の大小に関係なく、自分たちの弱さをカバーしなければならないものだ。これは裕福になることや強力になることでもなく、強固な精神を持ったり全てのリスクに敏感になることでもない。これは苦難を克服して、そこから回復できることを意味する。国家は最早、外交問題、経済、社会政策、教育、産業、技術、国家安全保障などの分野を、世界に対する異なるアプローチとして独立して扱うことはできないのだ。互いが密接に繋がり合っている現代の世界において、現状打破国家たちは党、国家、軍事、外交、商業の力を結合しようと固く決心しているために、他の国々、とりわけ自由民主国家の国々にとっては不利な状況になっている（その意味では、共産党率いるベトナムにも限界がある。ただしベトナムの外国勢力に対する抵抗は、ベトナム共産党の決意というより民衆の意志やナショナリズムの表れであるように見える）。

では民主国家はレジリエンスをどのように向上させることができるのだろうか？　その答えは、「体制の生き残りは国家安全保障に等しく、国家安全保障は他の全ての考慮事項よりも優先される」と主張することで習近平の一党独裁国家のようになってしまうことではない。むしろ、競合下にある地域において「国家が達成しようとしているものは何か、守ろうとしているものは何か」という事柄に関する包括的なナラティブの構築に取り組むことにある。もし国益を決定したりそれを守ることが一握りの政府高官や専門家の特権であり続けるのであれば、強要や競争下にあるインド太平洋における広範な混乱に対して国家の力を最大限活用して対処することは不可能となる。

政府内では、これは安全保障、経済、外交、情報、またはナラティブの領域にまたがる、政策の真の統合を意味する。政策形成には「経済vs安全保障」という誤った二項対立を克服する必要がある。なぜならこれは中国の挑戦に対する一貫した対応を行う上で支障をきたすものだからだ。ここで陥りやすい間違いは、中国の力を抑える防御的な決断（例えば国家インフラまたは軍民両用技術研究への中国共産党の関与を抑えること）は、経済に耐え難い影響を与えるだろうと考えてしまうことだ。

経済と安全保障を競い合わせるこの「ゼロサム思考」は、現状だけしか見ない視野の狭い考えから抜け出せば脱却できるものだ。たしかに経済と安全保障は短期的には競合するように見えるかもしれないが、長期的には相互依存状態にあるものだ。一世代という時間軸（例えば二五年）で先を見通した場合、巨大独裁国家に技術や地理空間における独占的優位を与えた場合の影響は、安全保障上の懸念（あるいは民主的な価値に対する脅威）のみでは済まない。そこには長期的な経済損失の恐れもある。その一方で、政策立案者たちは露骨な貿易制限（特にトランプ流の関税など）は、経済に悪影響を及ぼすだけでなく、長期的には安全保障面でも有害であり、全ての国家が国防費を負担する能力を弱めてしまうだけでなく、同盟間の好意も低下させるということを忘れてはならない。

未来のことを前向きに考えるだけでなく、国益を再考する場合には、政府は違った視点から物事を考える必要がある。たとえば安全保障というのはその担当機関の権限範囲だけにとどめておくには重要過ぎるものである。環境、エネルギー、教育のような政策分野は、その分野の固有の価値だけではなく「国家のレジリエンスに対する重要な貢献」という観点からも理解されるべきものだ。たとえば持続可能であったり再生可能な資源といったエネルギー供給の確保を欠いたまま、あるいはサイバーから「クリティカル・シンキング」（批判的思考）にいたる技術を備えた人材の育成をすることなく、外交的に広言を吐いたり軍の近代化を行っても、国家としても得るところがないからだ。大学、企業、政府機関における疑わしい中国の研究資金との関係を遮断（しゃだん）したり規制することは、国益に沿う研究資金がすぐに入手できないのであればそもそも無駄なことである。

レジリエンスには、政府内でのより連携した取り組みだけでなく、国民の間で「新しい時代の戦略的な競争において何が危機に瀕（ひん）しているのか」というテーマを議論できるような包括的で開かれた対話が必要だ。多くの諜報機関をはじめとする政府機関の中では、今や世界の状況（大局的な戦略及び詳細な評価の双方で）に関する、確かな情報に基づいた強い懸念が存在する。ところがこのような分析は通常は機密扱いされており、一定の権限を持つ一部の者しか目にすることができず、国民への情報開示は拒否されており、国民が選んだ議員たちの大半もその情報へのアクセスが許されていない。そのため、国民の多くが戦略的な競争におけるキャッチフレーズである「南シナ海」「一帯一路」「外国勢力による干渉」といった言葉を聞いても、そのようなリスクは深刻ではなく誇張されたものであり、自分には関係のない問題だと想像してしまうのは当然なのだ。オーストラリアのような民主国家では、政府の戦略を担う担当部門が、市民社会やビジネス業界、政界全体に対して、今以上に情報の伝達を行う差し迫った必要性が存在する。たとえばオーストラリア政府は野党が中国に関するブリーフィングを安全保障当局から受けるのを認めていないが、これは近視眼的であり、むしろ非生産的でさえある＊40。このような方策は、サイバー作戦や影響力行使の最前線の標的である、ビジネスや大学にも広がり始めている。オーストラリアやカナダのような連邦制を取る国においては、州政府や地方政府に対しても情報提供を行うなど、情報共有の範囲を拡大する必要性がある。

地政学的な争いの時代における国を挙げての安全保障の議論では、政治面でも高いレベルの成熟度が求められる。このような議論は、党派的な点の取り合いや、さらには中華系の国民に「われわれが問題の一部であるかのように印象操作されている」と感じさせてしまい、被害妄想に陥らせないようにすることが不可欠となる。これは多文化社会では深刻な課題となるのだ。しかし左派と穏健［中道］派が中国との戦略的な競争や中国共産党の抑圧や検閲の拡散に対して沈黙を選ぶのであれば、包括的で強靭性（レジリエント）のある国家対応の構築という任務は困難になるばかりである。

開かれた海

その呼び方が何であれ、現在われわれが「インド太平洋」と呼ぶ、アジアを中心とした海洋地帯は、世界の未来が描かれる場となっている。この超巨大地域は、中国の拡大する権益と力、他国の抵抗、そして多くの新興国間の相互作用によってそれぞれ特徴付けられている。ところがこの地図は、中国のみによって描かれることはないだろう。実際のところ、インド太平洋における中国の最大の課題は、中国自身が想像している敵たちではなく、むしろ中国自身なのだ。なぜなら中国が「帝国の過剰拡大（インペリアル・オーバーストレッチ）」といわれる状態まで領域を拡大してしまうと、そのために自滅することになるからだ。過去の帝国たちのように、中国の活動はインド太平洋全体で「ブラック・スワン」（黒鳥）と「ブラック・エレファント」（黒象）を発生させつつある。中国がほぼ「帝国主義的」とも言える拡大を急速に行っている事実は、誰にとっても衝突の可能性と衝撃が大きくなっていることを意味する。新たな地政学的な「高速道路」の建設は、運転手たちが交通規則を覚えるよりも速く進んでいるからだ。

「メンテナンス」という深刻な問題もある。中国は本当に世界と対峙していけるだけの軍事力を持っているのだろうか？　軍事費の半分以上が「維持費用」（能力獲得後はそれを継続して維持・向上させること）として費やされるということを鑑（かんが）みれば、中国が世界をリードする地位を得たとしても、その状態を維持し続けることは可能なのだろうか？　すでに南シナ海に存在する人民解放軍のハイテクの軍事拠点では、暑さ、湿度、暴風雨などの対処に苦労しているとの報告もある＊41。国家が所有する軍事技術が高度になればなるほど、単に現状を維持をするだけでも多くの支出が必要になる。アメリカは、軍事力が巨大でコストが掛かるようになればなるほど衰退を防ぐことがより難しくなることを学んできた。世界の大国であり続けるということは、そこに容赦なく不断の努力が必要となってくることを意味しているのだ。

中国の「ソフトパワー」と「シャープパワー」が達成した最も普及力のある成果の一つは「時間は北京に味方している」と広く信じられている考えである。確かにその可能性はある。ところが、中国の力をアメリカではなくインド太平洋の全体の力と相対的に比較してみると、それがすでにピークを過ぎたと考えるだけの十分な理由がある。たしかに中国は過去一〇年間にわたって変革的で破壊的な影響力を持っていたが、今後も未来の形成において主導的、もしくは支配的な役割を果たしていく保証はどこにもない。

その代わりにもし中国共産党の指導者たちが大戦略家であるならば（実際にそのように自慢することが多いが）、彼らは以下の四つの要因に対して大いに注意を払わなければならないはずだ。第一に「一帯一路」に沿った中国のインド太平洋やユーラシア大陸での野望には、危険なほどの勢いがあるという点だ。だからこそ中国への抵抗が生じており、さらなる抵抗は避けられない。第二に、インド太平洋の大半の国が豊かで強くなってきている。これから中国の地域に対する相対的な力の優位が再び圧倒的になることは決してないだろう。第三に、アメリカの力はたしかに衰退してきているかもしれないが、それでも戦線から離脱するにはまだ早すぎる。アメリカは中国との均衡を保つために他国と協力するので、アジアやインド太平洋、または世界を単独で支配する必要はないのだ。第四に、中国の国内問題（負債、人口動態、環境ストレス、人民の不満）はさらに悪化する可能性があり、三つの外的な要因（抵抗、地域のその他の国々の台頭、アメリカの忍耐）によってそれがさらに悪化するだろう。

これらの四つの要因の組み合わせは「帝国の過剰拡大」の影を落とすことになる。アメリカが全面的な戦略的競争を維持するかどうかに関わらず、中国は広大なインド太平洋における大規模な安全保障上の試練に直面するだろう。中国は、インドや他の影響力のある国々の不安を掻き立て続けるはずだ。遅かれ早かれ北京の意思決定者たちは、自信か不安に満ちたどちらかの瞬間に、一か所または複数の遠方の地で軍事行動を許可する可能性があり、その結末を予測、または制御することは難しい。そして将来におけるアメリカ、もしくは他の主要国との対立では、中国の遠方の前哨地や補給線は即座にハンディキャップや脆弱性になるだろう。中国はこれら全てを守る必要がある上に、信用できない多くの近隣諸国といくつかの不安定な国との国境線も守らなくてはならない。それと同時に、現状の体制に恨みを持った一億人以上の人々を含む、大中華圏の「内部」の秩序を維持する必要がある。経済成長の鈍化や高齢化する国民は、さらに多くの富を福祉に振り向けるように要求することになるし、堅固だが脆い政治体制などを考慮すれば、中国の長期的な支配のビジョンはそれほど見通しの明るいものではない。帝国の維持にかかるコストは、国内の反感を引き起こすかもしれない。国内で政権の正統性を保つ必要性は、海外での強引な行動を促すかもしれないし、もしそれが成功すると帝国をさらに拡大することになる。これは長期的には矛盾をさらに悪化させることになるが、失敗すると政権を弱体化させることになるのだ。これは昔からある話に新たな味付けを加えたものでしかない。中国ほど先を急いで多くを達成しようとした国はない。たしかに中国はとてつもない資源を持っている。しかし中国には内外の様々な問題が複雑に絡み合い、権威主義的な一党独裁国家の硬直性と、最高指導者によるただ一回の失敗というリスクが重なっているのである。

もちろん、事態は違った形で展開するかもしれない。中国は今後何十年にもわたって、テクノロジーを用いた独裁主義による監視と利便性、服従と脅しと誇りを維持して、懐疑論者たちを驚かせることになるかもしれない。だがいずれにせよ、国民の大半に幸福と安定をもたらすため、あるいは引き続き国境を越えた経済成長の原動力であるためには、習近平の「中国の夢」が掲げる大国の野望の全てを実現する必要はない。それは不確かな全体像だが、それでも明確にする方法は存在する。たとえば中国を中心とした戦略的な競争を、大きな「インド太平洋」というレンズや、一世代にわたる長期にわたる時間軸を通して見れば、戦略的な着地点の座標のようなものが浮かび上がってくるからだ。もし中国の過剰で高圧的な行動に対する他国の抵抗が、レジリエンス、団結、抑止に裏打ちされた包括的な競争にまで発展するならば、インド太平洋戦略は一種の全面的な睨み合いになる。これは誰にとっても幸せな状況ではないが、他の国と同様に、中国にも大きな不安を与えるはずだ。

中国の一党独裁政治や喧伝された壮大な構想にも関わらず、中国国内では実際に何をすべきかについての意見の対立は続いている。その証拠に、つい最近まで一部の外国人分析家たちは、中国の対外的な行動は戦略からはほど遠いものであり、本質的には異なる「政策アクターたち」の不協和音による妥協であると論じていたのだ。つまり中国は実質的には多民族社会の構成と同じであり、単に共産党だけでなく、軍、ビジネス、各地方の権益、学術界、オンライン空間の言論もそこに含まれるというのだ＊42。ある学者はさらに踏み込んで、中国の政策専門家たちの中の「声の大きな多数派」は、中国政府の対外政策の「進歩的改革」やアメリカとの協力まで求めていると指摘している＊43。

そのような結論の利点がどのようなものであれ、事実は変わってしまったのだ。習近平政権はこの七年間、中国の外交政策に関する国内の議論から、複雑さや知的勇気の多くを押し潰してきた。それでも中国は戦略面での才能に大きく恵まれている。中国以外の国々の唯一の狙いは、中国の力に反発し、その行動を再考させることにすべきなのだ。そしてもしその抵抗が対立よりも競争の形を取ることになれば、おそらく中国側から賢明であったり穏健な声が再び聞かれるようになるだろう。習近平以前の時代に行われていた議論は抑圧されているが、死滅したわけではない。たとえば彼らは初期の「一帯一路」の計画の一部に散見された無謀な点を再修正し始めている。そうなると中国は自己抑制的な帝国となりそうだ。他国たちが自衛することで、遅かれ早かれ中国に自分の限界を知らせることになるはずだ*44。

さらに、中国の課題が山積するにつれて中国が他国の助けを必要とする場面が出てくる可能性もある。たとえば二〇〇八年の四川大地震の際には、中国は基本的に不信感を抱く国からの支援さえも受けいれた。伝染病が発生すると、中国は（アフリカのエボラ出血熱に対して）支援を提供した。また、中国自身も支援（鳥インフルエンザや最近では豚コレラ）を受け入れている。中国軍は、南スーダンをはじめとする国連の平和維持活動に最大の貢献をしているが、引き続き多国籍の部隊の一員として活動している。

近年、中国海軍の病院船「和平方舟」（Peace Ark）は複数の海洋を越えて、沿岸地域に対して本当に必要とされる医療を提供しており、中国のソフトパワーの獲得にも役立っている。だが大規模な人道支援というのは、多くの国がそれぞれの公共財を調整することで初めて機能するものだ。結局のところ、中国が自ら行っているこのような取り組みは、アメリカ（病院船を何十年にもわたって派遣している）とクアッド（オーストラリア、インド、日本）の取り組みに触発されたものである。インド太平洋における将来の大規模災害救助においては、少なくともこれら五ヵ国の協調した活動が合理的だ。おそらく中国政府は「一帯一路」の拡大の中で必然的に起こってくる様々な問題にはなんとか対処できるだろう。だがそのためには時として基本的には中国と利益が合致しない国との自発的な協力が必要になるだろう。

最後にもう一度だけ言うが、オーストラリアの経験は参考になるものだ。二〇一三年末にオーストラリアが、東シナ海の係争空域の支配を目指す中国の取り組みに対する日本とアメリカによる批判に賛成を表明したとたんに、北京はキャンベラとの外交関係を実質的に凍結している。ところが二〇一四年三月八日に一五三人の中国人を乗せたマレーシア航空三七〇便が行方不明となり、インド洋に墜落したと見られるようになったが、これは中国国内では衝撃的な大惨事であり、世界のいかなる場所においても中国国民と権益を保護することが期待されるようになった政権にとって、外交面での悪夢となった。中国を含む多くの国が、オーストラリアが先導した国際的な捜索活動を受け入れた。オーストラリアには、その能力とパートナーシップ、そして地理的な近さがあった。そしてその航空機は、オーストラリアの広大な捜索救難区のどこかに墜落したのだ。中国は突如としてオーストラリアとの友好関係を再構築する必要に迫られた。中国の王毅外相は、以前は敬遠していたオーストラリアのジュリー・ビショップ外相と接触することになった。そして中国の航空機と船舶は共同の捜索活動（日本、韓国、フランス、イギリス、アメリカ、マレーシアを含む）に招待された。そしてその活動が行われていたのは、まさに黒鳥の主な生息地であるオーストラリア南西部の一角だったのだ。

不信を抱きながらの会談：オーストラリアのジュリー・ビショップ外相と中国のカウンターパートである王毅外相（2017年2月）

その土地の先住民であるヌンガル族は、先祖代々伝わるおとぎ話のような神話を持っており、マアリと呼ばれるこの鳥には、「驚きの象徴」という一面的なものではなく、もっと微妙な意味が込められている。黒鳥の羽は元々は白かったが、黒鳥の傲りが恐ろしいオナガイヌワシの攻撃を招き、羽毛を引き抜かれてしまったのだ。この物語には「紛争」だけでなく「協力」も含まれている。カラスが介入し、傷ついた白鳥を守るため、そして再び羽毛を身に着けさせるために、自らの黒い羽根を与えたのだ。今でも黒鳥の尾が白いのは、黒鳥は見た目とは違うということを思い出させるものであり、その一方で黒鳥のくちばしが赤いのは、その毛を抜き取られたときの戦いの名残りだという＊45。

地政学の歴史も、独自の教訓を与えている。プライド、反動、リバランシングは、インド太平洋の支配を試みる全ての帝国が直面することのように思える。この巨大な地域はいかなる国にとっても広大で複雑すぎるため、その権益を単独で守ることはできない。つまりパートナーシップが大変重要になるのだ。それぞれの国や社会は、パワーバランスが調整される新たな動乱の中を進んで行く際に、互いを助け合う必要に迫られるはずだ。彼らの合言葉は、多極性、団結、そして自信に満ちた一種の「戦略的忍耐」であるべきだ。「紛争」と「降伏」の間を行き来することもあるだろう。未来は、独裁主義国家の中国や、予想不可能で自己中心的なアメリカのだけの手に委ねられているわけではない。結局のところ、インド太平洋とは地域と概念の両方を指している。それは相互援助と自助が組み合わさった、集団的な行動の比喩的な表現である。もし事態が悪化すれば、インド太平洋は一九四五年以降で最初の全面的で壊滅的な戦争が起こる場所となるだろう。だがその将来の平和が約束されれば、インド太平洋は再接続された世界の中心にある「共有空間」として、初期の航海者たちが想像もできなかったような形で繁栄していくはずだ。

註

1 Nassim Nicholas Taleb, *The Black Swan: The Impact of the Highly Improbable*, Random House, New York, 2007.［ナシーム・ニコラス・タレブ著、望月衛訳『ブラック・スワン―不確実性とリスクの本質』上下巻、ダイヤモンド社、二〇〇九年］タレブと黒鳥の公平を期するために言えば、タレブは「ブラック・スワン・イベント」は、必ずしも悲惨なものではなく、単に衝撃が大きいというだけであるという認識を有している。

2 Peter Ho,'The black elephant challenge for governments', *The Straits Times*, 7 April 2017.

3 United States National Intelligence Council, *Paradox of Progress*, Global Trends report 2017, p. 21.

4 Ibid., p. 10.

5 Global Military Advisory Council on Climate Change, 'Climate change and security in South Asia', GMACC paper no. 2, May 2016; Intergovernmental Panel on Climate Change (IPCC),'AR5 Climate change

2014: Impacts, adaptation and vulnerability’, Chapter 12, ‘Human security’.

6　アメリカ国家情報会議（ＮＩＣ）のグローバルトレンド・レポートが想定する二〇三三年のシナリオによると、太陽放射の温暖化の影響を軽減させるために、国家は航空機を使い大量の硫酸塩エアロゾル（大気汚染物質）を大気上層で放出する。このことは、酸性雨やオゾン層の破壊といった副作用を懸念する他国からの強い抗議を引き起こす(ibid., p. 24)。以下も参照のこと。Adam Lockyer and Jonathan Symons, ‘The national security implications of solar geoengineering: An Australian perspective’, *Australian Journal of International Affairs*, Vol. 23, No. 5, 2019.

7　‘China could be the first country to exploit deep sea minerals’, *South China Morning Post*, 23 October 2019.

8　Anthony Bergin and David Brewster, ‘Environmental security in the eastern Indian Ocean, Antarctica and the Southern Ocean: A risk mapping approach’, ANU National Security College, 2019, p. 32.

9　Elizabeth Buchanan, ‘Antarctica: A cold, hard reality check’, *The Strategist*, 17 September 2019; Klaus Dodds, ‘In 30 years the Antarctic Treaty becomes modifiable, and the fate of a continent could hang in the balance’, *The Conversation*, 12 July 2018.

10　最も尊敬を集める国際秩序の思想家であり、オーストラリア人の学者であるヘドリー・ブル（Hedley Bull）は、現代の国際秩序は勢力争い、紛争、団結、協力といくつかの要素が組み合わさった「社会」であり、特定の状況では、一つの要素が優勢になると主張した。以下を参照。Hedley Bull, *The Anarchical Society: A Study of Order in World Politics*, Columbia University Press, New York, 1977, p. 39.［ヘドリー・ブル著、臼杵英一訳『国際社会論―アナーキカル・ソサイエティ』岩波書店、二〇〇〇年、六一頁］

11　Kurt M. Campbell and Jake Sullivan, ‘Competition without catastrophe: How America can both challenge and coexist with China’, *Foreign Affairs*, September/October 2019.

12　Todd S. Sechser and Matthew Fuhrmann, *Nuclear Weapons and Coercive Diplomacy*, Cambridge University Press, Cambridge, 2017, pp. 22-23. 理想的には、強制者は「実際に（宣言した）脅威を実行せずにターゲットの

行動を変えさせる」ことを目指しているということに留意することが重要である。というのは、脅威の実行は両者にとって犠牲の大きいものであるからである。この点は、中国に劣る国々が中国のプレッシャーに耐えられるかどうかを考察する上で念頭においておくべきことだ。

13 Robert J. Art and Kelly M. Greenhill,'Coercion: An analytical overview', in Kelly M.Greenhill and Peter Krause (eds), *Coercion: The Power to Hurt in International Politics*, Oxford University Press, New York, 2018, p. 4.

14 Richard Heydarian, 'Rodrigo Duterte thought he had an understanding with China, then came the Reed Bank collision',*South China Morning Post*, 23 June 2019.

15 たとえば以下を参照のこと。Graham Allison, *Destined for War: Can China and American Escape Thucydides's Trap?*, Houghton Mifflin Harcourt, Boston, 2017.［グレアム・アリソン著、藤原朝子訳『米中戦争前夜――新旧大国を衝突させる歴史の法則と回避のシナリオ』ダイヤモンド社、二〇一七年］

16 Lawrence Freedman, *Strategy: A History*, Oxford University Press, Oxford, 2013, p. xi.［ローレンス・フリードマン著、貫井佳子訳『戦略の世界史　戦争・政治・ビジネス上』、日本経済新聞社、二〇一八年、一六頁］

17 中国の一部のより穏健で世俗的な外交政策の思想家の中には、同じように信頼は、中国の対米関係において現実的な初期目標ではないとの見解を示している者もいる。例えば、以下を参照。Yan uetong,'Strategic cooperation without mutual trust: A path　forward for China and the United States',*Asia Policy*, No. 15, 2013.

18 Andrew Erickson,'Competitive coexistence: An American concept for managing US–China relations', *The National Interest* online, 30 January 2019.

19 Rory Medcalf and Ashley Townshend,'India and China: Competitive coexistence in the Asian century',in Amitendu Palit and Gloria Spittel (eds), *South Asia in the New Decade: Challenges and Prospects*, World Scientific, Singapore, 2013. 中国人アナリストである朱翠萍（Cuiping Zhu）も同様に、共存は、インド太平洋の二つの大国にとって現実的且つ価値ある目標であると指摘している。以下を参照。　Cuiping Zhu, *India's Ocean:*

Can China and India Coexist? Springer/Social Sciences Academic Press,Singapore, 2018, pp. 142-143.

20 Lawrence Freedman, *Strategy*, pp. 157–159. ［フリードマン著『戦略の世界史』上、二四七頁］

21 Elbridge Colby,'The implications of China developing a world-class military: First and foremost a regional challenge', Testimony to the US–China Economic and Security Review Commission, 20 June 2019, p. 5.

22 Andrew Kepinevich Jr.,'The eroding balance of terror: The decline of deterrence', *Foreign Affairs*, January/February 2019, p. 62.

23 Ashley Townshend, Brendan Thomas-Noone and Matilda Stewart, 'Averting crisis', pp. 27-28.

24 これは、オーストラリア国立大学のナショナル・セキュリティ・カレッジ（the National Security College）が二〇一八年中頃に開催し、約七〇人のオーストリアとアメリカの安全保障の専門家が参加した一連のワークショップの結論である。同様の結論は。他の研究からも出されており、顕著なものとしては、シドニー大学アメリカ研究センターが主導した二〇一八年一二月の米豪抑止協議である。以下を参照のこと。 Ashley Townshend, Brendan Thomas-Noone and Matilda Stewart, 'Averting crisis', pp. 65-66, 70.

25 Andrew Kepinevich Jr.,'The eroding balance of terror', p. 73; Michael O'Hanlon, 'Can America still protect its allies? How to make deterrence work', *Foreign Affairs*, September/October 2019.

26 例えば以下を参照のこと。 Hugh White, *The China Choice*. ［ヒュー・ホワイト著『アメリカが中国を選ぶ日』］

27 Malcolm Cook, Raoul Heinrichs, Rory Medcalf and Andrew Shearer, 'Power and choice: Asian security futures', Lowy Institute, 2010, pp. 48-49.

28 台湾海峡が主要な発火点（フラッシュポイント）であることから、そのような信頼醸成措置は中国軍と台湾軍の間にも拡大して適用される必要がある。以下を参照。 Brendan Taylor, *Dangerous Decade: Taiwan's Security and Crisis Management*, International Institute for Strategic Studies, London, 2019, pp. 113-120.

29 Laura Zhou, 'Vietnam demands Chinese ship leave disputed waters as end of fishing ban threatens to inflame tensions', *South China Morning Post*, 17 August 2019.

30 東アジアサミットの強化の必要性については、インドネシアの著名な外交官（学者でもある）も同様の見解を示している。Dino Patti Djalal, ‘Are we ready for Indo-Pacific 2.0?’ *The Jakarta Post*, 25 February 2019.

31 Lyle J. Goldstein, *Meeting China Halfway: How to Defuse the Emerging US–China Rivalry*,Georgetown University Press, Washington, 2015; Brendan Taylor, *The Four Flashpoints: How Asia Goes to War*, Black Inc., Melbourne, 2018.

32 US Overseas Private Investment Corporation (OPIC), ‘The launch of multi-stakeholder Blue Dot Network’, media release, 4 November 2019.

33 David Wroe, ‘China behind” huge ANU hack amid fears government employees could be compromised’, *The Sydney Morning Herald*, 5 June 2019; Ben Doherty, ‘Universities to work with security agencies to combat foreign interference’,*The Guardian*, 28 August 2019.

34 Ewelina U. Ochab,‘The Magnitsky law is taking over the European Union’, *Forbes*, 10 December 2018.

35 ‘Germany says link between China govt, hackers credible’, *Associated Press*, 21 December 2018.

36 Ben Bland,‘China’s demands for loyalty are bad for business’, *Bloomberg Opinion*,24 August 2019.

37 Kori Schake, *America vs the West*, pp. 83-95.

38 ‘Germany, France to launch multilateralism alliance’, *Deutsche Welle*, 3 April 2019.

39 著者のベトナム高官とオーストラリアの学者との会合にて（二〇一九年一〇月頃）

40 Penny Wong and Kimberley Kitching, ‘Engaging the parliament on China’,Joint media release, Australian Labor Party, 6 September 2019.

41 Steven Stashwick, ‘China’s South China Sea militarization has peaked’, *Foreign Policy*,19 August 2019.

42 Linda Jakobson,‘New Foreign Policy Actors in China’, Stockholm Peace Research Institute, 2010.

43 Lyle J. Goldstein, *Meeting China Halfway*, pp. 336-340.

44 元ニューヨーク・タイムズの北京特派員のハワード・フレンチ（Howard French）の言葉によれば、「対等に扱われた中国は貢献すべき多くのものを持つ……必要な時には、控え目だが毅然とした態度で受け入れられる……中国は進歩するにつれ、成熟する……そして、停滞期に入る可能性が最も高い」。以下を参照。Howard W. French, *Everything Under the Heavens*, p. 284.

45 Peter Hancock,'Ancient tales of Perth's fascinating birds', *The Sydney Morning Herald*,5 April 2014.

謝辞

この本は二〇一二年にブログに掲載した短い記事として始まり、それが公開講座に発展し、その後、さまざまな記事、レポート、スピーチ、大学の講座へと発展した。すべてを一冊の本にまとめたいという私の野望は延期され続けたが、そのおかげで多くの時間を執筆に費やすことができた。

その間に、インド太平洋は「単に興味をそそるアイディア」から、多くの国の外交政策において正統派に近いものへと進化した。もちろん世界情勢の変化はとどまるところを知らず、事実が再び変化したときには、私も考えを改める準備をしておかなければと思っている。

私の経歴は多岐にわたっているが、その道のりは常に歴史が作られる場面に関わっていた。外交官としては、インド、日本、そして私の生まれ故郷であるパプアニューギニアへと赴いた。また、情報アナリストとして、地域の安全保障という観点から、中国や東南アジアを観察してきた。

二〇〇七年以来、シンクタンクや大学の外交的な「トラック2」での仕事は、対話、円卓会議、協議会、そして無数の非公式な会話の中で、数え切れないほどの専門家や政府関係者の洞察を引き出してくれた。このようなグレーゾーンには、未発表でオフレコのことも多いが、世界の出来事を早期に理解するための貴重な情報源となっている。私が行ってきた安全保障に関する専門的な研究プロジェクト（海洋での信頼醸成措置、核抑止、インド、中国、オーストラリアなど）は、すべてインド太平洋の流れの中に組み込まれていったのだ。

このように、本書には私の経験の多くが集約されている。しかし、これは一人で取り組んだものではない。不完全な部分は私が作ったものだが、優れた部分は多くの人の貢献があってのものだ。

若い優秀な研究者たちが情報を提供し、影響を与えてくれた。その中でも注目すべきは、フィオナ・カニンガム、アシュレイ・タウンゼント、キャサリン・マンステッド、ジェームズ・ブラウン、ダニエル・ラジェンドラム、ブレンダン・トーマス＝ヌーン、マーティ・ハリス、ダルシャナ・バルーア、ドルヴァ・ジャイシャンカル、ゲーン・チェン、そしてシャノン・トウである。

オーストラリア国立大学（ＡＮＵ）のナショナル・セキュリテイ・カレッジの学生たちは、コースワークの中でインド太平洋のアイディアを試すのに十分な配慮をしてくれた。彼らの批判的思考を称賛したい。また、多くの賢明な政策立案者や専門家が、刺激や批判を通して私の世界観を磨いてくれた。彼らの名前は以下の通り。Ｃ・ラジャ・モハン、ピーター・ヴァルギース、ダング・キーン、アラン・ジンジェル、リチャード・モード、ブルース・ミラー、ジェームズ・ゴールドリック、ブレンダン・サージェント、兼原信克、イアン・ホール、リック・スミス、アショク・マリク、サミール・サラン、タンヴィ・マダン、ニティン・パイ、スジャン・チノイ、アンソニー・バーギン、アラン・ベーム、ダレン・リム、オリアナ・スカイラー・マストロ、アンシア・ロバーツ、ビル・トウ、モハン・マリク、アンドリュー・シアラー、ヒュー・ホワイト、ユアン・グレアム、デイヴィッド・ブリュースター、リチャード・リグビー、リチャード・マックレガー、マルコム・クック、アンソニー・ブバロ、ゴードン・フレイク、ユー・ジ、ディノ・パテイ・ジャラル、アシュリー・テリス、マイク・グリーン、ザック・クーパー、ボニー・グレイザー、エリー・ラトナー、シェン・ディンリイー、大和太郎、トム・ライト、ブレンダン・テイラー、ブルーノ、ブルーノ・テルトレそしてヴァレリー・ニケの各氏だ。

また、以下の方々にも草稿に対して建設的な批判をいただいたことに感謝している。キャサリン・マンステット、ダレン・リム、ジェームズ・ゴールドリック、エヴァ・メドカーフ、ブルース・ミラー、アラン・ジンジェル、そしてイアン・ホールだ。

大胆な発想を与えてくれた、故コーラル・ベルにも敬意を表したい。彼女の最後の大作『ヴァスコ・ダ・ガマ時代の終わり』(*The end of the Vasco da Gama era*)は、私がローウィー研究所で編集した最初の論文だった。私は、オーストラリア国立大学のナショナル・セキュリティ・カレッジ(National Security College)を率いていることを誇りに思うとともに、そこにいる私の同僚たちを称賛したい。彼らは、オーストラリアの長期的な国益のために、新世代の安全保障の専門家を育成するために、信頼できる、独立した、そして堅実で優れた仕事をしてくれている。特に私のエグゼクティブ・アシスタントであるローラ・フローレンス、そしてシャロン・ディーンたちには、私が執筆で集中しなければならない時間にいつもよりも多くの仕事を余計にこなしてくれるので本当に感謝している。

私の知的な旅路において、二つの組織が大きな影響を与えている。Office of National Assessments(現在のOffice of National Intelligence:国家情報局)は、一流の分析、執筆、同僚関係の拠点だ。また、フランク・ローウィーのビジョンにより設立された「ローウィー研究所」(現在はマイケル・フュリラブが率いている)も無視できない。この研究所は、私が政策について新たに考え、インド太平洋の境界を押し広げ、公の議論に参加する場を与えてくれた。

このような場所に私を導く重要な決断をしてくれたダング・キーンとアラン・ジンジェルには常に感謝している。また、本書の主要な地図を作成してくれたケイ・ダンシーとANUのCartoGIS Services(私の大学の地理空間局)にも感謝している。

あまりにも多くの安全保障に関する研究や解説が、直接的な経験から乖離したものとなっている。オーストラリア海軍はそれを是正する使命を担っている。海軍参謀長のマイケル・ヌーナン海軍中将、「シーパワー・センター」のショーン・アンドリュー大佐、そしてＨＭＡＳ「キャンベラ」の乗組員と、当時の艦長であるアシュレイ・パップ大佐に、俗に言う「体験航海」の機会を二〇一九年五月に与えてくれたことに感謝する。

著者が出版社に感謝するのは本心であるということを学んだ。ブラック社とラ・トローブ大学出版社は最高級の仕事をしてくれた。クリス・フェイクは、私が本の執筆についてうんざりするような話をするのを、本を依頼するという気の利いた方法で止めてくれた。また、このプロジェクトの有能で寛容な編集者であるジョー・ローゼンバーグ氏には特に感謝している。彼は本の内容を明確にし、現実的なものにするために尽力してくれた。そしてマンチェスター大学出版のジョナサン・デ・ペイヤーは国際版の出版の労をとってくれたことに同じく感謝している。

私は多くの人々に様々なことを感謝しているが、何よりも大切な家族に感謝している。親愛なる両親、フェイスとマックスは、私のすべての努力を長い間信頼してくれた。私の素晴らしい子供たち、エドガーとフリーダは、人生のすべてを価値あるものにしてくれた。そして妻のエヴァは、その愛、ウィット、忍耐、そして類まれなセンスで、どんな困難な旅路にあっても、素晴らしい水平線のかなたへ常に私の水先案内人を務めてくれた。

【訳者解説】

「インド太平洋」とオーストラリアの外交・安全保障政策

後瀉桂太郎

オーストラリア国立大学（Australian National University）はオーストラリア唯一の国立大学であり、首都キャンベラの中心、グリフィン湖という人工湖に面した広大な敷地にキャンパスが広がっている。英米の大学と同様、数十ものカレッジや研究所の集合体であるが、その一角に公共政策研究を担う「クロフォード・スクール」（Crawford School of Public Policy）に所属するナショナル・セキュリティ・カレッジ（National Security College）がある。本書の著者ローリー・メドカーフ氏は二〇一五年からここの学科長を務めている。ナショナル・セキュリティ・カレッジは豪州連邦政府の支援を直接受けており、大学の機関であると同時に政府系シンクタンクとしての性格も併せ持っているといえるだろう。

略歴によれば、メドカーフ氏はシドニーにある民間政策シンクタンク、ローウィ・インスティテュート（Lowy Institute）で国際安全保障部長を務めたほか、政府機関では国家情報局の上級戦略アナリストのほか、インドのニューデリーへの赴任、また日本の外務省への出向といった外交官としてのキャリアを有している。そのほかには二〇一六年に豪政府が公表した国防白書の外部有識者パネルのメンバーを務めるなど、オーストラリア国内では著名な、安全保障政策に通暁した専門家の一人である。

訳者（後瀉）はメドカーフ氏と数回会ったことがある。最初は二〇一五年の秋に訳者の勤務先である海上自衛隊幹部学校を来訪し、意見交換を実施したときであった。メドカーフ氏はどちらかというと目立つパフォーマンスや派手な言動ではなく、訥々と持論を語る落ち着いた物腰の人物である。当時ナショナル・セキュリティ・カレッジは在キャンベラ日本大使館との共催で「インド太平洋の海洋安全保障―課題と協力」("Indo-Pacific Maritime Security: Challenges and Cooperation")をテーマに国際会議を開催予定であり、メドカーフ氏の来訪はその主催者として海上自衛隊幹部学校にパネリストの派遣を要請することが目的であった。結果として後瀉が翌二〇一六年三月にキャンベラで開催された同会議に参加し、数日間氏と議論や会食の機会を得るとともに研究成果として小論を執筆した。このいきさつからも明らかなとおり、メドカーフ氏は当時からインド太平洋地域における日米豪印の安全保障協力「クアッド」(Quad)の積極的推進派で、オーストラリア国内の安全保障政策に関する議論の一つを先導する立場の人物であり、彼のキャリアにおける知見を集約したものが本書である、と言えるだろう。

オーストラリアは今世紀に入ってから一人当たり名目GDPが二倍程度も上昇し、日本よりもはるかに高い水準にある。その背景としては鉄鉱石や石炭、天然ガスといった資源輸出が順調なことが大きく、二〇二〇年のデータでは輸出先のうち約三五パーセントは中国に対するもので、貿易における一番の得意先であるといえる。にもかかわらず近年オーストラリアは中国との外交・安全保障上の対立をいとわず日米豪印「クアッド」の協力関係を強化しようとしている。二〇二〇年一一月、来日中のスコット・モリソン豪首相は菅義偉総理との首脳会談に臨み、共同声明には「南シナ海に関する深刻な懸念」を表明するとともに、「現状変更と緊張を高める威圧的な試みに対する強い反対を再確認」し、さらに「係争地の軍事化、沿岸警備船および「海上民兵」の使用、弾道ミサイルの発射といった動きに深刻な懸念を共有した」とある。これらの用語を見れば明らかなとおり、この声明は中国の海洋進出に向けたものである。

二〇二〇年一一月一三日付朝日新聞によれば、帰国後モリソン首相はコロナウィルス感染対策のため二週間公邸で自主隔離し、一一月三〇日開会のオーストラリア連邦議会についても当初はオンラインで参加した。記者会見において「そこまでしてなぜ訪日するのか」と尋ねられ、「日本との関係は特別だ」と述べたように、日本で政権が交代した後もすみやかに首脳間のチャンネルを維持発展し、日豪関係を進めていくための並々ならぬ意思を示した訪問であった、といえるだろう。近年中国はオーストラリアの対中政策に強く反発してオーストラリア産大麦や牛肉の輸入に関税あるいは制約を付す、といった施策を打ち出しており、経済に少なくないデメリットが生じていると考えられる。にもかかわらずモリソン政権はコロナウィルスの中国国内における感染源の調査を主張するなど、対中強硬姿勢を崩していない。なぜオーストラリアは経済的なリスクを引き受けつつ、そこまで日米などとの関係発展を重視するのだろうか？

第6章のオーストラリアの項で記されているが、オーストラリアが中国を警戒する背景には、自国の主権と周辺地域の安定が中国によって脅かされている、という認識がある。二〇一七年一二月、オーストラリアで野党労働党の有力上院議員が辞職した。この議員は中国の南シナ海における領有権主張を支持するような発言をし、香港の民主化運動家と豪政治家の会合を阻止しようとしていた、とされるなど、それまでの言動が問題視されていた。加えてこの議員が中国当局と関係する中国人実業家から多額の献金を受け取っていた、という事実が明らかになり、国内で大スキャンダルとなった。中国が経済力を使ってオーストラリアの国内政治に干渉しようとしている、とみなされたのである。訳者はこの事件直後の二〇一八年一月から三月、キャンベラにある豪海軍のシンクタンク「シーパワーセンター」に客員研究員として派遣された。滞在中、国営放送ＡＢＣはじめあらゆるメディアでは連日この問題に加え、太平洋島嶼国やパプアニューギニアなど、オーストラリアの「裏庭」とでもいうような近隣地域でいかにチャイナマネーが浸透し、影響力を高めているか、という報道が続いていた。どちらかというとそれまで対中重視政策をとっていたターンブル首相(当時)や閣僚は、チャイナリスクを自覚して外交政策を転換する必要がある、といった趣旨の発言をメディアで繰り返していたと記憶している。

オーストラリアは自国の主権やこれに対する他国の干渉といったものについて非常にナイーブであると感じられる。滞在中、多くの安全保障研究者や政府の担当者と対話する機会があったが、しばしば彼らの口から出た言葉に「海と空のギャップ」("Sea-Air Gap")というものがある。オーストラリアは四周を取り巻く海域・空域によって地理的に守られている、という意味で、周囲に軍事的脅威となる大国は存在せず、東南アジア諸国や太平洋島嶼国とは海を隔てている。海に囲まれている点は同じであるが、中国やロシアといった大国と近接する日本とは異なる環境にある、といえるだろう。

このため、オーストラリアにとり国土が直接脅かされた経験はたった一度しかない。それは太平洋戦争におけるダーウィンをはじめとする空襲や特殊潜航艇のシドニー攻撃、すなわち日本軍によるものである。太平洋戦争の経験がオーストラリア人にとっていかに衝撃的であったのか、はキャンベラの戦争記念館などでつぶさに知ることができる。その後オーストラリアが直接的な脅威を感じることはほとんどなかった。冷戦中期以降、能力を拡大したソ連海軍がベトナムのカムラン湾などを拠点に中部太平洋を行動したとはいえ、それは一時的なものであった。カムラン湾で燃料や食料を補給することはあっても、そこに作戦司令部や整備拠点など、軍事基地としての機能があったわけではない。冷戦期アジアにおいて軍事戦略上の要衝はあくまでソ連戦略原潜の展開するオホーツク海、つまり極東と呼ばれる地域であり、オーストラリアから遠く離れていた。

しかし、近年中国は南シナ海を軍事拠点化し、マラッカ海峡を越えて行動するだけでなく、太平洋島嶼国の多くで政治・経済的なコミットメントを増大させている。冷戦期のオホーツク海と異なり、ダーウィンから見ると南シナ海は目と鼻の先にある。二〇二〇年七月、モリソン首相は「二〇二〇国防戦略見直し」（"2020 Defence Strategic Update"）という戦略文書の公表に際し記者会見で「二〇二〇年は我々が直面する重なり合った課題と激化する不安定性に彩（いろど）られた年であり、遠い昔、一九三〇年代の不気味な雰囲気に類似している。今日、インド太平洋地域の大きな変革と脅威の増大に伴い、オーストラリアのコミットメントはより重要になる」と述べている。中国の成長と海洋進出、そして対外政策はオーストラリアの多くの人々にとり、太平洋戦争以来となる安全保障上の脅威認識と、経済的影響力を背景にした国家主権への介入という警戒心を引き起こしていると考えられる。

「二〇二〇国防戦略見直し」によると、オーストラリアの国防予算は二〇二〇〜二一年度の四二二億豪ドルが二〇二九〜三〇年度には七三七億豪ドルにまで増加し、この一〇年間トータルで五七五〇億豪ドルに達する。七三七億豪ドルという金額は一豪ドル＝七五円とすると約五兆五〇〇〇億円となり、令和二年度の日本の防衛費に匹敵するかこれを上回るレベルである。二〇一九年の統計データによれば、オーストラリアは人口比で日本の約五分の一、名目ＧＤＰで約四分の一、という規模であるから、いかに国防予算に重点を置いているか、が明らかである。

また「二〇二〇国防戦略見直し」では米中間で戦略的競争が発生しており、それはインド太平洋地域を中心にしていること、この地域における高烈度の戦争について、可能性は低いものの決してないとは言えないのであり、豪国防軍は抑止の破綻に備える必要があること、が述べられている。そして今後一〇年間の国防予算のうち海と空の領域に半分以上（五二パーセント）が投資される、とされており、アタック級潜水艦、ハンター級フリゲート艦、Ｆ-35Ａ戦闘攻撃機、ＥＡ-18Ｇ電子戦機などが含まれる。このようにオーストラリアの安全保障・防衛政策は具体的かつ大規模な予算や投資を伴う、非常に強い決意となって表れているといえる。

さらに二〇二一年九月、オーストラリアはクアッドに加えて米英豪間の安全保障協力体（ＡＵＫＵＳ）に参加を表明し、攻撃型原潜の導入を皮切りに、サイバー・ＡＩ・量子技術などの分野で協力することを明らかにした。これに伴い仏との契約に基づく上記アタック級通常動力潜水艦建造計画はキャンセルされたことは、仏の反発もあわせ広く報道されたとおりである。

もちろんこうした政策は中国との外交関係と経済の先行きを不透明化させ、リスクを伴うために反論を惹起（じゃっき）する。メドカーフ氏など日米印との関係を重視し、中国のリスクを低減しようとする立場を「クアッド重視派」とすると、もう一方にはオーストラリアの対中経済依存構造と、中国の成長から受ける恩恵を重視し、クアッドへの関与は限定的なものにすぎない、という考え方がある。「いくら民主主義や自由といった価値や秩序といったものが重要であるとしても、中国との経済貿易上の依存関係からみてオーストラリアが対中抑止の前面に立てるわけがない」ということになる。こうした「経済成長重視派」の立場に基づく反論がオーストラリア国内の外交・安全保障政策をめぐる議論のもう一つの主流であり、数年前までは「クアッド重視派」よりも間違いなく多数派であったと考えられるし、現在でも、双方の立場に立った議論が継続している、と理解すべきであろう。

この「経済成長重視派」の代表格ともいえる人物がメドカーフ氏と同じオーストラリア国立大学で名誉教授職にあるヒュー・ホワイト（Hugh White）氏である。ホワイト氏は一九九五年から戦略・インテリジェンス担当の国防次官を務めており、いくつかの論考やインタビューを日本語で読むことができることから、日本国内でオーストラリアの安全保障専門家、というとむしろホワイト氏の方が著名であるといえるだろう。訳者（後瀉）は二〇一八年にキャンパス内研究室のホワイト氏を訪ね、二時間ほど二人で議論する機会を得た。柔和でユーモアに富む語り口調とはうらはらに、「中国のおかげで豊かになれたオーストラリアが日米と歩調を合わせて対中ヘッジなどできるものか」、「オーストラリアに（日米と完全に歩調を合わせるような）一貫した安全保障戦略はない」、「これまで米国との同盟や英連邦の一員がオーストラリアのアイデンティティだったが、これからはアジアの一員として生きていくべきなのだ」といった歯に衣着せぬ直截なコメントが印象的であった。

日本の安全保障にかかわる立場からすればメドカーフ氏の立場に肩入れしたくなるが、ホワイト氏の主張は非常に説得力があった。こうした議論が鋭く対立する状況こそがオーストラリアの国内状況をよく表しているな、と感じた瞬間、「日本の置かれた状況もまた同じだ」という思いが頭をよぎった記憶がある。ちなみに別れ際ホワイト氏がサインをして訳者に一冊贈ってくれた近著のタイトルは「アメリカの不在―新たなアジアの中のオーストラリア」（"Without America -Australia in the New Asia"）であった。クアッド、AUKUSと対中姿勢を鮮明にする現政府に対し、ホワイト氏は何を思うのだろうか。

さて、オーストラリアの外交・安全保障の政策についてかなりの字数を割いてきたが、ここで本書の内容に立ち返りたい。本書は国際政治学そして安全保障研究のカテゴリーに入り、インド太平洋地域に関わる諸国について、主として個々の経緯やディテールを地政学的観点から叙述的に説明することに重きを置いている。それは米国でポピュラーな、社会科学における理論的な厳密性などによっているわけではなく、因果推論を導く分析フレームの提示や単純化・モデル化などは本書に含まれていない。

ナショナル・セキュリティ・カレッジを含むクロフォード・スクールが入る建物は、国際政治学における「英国学派」の代表的な研究者であるヘドリー・ブル（Hedley Bull）に因み、「ヘドリー・ブル・ビルディング」という名がつけられている。（あまり知られていないかもしれないが、ブルはオーストラリア出身であり、またオーストラリア国立大学でも教鞭を取っていたことがある。）オーストラリア国立大学を訪れてこの建物の名前を見たときに合点がいったのだが、オーストラリアの国際政治学・国際関係論は米国よりも英国の知的伝統に大きな影響を受けているのであろう。

第5章では「国家間関係はゲームというよりも多層的なパズル以上に複雑なものとして描き出される」のであり、これを解き明かすためには「学術的知見のみが手がかりとなる」としている。その学術的知見について著者は当初ケネス・ウォルツ（Kenneth Waltz）の「防御的リアリズム」とジョン・ミアシャイマー（John Mearsheimer）の「攻撃的リアリズム」といった、国際政治学におけるネオ・リアリズムの理論に依拠して説明する。

しかし、「個々の理論の入り口ゆえに、国際関係理論は現実に対して限定的な関係性しか持たない」のであり、「現実世界の政府の中で、純粋にこうした理論的視点だけで国家間の相互作用を理解しようというものはいない。だからこそ各国政府は外交官と情報機関を抱えているのだ。彼らの仕事は国境の背後や情報処理システムの中に存在する国ごとに異なる事柄を正確に理解することだ。それは政治・社会システム、個人の人間性や機能不全、イデオロギーと歴史、地理の示す意義、特定地域に賦存するエネルギーや資源への依存度の違い、市民やアイデア、価値観といったものに対する様々な態度、といった多岐にわたる」ということになる。こうした主張から著者の「世界観」が見えてくるのではないだろうか（本文二〇四〜二〇六頁参照）。

国際政治学であれ何であれ、社会科学としての厳密性を追求しようとすると、事象の法則性・規則性やその因果関係を論証するため「複雑な事象をどうやってモデル化するのか」「均質な分析のためには前提仮定をどのように設定するのか」、「因果関係を示す変数をどのように設定するのか」、といった方法論の確立に大きなリソースを割く必要がある。こうした作業は世界を理解し、他者を説得するために非常に重要であると訳者も確信するのであるが、その一方で理論的な厳密性を維持しようとすると多くのデータを捨象する必要があり、現実的な問題解決に資する部分や、有用な情報をみすみす削除することになる。こうした社会科学（'social science' あるいは 'social sciences'）に対する批判はしばしば歴史家からなされるのであるが、著者もまたこうした視点をもって本書を著したのであろう。画一的な分析フレームの提示よりも、インド太平洋地域のプレイヤーとその相関関係を説明するため、研究を通じて得られた個々のコンテンツを説明することの方を重視している、ということである。その結果、本書はインド太平洋地域に関わる多くの国々とそのインタラクティブな関係について、コンパクトかつ非常に豊かな知見をもって理解できるようになっている。

ところで、本書を読む過程で浮かんでくる疑問の一つに「インド太平洋」という概念がいつ頃、どのようにして形成されてきたのか、というものがある。日本でこの概念が一般化したのはさほど古いことではない。外務省のホームページにも記されているが、二〇一六年のアフリカ開発会議（ＴＩＣＡＤ）において安倍晋三総理がスピーチの中で「自由で開かれたインド太平洋」という言葉を用いたことがきっかけとなっている（第1章文末脚注15参照）。そしてそのアイデアは米国でも浸透し、米太平洋軍がインド太平洋軍に改名されたように、日本の周辺地域を示す言葉として一般的であった「極東」、「アジア太平洋」と比べ、より広範な地政学的概念として広く受け入れられている。これはグローバル化する世界において、この地域が世界経済成長のエンジンとなっていることから、そのダイナミズムと広範な地政学的・地経学的概念が政治、学術、ジャーナリズムなど様々な分野で「使い勝手がいい」ということに起因するのではないかと思われる。

一方で明確な起源はわからないが、「インド太平洋」という用語と概念自体はその前から存在していた。第1章文末脚注18にあるとおり、「二一世紀における戦略的な意味合いで「インド太平洋」という用語を案出したと完全に主張できる学者または官僚は存在しない。地政学的にインド太平洋に言及した最初の近代的な論文は、二〇〇四年のカナダ海軍の学者であるジェームズ・ブーティリエ（James Boutilier）によるものであり、次に二〇〇五年にニュージーランドの海洋専門家のピーター・カズンズ（Peter Cozens）およびオーストラリアのジャーナリストであるマイケル・リチャードソン（Michael Richardson）、二〇〇七年にはインド海軍将校のグルプリート・クラーナ（Gurpreet Khurana）が言及した。著名なインドやアメリカの戦略思想家、たとえばC・ラジャ・モハン（C. Raja Mohan）やマイケル・オースリン（Michael Auslin）も二〇〇八年ころからこの用語を発表し始めた。著者は二〇〇五年以降、オーストラリアとカナダ政府の分析官によってインド太平洋という用語が内部文書で使用されていたことに気づいていたが、二〇〇七年に当時のオーストラリアの外務大臣への公開書簡で使用されて以降、この用語の使用はさらに広まり始めた」ということになる。

冷戦終結後、グローバル化した世界を動き回る人・モノ・カネそして情報は飛躍的に拡大し、かつその速度も圧倒的に増している。インド太平洋地域はその中心にあり、今後の世界を左右する。本書でも論じているとおり、域外である英国やフランスといった欧州諸国が再びこの地域でプレゼンスを高めようと投資を始めていることがその証左であろう。こうしたポスト冷戦期の世界観を世界に先駆けて記した著作として名高いのが、本書監訳者の一人でもある奥山真司氏が共訳を手掛けたロバート・カプラン（Robert

Kaplan）の『モンスーン』（*Monsoon: The Indian Ocean and the Future of American Power*）（邦題『インド洋圏が世界を動かす』インターシフト、二〇一二年）である。ジャーナリストであるカプランは旅行記のようなタッチでインド太平洋の世界を描いているため、そのアプローチはメドカーフ氏のアカデミックなものとは少々異なる。とはいえ『モンスーン』が著された二〇一〇年から約十年を経て世に出た本書と比較することで、世界とこの地域のパワーバランスの変化などについて考えてみることができるだろう。

本書はインド太平洋というグローバル経済を牽引する地域のダイナミズムと、そこにかかわる諸国の情勢を知ることの意義に加え、オーストラリアという海をへだてた友人からみた世界観を理解するために好適な一冊である、といえるだろう。邦訳の出版を聞き、すぐに日本語版のためのまえがきを送ってくれたメドカーフ氏と、本書出版の労をとっていただいた芙蓉書房出版の平澤公裕氏に訳者全員から深く感謝したい。

監訳者あとがき

奥山真司
平山茂敏

　著者メドカーフが述べているように、「インド太平洋」という用語は比較的新しいものであるが、この広大な地域は太古の昔から存在していたし、北大西洋条約機構の司令官であったジェームズ・スタヴリディスが述べているように、やはり「海はひとつ」なのだ。

　平成元年、監訳者の一人である平山は、練習艦「かとり」の艦上で水平線のかなたに遠ざかる日本を見ていた。私は五カ月の遠洋練習航海に実習幹部としてまさに出航したところだったのだ、最初の航路はハワイ、そしてパナマと広漠たる太平洋を横断する航海であった（その後カリブ海、大西洋を航海して南米各地に寄港した）。これが私のインド太平洋との長い付き合いの始まりだった。

　平成六年の正月、私はモザンビーク派遣輸送調整中隊（国連ＰＫＯ）の一員として、モザンビークの海岸から、インド洋に上る初日の出を見ていた。すなわちインド洋を西から見ていたのだ。我々の活動は国連の旗の下で行われていたが、そこには外務省との協力もあったし、ＮＧＯとも連携していた。「インド太平洋」という概念が広まるずっと前から、日本の活動はインド太平洋に広がっていたのだ。

　インド太平洋で特に大きな役割を演じている組織の一つは海上自衛隊であるが、この組織が公表している「海上自衛隊戦略指針」は「望ましい安全保障環境の創出」として「我が国は自由で開かれた海洋のために、インド太平洋諸国とともに地域の特性や相手国の事情を考慮しつつ、多角的・多層的な安全保障協力を戦略的に推進していきます」と宣言している。

そして山村浩海上幕僚長は
インド太平洋方面では、「令和三年度インド太平洋方面派遣（IPD21）」として、護衛艦「かが」、「むらさめ」、「しらぬい」の三隻が行動中です。派遣先では、インド、オーストラリア、ASEAN諸国、太平洋島嶼国といった域内の国々のみならず、イギリスやオランダ、ドイツ、フランスといったヨーロッパの国々の海軍とも共同訓練を行うなど、世界規模で各国との相互理解の増進及び信頼関係の強化を図っています。また、沖縄南西海域等においては、米海軍空母部隊だけでなく、遥かヨーロッパから来訪したイギリス海軍空母「クイーン・エリザベス」やオランダ海軍フリゲート「エファーツェン」と共同訓練を実施しました。

と述べている。これはまさに、本書の第7章で著者メドカーフが乗艦した強襲揚陸艦「キャンベラ」率いる「インドパシフィック・エンデバー」任務部隊が行ってきたことであり、もはやこのような活動は本地域ではデフォルトになっていることを示している。

特筆すべきは英空母「クイーン・エリザベス」や、ドイツのフリゲート「バイエルン」などが訪日するなど、欧州がこの地域に関与しようとする姿勢を明確化していることであり、このことからもインド太平洋がこの地域の国だけなく、グローバルなインプリケーションを持っていることを示している。

その一方で、中国による強圧的な姿勢に変化がみられる兆しはない。令和三年は台湾の防空識別圏に多数の航空機を侵入させることで台湾海峡の緊張を高め、台湾海峡の通峡という国連海洋法条約の下で認められた航行の自由を行使したアメリカとカナダのフリゲートに対し、「台湾海峡の平和と安定に深刻な危害を与える」と非難する談話を発表して反発、「一切の挑発に断固反撃する」と強調する一方で、自分たちの中露の艦隊には合同して津軽海峡と大隅海峡を通行させている。本書の著者が指摘するように、尖閣諸島周辺海域への海警局（中国の沿岸警備隊に当たるが、文民警察である海上保安庁と異なり準軍隊としての性格を持つ）の巡視船は、より大型に、隻数も増加し、活動も活発化している。

このように、一帯一路に代表される中国の強圧的な政策にどのように向き合っていけばよいのかが本書の中で大きなテーマになっているが、ここで強調しておきたいのは、原著者が述べているように、この本は「反中本」ではないということだ。二〇三〇年代を想定して、インド太平洋の深層を流れる潮流を解明して、多極化を支持し、紛争よりも対立、対立よりも健全な競争と共存を追求する本なのである。

結果として、インド太平洋でミドルパワーとしての地位を維持するであろう日本は、どのような役割を演じることができるのだろうか。安倍・モディの新幹線会談を著者は礼賛しているが、これに匹敵する役割を、その後継者たちは演じることができるのだろうか、村上春樹の主人公にたとえられた、以前のような「受動的で消極的な日本」に戻ってしまうことはないのか。今こそ日本の決意が試され、期待されているのではないだろうか。

最後になったが、監訳者として簡潔ながら謝辞を述べておきたい。まず奥山としては、原著者のメドカーフ教授には、その対応窓口となったおかげで大変お世話になった。不明確な言葉づかいなどの疑問について親切丁寧にすぐ返信を送ってくれただけでなく、出版に関わる広報についても様々な支援やヒントをいただいた。記してここに感謝する次第である。他にも本書を出版する際にお世話になった人物として、一橋大学の秋山信将教授、そして同志社大学の兼原信克特別客員教授にはとりわけお世話になった。私の訳のチェックの大幅な遅れによって翻訳チームを始めとしたみなさまに大変ご迷惑をおかけしてしまったことは慚愧の念に堪えない。

平山としては、防衛大学校防衛学教育学群国防論教育室の室員に感謝したい。監訳に従事する間、監訳者を支え、励ましてくれた彼らのサポート抜きにこの本がこれほど早く世に出ることはなかったであろう。また、適切な訳語の選択について、防衛大学校の同僚には手助けをいただいた。

翻訳チーム全員は、今回のような無謀とも言えるプロジェクトの提案を快く引き受けていただいた芙蓉書房出版の平澤公裕社長に大変感謝している。

【著者】

ローリー・メドカーフ　RORY MEDCALF

オーストラリア国立大学教授でナショナル・セキュリティ・カレッジの学科長を務める。外交、情報分析、シンクタンク、学者、ジャーナリストなどのキャリアを持つ。シドニーの名門ローウィー研究所では、安全保障プログラムの創設ディレクターを務めた。オーストラリア政府では、上級情報アナリストや外交官として、インド、日本、パプアニューギニアに赴任。一九九九年には日本の外務省に出向し、「核不拡散・核軍縮に関する東京フォーラム」への専門的な支援を行った。また「クアッド」と呼ばれる安全保障パートナーシップを早くから提唱し、現在では、日本を含む多くのインド太平洋諸国との非公式な「トラック２」外交において主導的な役割を果たしている。また、二〇一六年に発表されたオーストラリアの防衛白書のアドバイザーを務めた。インド太平洋戦略コンセプトのオピニオンリーダーとして、国際的なメディアで頻繁に意見を発表している。また、ＡＳＥＡＮ地域フォーラムの専門家／著名人（EEP: Experts/Eminent Persons）会合（トラック　１・５）のメンバーでもある。

【監訳者】

奥山　真司（おくやま　まさし）

国際地政学研究所上席研究員、青山学院大学非常勤講師。ブリティッシュ・コロンビア大学（カナダ）卒、英国レディング大学国際政治学院戦略学科（戦略学博士）。

平山　茂敏（ひらやま　しげとし）

一等海佐。防衛大学校（電気工学）卒、英国統合指揮幕僚大学（上級指揮幕僚課程）、ロンドン大学キングスカレッジ（防衛学修士）、護衛艦ゆうばり艦長、在ロシア防衛駐在官、海上自衛隊幹部学校防衛戦略教育研究部戦略研究室長などを経て、現在、防衛大学校防衛学教育学群教授。

【訳者】

髙橋　秀行（たかはし　ひでゆき）

二等海佐。防衛大学校（機械工学）卒、拓殖大学大学院国際協力学研究科博士前期課程（安全保障修士）、同博士後期課程在学中。航空プログラム開発隊プログラム第一科長兼第二科長、統合幕僚監部防衛計画部計

画課、自衛隊岡山地方協力本部募集課長などを経て、現在海上自衛隊幹部学校防衛戦略教育研究部戦略研究室員。

後瀉　桂太郎（うしろがた　けいたろう）

二等海佐。防衛大学校（国際関係論）卒、政策研究大学院大学公共政策プログラム（政策研究修士）、政策研究大学院大学安全保障・国際問題プログラム（国際関係論博士）練習艦隊司令部、護衛艦みねゆき航海長、護衛艦あたご航海長、護衛艦隊司令部、海上幕僚監部防衛課などを経て、現在、海上自衛隊幹部学校防衛戦略教育研究部戦略研究室員。

長谷川　惇（はせがわ　じゅん）

三等海佐、東北大学（法学部）卒、政策研究大学院大学公共政策プログラム（政策研究修士）、護衛艦いかづち航海長、護衛艦あけぼの船務長、護衛艦隊司令部などを経て、現在、海上自衛隊幹部学校防衛戦略教育研究部戦略研究室員。

中谷　寛士（なかたに　ひろし）

三等空佐、英国バーミンガム大学（国際関係論修士）、英レディング大学（政治学博士）。現在、航空自衛隊幹部学校航空研究センター研究員。

INDO-PACIFIC EMPIRE:
China, America and the Contest for the World Pivotal Region
by Rory Medcalf

Originally published by La Trobe University Press.
Japanese translation rights arranged with Rory Medcalf
c/o Schawartz Books Pty Ltd, trading as Black Inc., Victoria, Australia
through Tuttle-Mori Agency, Inc., Tokyo

インド太平洋戦略の地政学
——中国はなぜ覇権をとれないのか——

2022年 1月28日 第1刷発行

著者
ローリー・メドカーフ

監訳者
奥山真司（おくやままさし）・平山茂敏（ひらやましげとし）

発行所
㈱芙蓉書房出版
（代表 平澤公裕）
〒113-0033東京都文京区本郷3-3-13
TEL 03-3813-4466 FAX 03-3813-4615
http://www.fuyoshobo.co.jp

印刷・製本／モリモト印刷

ISBN978-4-8295-0827-5